国家社科基金重点项目“人工智能技术背景下加快国际

（项目号：22AZD072）支持成果

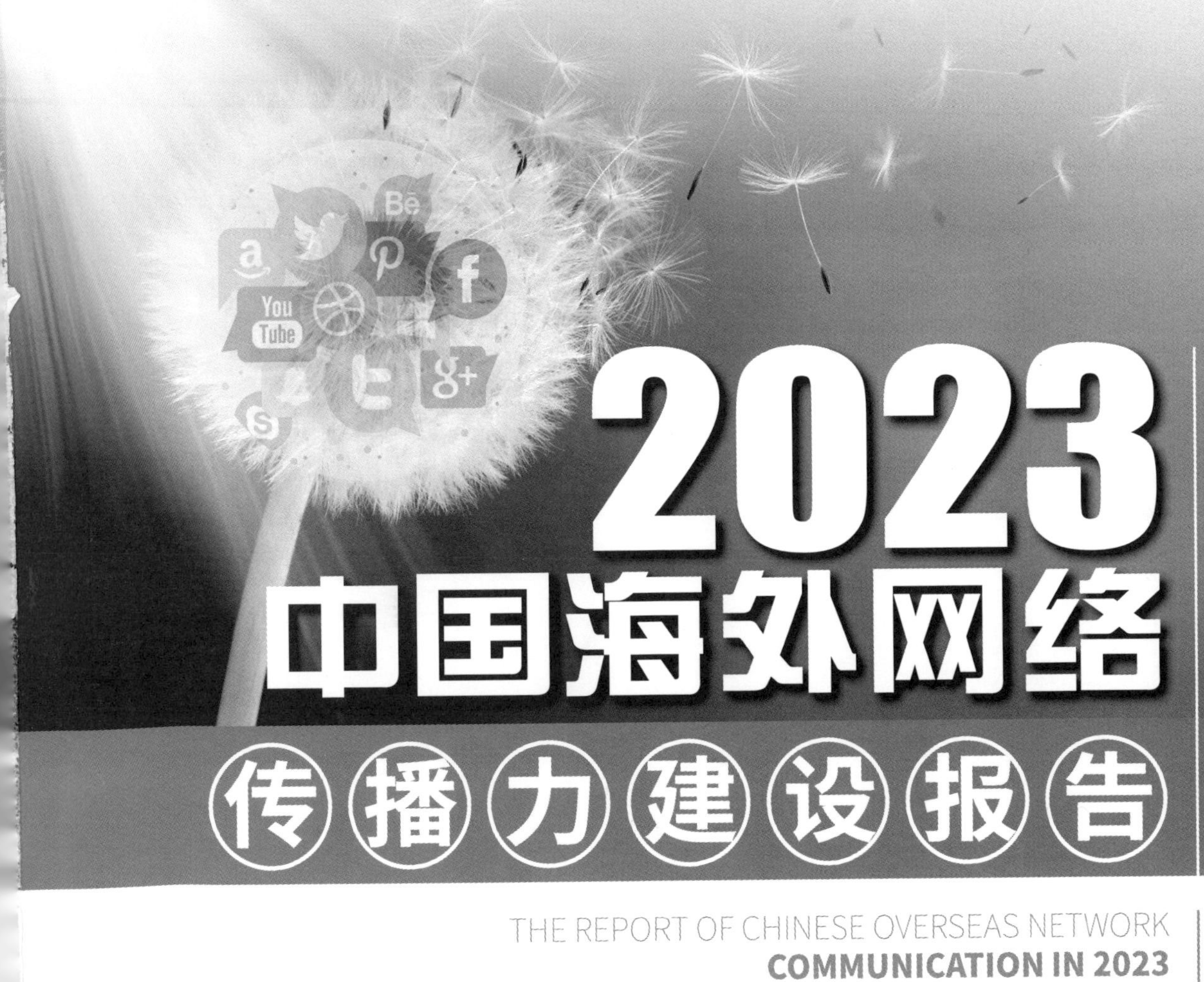

2023 中国海外网络传播力建设报告

THE REPORT OF CHINESE OVERSEAS NETWORK **COMMUNICATION IN 2023**

张洪忠　方增泉　周　敏◎著

联合发布方

北京师范大学新媒体传播研究中心

中国日报网、光明网

北京师范大学教育新闻与传媒研究中心

北京师范大学新闻传播学院国际传播策略与效果评估研究中心

图书在版编目（CIP）数据

2023 中国海外网络传播力建设报告/张洪忠，方增泉，周敏著 .—北京：经济管理出版社，2024. 4
ISBN 978-7-5096-9675-0

Ⅰ. ①2… Ⅱ. ①张… ②方… ③周… Ⅲ. ①网络传播—研究报告—中国—2023 Ⅳ. ①G206. 2

中国国家版本馆 CIP 数据核字（2024）第 082624 号

组稿编辑：杜　菲
责任编辑：杜　菲
责任印制：张莉琼
责任校对：张晓燕

出版发行：经济管理出版社
（北京市海淀区北蜂窝 8 号中雅大厦 A 座 11 层　100038）
网　　址：www. E-mp. com. cn
电　　话：（010）51915602
印　　刷：唐山昊达印刷有限公司
经　　销：新华书店
开　　本：787mm×1092mm/16
印　　张：21
字　　数：501 千字
版　　次：2024 年 6 月第 1 版　　2024 年 6 月第 1 次印刷
书　　号：ISBN 978-7-5096-9675-0
定　　价：98. 00 元

联系地址：北京市海淀区北蜂窝 8 号中雅大厦 11 层
电话：（010）68022974　　邮编：100038

课题组成员

总负责人：张洪忠　方增泉　周　敏

课题组参与人员：

《2023 中国大学海外网络传播力建设报告》

课题组成员：祁雪晶　王启臻　宋奕萱　肖可心
林昱彤　吴　悦　何欣雨　李娇萱

数 据 处 理：苏世兰

《2023 中央企业海外网络传播力建设报告》

课题组成员：何　薇　尹　双　贺楚歌　谷　蕊
孙茹馨　宋晓蕖

数 据 处 理：苏世兰

《2023 中国城市海外网络传播力建设报告》

课题组成员：陈思羽　李昀玥　卞中明　倪　可
曾雨欣　贺菁希　乔　彬　郑亦佳

数 据 处 理：苏世兰

联合发布方：

北京师范大学新媒体传播研究中心

中国日报网

光明网

北京师范大学教育新闻与传媒研究中心

北京师范大学新闻传播学院国际传播策略与效果评估研究中心

序

海外网络传播力测量的十年摸索

张洪忠

我们团队在2013年尝试测量我国媒体的海外网络传播力，2014年开始正式发布我国大学海外网络传播力报告，分别在2017年、2018年将模型延展到我国中央企业和城市海外网络传播力分析。从此，形成了固定的大学、中央企业、城市海外网络传播力年度报告的发布，并从2018年开始将报告结集为书籍出版。其间，也有过一些主题年度报告发布，如在2016年发布了中央媒体海外网络传播力报告，在2021年和中国电影博物馆联合发布了《中国电影海外网络传播力报告（2018—2020）》等。

10年的海外网络传播力报告研究工作，我们一直在分析模型的稳定与变化之间摸索。

最初，海外网络传播力分析模型的数据采集来自Google、Twitter、Facebook和Wikipedia四个网络平台，分析我国大学在这些网络平台的英文新闻报道数量、英文账号建设情况（英文账号建设的具体指标包括是否有账号/词条、粉丝数量、发布内容数量、得到的点赞数等），这些指标着重考察我国大学在海外网络空间自己建设了多少数量的“在场”情况。这四个网络平台和“在场”指标在10年的报告生产模型中一直都保留。

随着研究的扩展，10年中分析模型在两个方面发生变化。首先是数据采集平台的增加，逐渐增加了Youtube、Insgram、TikTok三个网络平台，形成七个网络平台的数据采集，在2023年更是增加了ChatGPT网络平台。作为AI大模型应用代表的ChatGPT在2022年11月30日发布后三个月注册用户就超过1亿，成为一个有规模影响的新网络平台，海外网络传播力报告及时跟进，将ChatGPT数据纳入考察模型。2023年是全球AI大模型快速走向应用的第一年，Claude、BERT、LLaMA、Gemini等大模型的应用都有规模不等的用户。后续研究中团队会密切关注，及时将海外有规模影响的大模型应用数据纳入分析模型中。

在2023年报告中我们继续加大“关注”“认同”的指标权重。我们将“海外网络传播力”理解为四个层次，依次分别是在场、关注、承认、认同。从第一层次的“在场”到第三、第四层次的“承认”“认同”，不仅仅是考察主体有多少海外社交媒体账号、发了多少内容，更需要考察引起多少话题，得到多少关注与评价，得到多少承认甚至认同。我们在10年中将指标逐渐从第一层次的“在场”向第二层次的“关注”和第三层次的“承认”转移。2023年继续加大力度，如在大学海外网络传播力报告中，降低YouTube自有账号建设中“订阅数量”的权重（由5%变为2%）和“一年内发布的内容数量”权重

（由 5%变为 2%），而增加“最高点赞量”，“最高评论量”等；中央企业海外网络传播力的 X（Twitter）与 Facbook 中的“平台传播量”改为其他人是否传播的“他建数据”传播数量等。

还有一个问题需要交代一下：最近几年总有朋友问，为什么我国内地的大学海外网络传播力只有 141 所大学，不是全部的我国内地大学考察？为什么只有 97 家国务院国有资产监督管理委员会下属的中央企业海外网络传播力，没有其他中央企业的考察？

在 2014 年开展第一次研究工作时，限于可行性，只选择了我国的 211 大学进行考察。在后来的研究工作中补充了“双一流”大学，一共是 141 所，还选取 41 所入选 QS 亚洲 200 强的中国港澳台大学作为考察对象。通过这些大学的考察，希望能在一定程度上代表我国大学的海外网络传播力状况。同时，我们越来越认识到，我国内地还有一些有国际影响力的大学没有纳入进来，这是不完整的，在后续研究中我们会根据研究工作的可行性，适当考虑扩大我国内地大学的考察范围。同样限于可行性，我们主要聚焦国有资产监督管理委员会下属的 97 家中央企业，没有把文化类、金融类中央企业纳入考察。每一年的大学、中央企业、城市海外网络传播力的数据挖掘、整理、分析、报告撰写等都是一个大工程，我们将其定位为一个完全学术公益的中立研究报告，也就几乎没有外来资源投入，主要依赖我们自己的其他课题经费来做支持，人力物力非常有限，只能在保证科学性的前提下，在全面性和可行性之间寻找平衡点。

每年的 9 月我们开始组建研究团队，以硕士一年级的新生为主，一些本科生也参与团队工作。博士后苏世兰 10 年来一直承担数据建模和算法实现工作，从数学硕士、复杂系统博士，一直到传播学博士后，全程参与了这份报告的工作。10 年来，通过这份报告我们培养了一届又一届研究生和本科生的研究能力。可以说，这份报告既是我国国际传播能力建设其中一个方面的评估，也是培养学生国际传播的数据处理能力、观察能力和分析能力的教学模式探索。

目　录

第一章　2023 中国大学海外网络传播力建设报告

摘　要

党的二十大报告指出，要加快构建中国话语和中国叙事体系，讲好中国故事、传播好中国声音，展现可信、可爱、可敬的中国形象。中国大学既是中国形象国际传播的重要主体，也是中国形象对外展示的有机组成部分。从国家战略发展格局的高度看，向世界讲好中国大学故事有利于中国扩大国际影响力、增强国际话语权。

本报告选取了 141 所内地大学（涵盖全部“双一流”大学和原“211 工程”大学）、41 所港澳台地区大学作为研究对象，并以 4 所日韩大学、4 所美国大学为参照分析，从 Google、Wikipedia、X（Twitter）、Facebook、Instagram、YouTube 和 ChatGPT 这 7 个平台采集数据进行分析。

2023 年中国大学的海外网络传播力综合指数得分靠前的依次是清华大学、北京大学、香港大学、浙江大学、台湾大学、香港中文大学、香港科技大学、台湾阳明交通大学、澳门大学和台湾师范大学。

2023 年内地大学的海外网络传播力综合指数得分靠前的依次是清华大学、北京大学、浙江大学、中国美术学院、武汉大学、上海交通大学、复旦大学、北京理工大学、中央音乐学院和中国科学技术大学。

研究发现，2023 年中国大学海外网络传播力具有以下 9 个特征：

（1）内地大学海外传播力综合指数呈现头部效应，分布呈现倒“丁”形。141 所内地大学中，共有 29 所高校的综合指数超过总体平均值，占总体的 20. 57%，其余 79. 43%的大学综合指数均在总体平均值以下，即大部分内地大学的海外网络传播力低于总体平均水平。这表明内地大学间的海外网络传播力建设存在差距，其头部大学的优势明显，应发挥头部大学的示范作用，全面加强海外全媒体平台建设。

（2）中国大学海外社交媒体平台传播力有明显提升。在 Facebook 平台上，2023 年中国大学账号平均好友数量为 71212，相较上年的 62473 增长了 13. 99%。在 X 平台头部大学中，北京大学的粉丝数量为 691689，相较上年的 292934 增幅高达 136. 12%；武汉大学的粉丝数量为 17456，相较上年的 1795 增幅高达 872. 48%，用户基数实现大幅攀升。在 YouTube 平台上，2023 年新跻身头部高校行列的西安交通大学他建平台浏览总量超出平均水平，达 1102. 49%。在 Instagram 平台上，中国大学账号单条视频信息最高播放量为清华大学的 1444000 次，较上年的 21000 次增幅达 6776. 19%。中国大学账号单条视频信息平均最高点击量为 38006 次，较上年的 6783 次增长了 460. 31%。

（3）内地大学与港澳台地区大学在社交媒体平台的传播力上整体存在一定差距。在 X 平台差距较小，但在 Instagram、YouTube、Facebook 平台上大幅落后。具体而言，内地大学的 X 传播力指数均值为 4. 00，约为港澳台地区大学的 89. 48%，表现最好。而在 YouTube、Instagram 和 Facebook 平台上，内地大学的传播力得分均值均不及港澳台地区大学的 50%，尤其 Facebook 平台甚至低于港澳台地区大学得分平均值的 25%。

（4）清华大学在平台自我建设方面已经逐步赶上中国港澳台地区大学，与美国头部大学相比存在差距。将 6 年来内地大学海外网络传播力指数得分第 1 分别与当年美国、日韩和港澳台地区的参照大学排名第 1 进行比较发现，内地大学第 1（清华大学）已经明显超过港澳台地区大学第 1（香港大学），但 2023 年被日韩参照大学第 1（高丽大学）反超。同时，与美国参照大学第 1（斯坦福大学）比较可以发现，清华大学与斯坦福大学之间的差距进一步扩大，尤其在全社交平台的关注度与讨论度上仍有不小的欠缺。但在平台自我建设方面，内地头部的清华大学、北京大学已经逐渐赶上，差距正在显著缩小，表明内地大学的海外传播力建设取得了明显的进步。

（5）前沿科研成果是内地大学海外传播的突出亮点。在 Google 新闻中，学术成果是国际媒体报道、关注与评价大学的重要议题，也是各个大学提升 Google 海外网络传播力的重要手段。以南京大学为例，南京大学一年内正面新闻数量较上年增幅达 20. 73%，从内容上看，2023 年南京大学的新闻报道主题主要为对材料科学、生物学、地质学、生物进化学、物理学、考古学、历史学等自然科学领域以及人文科学领域的研究成果。例如，超导物理与材料研究中心温海虎团队推翻美国罗切斯特大学朗加·迪亚斯（Ranga Dias）团队室温超导研究、研究屋顶光伏发电的碳减排潜力、发明全钙钛矿串联太阳能电池等成果。在科研与节能环保方面的成果产出与报道能够向世界展示中国大学的科研水平与积极承担社会责任的担当，对展示正面形象起到重要作用。

（6）内地大学将中华传统文化作为海外传播发力点。传统文化主题是内地各大学展示自身特色、弘扬中华文化的重要发布内容，其点赞量（或转发量）与评论量明显优于其他主题。在 Instagram 平台，中国美术学院 2023 年排名第 7，粉丝数量为 31000，较上年增加近 63. 16%，一年内图文最高点赞量 15269 次，一年内视频最高点击量 238000 次，互动数据表现良好。从内容上看，中国美术学院延续其发掘、弘扬中国传统文化的账号特色，发挥院校优势，以艺术为切入点传播中国传统文化，如该大学会在每个节气发布介绍视频，用中国传统文化内核搭配英文表达和中国风配乐，带给用户强烈视听觉冲击，单条内容获得点赞量超 1. 5 万次，用户反响良好。

（7）知名校友互动、顶尖人才访问可以带动中国大学海外传播力增长。例如，在 X 平台上，香港科技大学对优秀校友和师生代表的大力宣传为其带来更多的社会关注，一个主要内容为“改变游戏规则的汗液感应技术让训练更智能、更安全”的发帖，配以该校知名跨栏运动员的图片，获得了超过 1700 人次的关注。邀请知名人士入校互动，加强对典型人物的报道，一方面可以为社会带来更多的正能量传播，进一步强化大学的正面形象；另一方面也可以借助互动吸引更多感兴趣的受众关注，让共创活动成为大学海外传播与海外交流造势的新推手。

（8）内地大学海外社交平台的点击量、点赞量、转发量与评论量整体相对偏低。在X平台上，内地大学账号平均评论总量为94.61万次，仅为美国参照大学的1.45%；在Facebook平台上，内地大学账号平均评论总量为305.04万次，为港澳台地区大学的45.14%和美国参照大学的11.17%；在YouTube平台上，内地大学账号平均最高评论数仅为0.73万次，仅为港澳台地区大学平均回复量的15.76%；在Instagram平台上，内地大学账号平均回复量仅为5.40万次，仅为港澳台地区大学平均回复量的2.18%、美国参照大学平均回复量的0.99%，存在显著差距。

（9）中国大学在ChatGPT平台的得分与Google、Wikipedia、X、Facebook、Instagram和YouTube平台以及综合指数得分呈现显著正相关。将中国大学在ChatGPT平台的全球传播量评分得分分别与Google、Wikipedia、X、Facebook、Instagram和YouTube这6个平台的传播力得分情况进行皮尔逊相关分析，结果显示，ChatGPT平台得分与其他6个平台得分以及综合得分均呈现显著正相关。

一、背景

党的二十大报告强调，要增强中华文明传播力和影响力，坚守中华文化立场，提炼展示中华文明的精神标识和文化精髓，加快构建中国话语和中国叙事体系，讲好中国故事、传播好中国声音，展现可信、可爱、可敬的中国形象。加强国际传播能力建设，全面提升国际传播效能，形成同我国综合国力和国际地位相匹配的国际话语权。中国大学既是中国形象国际传播的重要载体，也是中国形象对外展示的有机组成部分。从国家战略发展格局的高度看，向世界讲好中国大学故事有利于中国扩大国际影响力、增强国际话语权。

大学的海外传播力是大学在国际上受关注的程度，反映着大学品牌的国际影响力和国际知名度。同时，海外网络平台已经成为我国大学提高海外传播力的重要渠道，助力中国大学在国际社会中展示中国形象。为了更科学、准确地评价中国大学的海外传播力建设状况，为中国大学推进国际传播提供更具针对性的参考，本报告延续往年研究的做法，继续选取Google、Wikipedia、X（Twitter）、Facebook、Instagram和YouTube这6个主要海外网络平台作为中国大学海外网络传播力的分析维度，并创新性地加入ChatGPT平台作为新的维度，全面考察中国大学的海外传播力建设现状。

本报告认为传播力分为四个层次：第一层次是“在场”，衡量标准是在互联网场域中的出现频率，操作化定义是提及率，在场是传播力的基础；第二层次是“关注”，即“在场”内容引起什么话题，得到多少关注与评价，关注是传播力的重点；第三层次是“承认”，即互联网世界对一个国家传播内容的价值认可程度；第四层次是“认同”，是对“承认”的一种深化，强调在保持文化自信和文化自觉的同时真正认可并尊重一国文化。综合考虑多方因素，本报告主要从第一层次和第二层次来考察中国大学在海外的传播力指数，并逐渐向第三层次和第四层次转向。

在研究设计中，本报告选取 141 所内地大学、41 所港澳台地区大学作为研究样本，并选择 8 所国外大学作为参照，通过抓取国际搜索网站和大型社交平台数据，设定具体的维度和指标进行比对分析，以期了解中国大学的海外网络传播力现状，提高中国大学海外网络传播能力，完善中国海外网络传播体系建设，进而提升中国整体的国际传播实力，助力中国综合国力和国际地位的跃升。

二、研究方法

（一）平台选择

为了更科学、准确地评价中国大学传播力建设的状况，为中国大学海外影响力提升以及为中国国际传播新格局建设提供更具有针对性的参考，本报告选取 Google、Wikipedia、X（Twitter）、Facebook、Instagram、YouTube、ChatGPT 7 个平台作为中国大学海外网络传播力的考察维度，量化研究中国大学的海外网络传播力现状。

Google 是全球最大的搜索引擎，提供超过 30 余种语言服务，在全球搜索引擎平台上占据主导地位。Google News 是世界范围内英文新闻最大的集合渠道之一，涵盖全球主流媒体新闻报道。因此，以 Google News 为平台分析中国大学海外报道的新闻内容和报道数量。

Wikipedia 是基于多种语言写成的网络百科全书，也是一个动态的、可自由访问与编辑的全球知识体，拥有广泛的用户群体。Wikipedia 的英文词条完整性能够在一定程度上反映中国大学面向全球编辑和完善英文媒体资料的主动性和积极性。

X（Twitter）是具有代表性的全球性社交媒体平台，话题讨论多样，参与群体多元化，于 2022 年被埃隆·马斯克收购，并于 2023 年 7 月更名为“X”。截至 2023 年 7 月，X 月度活跃用户数量达 5.41 亿，受众覆盖世界多地。X 为受众提供一个公共讨论平台，不同地理空间的信息都可以通过社交网络传播扩散，有着很强的国际影响力。对 X 中的中国大学自身建设和全平台传播数据进行统计，可在一定程度上反映出中国大学在海外普通用户群体中传播的深度与广度。

Facebook 是以“熟人”社交模式为主打的社交媒体平台，用户可以利用该平台发布各类内容，与拥有共同兴趣的好友交流讨论观点、分享网络信息。官方发布的 2023 年第三季度投资者报告显示，截至 2023 年 9 月，平均每日有超过 20.9 亿用户访问 Facebook 平台，月度活跃用户数量达 30.5 亿，是全球最“活跃”的社交媒体平台。Facebook 的官方主页是大学宣传和吸引粉丝的重要阵地，Facebook 平台的数据统计在一定程度上可以反映出中国大学海外传播的触达范围、触达深度以及认同程度。

Instagram 于 2010 年 10 月推出，不同于传统社交媒体，它更专注于图片分享，主推图片社交，深受年轻人欢迎。自问世以来其用户数量一直保持高速增长，截至 2023 年 4 月，Instagram 已经覆盖 16.28 亿用户，全球约有 20.3%的人在使用 Instagram，在全球最“活跃”社交媒体排名中位列第 4。同时，Instagram 在海外青年群体中影响力较强，Ypulse 的研究报告显示，自 2022 年 11 月以来，Z 世代和千禧一代的 Instagram 使用量正在不断增长，约 43%的 Z 世代和 52%的千禧一代每天都使用这款应用。所以，Instagram 也是中国大学海外传播的重要渠道。

YouTube 是海外主要视频网站，用户可在平台内自主上传和浏览全球范围的视频内容。应用程序 Annie 的数据显示，YouTube 用户每次访问平均花费 29 分 15 秒，是用户平均使用时间最长的平台。Kepios 的报告显示，截至 2023 年 4 月，YouTube 已吸引超过 25.27 亿用户，全球约有 31.5%的用户在使用 YouTube。作为全球规模最大和最有影响力的视频网站，YouTube 深受不同群体用户青睐。在 YouTube 平台上进行视频传播可以做到快速、大范围扩散，吸引不同国家用户成为国内高校粉丝。

ChatGPT（Chat Generative Pre-trained Transformer）是由 OpenAI 公司开发的基于大语言模型的生成式人工智能产品。自 2022 年 11 月推出以来，其丰富的应用场景和处理复杂任务的卓越能力深受消费市场青睐。截至 2023 年 11 月，ChatGPT 移动应用程序的安装量超过 1.1 亿次。Similarweb 的数据显示，ChatGPT 网站在过去一个月内（2023 年 12 月）的访问量高达 17 亿次，拥有庞大的用户群体和广泛的应用范围。ChatGPT 具备强大的数据抓取和分析能力，能够访问并抓取相关互联网数据，包括新闻报道、社交媒体动态、学术研究等媒体内容，并运用深度学习算法对抓取内容进行综合分析，进而对大学的全球媒体传播情况进行客观、全面的评估和打分。本报告创新性地将 ChatGPT 这一基于大数据综合分析的新平台纳入考察，以期对大学的海外网络传播力有更为全面的认知。

（二）指标

本报告采用专家法设立指标和权重。择取 Google、Wikipedia、X、Facebook、Instagram、YouTube、ChatGPT 作为 7 个考察维度。各维度下设具体指标，各指标以不同权重参与维度评估，各维度以不同指标共同参与中国大学与参照大学海外网络传播力评估。7 个维度共有二级指标 36 个，逐一赋予权重进行量化统计和分析，得出 182 所中国大学在海外网络传播力指数。

与 2022 年中国大学的海外网络传播力指标体系相比，本报告在往年研究的 6 个平台的基础上加入了 ChatGPT 作为新的考察维度，并采用专家法对指标体系进行调整。报告借助大数据挖掘分析法，使用 Python 爬虫程序，以大学英文全称为关键词，检索、收集相关数据，并对获取的信息进行正负面判断，最终得到各大学的正面传播量数据。具体指标体系及权重如下：

表 1-1　中国大学海外网络传播力指标维度及权重分布　　单位：%

<table>
<tr><th>维度</th><th colspan="2">指标</th><th colspan="2">权重</th></tr>
<tr><td>Google</td><td colspan="2">新闻数量（正面新闻）</td><td>20</td><td>20</td></tr>
<tr><td rowspan="4">Wikipedia</td><td colspan="2">词条完整性</td><td>1</td><td rowspan="4">4</td></tr>
<tr><td colspan="2">一年内词条被编辑的次数</td><td>1</td></tr>
<tr><td colspan="2">一年内参与词条编辑的用户数</td><td>1</td></tr>
<tr><td colspan="2">链接情况（What links here）</td><td>1</td></tr>
<tr><td rowspan="8">X</td><td rowspan="5">自有账号建设</td><td>是否有官方认证账号</td><td>1</td><td rowspan="8">20</td></tr>
<tr><td>粉丝数量</td><td>2</td></tr>
<tr><td>一年内发布的内容数量</td><td>2</td></tr>
<tr><td>一年内转发总量（retweets）</td><td>2</td></tr>
<tr><td>一年内评论总数</td><td>2</td></tr>
<tr><td rowspan="3">他建数据</td><td>一年内正面转发总量（retweets）</td><td>3</td></tr>
<tr><td>一年内正面评论总数</td><td>3</td></tr>
<tr><td>正面传播量</td><td>5</td></tr>
<tr><td rowspan="7">Facebook</td><td rowspan="4">自有账号建设</td><td>是否有官方认证账号</td><td>1</td><td rowspan="7">19</td></tr>
<tr><td>好友数量</td><td>2</td></tr>
<tr><td>一年内点赞总量</td><td>2</td></tr>
<tr><td>一年内评论总数</td><td>2</td></tr>
<tr><td rowspan="3">他建数据</td><td>正面评论总量</td><td>4</td></tr>
<tr><td>正面点赞总量</td><td>4</td></tr>
<tr><td>正面传播量</td><td>4</td></tr>
<tr><td rowspan="6">Instagram</td><td colspan="2">是否有官方认证账号</td><td>1</td><td rowspan="6">15</td></tr>
<tr><td colspan="2">粉丝数量</td><td>2. 8</td></tr>
<tr><td colspan="2">一年内发布的内容数量</td><td>2. 8</td></tr>
<tr><td colspan="2">一年内最多回复数量</td><td>2. 8</td></tr>
<tr><td colspan="2">一年内图文最高点赞量</td><td>2. 8</td></tr>
<tr><td colspan="2">一年内视频最高点击量</td><td>2. 8</td></tr>
<tr><td rowspan="9">YouTube</td><td rowspan="5">自有账号建设</td><td>是否有官方认证账号</td><td>1</td><td rowspan="9">17</td></tr>
<tr><td>订阅数量</td><td>2</td></tr>
<tr><td>一年内发布的视频数量</td><td>2</td></tr>
<tr><td>一年内最高浏览量</td><td>2</td></tr>
<tr><td>一年内最高评论量</td><td>2</td></tr>
<tr><td rowspan="4">他建数据</td><td>平台一年内发布的视频数量</td><td>2</td></tr>
<tr><td>平台一年内浏览总量</td><td>2</td></tr>
<tr><td>平台一年内点赞总量</td><td>2</td></tr>
<tr><td>平台一年内评论总量</td><td>2</td></tr>
<tr><td>ChatGPT</td><td></td><td>排名</td><td>5</td><td>5</td></tr>
</table>

（三）算法

首先，数据整理。将非定量数据转化成定量数据，非定量数据所在指标分别为：Wikipedia 中的“词条完整性”，X 中的“是否有官方论证账户”，Facebook 中的“是否有官方论证账户”，Instagram 中的“是否有官方论证账户”，YouTube 中的“是否有官方论证账户”等。

其次，计算各个指标的指数。具体算法如下：

$$x_j = a + k\left(\sum_{i=1}^{7}\beta_i y_{ij} - \min_j\left(\sum_{i=1}^{7}\beta_i y_{ij}\right)\right)$$

$x_j \in [a, 100]$：大学 j 的海外传播力综合得分。

β_i：任意一级指标的权重，$i=1, 2, 3, 4, 5, 6, 7$。

$y_{1j} = \dfrac{z_{1j}}{\max\limits_j(z_{1j})} \times 100$：大学 j 在 Google 的网络传播力的得分，其中 z_{1j} 是大学 j 在 Google 搜索上的正面数值。

$$y_{2j} = \frac{(1/\beta_2)\sum_{k=1}^{4}\alpha_{2k} \times \dfrac{z_{2j}^k}{\max\limits_j(z_{2j}^k)} \times 100}{\max\limits_j\left((1/\beta_2)\sum_{k=1}^{4}\alpha_{2k} \times \dfrac{z_{2j}^k}{\max\limits_j(z_{2j}^k)} \times 100\right)} \times 100$$

：大学 j 在 Wikipedia 的网络传播力得分，其中 z_{2j}^k 是大学 j 在 Wikipedia 任意二级指标上的数值，α_{2k} 为任意二级指标的权重，$k = 1, 2, 3, 4$。

$$y_{3j} = \frac{(1/\beta_3)\sum_{k=1}^{8}\alpha_{3k} \times \dfrac{z_{3j}^k}{\max\limits_j(z_{3j}^k)} \times 100}{\max\limits_j\left((1/\beta_3)\sum_{k=1}^{8}\alpha_{3k} \times \dfrac{z_{3j}^k}{\max\limits_j(z_{3j}^k)} \times 100\right)} \times 100$$

：大学 j 在 X 的网络传播力得分，其中 z_{3j}^k 是大学 j 在 X 任意二级指标上的数值，α_{3k} 为一级指标 X 下任意二级指标的权重，$k = 1, 2, 3, 4, 5, 6, 7, 8$。

$$y_{4j} = \frac{(1/\beta_4)\sum_{k=1}^{7}\alpha_{4k} \times \dfrac{z_{4j}^k}{\max\limits_j(z_{4j}^k)} \times 100}{\max\limits_j\left((1/\beta_4)\sum_{k=1}^{7}\alpha_{4k} \times \dfrac{z_{4j}^k}{\max\limits_j(z_{4j}^k)} \times 100\right)} \times 100$$

：大学 j 在 Facebook 的网络传播力得分，其中 z_{4j}^k 是大学 j 在 Facebook 任意二级指标上的数值，α_{4k} 为一级指标 Facebook 下任意二级指标的权重，$k = 1, 2, 3, 4, 5, 6, 7$。

$$y_{5j}=\frac{(1/\beta_5)\sum_{k=1}^{6}\alpha_{5k}\times\frac{z_{5j}^{k}}{\max_j(z_{5j}^{k})}\times 100}{\max_j\left((1/\beta_5)\sum_{k=1}^{6}\alpha_{5k}\times\frac{z_{5j}^{k}}{\max_j(z_{5j}^{k})}\times 100\right)}\times 100$$：大学 j 在 Instagram 的网络传播力得分，其中 z_{5j}^{k} 是大学 j 在 Instagram 任意二级指标上的数值，α_{5k} 为一级指标 Instagram 下任意二级指标的权重，$k=1，2，3，4，5，6$。

$$y_{6j}=\frac{(1/\beta_6)\sum_{k=1}^{9}\alpha_{6k}\times\frac{z_{6j}^{k}}{\max_j(z_{6j}^{k})}\times 100}{\max_j\left((1/\beta_6)\sum_{k=1}^{9}\alpha_{6k}\times\frac{z_{6j}^{k}}{\max_j(z_{6j}^{k})}\times 100\right)}\times 100$$：大学 j 在 YouTube 的网络传播力得分，其中 z_{6j}^{k} 是大学 j 在 YouTube 任意二级指标上的数值，α_{6k} 为一级指标 YouTube 下任意二级指标的权重，$k=1，2，3，4，5，6，7，8，9$。

$y_{7j}=\frac{z_{7j}}{\max(z_{7j})}\times 100$：大学 j 在 ChatGPT 上的网络传播力的得分，其中 z_{7j} 是大学 j 在 ChatGPT 上的正面数值。

（四）数据采集

本报告中 Google、Wikipedia、Instagram、YouTube、ChatGPT 以及 X 和 Facebook 维度下的自有账号建设部分共 30 个二级指标的采集时间为 2022 年 10 月 16 日至 2023 年 10 月 15 日，时间覆盖一整年。而 X 和 Facebook 维度下的他建数据部分共 6 个二级指标的采集时间为 2023 年 11 月 10~17 日，时间覆盖 7 天。

（五）研究对象

1. 中国大学

本报告选取 182 所中国大学作为研究对象，包括 141 所内地大学以及 41 所港澳台地区大学，试图对中国大学的海外网络传播力做全景分析。同时选择了 4 所日韩大学、4 所美国大学作为参照分析。

2017 年 9 月 21 日，教育部、财政部、国家发展改革委联合发布《关于公布世界一流大学和一流学科建设大学及建设学科名单的通知》，在既有“985 工程”、“211 工程”大学名单基础上，正式确认世界一流大学和一流学科建设大学及建设学科名单，首批双一流建设名单中大学共计 137 所。本报告在以往大学海外网络传播力研究的基础上，在原“211 工程”大学名单中加入新增“双一流”建设的大学，最终共计研究 141 所内地大学。这些大学建设较为成熟或发展优势突出，代表了内地高等教育的领先水平，对其研究能一窥内地大学海外网络传播力发展的前沿现状。

研究选取 8 所入选 QS 亚洲 200 强的港澳地区大学和 33 所在台湾地区综合实力较强的

大学作为探究香港、澳门、台湾三地大学网络传播力发展现状的研究样本，具体而言，香港 7 所、澳门 1 所、台湾 33 所。这 41 所大学在亚洲大学排名中均表现较好，能代表港澳台地区高等教育领先水平，选择其作为研究对象，对了解港澳台地区大学海外网络传播力有重大意义。

2. 参照大学

为与亚洲其他国家大学进行海外网络传播力对比，选取入选 QS 亚洲 200 强排名、在其国家大学排名靠前的 4 所大学作为参照对象，具体是日本东京大学、日本京都大学、韩国首尔大学、韩国高丽大学。同时选取了 4 所美国大学作为参照。这 4 所大学可以代表全球高等教育的顶尖水平，选择其作为样本对于研究中国大学的海外传播力具有重要参考价值，包括哈佛大学、斯坦福大学、耶鲁大学、麻省理工学院。

在参照分析时，选择了海外网络传播力综合指数第 1 的斯坦福大学作为参照分析。因为绝对数值一直处于波动状态，所以在对比参考大学进行绝对数值的分析时，采用百分比的形式，并将斯坦福大学作为第 1 进行比较。

表 1-2　中国大学名单及英文名称

中文名称	英文名称	中文名称	英文名称
安徽大学	Anhui University	天津大学	Tianjin University
北京大学	Peking University	天津工业大学	Tiangong University
北京工业大学	Beijing University of Technology	天津医科大学	Tianjin Medical University
北京航空航天大学	Beihang University	天津中医药大学	Tianjin University of Traditional Chinese Medicine
北京化工大学	Beijing University of Chemical Technology	同济大学	Tongji University
北京交通大学	Beijing Jiaotong University	外交学院	China Foreign Affairs University
北京科技大学	University of Science and Technology Beijing	武汉大学	Wuhan University
北京理工大学	Beijing Institute of Technology	武汉理工大学	Wuhan University of Technology
北京林业大学	Beijing Forestry University	西安电子科技大学	Xidian University
北京师范大学	Beijing Normal University	西安交通大学	Xi' an Jiaotong University
北京体育大学	Beijing Sport University	西北大学	Northwest University (China)
北京外国语大学	Beijing Foreign Studies University	西北工业大学	Northwestern Polytechnical University
北京协和医学院	Peking Union Medical College	西北农林科技大学	Northwest Agriculture and Forestry University
北京邮电大学	Beijing University of Posts and Telecommunications	西藏大学	Tibet University
北京中医药大学	Beijing University of Chinese Medicine	西南财经大学	Southwestern University of Finance and Economics

续表

中文名称	英文名称	中文名称	英文名称
成都理工大学	Chengdu University of Technology	西南大学	Southwest University (China)
成都中医药大学	Chengdu University of TCM	西南交通大学	Southwest Jiaotong University
大连海事大学	Dalian Maritime University	西南石油大学	Southwest Petroleum University
大连理工大学	Dalian University of Technology	新疆大学	Xinjiang University
中国人民解放军海军军医大学	Naval Medical University	延边大学	Yanbian University
中国人民解放军空军军医大学	Air Force Medical University	云南大学	Yunnan University
电子科技大学	University of Electronic Science and Technology of China	长安大学	Chang'an University
东北大学	Northeastern University (China)	浙江大学	Zhejiang University
东北林业大学	Northeast Forestry University	郑州大学	Zhengzhou University
东北农业大学	Northeast Agricultural University	中国传媒大学	Communication University of China
东北师范大学	Northeast Normal University	中国地质大学（北京）	China University of Geosciences, Beijing
东华大学	Donghua University	中国地质大学（武汉）	China University of Geosciences, Wuhan
东南大学	Southeast University (China)	中国海洋大学	Ocean University of China
对外经济贸易大学	University of International Business and Economics	中国科学技术大学	University of Science and Technology of China
福州大学	Fuzhou University	中国科学院大学	University of Chinese Academy of Sciences
复旦大学	Fudan University	中国矿业大学（北京）	China University of Mining and Technology-Beijing
广西大学	Guangxi University	中国矿业大学（徐州）	China University of Mining and Technology
广州中医药大学	Guangzhou University of Chinese Medicine	中国美术学院	China Academy of Art
贵州大学	Guizhou University	中国农业大学	China Agricultural University
国防科技大学	National University of Defense Technology	中国人民大学	Renmin University of China
哈尔滨工程大学	Harbin Engineering University	中国人民公安大学	People's Public Security University of China
哈尔滨工业大学	Harbin Institute of Technology	中国石油大学（北京）	China University of Petroleum-Beijing
海南大学	Hainan University	中国石油大学（华东）	China University of Petroleum
合肥工业大学	Hefei University of Technology	中国药科大学	China Pharmaceutical University
河北工业大学	Hebei University of Technology	中国音乐学院	China Conservatory of Music

续表

中文名称	英文名称	中文名称	英文名称
河海大学	Hohai University	中国政法大学	China University of Political Science and Law
河南大学	Henan University	中南财经政法大学	Zhongnan University of Economics and Law
湖南大学	Hunan University	中南大学	Central South University
湖南师范大学	Hunan Normal University	中山大学	Sun Yat-sen University
华北电力大学（保定）	North China Electric Power University（Baoding）	中央财经大学	Central University of Finance and Economics
华北电力大学（北京）	North China Electric Power University（Beijing）	中央美术学院	Central Academy of Fine Arts
华东理工大学	East China University of Science and Technology	中央民族大学	Minzu University of China
华东师范大学	East China Normal University	中央戏剧学院	The Central Academy of Drama
华南理工大学	South China University of Technology	中央音乐学院	Central Conservatory of Music
华南师范大学	South China Normal University	重庆大学	Chongqing University
华中科技大学	Huazhong University of Science and Technology	澳门大学＊	University of Macau
华中农业大学	Huazhong Agricultural University	台湾大同大学＊	Tatung University
华中师范大学	Central China Normal University	台湾东海大学＊	Tunghai University
吉林大学	Jilin University	台湾东吴大学＊	Soochow University（Taiwan）
暨南大学	Jinan University（China）	台湾逢甲大学＊	Feng Chia University
江南大学	Jiangnan University	台湾辅仁大学＊	Fu Jen Catholic University
兰州大学	Lanzhou University	高雄医学大学＊	Kaohsiung Medical University
辽宁大学	Liaoning University	台湾成功大学＊	National Cheng Kung University
南昌大学	Nanchang University	台湾东华大学＊	National Dong Hwa University
南京大学	Nanjing University	台湾高雄科技大学＊	National Kaohsiung University of Science and Technology
南京航空航天大学	Nanjing University of Aeronautics and Astronautics	台湾暨南国际大学＊	National Chi Nan University
南京理工大学	Nanjing University of Science and Technology	台湾清华大学＊	National Tsing Hua University
南京林业大学	Nanjing Forestry University	台北大学＊	National Taipei University
南京农业大学	Nanjing Agricultural University	台北科技大学＊	National Taipei University of Technology
南京师范大学	Nanjing Normal University	台湾大学＊	National Taiwan University

续表

中文名称	英文名称	中文名称	英文名称
南京信息工程大学	Nanjing University of Information Science & Technology	台湾海洋大学＊	National Taiwan Ocean University
南京邮电大学	Nanjing University of Posts and Telecommunications	台湾科技大学＊	National Taiwan University of Science and Technology（Taiwan Tech）
南京中医药大学	Nanjing University of Chinese Medicine	台湾师范大学＊	National Taiwan Normal University
南开大学	Nankai University	台湾阳明交通大学＊	National Yang Ming Chiao Tung University
内蒙古大学	Inner Mongolia University	台湾云林科技大学＊	National Yunlin University of Science and Technology
宁波大学	Ningbo University	台湾彰化师范大学＊	National Changhua University of Education
宁夏大学	Ningxia University	台湾政治大学＊	National Chengchi University
青海大学	Qinghai University	台湾中山大学＊	National Sun Yat-sen University
清华大学	Tsinghua University	台湾中兴大学＊	National Chung Hsing University
厦门大学	Xiamen University	台湾“中央大学”＊	National Central University
山东大学	Shandong University	台湾中正大学＊	National Chung Cheng University
陕西师范大学	Shaanxi Normal University	香港岭南大学＊	Lingnan University，Hong Kong
上海财经大学	Shanghai University of Finance and Economics	台北医学大学＊	Taipei Medical University
上海大学	Shanghai University	台湾淡江大学＊	Tamkang University
上海海洋大学	Shanghai Ocean University	香港城市大学＊	City University of Hong Kong
上海交通大学	Shanghai Jiao Tong University	香港大学＊	The University of Hong Kong
上海体育大学	Shanghai University of Sport	香港浸会大学＊	Hong Kong Baptist University
上海外国语大学	Shanghai International Studies University	香港科技大学＊	The Hong Kong University of Science and Technology
上海音乐学院	Shanghai Conservatory of Music	香港理工大学＊	The Hong Kong Polytechnic University
上海中医药大学	Shanghai University of Traditional Chinese Medicine	香港中文大学＊	The Chinese University of Hong Kong
石河子大学	Shihezi University	台湾亚洲大学＊	Asia University，Taiwan
首都师范大学	Capital Normal University	台湾元智大学＊	Yuan Ze University
四川大学	Sichuan University	台湾长庚大学＊	Chang Gung University
四川农业大学	Sichuan Agricultural University	台湾中国医药大学＊	China Medical University
苏州大学	Soochow University（Suzhou）	台湾中华大学＊	Chung Hua University
太原理工大学	Taiyuan University of Technology	台湾中原大学＊	Chung Yuan Christian University

注：带＊为港澳台地区大学。下同。

表 1-3　参照大学名单及英文名称

日韩参照大学	
中文名称	英文名称
东京大学 **	The University of Tokyo
高丽大学 **	Korea University
京都大学 **	Kyoto University
首尔大学 **	Seoul National University
美国参照大学	
中文名称	英文名称
哈佛大学 **	Harvard University
斯坦福大学 **	Stanford University
耶鲁大学 **	Yale University
麻省理工学院 **	Massachusetts Institute of Technology

注：带 ** 为海外参照大学。下同。

三、中国大学海外网络传播力综合指数

（一）中国大学海外网络传播力综合指数分布

本报告汇集中国 182 所大学，包括 141 所中国内地大学、41 所中国港澳台地区大学，在 Google、Wikipedia、X（Twitter）、Facebook、Instagram、YouTube 以及 ChatGPT 这 7 个不同海外网络平台上的建设信息，对 7 个维度下 36 个具体指标进行统计，通过综合模型计算得出中国 182 所大学海外网络传播力相对指数总得分。

182 所中国大学海外网络传播力综合指数得分靠前的依次为清华大学、北京大学、香港大学、浙江大学、台湾大学、香港中文大学、香港科技大学、台湾阳明交通大学、澳门大学、台湾师范大学。其中，内地 3 所、香港地区 3 所、澳门地区 1 所、台湾地区 3 所。

表 1-4　中国大学海外网络传播力综合指数

序号	中文名称	得分	序号	中文名称	得分
1	清华大学	100.00	4	浙江大学	65.12
2	北京大学	84.91	5	台湾大学 *	61.54
3	香港大学 *	70.61	6	香港中文大学 *	55.48

续表

序号	中文名称	得分	序号	中文名称	得分
7	香港科技大学 *	52.10	42	台湾长庚大学 *	36.12
8	台湾阳明交通大学 *	49.60	43	台湾中正大学 *	35.98
9	澳门大学 *	49.42	44	台湾中华大学 *	35.95
10	台湾师范大学 *	48.80	45	重庆大学	35.75
11	中国美术学院	46.94	46	西北工业大学	35.38
12	台北大学 *	46.28	47	台湾东华大学 *	35.35
13	香港城市大学 *	45.44	48	中南大学	34.79
14	武汉大学	45.29	49	台湾中原大学 *	34.75
15	台湾清华大学 *	43.29	50	台湾科技大学 *	34.73
16	上海交通大学	43.10	51	高雄医学大学 *	34.71
17	台湾逢甲大学 *	42.55	52	上海大学	34.65
18	香港理工大学 *	42.23	53	同济大学	34.64
19	复旦大学	41.82	54	香港岭南大学 *	34.64
20	台湾东海大学 *	40.71	55	中央戏剧学院	34.56
21	北京理工大学	40.43	56	四川大学	34.53
22	中央音乐学院	40.06	57	台湾海洋大学 *	34.38
23	中国科学技术大学	40.00	58	台湾高雄科技大学 *	34.34
24	西安交通大学	39.75	59	台湾亚洲大学 *	34.32
25	南京大学	39.75	60	台湾云林科技大学 *	34.20
26	台湾中兴大学 *	39.74	61	台湾大同大学 *	34.04
27	北京师范大学	38.64	62	中国科学院大学	33.84
28	北京外国语大学	38.10	63	中央美术学院	33.74
29	台湾成功大学 *	37.74	64	台北医学大学 *	33.67
30	中国人民大学	37.73	65	华东师范大学	33.61
31	香港浸会大学 *	37.43	66	台北科技大学 *	33.61
32	上海音乐学院	37.15	67	上海外国语大学	33.59
33	天津大学	37.14	68	东华大学	33.53
34	山东大学	36.90	69	长安大学	33.51
35	厦门大学	36.76	70	北京化工大学	33.51
36	台湾辅仁大学 *	36.50	71	台湾中山大学 *	33.45
37	中山大学	36.41	72	中国传媒大学	33.45
38	中国农业大学	36.39	73	外交学院	33.38
39	台湾政治大学 *	36.17	74	哈尔滨工业大学	33.31
40	电子科技大学	36.14	75	台湾东吴大学 *	33.27
41	台湾暨南国际大学 *	36.13	76	哈尔滨工程大学	33.21

续表

序号	中文名称	得分	序号	中文名称	得分
77	南京理工大学	33.20	112	中央财经大学	32.00
78	北京协和医学院	33.15	113	中国人民解放军海军军医大学	31.94
79	台湾“中央大学” *	33.15	114	南昌大学	31.91
80	北京航空航天大学	33.13	115	上海海洋大学	31.90
81	西南交通大学	33.04	116	台湾淡江大学 *	31.88
82	台湾元智大学 *	33.00	117	中国药科大学	31.87
83	郑州大学	33.00	118	陕西师范大学	31.85
84	东南大学	32.94	119	北京林业大学	31.82
85	兰州大学	32.86	120	大连海事大学	31.82
86	广西大学	32.86	121	华东理工大学	31.81
87	暨南大学	32.84	122	国防科学技术大学	31.78
88	东北林业大学	32.83	123	南京林业大学	31.77
89	西北大学	32.74	124	湖南大学	31.77
90	台湾中国医药大学 *	32.59	125	南京师范大学	31.72
91	西安电子科技大学	32.56	126	东北师范大学	31.71
92	成都理工大学	32.48	127	北京体育大学	31.69
93	安徽大学	32.46	128	天津中医药大学	31.66
94	大连理工大学	32.39	129	苏州大学	31.65
95	台湾彰化师范大学 *	32.38	130	南京农业大学	31.65
96	南开大学	32.36	131	新疆大学	31.60
97	华南理工大学	32.35	132	中国音乐学院	31.59
98	西藏大学	32.34	133	北京科技大学	31.58
99	上海中医药大学	32.32	134	西南石油大学	31.58
100	云南大学	32.31	135	河南大学	31.57
101	中国政法大学	32.28	136	中国地质大学（北京）	31.56
102	中国石油大学（北京）	32.28	137	江南大学	31.55
103	吉林大学	32.27	138	中国人民解放军空军军医大学	31.51
104	对外经济贸易大学	32.23	139	南京中医药大学	31.51
105	华中科技大学	32.22	140	上海财经大学	31.50
106	南京航空航天大学	32.17	141	首都师范大学	31.49
107	中国矿业大学（徐州）	32.14	142	北京中医药大学	31.44
108	北京工业大学	32.14	143	华南师范大学	31.44
109	北京交通大学	32.10	144	东北大学	31.44
110	中央民族大学	32.10	145	华中农业大学	31.43
111	四川农业大学	32.02	146	石河子大学	31.42

续表

序号	中文名称	得分	序号	中文名称	得分
147	西南大学	31.42	165	福州大学	31.15
148	西南财经大学	31.42	166	中国地质大学（武汉）	31.15
149	北京邮电大学	31.41	167	内蒙古大学	31.15
150	辽宁大学	31.40	168	宁夏大学	31.12
151	湖南师范大学	31.40	169	成都中医药大学	31.12
152	中国海洋大学	31.37	170	延边大学	31.12
153	武汉理工大学	31.35	171	贵州大学	31.08
154	西北农林科技大学	31.34	172	中南财经政法大学	31.06
155	华中师范大学	31.32	173	中国石油大学（华东）	31.06
156	东北农业大学	31.28	174	南京邮电大学	31.05
157	河海大学	31.27	175	上海体育大学	31.04
158	海南大学	31.23	176	天津工业大学	31.02
159	太原理工大学	31.22	177	合肥工业大学	31.01
160	河北工业大学	31.21	178	华北电力大学（保定）	30.84
161	南京信息工程大学	31.20	179	青海大学	30.75
162	华北电力大学（北京）	31.17	180	广州中医药大学	30.69
163	天津医科大学	31.17	181	中国人民公安大学	30.60
164	宁波大学	31.15	182	中国矿业大学（北京）	30.00

（二）内地大学海外网络传播力综合指数分布

141 所内地大学海外网络传播力综合指数得分靠前的依次为清华大学、北京大学、浙江大学、中国美术学院、武汉大学、上海交通大学、复旦大学、北京理工大学、中央音乐学院、中国科学技术大学。其中，华北地区 4 所、华东地区 5 所、华中地区 1 所。

表 1-5　内地大学海外网络传播力综合指数

序号	中文名称	得分	序号	中文名称	得分
1	清华大学	100.00	9	中央音乐学院	40.06
2	北京大学	84.91	10	中国科学技术大学	40.00
3	浙江大学	65.12	11	西安交通大学	39.75
4	中国美术学院	46.94	12	南京大学	39.75
5	武汉大学	45.29	13	北京师范大学	38.64
6	上海交通大学	43.10	14	北京外国语大学	38.10
7	复旦大学	41.82	15	中国人民大学	37.73
8	北京理工大学	40.43	16	上海音乐学院	37.15

续表

序号	中文名称	得分	序号	中文名称	得分
17	天津大学	37. 14	52	西安电子科技大学	32. 56
18	山东大学	36. 90	53	成都理工大学	32. 48
19	厦门大学	36. 76	54	安徽大学	32. 46
20	中山大学	36. 41	55	大连理工大学	32. 39
21	中国农业大学	36. 39	56	南开大学	32. 36
22	电子科技大学	36. 14	57	华南理工大学	32. 35
23	重庆大学	35. 75	58	西藏大学	32. 34
24	西北工业大学	35. 38	59	上海中医药大学	32. 32
25	中南大学	34. 79	60	云南大学	32. 31
26	上海大学	34. 65	61	中国政法大学	32. 28
27	同济大学	34. 64	62	中国石油大学（北京）	32. 28
28	中央戏剧学院	34. 56	63	吉林大学	32. 27
29	四川大学	34. 53	64	对外经济贸易大学	32. 23
30	中国科学院大学	33. 84	65	华中科技大学	32. 22
31	中央美术学院	33. 74	66	南京航空航天大学	32. 17
32	华东师范大学	33. 61	67	中国矿业大学（徐州）	32. 14
33	上海外国语大学	33. 59	68	北京工业大学	32. 14
34	东华大学	33. 53	69	北京交通大学	32. 10
35	长安大学	33. 51	70	中央民族大学	32. 10
36	北京化工大学	33. 51	71	四川农业大学	32. 02
37	中国传媒大学	33. 45	72	中央财经大学	32. 00
38	外交学院	33. 38	73	中国人民解放军海军军医大学	31. 94
39	哈尔滨工业大学	33. 31	74	南昌大学	31. 91
40	哈尔滨工程大学	33. 21	75	上海海洋大学	31. 90
41	南京理工大学	33. 20	76	中国药科大学	31. 87
42	北京协和医学院	33. 15	77	陕西师范大学	31. 85
43	北京航空航天大学	33. 13	78	北京林业大学	31. 82
44	西南交通大学	33. 04	79	大连海事大学	31. 82
45	郑州大学	33. 00	80	华东理工大学	31. 81
46	东南大学	32. 94	81	国防科学技术大学	31. 78
47	兰州大学	32. 86	82	南京林业大学	31. 77
48	广西大学	32. 86	83	湖南大学	31. 77
49	暨南大学	32. 84	84	南京师范大学	31. 72
50	东北林业大学	32. 83	85	东北师范大学	31. 71
51	西北大学	32. 74	86	北京体育大学	31. 69

续表

序号	中文名称	得分	序号	中文名称	得分
87	天津中医药大学	31.66	115	东北农业大学	31.28
88	苏州大学	31.65	116	河海大学	31.27
89	南京农业大学	31.65	117	海南大学	31.23
90	新疆大学	31.60	118	太原理工大学	31.22
91	中国音乐学院	31.59	119	河北工业大学	31.21
92	北京科技大学	31.58	120	南京信息工程大学	31.20
93	西南石油大学	31.58	121	华北电力大学（北京）	31.17
94	河南大学	31.57	122	天津医科大学	31.17
95	中国地质大学（北京）	31.56	123	宁波大学	31.15
96	江南大学	31.55	124	福州大学	31.15
97	中国人民解放军空军军医大学	31.51	125	中国地质大学（武汉）	31.15
98	南京中医药大学	31.51	126	内蒙古大学	31.15
99	上海财经大学	31.50	127	宁夏大学	31.12
100	首都师范大学	31.49	128	成都中医药大学	31.12
101	北京中医药大学	31.44	129	延边大学	31.12
102	华南师范大学	31.44	130	贵州大学	31.08
103	东北大学	31.44	131	中南财经政法大学	31.06
104	华中农业大学	31.43	132	中国石油大学（华东）	31.06
105	石河子大学	31.42	133	南京邮电大学	31.05
106	西南大学	31.42	134	上海体育大学	31.04
107	西南财经大学	31.42	135	天津工业大学	31.02
108	北京邮电大学	31.41	136	合肥工业大学	31.01
109	辽宁大学	31.40	137	华北电力大学（保定）	30.84
110	湖南师范大学	31.40	138	青海大学	30.75
111	中国海洋大学	31.37	139	广州中医药大学	30.69
112	武汉理工大学	31.35	140	中国人民公安大学	30.60
113	西北农林科技大学	31.34	141	中国矿业大学（北京）	30.00
114	华中师范大学	31.32			

（三）参照分析

选取内地海外网络传播力综合得分第 1 的清华大学、港澳台地区得分第 1 的香港大学、日韩参照大学中得分第 1 的高丽大学和美国参照大学中得分第 1 的斯坦福大学进行比较可以发现，中国大学传播力与日韩相比得分相当，而与美国大学相比仍存在较大差距。

将国内海外网络传播力综合得分位居榜首的清华大学与 8 所参照大学进行对比，美国 4 所参照大学在总得分上优势明显。清华大学仅在 Facebook 和 ChatGPT 的传播力得分中位居第 2，其余指标则与美国 4 所大学均有差距。

与 4 所日韩参照大学相比，清华大学在 Google 平台得分落后高丽大学 1 名，在 Facebook 平台得分落后首尔大学 1 名，在 Instagram 平台得分落后高丽大学 1 名，在 YouTube 平台得分落后高丽大学 2 名，其余各项指标均领先。4 所日韩大学中，在综合指数中得分最高的高丽大学位于第 5，相较上年上升 25 名，提升幅度较大；除得分最低的东京大学位于第 12 外，其余 3 所日韩大学均保持在综合指数得分前列，说明各国在高校海外网络传播力建设工作中持续发力，总体保持较高的传播量，高校海外网络传播力的竞争日益激烈。

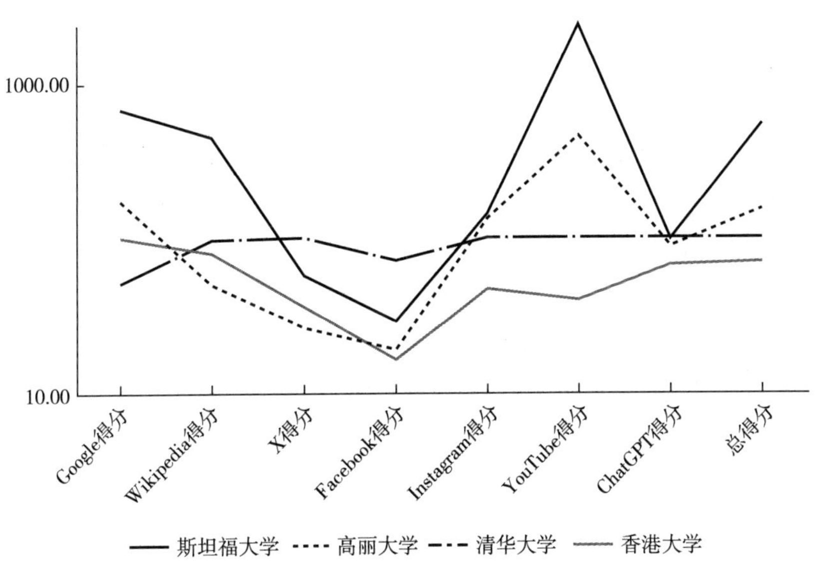

图 1-1　海外网络传播力综合指数参照分析

四、维度一：中国大学Google传播力

本报告通过在 Google 搜索引擎的新闻检索，了解中国大学在国外英文网站上新闻出现的总体数量，并分析其新闻的正面报道数量，从而整体把握中国大学在海外的受关注程度与正面传播程度。Google 传播力采用正面新闻传播量指标进行评估。

（一）中国大学 Google 传播力指数分布

在 Google 的分类栏下，输入各大学官方英文名字（带双引号），并限定一年确定时间，检索各大学新闻数量并分析正面新闻数据情况。在正面新闻分析的过程中，共有 2 位编码员配合展开工作。通过对新闻内容进行等距抽样的信度分析，编码员的编码信度为 98.71%，信度较好。最后根据算法，得出 182 所中国大学的 Google 传播力指数。

Google 传播力指数得分靠前的中国大学依次为香港大学、北京大学、清华大学、浙江大学、香港中文大学、香港科技大学、台湾大学、香港城市大学、南京大学和上海交通大学。其中，内地有 5 所，香港地区有 4 所，台湾地区有 1 所。香港大学居首位，其传播力指数为 100.00。

表 1-6　中国大学 Google 传播力指数

序号	中文名称	得分	序号	中文名称	得分
1	香港大学 *	100.00	25	香港理工大学 *	7.27
2	北京大学	64.47	26	台湾成功大学 *	7.15
3	清华大学	51.52	27	山东大学	7.03
4	浙江大学	36.71	28	台湾政治大学 *	6.65
5	香港中文大学 *	35.18	29	北京协和医学院	6.58
6	香港科技大学 *	27.61	30	北京理工大学	6.44
7	台湾大学 *	18.54	31	兰州大学	5.65
8	香港城市大学 *	18.26	32	中南大学	5.61
9	南京大学	18.10	33	电子科技大学	5.58
10	上海交通大学	15.88	34	中国农业大学	5.32
11	中山大学	13.32	35	南开大学	4.65
12	中国人民大学	12.85	36	台湾中国医药大学 *	4.34
13	中国科学院大学	12.44	37	台北大学 *	4.33
14	中国科学技术大学	12.21	38	北京航空航天大学	4.16
15	澳门大学 *	12.09	39	台湾师范大学 *	4.16
16	四川大学	11.73	40	台北科技大学 *	4.11
17	武汉大学	11.65	41	西安交通大学	3.96
18	上海大学	10.97	42	北京外国语大学	3.92
19	天津大学	10.91	43	中国政法大学	3.78
20	厦门大学	9.86	44	台湾清华大学 *	3.34
21	北京师范大学	8.54	45	台湾中兴大学 *	3.27
22	香港浸会大学 *	7.85	46	重庆大学	3.23
23	同济大学	7.77	47	外交学院	3.13
24	中国美术学院	7.53	48	台湾阳明交通大学 *	2.97

续表

序号	中文名称	得分	序号	中文名称	得分
49	台湾科技大学 *	2.87	84	广西大学	1.37
50	吉林大学	2.81	85	中国传媒大学	1.30
51	对外经济贸易大学	2.71	86	台湾辅仁大学 *	1.28
52	上海音乐学院	2.69	87	中央音乐学院	1.27
53	郑州大学	2.67	88	台湾中山大学 *	1.23
54	华南理工大学	2.64	89	江南大学	1.22
55	华东师范大学	2.53	90	西南交通大学	1.21
56	上海财经大学	2.51	91	南京航空航天大学	1.19
57	中国音乐学院	2.43	92	河南大学	1.17
58	中央美术学院	2.41	93	国防科学技术大学	1.16
59	台湾长庚大学 *	2.41	94	中央财经大学	1.15
60	哈尔滨工业大学	2.40	95	成都理工大学	1.15
61	天津中医药大学	2.36	96	苏州大学	1.11
62	复旦大学	2.35	97	华中农业大学	1.09
63	华中科技大学	2.28	98	南京中医药大学	1.07
64	南京理工大学	2.23	99	中央戏剧学院	1.05
65	台湾“中央大学” *	2.21	100	北京工业大学	1.05
66	东华大学	2.10	101	陕西师范大学	1.03
67	北京交通大学	2.08	102	高雄医学大学 *	1.02
68	上海外国语大学	2.05	103	台湾东海大学	0.98
69	海南大学	2.05	104	北京科技大学	0.93
70	西北工业大学	2.03	105	中央民族大学	0.90
71	台北医学大学	2.00	106	武汉理工大学	0.90
72	南京农业大学	1.87	107	上海体育大学	0.90
73	南京师范大学	1.84	108	华东理工大学	0.89
74	台湾亚洲大学 *	1.82	109	安徽大学	0.87
75	天津医科大学	1.75	110	上海中医药大学	0.84
76	湖南大学	1.66	111	宁波大学	0.84
77	云南大学	1.61	112	北京化工大学	0.80
78	南昌大学	1.53	113	南京林业大学	0.78
79	中国海洋大学	1.48	114	大连海事大学	0.76
80	大连理工大学	1.45	115	北京中医药大学	0.74
81	西安电子科技大学	1.44	116	华中师范大学	0.71
82	北京体育大学	1.44	117	台湾暨南国际大学 *	0.71
83	贵州大学	1.42	118	中国矿业大学（徐州）	0.70

续表

序号	中文名称	得分	序号	中文名称	得分
119	中国地质大学（武汉）	0.70	151	太原理工大学	0.35
120	辽宁大学	0.70	152	石河子大学	0.35
121	台湾云林科技大学 *	0.67	153	东北大学	0.35
122	湖南师范大学	0.67	154	中国石油大学（北京）	0.33
123	上海海洋大学	0.66	155	河北工业大学	0.33
124	北京林业大学	0.65	156	中国人民解放军空军军医大学	0.32
125	中国人民解放军海军军医大学	0.64	157	台湾高雄科技大学 *	0.32
126	西南财经大学	0.64	158	中国地质大学（北京）	0.31
127	南京邮电大学	0.63	159	台湾元智大学 *	0.29
128	广州中医药大学	0.63	160	台湾彰化师范大学 *	0.28
129	宁夏大学	0.61	161	长安大学	0.27
130	东北师范大学	0.61	162	中国人民公安大学	0.25
131	中国药科大学	0.60	163	台湾逢甲大学 *	0.25
132	首都师范大学	0.59	164	西藏大学	0.23
133	内蒙古大学	0.59	165	青海大学	0.22
134	台湾东华大学 *	0.58	166	西南大学	0.21
135	中国石油大学（华东）	0.57	167	南京信息工程大学	0.21
136	华南师范大学	0.57	168	西南石油大学	0.18
137	四川农业大学	0.55	169	中国矿业大学（北京）	0.16
138	新疆大学	0.52	170	延边大学	0.16
139	合肥工业大学	0.49	171	东南大学	0.16
140	北京邮电大学	0.47	172	暨南大学	0.10
141	福州大学	0.46	173	台湾东吴大学 *	0.10
142	台湾海洋大学 *	0.45	174	西北农林科技大学	0.09
143	哈尔滨工程大学	0.42	175	华北电力大学（北京）	0.08
144	中南财经政法大学	0.39	176	台湾大同大学 *	0.08
145	香港岭南大学 *	0.39	177	台湾中华大学 *	0.06
146	东北农业大学	0.38	178	天津工业大学	0.06
147	台湾中原大学 *	0.37	179	西北大学	0.03
148	河海大学	0.37	180	成都中医药大学	0.03
149	东北林业大学	0.37	181	华北电力大学（保定）	0.01
150	台湾中正大学 *	0.35	182	台湾淡江大学 *	0.00

（二）内地大学 Google 传播力指数分布

Google 传播力指数得分靠前的内地大学依次为北京大学、清华大学、浙江大学、南京大学、上海交通大学、中山大学、中国人民大学、中国科学院大学、中国科学技术大学、四川大学。其中，华北地区有 4 所、华东地区有 4 所、华南地区有 1 所、西南地区有 1 所。

与上年相比，浙江大学得分跃升至第 3，上海音乐学院、天津中医药大学、中国音乐学院、陕西师范大学、北京体育大学、东华大学、成都理工大学、南京邮电大学得分显著提升，均上升超过 25 个名次，其中，中国音乐学院上升 82 个名次。

表 1-7　内地大学 Google 传播力指数

序号	中文名称	得分	序号	中文名称	得分
1	北京大学	64.47	29	中国政法大学	3.78
2	清华大学	51.52	30	重庆大学	3.23
3	浙江大学	36.71	31	外交学院	3.13
4	南京大学	18.10	32	吉林大学	2.81
5	上海交通大学	15.88	33	对外经济贸易大学	2.71
6	中山大学	13.32	34	上海音乐学院	2.69
7	中国人民大学	12.85	35	郑州大学	2.67
8	中国科学院大学	12.44	36	华南理工大学	2.64
9	中国科学技术大学	12.21	37	华东师范大学	2.53
10	四川大学	11.73	38	上海财经大学	2.51
11	武汉大学	11.65	39	中国音乐学院	2.43
12	上海大学	10.97	40	中央美术学院	2.41
13	天津大学	10.91	41	哈尔滨工业大学	2.40
14	厦门大学	9.86	42	天津中医药大学	2.36
15	北京师范大学	8.54	43	复旦大学	2.35
16	同济大学	7.77	44	华中科技大学	2.28
17	中国美术学院	7.53	45	南京理工大学	2.23
18	山东大学	7.03	46	东华大学	2.10
19	北京协和医学院	6.58	47	北京交通大学	2.08
20	北京理工大学	6.44	48	上海外国语大学	2.05
21	兰州大学	5.65	49	海南大学	2.05
22	中南大学	5.61	50	西北工业大学	2.03
23	电子科技大学	5.58	51	南京农业大学	1.87
24	中国农业大学	5.32	52	南京师范大学	1.84
25	南开大学	4.65	53	天津医科大学	1.75
26	北京航空航天大学	4.16	54	湖南大学	1.66
27	西安交通大学	3.96	55	云南大学	1.61
28	北京外国语大学	3.92	56	南昌大学	1.53

续表

序号	中文名称	得分	序号	中文名称	得分
57	中国海洋大学	1.48	92	中国地质大学（武汉）	0.70
58	大连理工大学	1.45	93	辽宁大学	0.70
59	西安电子科技大学	1.44	94	湖南师范大学	0.67
60	北京体育大学	1.44	95	上海海洋大学	0.66
61	贵州大学	1.42	96	北京林业大学	0.65
62	广西大学	1.37	97	中国人民解放军海军军医大学	0.64
63	中国传媒大学	1.30	98	西南财经大学	0.64
64	中央音乐学院	1.27	99	南京邮电大学	0.63
65	江南大学	1.22	100	广州中医药大学	0.63
66	西南交通大学	1.21	101	宁夏大学	0.61
67	南京航空航天大学	1.19	102	东北师范大学	0.61
68	河南大学	1.17	103	中国药科大学	0.60
69	国防科学技术大学	1.16	104	首都师范大学	0.59
70	中央财经大学	1.15	105	内蒙古大学	0.59
71	成都理工大学	1.15	106	中国石油大学（华东）	0.57
72	苏州大学	1.11	107	华南师范大学	0.57
73	华中农业大学	1.09	108	四川农业大学	0.55
74	南京中医药大学	1.07	109	新疆大学	0.52
75	中央戏剧学院	1.05	110	合肥工业大学	0.49
76	北京工业大学	1.05	111	北京邮电大学	0.47
77	陕西师范大学	1.03	112	福州大学	0.46
78	北京科技大学	0.93	113	哈尔滨工程大学	0.42
79	中央民族大学	0.90	114	中南财经政法大学	0.39
80	武汉理工大学	0.90	115	东北农业大学	0.38
81	上海体育大学	0.90	116	河海大学	0.37
82	华东理工大学	0.89	117	东北林业大学	0.37
83	安徽大学	0.87	118	太原理工大学	0.35
84	上海中医药大学	0.84	119	石河子大学	0.35
85	宁波大学	0.84	120	东北大学	0.35
86	北京化工大学	0.80	121	中国石油大学（北京）	0.33
87	南京林业大学	0.78	122	河北工业大学	0.33
88	大连海事大学	0.76	123	中国人民解放军空军军医大学	0.32
89	北京中医药大学	0.74	124	中国地质大学（北京）	0.31
90	华中师范大学	0.71	125	长安大学	0.27
91	中国矿业大学（徐州）	0.70	126	中国人民公安大学	0.25

续表

序号	中文名称	得分	序号	中文名称	得分
127	西藏大学	0.23	135	暨南大学	0.10
128	青海大学	0.22	136	西北农林科技大学	0.09
129	西南大学	0.21	137	华北电力大学（北京）	0.08
130	南京信息工程大学	0.21	138	天津工业大学	0.06
131	西南石油大学	0.18	139	西北大学	0.03
132	中国矿业大学（北京）	0.16	140	成都中医药大学	0.03
133	延边大学	0.16	141	华北电力大学（保定）	0.01
134	东南大学	0.16			

（三）Google 传播力具体指标分析

Google 传播力维度下的分析指标为正面新闻传播量，权重为 20%。Google 正面新闻传播量根据 Google 搜索引擎进行新闻搜索，并对新闻内容进行正负面区分，减去负面新闻传播量，得出正面新闻传播量。

对于 Google 的正面新闻传播量，主要有以下发现：

第一，港澳台地区大学正面新闻平均条数大幅度高于内地大学。港澳台地区大学正面新闻平均数量为 694 条，内地大学正面新闻平均数量为 349 条。港澳台地区大学相较于内地大学，正面新闻平均量高 98.85 个百分点，相较于上年，港澳台地区大学正面新闻传播量有所减少，内地大学正面新闻传播量总量有所增加，内地大学与港澳台地区大学的差距在缩小。内地大学在 Google 上的正面传播能力有所提升。

第二，在正面新闻数传播得分靠前的 10 所大学中，港澳台地区有 5 所、内地有 5 所，北京大学、清华大学分别居第 2 和第 3，相较于上年，港澳台地区大学占比有所增加。

第三，从内地大学来看，正面新闻数量排名靠前的 10 所大学均为国家“世界一流大学建设高校”，清华大学、北京大学、浙江大学正面新闻传播量位居前三。同时，这 10 所中国内地大学正面新闻传播量高于 2400 条，相较于上年，正面新闻传播总量有所增加。其中北京大学、清华大学正面新闻传播量均高于 5000 条，相较上年增长显著。

（四）参照分析

与海外参照大学相比，中国大学的 Google 传播力指数得分远低于 3 所美国参照大学（斯坦福大学、耶鲁大学、麻省理工学院）的 Google 传播力指数得分。香港大学（100.00）Google 传播力指数得分高于 3 所日韩参照大学（东京大学、京都大学、高丽大学）Google 传播力指数得分和哈佛大学（72.64）Google 传播力指数得分，低于韩国首尔大学（170.20）Google 传播力指数得分。中国内地大学 Google 传播力指数得分前两位的北京大学、清华大学的 Google 传播力指数得分高于 3 所日韩参照大学（东京大学、京都

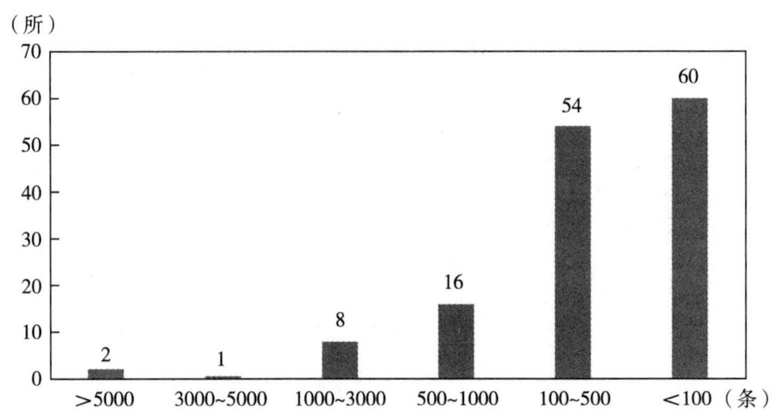

图 1-2　中国内地大学 Google 正面新闻数量的分布统计

大学、高丽大学）的 Google 传播力指数得分，中国大学 Google 传播力指数得分靠前的 10 所大学 Google 传播力指数得分均高于高丽大学（15.47）的 Google 传播力指数得分。

参照大学中，斯坦福大学 Google 传播力指数（682.15）大幅领先于香港大学 Google 传播力指数（100.00）。在 4 所日韩参照大学中，首尔大学（170.20）Google 传播力指数得分最高，东京大学（50.57）次之，但东京大学 Google 传播力指数得分低于香港大学、清华大学以及北京大学的 Google 传播力指数得分。

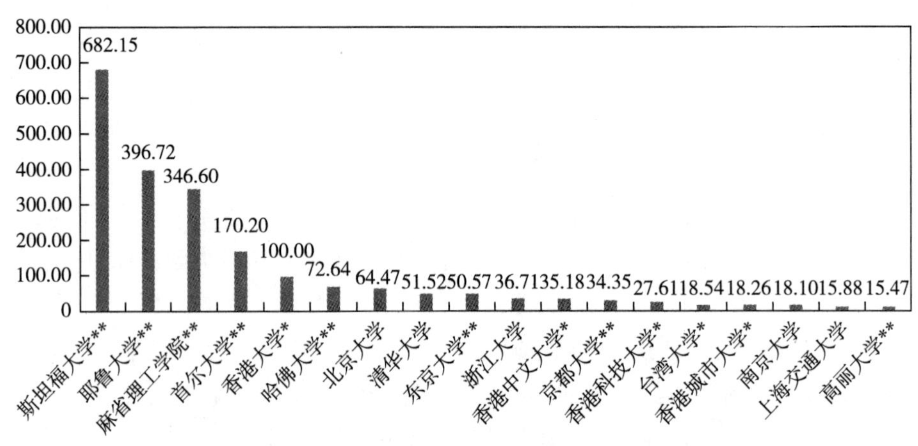

图 1-3　Google 传播力指数参照分析

（五）Google 传播力具体案例分析：上海音乐学院和南京大学

1. 上海音乐学院

与上年 Google 传播力指数对比，上海音乐学院在内地大学排名中上升幅度较大，由上年的 72 名上升为 2023 年的 34 名，进步 38 个名次。上海音乐学院有 Google 正面新闻 266 条，相较于上年正面新闻 120 条，增幅达 121.67%，正面传播量大幅度提升。从正面新闻内容来看，2023 年上海音乐学院的新闻报道主题主要为重大音乐会主办或协办的通知与回顾、学院知名演奏家和歌手取得重要成就或突破、校园环境建设以及学校促进高等教育、进行文化艺术建设与国际友好交流等方面的举措等。例如，多家媒体报道“中国第一位唢呐博士刘雯雯”、“大提琴家王健回母校上海音乐学院教学”、“ISB 2023 年低音提琴比赛 14 岁以下获奖选手均来自中国上海音乐学院附中”、“中国男高音歌唱家韩鹏在北京音乐厅举办首次个人独奏音乐会”、“上音歌剧院于 5 月举办首届歌剧音乐节”等。通过两年的对比发现，上海音乐学院在乐器文化、演出比赛、人才培养、国际合作等方面的实践与创新较多。上海音乐学院民族音乐系的青年教师刘雯雯是迄今为止唯一一位登上悉尼歌剧院舞台的唢呐演奏家，她将传统民乐与现代音乐相融合，推动唢呐从民间走向世界；上海音乐学院出版社继承校史，沉淀上音精神，自成立二十年来为我国音乐出版事业作出卓越贡献；上海音乐学院重视人才培育，完善“大中小一贯制”办学模式，力求培养拔尖创新人才，多次举办专场音乐会、学术研讨会、讲座和一系列比赛，为学生提供丰富的学术资源；上海音乐学院歌剧院致力于成为青年才俊的展示中心、学校与公众的桥梁、国际交流的枢纽，师生共同完成首届歌剧音乐剧中的经典歌剧《茶花女》、谭盾原创歌剧《茶》、原创音乐剧《上海之春 1949》；近年来，上海音乐学院与斯卡拉歌剧院、米兰威尔第音乐学院、科莫歌剧院、佛罗伦萨音乐学院等院团、高校都保持着长期的友好合作与交流。总体来说，2023 年上海音乐学院在 Google 维度上的正面传播力的提升在一定程度上得益于对音乐艺术文化的建设。上海音乐学院推动音乐艺术的传承与发展，既重视与国际音乐学院与艺术家的交流合作，又鼓励传统民乐出海与现代化，还在地方音乐会的举办协办方面发挥核心作用，学院人才走向世界，影响深远，形成强大的海外传播效能。

图 1-4　上海交响乐团为大提琴演奏家王健（毕业于上海音乐学院）回归举办特别音乐会

2. 南京大学

与上年 Google 传播力指数对比，南京大学在中国内地大学排名中仍保持靠前位置。南京大学在 2022 年 10 月 16 日至 2023 年 10 月 15 日期间共有 Google 正面新闻 2790 条，

图 1-5　上海音乐学院主办国际数字音乐节

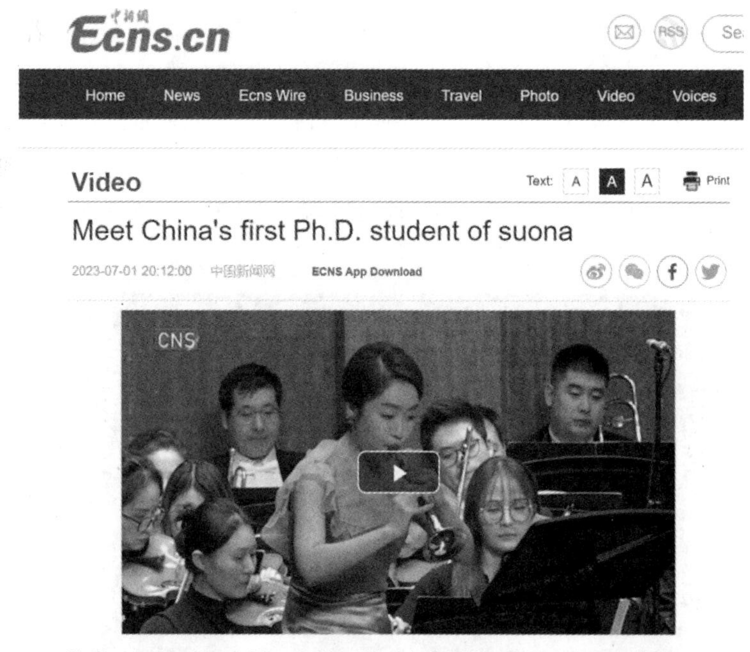

图 1-6　中国第一位唢呐博士刘雯雯

相较于上年正面新闻 2311 条，增幅达 20.73%，正面传播量稳步提升。从南京大学的正面新闻内容来看，2023 年南京大学的新闻报道主题主要为对材料科学、生物学、地质学、生物进化学、物理学、考古学、历史学等自然科学领域以及人文科学领域的研究成果。例如，知名媒体和学术网站报道“南京大学超导物理与材料研究中心温海虎团队推翻美国室温超导研究”、“南京大学和布里斯托大学研究人员研究发展第一批羊膜动物的胚胎保留时间和胎生期延长”、“南京大学材料学家朱斌探索纳米薄材料来覆盖和隔离冰川的保护方法”、“南京大学、中国气象局和上海航天技术研究院将联合发射羲和二号”等成果。通过两年的对比发现，南京大学一方面在科学研究领域发表成果较多，另一方面在社会责任担当、节能环保方面的合作研究方面成果突出，如研究屋顶光伏发电的碳减排潜力、发明全钙钛矿串联太阳能电池等。此外，南京大学在国际交流与合作中发挥着重要作用，包括南京大学民族乐团在奥地利格拉茨演出以庆祝中秋佳节，演奏了《茉莉花》《百鸟朝凤》等 10 多首中国传统民间音乐；新冠疫情后第一个访华的墨尔本大学代表团已与合作伙伴南京大学重新建立联系。

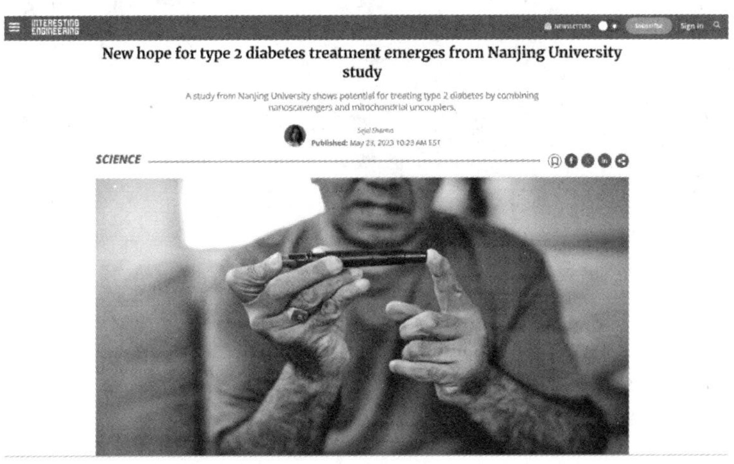

图 1-7　南京大学的一项研究表明，结合纳米清除剂和线粒体解偶联剂可以治疗 II 型糖尿病

图 1-8　南京大学和布里斯托大学对爬行动物繁殖理论的突破性研究

Home China Biz Culture & Lifestyle World Video & Live GLOBALink Xinhua Headlines More Editions

Concert held in Austria to celebrate Chinese Mid-Autumn Festival

Source: Xinhua Editor: huaxia 2023-10-01 02:41:15

图 1-9 南京大学民族乐团在奥地利格拉茨演出

总体来说，2023 年南京大学在 Google 维度上的正面传播力的提升在一定程度上得益于大量学术成就的发表，其在生态环保、医疗进步、加强国际联系等方面也作出突出贡献。此外，南京大学的教师和学生等与各国科研人员就某些课题进行合作研究，也有利于改善海外传播状况，提升南京大学的影响力。

（六）Google 传播力小结

1. 提升高校综合实力有助于 Google 维度大学正面传播

在对中国大学近一年的 Google 新闻报道分析发现，海外传播力迅速提升的大学不仅在学术研究与科研创新领域有突破性成果，而且能够在文化艺术建设、社会责任担当、特色学科发展、重大学生活动等方面创造佳绩。

北京大学和浙江大学在 2023 年 Google 维度海外传播力得分靠前。其中，北京大学上年正面新闻为 6374 条，其中与学术相关的新闻为 3889 条，其他新闻为 2485 条，非学术型新闻占比高达 39%；浙江大学正面新闻为 3630 条，其中与学术相关的新闻有 2287 条，其他新闻 1343 条，非学术型新闻占比高达 37%，如对于浙江大学学生参与杭州亚运会、在云南举办鼓励女孩运动的夏令营、回应联合国教科文组织和亚太经合组织第九届 UNESCO-APEID 创业教育会议等。

总之，提升综合实力与办学水平有利于我国高校培养全面发展的复合型人才，增强文化自信，推动我国高等教育向世界一流水平迈进，提升海外正面的传播力与影响力。

2. 增强自主传播动能，打造国际性校园官网

数据分析发现，我国高校在 Google 维度的大学正面传播力方面取得长足进步。但中

国大学在取得重大科研成果时，大多是由合作撰稿方或稿件接收期刊官网发布相关新闻信息，很少有学校建立面向全球用户的校园官网以展示自身学术水平或校园风貌。

相比之下，海外参照大学如耶鲁大学建设有“Yale News”，斯坦福大学建设有“Stanford News”，这样的官网都会在 Google 新闻中展示本校的校园活动、科研进展、热点事件以及在重大社会议题中的参与情况等，向世界呈现本校的综合形象。而中国高校官网建设虽然很完备，但多数更新内容仅学生和教师等内部人员会查看，很少展现于 Google 新闻等国际性平台。

此外，通过归纳可以发现，国际媒体在报道中更关注中国大学在学术与科研方面的成就，这与国内媒体广泛涉猎教学科研、校园新闻、学生活动等较为多元化的报道题材有所不同。而由于报道主体的影响力、报道侧重点不同，也会导致中国大学在海外的传播力和形象建构有所差异。因此，打造由大学官方设立的国际性校园官网，从多角度充分展现中国高等教育的发展水平，将更有利于中国大学提升海外传播力。

五、维度二：中国大学Wikipedia传播力

Wikipedia 词条完整性在一定程度上反映出中国大学面向全球范围编辑和完善媒体资料的主动性和积极性，编辑频率和链接数量体现大学与用户之间沟通交流的互动程度。

（一）中国大学 Wikipedia 传播力指数分布

Wikipedia 传播力维度分为词条完整性、词条编辑和词条链接 3 个部分，具体由词条完整性、一年内词条被编辑的次数、一年内参与词条编辑的用户数、链接情况 4 个指标组成，分别进行统计，并对各项赋予权重，通过计算得出 182 所中国大学的 Wikipedia 传播力指数。

Wikipedia 传播力指数得分靠前的中国大学分别为北京大学、清华大学、香港大学、复旦大学、香港中文大学、台湾大学、台湾东华大学、武汉大学、香港城市大学和浙江大学。其中，中国内地大学 5 所、台湾地区大学 2 所、香港地区大学 3 所。北京大学居首位，其传播力指数为 100. 00。

表 1-8　中国大学 Wikipedia 传播力指数

序号	中文名称	得分	序号	中文名称	得分
1	北京大学	100. 00	4	复旦大学	70. 01
2	清华大学	97. 30	5	香港中文大学 *	69. 53
3	香港大学 *	80. 59	6	台湾大学 *	69. 38

续表

序号	中文名称	得分	序号	中文名称	得分
7	台湾东华大学 *	65.81	42	北京外国语大学	42.41
8	武汉大学	64.29	43	台湾成功大学 *	42.37
9	香港城市大学 *	62.65	44	华中科技大学	42.33
10	浙江大学	62.34	45	外交学院	42.12
11	香港浸会大学 *	59.06	46	吉林大学	41.96
12	香港理工大学 *	58.02	47	北京航空航天大学	41.90
13	中国科学技术大学	57.28	48	北京林业大学	41.85
14	同济大学	56.75	49	北京交通大学	41.65
15	台湾中山大学 *	56.56	50	华南理工大学	41.14
16	中国人民大学	56.48	51	厦门大学	41.05
17	上海交通大学	55.69	52	电子科技大学	40.77
18	台湾政治大学 *	55.42	53	南京师范大学	40.75
19	台湾辅仁大学 *	55.32	54	台湾中国医药大学 *	40.46
20	成都理工大学	53.48	55	兰州大学	40.37
21	南京大学	53.37	56	西藏大学	40.34
22	中山大学	52.81	57	国防科学技术大学	40.24
23	台湾阳明交通大学 *	50.48	58	天津大学	40.22
24	台湾师范大学 *	48.77	59	东南大学	40.21
25	南开大学	48.75	60	台湾“中央大学” *	40.17
26	对外经济贸易大学	48.16	61	台湾东海大学 *	40.16
27	哈尔滨工业大学	48.12	62	中国政法大学	39.90
28	西安交通大学	48.03	63	云南大学	39.82
29	北京协和医学院	47.81	64	北京理工大学	39.67
30	北京师范大学	47.43	65	东北林业大学	39.33
31	华东师范大学	46.55	66	西南大学	39.21
32	山东大学	46.47	67	上海音乐学院	39.18
33	澳门大学 *	46.32	68	中国地质大学（北京）	38.79
34	苏州大学	45.62	69	重庆大学	38.46
35	台湾清华大学 *	44.73	70	上海外国语大学	38.37
36	西北工业大学	44.34	71	中南大学	38.28
37	西南交通大学	43.90	72	中央美术学院	38.12
38	西安电子科技大学	43.77	73	西南财经大学	38.10
39	四川大学	43.20	74	北京工业大学	37.95
40	湖南大学	43.18	75	台湾中兴大学 *	37.94
41	台湾科技大学 *	42.62	76	台湾淡江大学 *	37.87

续表

序号	中文名称	得分	序号	中文名称	得分
77	台北科技大学 *	37. 59	112	东北大学	35. 05
78	暨南大学	37. 39	113	南京理工大学	35. 04
79	广西大学	37. 36	114	天津医科大学	34. 97
80	中国科学院大学	37. 36	115	合肥工业大学	34. 94
81	中国美术学院	37. 31	116	台湾彰化师范大学 *	34. 89
82	北京化工大学	37. 13	117	中国海洋大学	34. 85
83	台北大学 *	37. 00	118	陕西师范大学	34. 83
84	四川农业大学	36. 95	119	河北工业大学	34. 64
85	西北农林科技大学	36. 90	120	南京信息工程大学	34. 63
86	北京科技大学	36. 62	121	上海大学	34. 59
87	南昌大学	36. 58	122	新疆大学	34. 41
88	华东理工大学	36. 57	123	北京邮电大学	34. 39
89	天津中医药大学	36. 56	124	台湾云林科技大学 *	34. 37
90	香港科技大学 *	36. 49	125	西南石油大学	34. 34
91	中国农业大学	36. 34	126	石河子大学	34. 32
92	华中师范大学	36. 17	127	台湾东吴大学 *	34. 25
93	河海大学	36. 13	128	贵州大学	34. 22
94	南京航空航天大学	36. 10	129	中南财经政法大学	34. 04
95	大连理工大学	36. 03	130	东北师范大学	33. 99
96	武汉理工大学	36. 02	131	辽宁大学	33. 99
97	台北医学大学 *	36. 00	132	中央财经大学	33. 91
98	中国传媒大学	35. 93	133	中国药科大学	33. 90
99	上海海洋大学	35. 83	134	中国地质大学（武汉）	33. 83
100	台湾中正大学 *	35. 80	135	台湾海洋大学 *	33. 80
101	河南大学	35. 75	136	台湾亚洲大学 *	33. 63
102	台湾中原大学 *	35. 75	137	天津工业大学	33. 53
103	哈尔滨工程大学	35. 73	138	湖南师范大学	33. 52
104	海南大学	35. 71	139	中国石油大学（北京）	33. 44
105	郑州大学	35. 44	140	中国石油大学（华东）	33. 44
106	华北电力大学（保定）	35. 26	141	安徽大学	33. 37
107	华北电力大学（北京）	35. 26	142	台湾长庚大学 *	32. 83
108	华南师范大学	35. 24	143	中央戏剧学院	32. 82
109	延边大学	35. 23	144	上海财经大学	32. 57
110	江南大学	35. 10	145	首都师范大学	32. 57
111	香港岭南大学 *	35. 06	146	台湾中华大学 *	32. 46

续表

序号	中文名称	得分	序号	中文名称	得分
147	北京体育大学	32.42	165	东华大学	28.57
148	高雄医学大学 *	32.41	166	台湾高雄科技大学 *	28.57
149	台湾元智大学 *	32.35	167	中国人民解放军海军军医大学	27.96
150	南京邮电大学	32.22	168	上海中医药大学	27.89
151	南京农业大学	32.19	169	广州中医药大学	27.85
152	太原理工大学	32.12	170	成都中医药大学	27.70
153	大连海事大学	31.93	171	长安大学	27.60
154	台湾逢甲大学 *	31.52	172	中国音乐学院	27.30
155	中央民族大学	31.45	173	中国矿业大学（徐州）	27.18
156	北京中医药大学	31.42	174	上海体育大学	27.07
157	西北大学	31.08	175	福州大学	26.95
158	台湾大同大学 *	31.08	176	东北农业大学	26.01
159	宁波大学	31.06	177	中国人民解放军空军军医大学	25.92
160	华中农业大学	30.93	178	青海大学	25.79
161	南京林业大学	29.96	179	宁夏大学	25.26
162	中央音乐学院	29.71	180	南京中医药大学	24.18
163	内蒙古大学	29.48	181	中国人民公安大学	21.81
164	台湾暨南国际大学 *	28.97	182	中国矿业大学（北京）	0.00

（二）内地大学 Wikipedia 传播力指数分布

Wikipedia 传播力指数得分靠前的内地大学依次为北京大学、清华大学、复旦大学、武汉大学、浙江大学、中国科学技术大学、同济大学、中国人民大学、上海交通大学和成都理工大学。其中，3 所位于华北地区、5 所位于华东地区、1 所位于华中地区、1 所位于西南地区。

表 1-9　内地大学 Wikipedia 传播力指数

序号	中文名称	得分	序号	中文名称	得分
1	北京大学	100.00	8	中国人民大学	56.48
2	清华大学	97.30	9	上海交通大学	55.69
3	复旦大学	70.01	10	成都理工大学	53.48
4	武汉大学	64.29	11	南京大学	53.37
5	浙江大学	62.34	12	中山大学	52.81
6	中国科学技术大学	57.28	13	南开大学	48.75
7	同济大学	56.75	14	对外经济贸易大学	48.16

续表

序号	中文名称	得分	序号	中文名称	得分
15	哈尔滨工业大学	48.12	50	重庆大学	38.46
16	西安交通大学	48.03	51	上海外国语大学	38.37
17	北京协和医学院	47.81	52	中南大学	38.28
18	北京师范大学	47.43	53	中央美术学院	38.12
19	华东师范大学	46.55	54	西南财经大学	38.10
20	山东大学	46.47	55	北京工业大学	37.95
21	苏州大学	45.62	56	暨南大学	37.39
22	西北工业大学	44.34	57	中国科学院大学	37.36
23	西南交通大学	43.90	58	广西大学	37.36
24	西安电子科技大学	43.77	59	中国美术学院	37.31
25	四川大学	43.20	60	北京化工大学	37.13
26	湖南大学	43.18	61	四川农业大学	36.95
27	北京外国语大学	42.41	62	西北农林科技大学	36.90
28	华中科技大学	42.33	63	北京科技大学	36.62
29	外交学院	42.12	64	南昌大学	36.58
30	吉林大学	41.96	65	华东理工大学	36.57
31	北京航空航天大学	41.90	66	天津中医药大学	36.56
32	北京林业大学	41.85	67	中国农业大学	36.34
33	北京交通大学	41.65	68	华中师范大学	36.17
34	华南理工大学	41.14	69	河海大学	36.13
35	厦门大学	41.05	70	南京航空航天大学	36.10
36	电子科技大学	40.77	71	大连理工大学	36.03
37	南京师范大学	40.75	72	武汉理工大学	36.02
38	兰州大学	40.37	73	中国传媒大学	35.93
39	西藏大学	40.34	74	上海海洋大学	35.83
40	国防科学技术大学	40.24	75	河南大学	35.75
41	天津大学	40.22	76	哈尔滨工程大学	35.73
42	东南大学	40.21	77	海南大学	35.71
43	中国政法大学	39.90	78	郑州大学	35.44
44	云南大学	39.82	79	华北电力大学（保定）	35.26
45	北京理工大学	39.67	80	华北电力大学（北京）	35.26
46	东北林业大学	39.33	81	华南师范大学	35.24
47	西南大学	39.21	82	延边大学	35.23
48	上海音乐学院	39.18	83	江南大学	35.10
49	中国地质大学（北京）	38.79	84	东北大学	35.05

续表

序号	中文名称	得分	序号	中文名称	得分
85	南京理工大学	35.04	114	南京农业大学	32.19
86	天津医科大学	34.97	115	太原理工大学	32.12
87	合肥工业大学	34.94	116	大连海事大学	31.93
88	中国海洋大学	34.85	117	中央民族大学	31.45
89	陕西师范大学	34.83	118	北京中医药大学	31.42
90	河北工业大学	34.64	119	西北大学	31.08
91	南京信息工程大学	34.63	120	宁波大学	31.06
92	上海大学	34.59	121	华中农业大学	30.93
93	新疆大学	34.41	122	南京林业大学	29.96
94	北京邮电大学	34.39	123	中央音乐学院	29.71
95	西南石油大学	34.34	124	内蒙古大学	29.48
96	石河子大学	34.32	125	东华大学	28.57
97	贵州大学	34.22	126	中国人民解放军海军军医大学	27.96
98	中南财经政法大学	34.04	127	上海中医药大学	27.89
99	东北师范大学	33.99	128	广州中医药大学	27.85
100	辽宁大学	33.99	129	成都中医药大学	27.70
101	中央财经大学	33.91	130	长安大学	27.60
102	中国药科大学	33.90	131	中国音乐学院	27.30
103	中国地质大学（武汉）	33.83	132	中国矿业大学（徐州）	27.18
104	天津工业大学	33.53	133	上海体育大学	27.07
105	湖南师范大学	33.52	134	福州大学	26.95
106	中国石油大学（北京）	33.44	135	东北农业大学	26.01
107	中国石油大学（华东）	33.44	136	中国人民解放军空军军医大学	25.92
108	安徽大学	33.37	137	青海大学	25.79
109	中央戏剧学院	32.82	138	宁夏大学	25.26
110	上海财经大学	32.57	139	南京中医药大学	24.18
111	首都师范大学	32.57	140	中国人民公安大学	21.81
112	北京体育大学	32.42	141	中国矿业大学（北京）	0.00
113	南京邮电大学	32.22			

（三）Wikipedia 传播力具体指标分布

Wikipedia 传播力指数权重占总体传播力指数权重的 4%，4 个指标权重均为 1%。其中，词条完整性包括是否存在词条、官方定义、历史发展、地址、部门结构、外部链接 6 个方面。

港澳台地区大学 Wikipedia 传播力指数平均值高于内地大学。具体来看，内地大学指数平均值为 38. 22，港澳台地区大学指数平均值为 43. 39。

对于词条完整性，149 所大学拥有完整的 6 项词条信息，其中，内地大学 111 所，占比 74. 5%。中国矿业大学（北京）无词条。另外 33 所词条信息不完整的大学中有 3 所为港澳台地区大学，其余均为内地大学。部门结构和历史发展 2 个维度缺失最为明显，有 24 所大学缺失部门结构信息，有 7 所大学缺失历史发展信息。

对于词条编辑，最近一年中国大学平均编辑次数为 20 次，平均参与编辑用户 10 人，1 所大学 2023 年无词条且未更新信息。一年内词条被编辑的次数排名靠前的 3 所大学依次为台湾东华大学、清华大学、北京大学，编辑次数均超过 100 次。从一年内参与词条编辑的用户数来看，排名靠前的 3 所大学依次为北京大学、清华大学和复旦大学，其中北京大学一年内参与词条编辑的用户数超过了 50 人。港澳台地区大学的词条编辑数量及参与用户数均高于内地大学。

对于链接情况，平均每所大学有 442 个词条链接。港澳台地区大学链接平均为 494 条，略高于内地大学（平均为 427 条）。北京大学拥有最多词条链接，为 2570 条，其次为清华大学，为 2451 条。词条链接数量排名靠前的中国大学依次为北京大学、清华大学、香港大学、香港中文大学、武汉大学、同济大学、台湾大学、香港浸会大学、复旦大学和浙江大学。其中有 6 所内地大学，相比上年有所上升。前 4 所大学的词条链接均超过 2000 条。

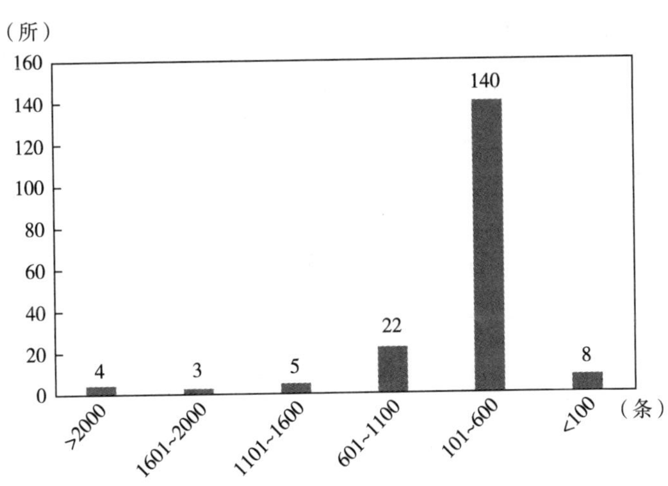

图 1-10　182 所中国大学 Wikipedia 词条链接数量分布

（四）参照分析

将中国大学与海外 8 所参照大学进行对比分析，中国大学 Wikipedia 传播力平均指数（38. 38）远低于海外大学平均指数（231. 29）。在加入海外参照大学比较之后，得分靠前的 10 所大学分别为哈佛大学、斯坦福大学、耶鲁大学、麻省理工学院、北京大学、清华大学、香港大学、东京大学、复旦大学和香港中文大学，其中前 4 所海外大学的 Wikipedia 传播力指数远远高于其他高校。

从 Wikipedia 各项指标来看，国内大学与海外大学之间的差异主要在链接数量上。哈佛大学的词条链接数量超过 30000 条，而耶鲁大学、麻省理工学院链接数量均超过 10000 条，国内大学链接数量最高为北京大学的 2570 条链接。日韩大学与国内大学之间主要在词条编辑情况上存在差别。日韩大学一年内词条被编辑的次数和一年内参与词条编辑的用户数均较少，2 个指标最高各为 48 次和 27 人。相比之下，国内大学一年内词条被编辑的次数最高达 164 次，一年内参与词条编辑的用户数最高达到 58 人。

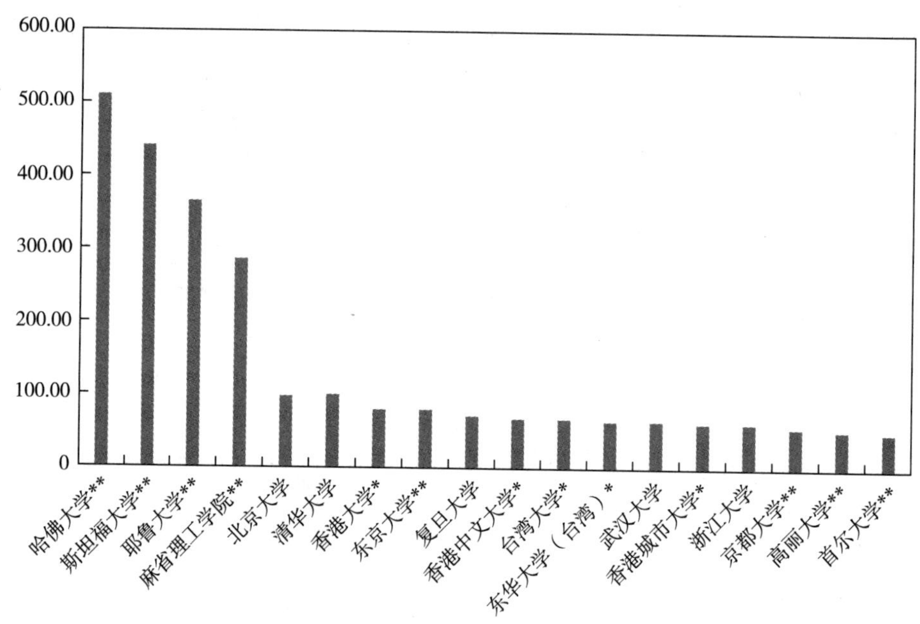

图 1-11　Wikipedia 传播力指数参照分析

（五）Wikipedia 传播力具体案例分析：成都理工大学

成都理工大学在中国大学 Wikipedia 传播力指数得分位居第 20，在内地大学 Wikipedia 传播力指数得分位居第 10，较上年进步 10 名。词条完整性方面，成都理工大学在所有指标上均有完整词条。词条编辑情况方面，成都理工大学一年内总编辑数量（77 次）位于中国大学第 6，编辑用户数量（23 人）位于中国大学第 13；词条链接方面，外部链接总数量达到 166 个。整体来看，成都理工大学的维基百科海外网络传播力较强，且相比上年有了较大的进步。

1. 点面结合，挖掘学科“富矿”

成都理工大学的 Wikipedia 词条完整、内容丰富，分别从校园发展概况、组织架构情况、科研学术、文化精神 4 个方面出发，以凝练的语言展现了其校史、建筑、学术、教研单位、师生构成、文化精神及国际项目的基础情况。同时，成都理工大学通过对特色学科的重点阐述展现了其独特的学术风采。例如，在校园建筑的介绍中，对作为地标型建筑的成都理工大学自然博物馆中特殊展品的介绍，迎合了自然地理爱好者的兴趣点，体现了学校具备丰富的地理地质研究资源和学术资料。在“科学研究”主条目下，设有对 2 个重点实验室的主要研究方向的详细说明，结合中国已落地的重点基础设施建设等项目进行介绍，既充分展现出了成都理工大学的科研实力与学科特色，又彰显了中国在地质工程开发事业中的卓越成绩。

Chengdu University of Technology

Article　Talk

Chengdu University of Technology (**CDUT**; 成都理工大学) is a national public research university located in Chengdu, Sichuan, China. It is a technology-focused institution co-sponsored by the Ministry of Education of China, the Ministry of Natural Resources of China, and the Government of Sichuan Province.[1][2]

CDUT was established in 1956 on the basis of geology-related faculties from Chongqing University, Nanjing University, Northwest University, Beijing Institute of Geology (now China University of Geosciences), Northeast College of Geology (now Jilin University), and Jiao Tong University.[1][3][4][5][6][7][8] The university is included in the Double First Class University Plan designed by the central government of China, and approved as a Chinese state Double First Class University.[9]

Chengdu University of Technology

成都理工大学

CHENGDU UNIVERSITY OF TECHNOLOGY

1956

图 1-12　成都理工大学 Wikipedia 词条展示

2. 开放包容，立足国际视野

作为一所注重国际交流的高校，成都理工大学的 Wikipedia 词条充分体现了对国际学生以及国际学术交流的热情欢迎。成都理工大学在主词条中专门列出与各国高校与研究机构的合作项目，并且放置在词条中较为靠前的位置，突出了积极与国外展开学术交流的形象，为海外 Wikipedia 用户了解成都理工大学提供了便利，也拉近了与海外用户的心理距离。

（六）Wikipedia 传播力小结

从报告数据来看，内地大学在 Wikipedia 等国外知名网站上的传播力迅速增长，上年 Wikipedia 传播力指数得分靠前的中国大学中前 8 名均为港澳台地区大学。而 2023 年有了改观，即在得分靠前的中国大学中已有 5 所中国内地大学。尽管内地大学与港澳台地区大学在 Wikipedia 平台上的平均传播力指数仍存在一定差距，但差距正在不断缩减。北京大学、

International Cooperation and Exchange

In recent years, CDUT has invited Nobel Prize laureates and a large number of world-renowned experts and scholars to give lectures. The university recruits foreign experts to set up courses for undergraduates and postgraduate students on a regular basis and bring them into the talent training system.[14]

CDUT is included in the National Scholarship Council's innovation program and other national projects. The university has established exchanges and cooperation with more than 180 universities and scientific research institutions in Australia, Britain, Canada, Italy, the Netherlands, New Zealand, Russia, the United States, and other countries.[10]

CDUT began to carry out in-depth cooperation with several British universities in 2005, and it is one of the earliest universities in China to set up Sino-foreign dual-degree education programs.[15] In 2013, Chengdu University of Technology and the University of Edinburgh signed a memorandum of cooperation in education. The two universities carry out the '2+2' dual-degree education program in several undergraduate majors, including Geology, Geology and Physical Geography, Geophysics, Geophysics and Meteorology, Geophysics and Geology, Environmental Geoscience, etc. Students study in Chengdu University of Technology for the first two years of undergraduate courses, and then go to the University of Edinburgh for further studies. After completing the rest two years of undergraduate courses, the students can obtain graduation certificate and degree from Chengdu University of Technology and degree from the University of Edinburgh.[16][17]

图 1-13　Wikipedia 平台上成都理工大学词条主条目

复旦大学、浙江大学、同济大学等指数的提升主要来源于词条平均编辑次数和平均关联链接数的增加。在与海外大学的比较中发现，中国大学的外部链接数量仍有较大的提升空间。

从词条完整性来看，中国大学在 Wikipedia 上的词条完整性方面整体表现较好，但在发布内容多样性方面差异较为明显。例如，部分内地大学在组织机构层面仅有院系信息，缺少一些能体现学校特色和办学能力的具体信息。也有个别学校词条完整性有所缺失，其中部门结构和历史发展两个维度缺失最为明显。

总的来说，Wikipedia 平台上的信息关系着高校对外形象的塑造与传播，建设并维护好 Wikipedia 平台上的相关介绍，有助于提升高校的海外传播力。具体来说，中国大学应当注意建立更多的相关链接，并定期修改、完善词条内容，以满足海内外受众的知识获取需求。同时，可以更加注重把握 Wikipedia 平台作为知识共享平台这一突出特征，进一步丰富主页内容、深入满足受众需求、选取更加能够彰显学校历史和文化魅力的个性信息加以展现。

六、维度三：中国大学X（Twitter）传播力

Twitter 平台于 2023 年 7 月更名为“X”。X 在自媒体平台上有着很强的国际影响力，

在国际网站 Alexa. com 排名中，X 名列前茅。作为重要的开放性社交媒体平台之一，X 是中国大学对外传播与交流的重要渠道。

（一）中国大学 X 传播力指数分布

X 传播力维度由自有账号建设状况和他建数据两个部分组成。

自有账号建设包括是否有官方认证账号、粉丝数量、一年内发布内容数量、一年内转发总量、一年内评论总数 5 个指标。操作方式为在 X 网站官方页面输入各大学英文全称，筛选其是否有官方认证账号，记录粉丝数量，并统计一年内推文发布数量、转发总量和评论总量。

他建数据则包括一年内正面转发总量、一年内正面评论总数和正面传播量 3 个指标。采集时间为 2023 年 11 月 10~17 日，时间覆盖 7 天。操作方式为在全平台抓取含有大学英文全称的所有报道，进行人工编码并统计，求和各个大学的正面转发量、正面评论量和正面传播量。随后根据算法，得出 182 所中国大学的 X 平台传播力指数。

X 平台传播力指数得分靠前的中国大学依次为清华大学、北京大学、香港科技大学、武汉大学、北京理工大学、香港大学、中国农业大学、上海音乐学院、香港中文大学和浙江大学。其中，中国内地大学 7 所，香港地区大学 3 所。清华大学居首位，其 X 传播力指数为 100. 00。

表 1-10　中国大学 X 传播力指数

序号	中文名称	得分	序号	中文名称	得分
1	清华大学	100. 00	17	上海交通大学	10. 11
2	北京大学	86. 54	18	哈尔滨工程大学	9. 91
3	香港科技大学 *	58. 43	19	复旦大学	9. 57
4	武汉大学	47. 06	20	广西大学	8. 59
5	北京理工大学	38. 73	21	中国人民大学	7. 92
6	香港大学 *	35. 97	22	西北工业大学	7. 88
7	中国农业大学	26. 77	23	厦门大学	7. 67
8	上海音乐学院	22. 18	24	北京师范大学	7. 52
9	香港中文大学 *	22. 17	25	香港岭南大学 *	7. 28
10	浙江大学	19. 79	26	台湾长庚大学 *	6. 95
11	中国科学技术大学	18. 60	27	南京大学	5. 90
12	电子科技大学	18. 49	28	西南交通大学	5. 35
13	台湾大学 *	16. 09	29	香港城市大学 *	5. 08
14	中国美术学院	13. 58	30	重庆大学	4. 51
15	山东大学	12. 48	31	中山大学	4. 16
16	香港理工大学 *	10. 89	32	上海大学	3. 87

续表

序号	中文名称	得分	序号	中文名称	得分
33	澳门大学＊	3.75	68	湖南大学	0.75
34	华中科技大学	3.51	69	河南大学	0.74
35	北京外国语大学	3.33	70	华中农业大学	0.74
36	中国传媒大学	2.84	71	兰州大学	0.74
37	大连理工大学	2.75	72	台湾“中央大学”＊	0.73
38	台湾清华大学＊	2.75	73	南昌大学	0.73
39	新疆大学	2.74	74	中国海洋大学	0.66
40	四川大学	2.62	75	中国政法大学	0.65
41	华东师范大学	2.55	76	台北大学＊	0.64
42	香港浸会大学＊	2.50	77	暨南大学	0.59
43	天津大学	2.46	78	高雄医学大学＊	0.57
44	北京航空航天大学	2.26	79	对外经济贸易大学	0.57
45	吉林大学	2.21	80	台湾政治大学＊	0.53
46	台湾阳明交通大学＊	2.10	81	台湾成功大学＊	0.52
47	南京农业大学	2.03	82	西安电子科技大学	0.50
48	同济大学	1.71	83	中南大学	0.49
49	南京理工大学	1.64	84	中国地质大学（武汉）	0.49
50	江南大学	1.48	85	武汉理工大学	0.49
51	台湾东海大学＊	1.46	86	北京科技大学	0.46
52	台湾亚洲大学＊	1.46	87	福州大学	0.42
53	国防科学技术大学	1.41	88	南京航空航天大学	0.41
54	华南理工大学	1.40	89	宁夏大学	0.41
55	北京协和医学院	1.38	90	长安大学	0.41
56	上海外国语大学	1.29	91	华中师范大学	0.41
57	陕西师范大学	1.25	92	台湾师范大学＊	0.40
58	哈尔滨工业大学	1.21	93	东华大学	0.40
59	西安交通大学	1.16	94	东南大学	0.36
60	华南师范大学	1.09	95	中国科学院大学	0.34
61	中央民族大学	0.99	96	中央财经大学	0.34
62	台湾逢甲大学＊	0.97	97	西藏大学	0.33
63	大连海事大学	0.90	98	上海中医药大学	0.32
64	云南大学	0.90	99	北京林业大学	0.26
65	台湾中国医药大学＊	0.82	100	台北医学大学＊	0.25
66	南开大学	0.82	101	郑州大学	0.24
67	中国石油大学（华东）	0.81	102	上海财经大学	0.24

续表

序号	中文名称	得分	序号	中文名称	得分
103	北京交通大学	0.24	138	台湾中正大学 *	0.08
104	贵州大学	0.24	139	中国矿业大学（徐州）	0.02
105	南京师范大学	0.24	140	华北电力大学（北京）	0.02
106	首都师范大学	0.24	141	上海海洋大学	0.00
107	西南石油大学	0.24	142	辽宁大学	0.00
108	中国石油大学（北京）	0.16	143	台湾暨南国际大学 *	0.00
109	北京工业大学	0.16	144	东北师范大学	0.00
110	台湾中山大学 *	0.16	145	石河子大学	0.00
111	成都理工大学	0.16	146	四川农业大学	0.00
112	中南财经政法大学	0.16	147	中国药科大学	0.00
113	北京体育大学	0.16	148	台湾大同大学 *	0.00
114	北京邮电大学	0.16	149	北京中医药大学	0.00
115	东北林业大学	0.16	150	成都中医药大学	0.00
116	天津医科大学	0.16	151	中国人民解放军海军军医大学	0.00
117	中央美术学院	0.16	152	东北大学	0.00
118	中央戏剧学院	0.16	153	东北农业大学	0.00
119	台北科技大学 *	0.16	154	广州中医药大学	0.00
120	台湾淡江大学 *	0.16	155	海南大学	0.00
121	北京化工大学	0.16	156	合肥工业大学	0.00
122	西南财经大学	0.11	157	河北工业大学	0.00
123	西南大学	0.09	158	湖南师范大学	0.00
124	宁波大学	0.08	159	华北电力大学（保定）	0.00
125	河海大学	0.08	160	南京林业大学	0.00
126	苏州大学	0.08	161	南京信息工程大学	0.00
127	台湾中原大学 *	0.08	162	南京邮电大学	0.00
128	中国人民解放军空军军医大学	0.08	163	青海大学	0.00
129	华东理工大学	0.08	164	太原理工大学	0.00
130	南京中医药大学	0.08	165	天津工业大学	0.00
131	内蒙古大学	0.08	166	天津中医药大学	0.00
132	上海体育大学	0.08	167	西北大学	0.00
133	外交学院	0.08	168	西北农林科技大学	0.00
134	中国地质大学（北京）	0.08	169	延边大学	0.00
135	中央音乐学院	0.08	170	中国矿业大学（北京）	0.00
136	台湾辅仁大学 *	0.08	171	中国人民公安大学	0.00
137	台湾中兴大学 *	0.08	172	中国音乐学院	0.00

续表

序号	中文名称	得分	序号	中文名称	得分
173	台湾东吴大学*	0.00	178	台湾云林科技大学*	0.00
174	台湾东华大学*	0.00	179	台湾彰化师范大学*	0.00
175	台湾高雄科技大学*	0.00	180	台湾元智大学*	0.00
176	台湾海洋大学*	0.00	181	台湾中华大学*	0.00
177	台湾科技大学*	0.00	182	安徽大学	0.00

（二）内地大学 X 传播力指数分布

X 传播力指数得分靠前的内地大学依次是清华大学、北京大学、武汉大学、北京理工大学、中国农业大学、上海音乐学院、浙江大学、中国科学技术大学、电子科技大学和中国美术学院。其中，华北地区有 4 所，华东地区有 4 所，华中地区有 1 所，西南地区有 1 所。清华大学和北京大学的头部优势较明显，大幅领先于其他高校。

表 1-11　内地大学 X 传播力指数

序号	中文名称	得分	序号	中文名称	得分
1	清华大学	100.00	21	西南交通大学	5.35
2	北京大学	86.54	22	重庆大学	4.51
3	武汉大学	47.06	23	中山大学	4.16
4	北京理工大学	38.73	24	上海大学	3.87
5	中国农业大学	26.77	25	华中科技大学	3.51
6	上海音乐学院	22.18	26	北京外国语大学	3.33
7	浙江大学	19.79	27	中国传媒大学	2.84
8	中国科学技术大学	18.60	28	大连理工大学	2.75
9	电子科技大学	18.49	29	新疆大学	2.74
10	中国美术学院	13.58	30	四川大学	2.62
11	山东大学	12.48	31	华东师范大学	2.55
12	上海交通大学	10.11	32	天津大学	2.46
13	哈尔滨工程大学	9.91	33	北京航空航天大学	2.26
14	复旦大学	9.57	34	吉林大学	2.21
15	广西大学	8.59	35	南京农业大学	2.03
16	中国人民大学	7.92	36	同济大学	1.71
17	西北工业大学	7.88	37	南京理工大学	1.64
18	厦门大学	7.67	38	江南大学	1.48
19	北京师范大学	7.52	39	国防科学技术大学	1.41
20	南京大学	5.90	40	华南理工大学	1.40

续表

序号	中文名称	得分	序号	中文名称	得分
41	北京协和医学院	1.38	77	北京林业大学	0.26
42	上海外国语大学	1.29	78	郑州大学	0.24
43	陕西师范大学	1.25	79	上海财经大学	0.24
44	哈尔滨工业大学	1.21	80	北京交通大学	0.24
45	西安交通大学	1.16	81	贵州大学	0.24
46	华南师范大学	1.09	82	南京师范大学	0.24
47	中央民族大学	0.99	83	首都师范大学	0.24
48	大连海事大学	0.90	84	西南石油大学	0.24
49	云南大学	0.90	85	中国石油大学（北京）	0.16
50	南开大学	0.82	86	北京工业大学	0.16
51	中国石油大学（华东）	0.81	87	成都理工大学	0.16
52	湖南大学	0.75	88	中南财经政法大学	0.16
53	河南大学	0.74	89	北京体育大学	0.16
54	华中农业大学	0.74	90	北京邮电大学	0.16
55	兰州大学	0.74	91	东北林业大学	0.16
56	南昌大学	0.73	92	天津医科大学	0.16
57	中国海洋大学	0.66	93	中央美术学院	0.16
58	中国政法大学	0.65	94	中央戏剧学院	0.16
59	暨南大学	0.59	95	北京化工大学	0.16
60	对外经济贸易大学	0.57	96	西南财经大学	0.11
61	西安电子科技大学	0.50	97	西南大学	0.09
62	中南大学	0.49	98	宁波大学	0.08
63	中国地质大学（武汉）	0.49	99	河海大学	0.08
64	武汉理工大学	0.49	100	苏州大学	0.08
65	北京科技大学	0.46	101	中国人民解放军空军军医大学	0.08
66	福州大学	0.42	102	华东理工大学	0.08
67	南京航空航天大学	0.41	103	南京中医药大学	0.08
68	宁夏大学	0.41	104	内蒙古大学	0.08
69	长安大学	0.41	105	上海体育大学	0.08
70	华中师范大学	0.41	106	外交学院	0.08
71	东华大学	0.40	107	中国地质大学（北京）	0.08
72	东南大学	0.36	108	中央音乐学院	0.08
73	中国科学院大学	0.34	109	中国矿业大学（徐州）	0.02
74	中央财经大学	0.34	110	华北电力大学（北京）	0.02
75	西藏大学	0.33	111	上海海洋大学	0.00
76	上海中医药大学	0.32	112	辽宁大学	0.00

续表

序号	中文名称	得分	序号	中文名称	得分
113	东北师范大学	0.00	128	南京林业大学	0.00
114	石河子大学	0.00	129	南京信息工程大学	0.00
115	四川农业大学	0.00	130	南京邮电大学	0.00
116	中国药科大学	0.00	131	青海大学	0.00
117	北京中医药大学	0.00	132	太原理工大学	0.00
118	成都中医药大学	0.00	133	天津工业大学	0.00
119	中国人民解放军海军军医大学	0.00	134	天津中医药大学	0.00
120	东北大学	0.00	135	西北大学	0.00
121	东北农业大学	0.00	136	西北农林科技大学	0.00
122	广州中医药大学	0.00	137	延边大学	0.00
123	海南大学	0.00	138	中国矿业大学（北京）	0.00
124	合肥工业大学	0.00	139	中国人民公安大学	0.00
125	河北工业大学	0.00	140	中国音乐学院	0.00
126	湖南师范大学	0.00	141	安徽大学	0.00
127	华北电力大学（保定）	0.00			

（三）X 传播力具体指标分析

X 传播力指数权重占总体传播力指数权重的 20%。自有账号建设部分权重为 9%，其中，是否有官方认证账号占比 1%，粉丝数量、一年内发布内容数量、一年内转发总量和一年内评论总数各占比 2%。他建数据占比 11%，其中，一年内正面转发总量和一年内正面评论总数各占比 3%，正面传播量占比 5%。

从是否有官方认证账号来看，仅有清华大学、北京大学、武汉大学、香港中文大学、浙江大学、香港理工大学、香港岭南大学 7 所中国大学拥有 X 官方认证账号；83 所中国大学拥有非官方认证账号，相较上年增加 12 所；92 所中国大学无 X 账号，相较上年减少 14 所。中国大学 X 平台建设状况处于较低水平。

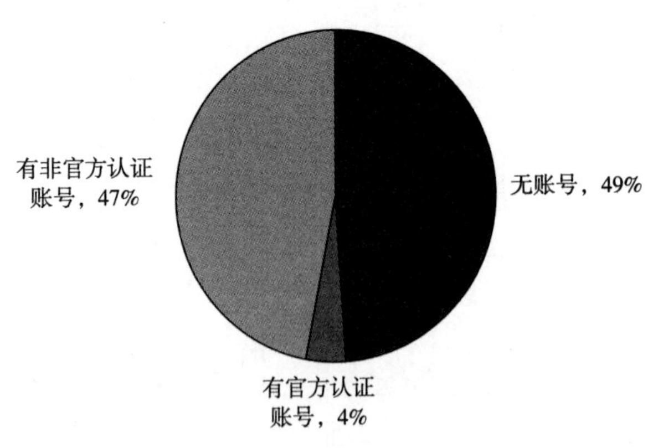

图 1-14　中国大学 X 主页认证情况

从粉丝数量来看，国内各大学间差异较大。得分靠前的大学分别为清华大学（789737 人）、北京大学（691689 人）、浙江大学（54226 人）、中国美术学院（42645 人）、重庆大学（28172 人）、香港大学（23793 人）、香港理工大学（23582 人）、北京航空航天大学（20100 人）、香港中文大学（19212 人）和武汉大学（17456 人）。

从一年内发布的内容数量来看，中国大学 X 平台内容运营最为活跃的是清华大学，共发布 2124 条内容，随后是北京大学（1796 条）和中国美术学院（1076 条）。总体来看，有账号的大学中，仅有 47 所大学发布新内容。9 所大学发文不足 10 条，16 所大学发文量在 10~100 条，17 所大学发文量在 101~500 条，5 所大学超过 500 条。46 所大学有账号但无新发内容。

从一年内转发总数来看，清华大学以 17241 次高居榜首，北京大学以 15376 次紧随其后。转发总量超过 500 次的还有中国美术学院、浙江大学和武汉大学。总体来看，中国内地大学在该指标上表现更加突出。

从一年内评论总数来看，清华大学和北京大学位列前二，也是仅有的超过 1000 次的国内大学，分别为 5738 条和 4621 条。但国内大学一年内评论总数超过 100 条的只有 10 所，反映出整体中国大学 X 平台评论数量较少的情况。

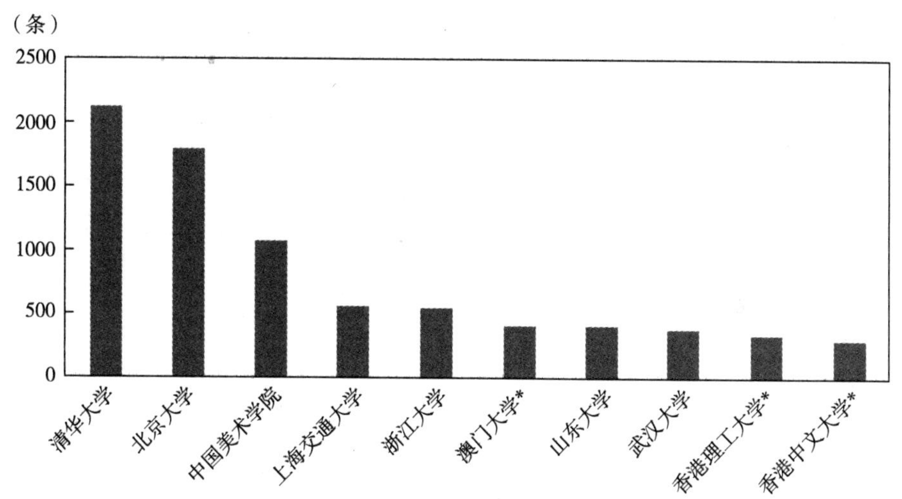

图 1-15　部分中国大学 X 推文数量

在他建数据的三个维度中，从一年内正面转发总量来看，香港科技大学以 175703 次位列榜首，约为排名其后的北京理工大学的 3.1 倍。台湾长庚大学、中国农业大学、香港大学、电子科技大学、中国科学技术大学、北京大学、上海交通大学和哈尔滨工程大学排名靠前。在与参照大学比较后发现，京都大学以 120569 次位列国外大学第 1，但转发总量略低于香港科技大学。在国外大学排名中位列第 2 和第 3 的高丽大学（25315 次）和首尔大学（19074 次）表现也较为出色，但转发总量低于香港科技大学、北京理工大学、台

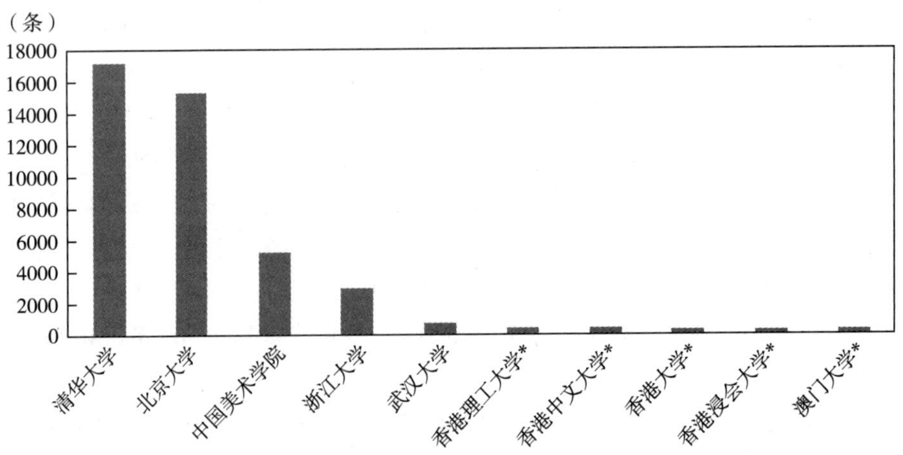

图 1-16　部分中国大学 X 转发总量

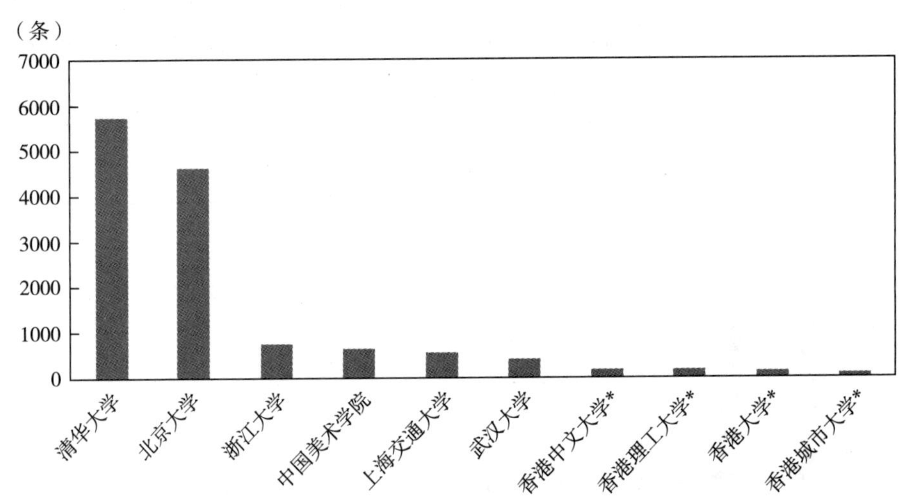

图 1-17　部分中国大学 X 评论总数

湾长庚大学、中国农业大学和香港大学这 5 所国内大学。可见，在 X 平台上，中国大学在正面转发总量这一维度上表现较好。

从一年内正面评论总数来看，上海音乐学院位列榜首，也是唯一总评论数超过 100 条的国内高校。清华大学、北京大学、台湾大学、香港科技大学、厦门大学、电子科技大学、中国科学技术大学、北京理工大学和武汉大学排名紧随其后。

正面传播量在一定程度上反映出 X 上中国高校的评价状况。从数量来看，国内高校仅有武汉大学和香港科技大学的正面传播量超过 350 条。其中，武汉大学 408 条，香港科技大学 395 条。清华大学、香港大学、北京理工大学、北京大学、中国农业大学、电子科技大学、中国科学技术大学和香港中文大学也表现突出。

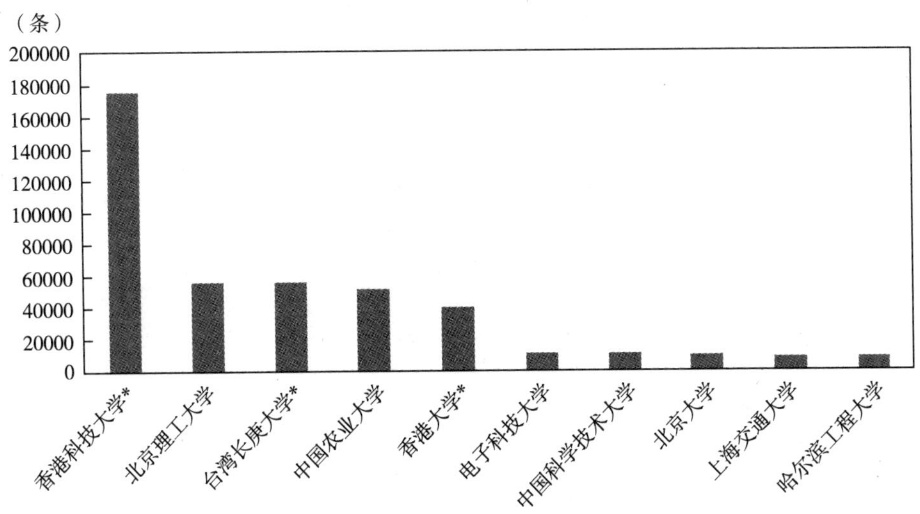

图 1-18　部分中国大学 X 转发总量

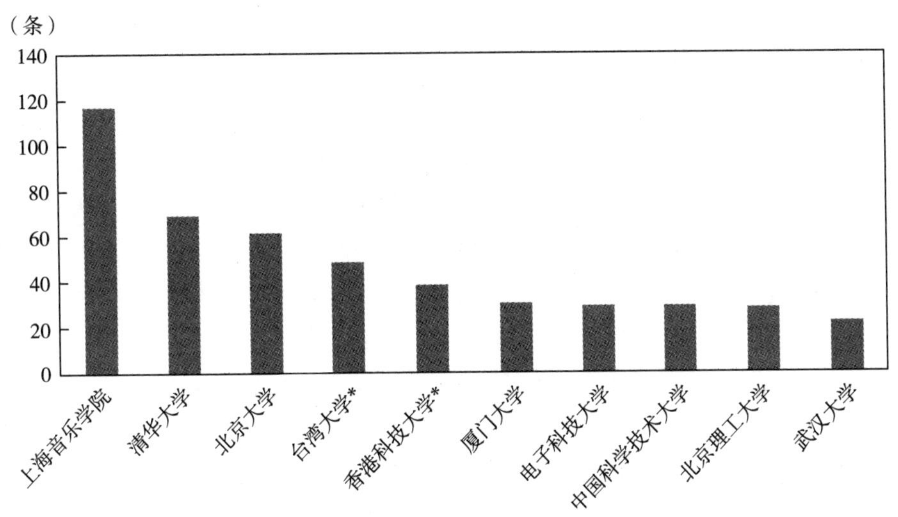

图 1-19　部分中国大学 X 评论总数

（四）参照分析

在加入海外参照大学比较之后，中国大学 X 传播力指数仅有清华大学和北京大学得分靠前，分别排在第 3 和第 4 位。哈佛大学和麻省理工学院位居前二，且遥遥领先于其他高校。国外大学中，耶鲁大学、京都大学、东京大学和斯坦福大学表现较为出色，分别位列第 5、第 6、第 7 和第 9 位。国内大学中，还有香港科技大学和武汉大学排名表现较好，分别为第 8 和第 10 名。

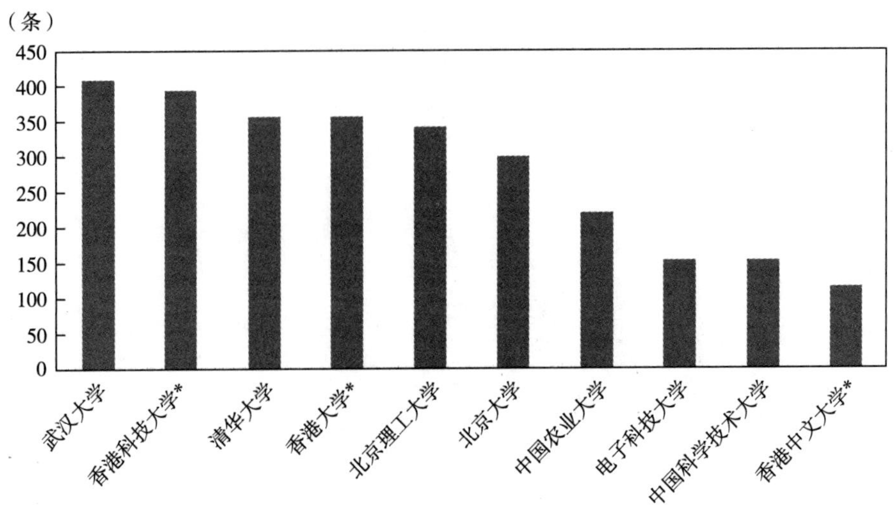

图 1-20　部分中国大学 X 正面传播量

相较于日韩大学，中国头部大学在粉丝数量、发文数量、一年内评论总数等指标上均有一定优势。而在他建数据方面，二者表现相当。日韩大学在 X 传播力指数最高的是京都大学，得分约为清华大学的 74%。

相较于美国大学，中国大学在 X 平台的传播力建设仍有一定差距。尽管中国大学在发文数量、转发总量、平台正面传播量等指标上已经接近甚至超过部分美国大学，但在是否有官方认证账号、粉丝数量、一年内评论总数这 3 个自有账号建设指标和一年内正面评论总数这 1 个他建数据指标上与参照大学差距仍很显著。可见，虽然在 X 平台上中国大学的传播力水平有所提升，但仍具有巨大的建设空间。

总体来看，中国大学在 X 平台上的自有账号建设正稳步进行，并呈现出以下两个显著特征：一是内地大学的表现优于港澳台地区大学；二是清华大学和北京大学这两所头部大学的表现已接近哈佛大学、麻省理工学院等美国大学，并显著优于几所日韩大学，但仍有一定的提升与改善空间，如完善平台官方认证、提高发布内容的数量与质量、增强推文传播与互动效果等。而在他建数据方面，中国大学与大部分参照大学的表现相当，但与哈佛大学、麻省理工学院这两所美国大学相比仍有较大差距。未来，中国大学可以重点关注与借鉴这两所大学进行传播力建设的方式与手段，积极利用 X 平台展示校庆、科研成果、人才培养和校园风景等内容，并加强与其他账号的互动，持续做好用户反馈，进一步提升自身的传播力水平。

（五）X 传播力具体案例分析：香港科技大学、武汉大学和北京理工大学

香港科技大学在 2023 年中国大学海外传播力综合指数得分第 7，在 X 传播力指数得分第 3，仅次于清华大学和北京大学，相较上年进步明显，增量与增速均名列前茅。武汉大学在 2023 年中国内地大学海外传播力综合指数得分第 5，在 X 传播力指数得分第 4，相

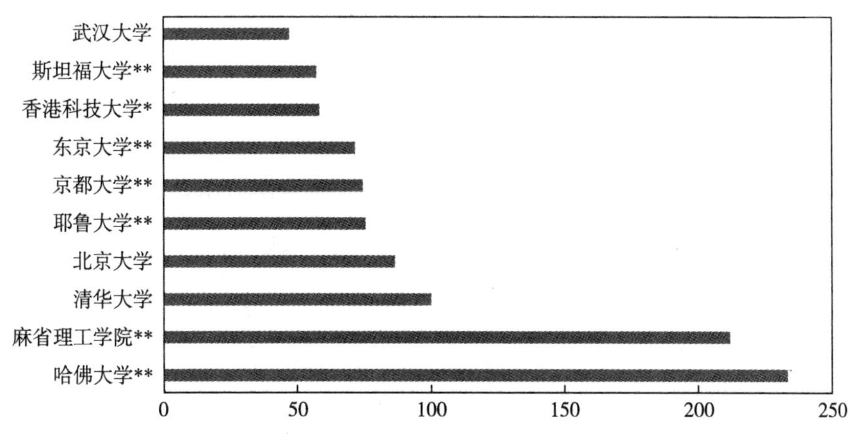

图 1-21　X 传播力指数参照分析

较上年有显著进步。且粉丝数量达 17456 人，相较上年增长了 872%。北京理工大学在 2023 年中国内地大学海外传播力综合指数中居于第 8，在 X 传播力指数得分第 5，相较上年进步飞速、表现亮眼。

1. 香港科技大学：发挥技术专长，宣传典型人物，突出港科优势

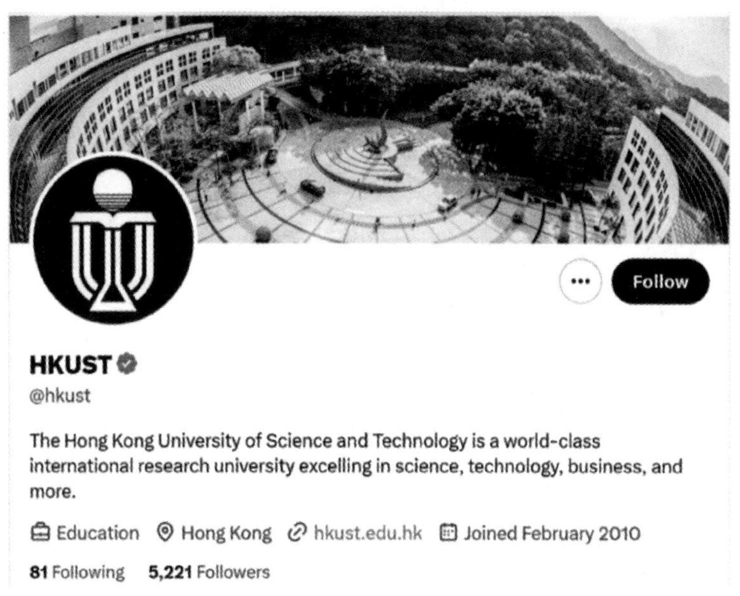

图 1-22　香港科技大学 X 主页

第一，香港科技大学在进行高校形象建构与宣传时着重突出其在物理、工程、工商管理、生物科学及生物技术、环境及可持续发展等领域所取得的显著成就。对此，香港科技大学在其主页中设立“研究与卓越教学”、“创新与创业”等专题板块，主要通过配套讲解视频等方式向海内外用户介绍学校在科研学术方面的产出成果。此外，香港科技大学还在发布内容中多次附有“HKUST”、“#HKUSTresearch”、“#HKUSTaward”、“#HKUSTEntrepreneurs”等词汇，并在推文中附上详细介绍链接与配套视频等，有关推文浏览量较高，为其关注者深入了解相关领域的专业内容提供了极大的便利。

第二，香港科技大学还在其主页中注重宣传在校师生、优秀校友等典型人物，主要以讲故事的形式概述人物的优秀事迹，提升读者阅读兴趣，并设置链接方便感兴趣的读者深入阅读人物故事，同时辅以多幅与人物学习和生活有关的图片，语态亲近自然、内容充实丰富，对于学校正能量的传递与吸引力的提升都起到了积极的作用。

HKUST @hkust · Aug 26

We have #liftoff! #HKUST successfully launched a satellite “HKUST-FYBB#1”! It entered the designated orbit for operation at the Jiuquan Satellite Launch Center in Gansu Province yesterday. Today, a ceremony was held to commemorate this stellar milestone.

youtube.com

HKUST Successfully Launches "HKUST-FYBB#1" Sa

We have #liftoff! #HKUST successfully launched a high-resolution optical satellite “HKUST-FYBB#1”!...

7 47 208K

图 1–23　香港科技大学科研学术相关推文

HKUST @hkust · Jun 29

#HKUST Faculty Members Contribute to Global Dialogue at #SummerDavos

We are excited to have five of our esteemed members speaking or moderating at the @wef World Economic Forum’s 14th Annual Meeting of the New Champions 2023, also known as Summer Davos, held in Tianjin, China....

Show more

1 2 21 594K

图 1–24　香港科技大学典型人物相关推文

从他建数据来看，香港科技大学的平台正面转发总量高达 175703 条，平台正面传播量为 395 条，与其他中国大学相比表现突出。其他建数据表现出色主要是由于以下两方面原因：一是相关讨论多是围绕香港科技大学本身的优势专长所展开的，通过元宇宙、人工智能等前沿内容的讨论引发了广泛关注；二是平台上所发布的内容多聚焦于优秀师生、杰出校友等人物，与自建账号类似，依靠相关人士强大的影响力与话题度可以显著提高人们对于香港科技大学这所学校本身的关注度，是增强传播力的有效途径之一。

2. 武汉大学：抓住校庆机遇，利用独特符号，展现各类活动

图 1-25　武汉大学 X 主页

武汉大学在官方账号建设上表现出色，主要表现在以下几个方面：

一是其善于抓住中秋节、国庆节等关键时间节点进行各种原创性内容的生产与传播。值得一提的是，2023 年正值武汉大学 130 周年校庆，因此，武汉大学不仅将其官方账号首页的封面背景更新为校庆主题，还通过图文、视频等丰富的呈现形式针对这一重大事件产出诸多优质内容，包括展览陈列、纪念品设计、校内外人士祝贺视频等。此外，大多数推文均利用“#WHU130”这一符号加强校庆方面内容的传播力度。

二是其从校园的自然景观特色和标志性建筑等方面汲取灵感，进行内容创作，充分体现出高校的独特性。例如，武汉大学多发布有关樱花、桂花等优美自然景观的摄影作品，充分展现其校园的自然之美。此外，对于老斋舍、十八栋和宋卿体育馆等校园主要历史建筑的展示也显现出武汉大学自然风光优美，文化底蕴深厚。

图 1–26　武汉大学樱花设计相关推文

图 1–27　武汉大学樱花回忆相关推文

三是其学术、文化、体育等活动丰富，具有突出成果。一方面，武汉大学在世界范围内享有较高的知名度和学术影响力，官方账号在进行海外传播时也更多地侧重对其丰富的科研成果进行介绍。国内外诸多论坛、讲座和研讨会等活动常在武汉大学举办召开。来自

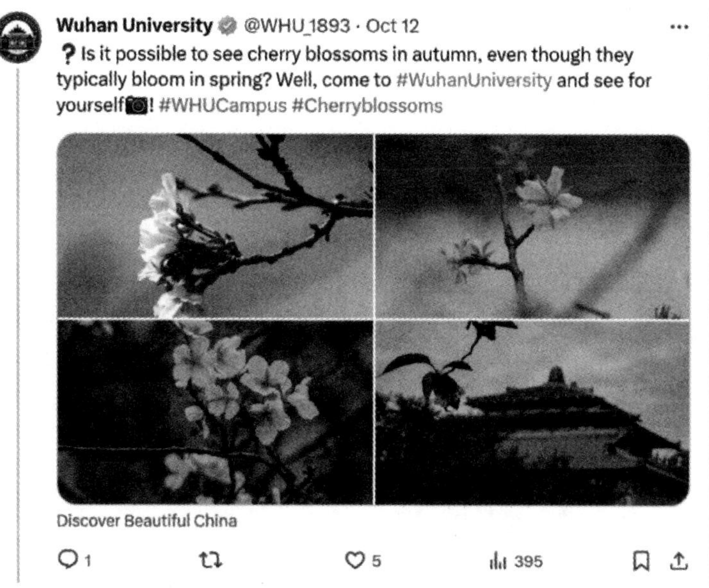

图 1-28　武汉大学校园樱花相关推文

各行各业的专家学者和权威人士齐聚武汉大学，进一步增加了其曝光度和讨论量。另一方面，武汉大学注重以学生个体的微观视角诉说武汉大学的故事。有关同学品尝食堂新品、参与自制月饼和进行歌舞比赛等推文的介绍为人们了解武汉大学提供了更加真实可感的渠道。

图 1-29　武汉大学学生骑行活动相关推文

而在他建数据方面，在 X 平台上有关武汉大学的讨论也存在上述特征，因此整体传播力水平较高。特别指出的是，武汉大学的正面传播量达 408 条，在这一指标上超过其他中国大学和亚洲大学，仅次于哈佛大学。

3. 北京理工大学：把握关键节点，他建优势明显，综合排名靠前

从自有账号的建设来看，北京理工大学的特色在于其有意识把握开学季、毕业季等学校关键节点或是重阳节、二十四节气等中国特殊时刻进行内容产出。二十四节气作为中国悠久文化内涵与历史积淀的体现，是进行国际传播内容创作的典型主题。北京理工大学在相应的时间节点以图文结合的方式发布推文，并形成系列专题，具有连续性与统一性，这一方面起到了向世界宣扬中华优秀传统文化的作用，另一方面也体现了北京理工大学展示高校形象的独到创意之处，对于其海外传播力的提升具有良好效果。

图 1-30　北京理工大学毕业季相关推文

此外，北京理工大学针对其重大科研成果、文化与体育活动举办等推出诸多优质内容，配图独到精美、文字凝练生动，并注重在关键词上设置标签和链接，如“#BIT”、“#InternationalBIT”等，这进一步扩大了平台用户对于学校的关注度，增强了大家的讨论热度，产生了良好的传播效果。

从他建数据来看，北京理工大学的表现较为出色，这主要体现在正面转发总数高达 55906 条，而其正面传播量也有 341 条，与其他大部分国内高校相比成绩较为突出。在具体内容方面，X 平台上有关北京理工大学的讨论内容多聚焦于学校的科研创新成果等专业内容或是留学生的日常生活分享等更为轻松的内容。

Beijing Institute of Technology @BIT1940 · Jun 23

Congratulations to "#BIT Space Power Generation" team from Beijing Institute of Technology for winning the gold award in the International Space Science and Payload Competition!🏆 #BITers also secured 1 silver and 5 bronze awards! #BITresearch

图 1-31　北京理工大学学术产出相关推文

Beijing Institute of Technology @BIT1940 · Jun 12

Shenzhou XVI, China's manned spacecraft, has been launched successfully!🚀

#BIT has made outstanding contributions to the #spacemission, with scientific experiments initiated by the #BIT research team set to be conducted by the three astronauts in the @CNSpaceStation!🔬

1　6　255

图 1-32　北京理工大学科研成果相关推文

（六）X 传播力小结

1. 自有账号建设：中国头部大学遥遥领先，整体水平与国外大学尚存差距

在是否有官方认证账号上，国外头部大学均表现较好，而在传播力指数得分靠前的高

校中，只有清华大学、北京大学和武汉大学这 3 所中国大学拥有官方认证账号。且从官方账号的粉丝数量来看，上述 3 所中国大学的粉丝数量仍大幅落后于哈佛大学、麻省理工学院等美国大学，与日韩大学也仅刚刚持平。官方账号通常具有极高的声誉和可信度，是了解中国高校真实情况的重要窗口。因此，未来要进一步加强官方认证、扩大粉丝基础，从而有效提高海外传播的影响力。

而在发文数量、一年内转发总量和一年内评论总数这 3 个指标上，清华大学和北京大学表现较为突出，与国外大学水平相当，甚至在某些方面超越国外大学。此外，其他国内高校与参照大学相比则表现不佳，差距较为显著，需要在未来立足于自身的文化特征，充分考虑平台话语的国际适用性与发布内容的互动性，以有效提高其海外传播力水平。

2. 他建数据：中国大学与国外大学表现持平，但仍需进一步加强互动交流

X 是全球影响力最大的社交平台之一，对于正面转发总量、正面评论总量和正面传播量等指标的关注可以很好地反映出各大高校的海外传播与评价状况。数据显示，香港科技大学、北京理工大学和台湾长庚大学这 3 所中国大学的 7 天正面转发总量大幅超过绝大多数国内外高校，分别达 175703 次、55906 次和 55785 次。而在 7 天正面评论总量和 7 天正面传播力这 2 个指标上，国内大学的整体水平与参照大学相当，表明中国大学在 X 平台的他建数据方面表现较为出色，这主要是在中外多元主体参与、学术与文化优质内容产出和开放亲民叙事调适等诸多因素交织下的传播效果较好。未来，中国大学还需进一步通过各种议题加强平台互动，构建共通的话语空间，展现良好的高校形象。

七、维度四：中国大学Facebook传播力

作为全球用户量最大的社交软件，Facebook 拥有庞大的活跃用户群体。截至 2023 年 4 月，Facebook 的月活跃用户数为 29.89 亿，每天使用 Facebook 的人数（DAU）达 20.37 亿，每天登录的月度活跃用户比例为 68%。依托平台强大的国际影响力，Facebook 成为大学形象传播的重要场所，也是衡量大学海外传播力的重要参考。

（一）中国大学 Facebook 传播力指数分布

Facebook 传播力维度由自有账号建设及他建数据两部分组成。自有账号建设包括是否有官方认证账号、好友数量、一年内点赞总量、一年内评论总数 4 个指标，通过在 Facebook 官网上精准搜索各大学英文名称和英文简称，筛选确定大学 Facebook 账号。他建数据则收集各大学 Facebook 平台上的正面评论总量、正面点赞总量及正面传播量，进行人工编码并统计。采集时间为 2023 年 11 月 10~17 日，时间覆盖 7 天。编码采取二人背对背方式抽样判断内容倾向，剔除负面报道，利用霍斯提公式检验编码员间信度，结果为

0.91，信度达标。根据算法，得出 182 所中国大学 Facebook 传播力指数。

Facebook 传播力指数得分靠前的中国大学依次为台湾大学、台湾师范大学、台湾阳明交通大学、清华大学、台北大学、北京大学、中央音乐学院、台湾清华大学、台湾中兴大学、台湾东海大学。其中，中国内地大学 3 所和台湾地区大学 7 所。台湾大学位居榜首，其传播力指数为 100.00。

表 1-12　中国大学 Facebook 传播力指数

序号	中文名称	得分	序号	中文名称	得分
1	台湾大学 *	100.00	30	南京大学	11.73
2	台湾师范大学 *	80.14	31	台湾元智大学 *	11.68
3	台湾阳明交通大学 *	77.90	32	台北科技大学 *	11.11
4	清华大学	72.89	33	台湾东华大学 *	10.89
5	台北大学 *	53.52	34	上海外国语大学	10.40
6	北京大学	50.67	35	中国传媒大学	9.79
7	中央音乐学院	50.11	36	山东大学	9.34
8	台湾清华大学 *	44.23	37	外交学院	9.17
9	台湾中兴大学 *	40.20	38	中国美术学院	9.03
10	台湾东海大学 *	37.80	39	南京理工大学	8.48
11	浙江大学	35.61	40	武汉大学	8.46
12	澳门大学 *	27.13	41	台湾东吴大学 *	8.02
13	台湾辅仁大学 *	23.53	42	台湾暨南国际大学 *	7.76
14	台湾逢甲大学 *	23.49	43	郑州大学	7.37
15	中央戏剧学院	20.88	44	台湾高雄科技大学 *	7.36
16	高雄医学大学 *	20.67	45	东北林业大学	7.03
17	台湾成功大学 *	19.29	46	北京师范大学	6.77
18	香港科技大学 *	19.15	47	上海交通大学	6.44
19	香港中文大学 *	18.88	48	暨南大学	6.20
20	台湾海洋大学 *	18.49	49	长安大学	6.16
21	台湾大同大学 *	17.10	50	云南大学	6.09
22	香港大学 *	16.79	51	安徽大学	6.07
23	重庆大学	16.27	52	中央民族大学	6.05
24	中南大学	16.08	53	台湾云林科技大学 *	5.99
25	台湾科技大学 *	15.70	54	上海音乐学院	5.55
26	香港理工大学 *	15.54	55	中国人民大学	5.48
27	香港城市大学 *	15.23	56	中山大学	5.26
28	北京化工大学	12.65	57	台湾中原大学 *	5.08
29	中央美术学院	12.51	58	哈尔滨工业大学	4.92

续表

序号	中文名称	得分	序号	中文名称	得分
59	南京林业大学	4.89	94	首都师范大学	2.01
60	中国药科大学	4.76	95	中国人民解放军海军军医大学	1.93
61	四川农业大学	4.66	96	西南交通大学	1.92
62	厦门大学	4.56	97	东北师范大学	1.91
63	西藏大学	4.02	98	北京交通大学	1.89
64	西安交通大学	3.76	99	台湾淡江大学 *	1.87
65	中央财经大学	3.66	100	中国地质大学（武汉）	1.83
66	台湾政治大学 *	3.63	101	中国人民解放军空军军医大学	1.80
67	中国石油大学（北京）	3.58	102	西安电子科技大学	1.77
68	北京航空航天大学	3.54	103	南京航空航天大学	1.69
69	天津大学	3.39	104	南京师范大学	1.68
70	台湾中山大学 *	3.38	105	中国矿业大学（北京）	1.68
71	西北工业大学	3.32	106	台湾中华大学 *	1.66
72	台湾中正大学 *	3.30	107	中国人民公安大学	1.55
73	北京外国语大学	3.25	108	大连理工大学	1.54
74	中国科学院大学	3.23	109	天津中医药大学	1.52
75	北京邮电大学	3.18	110	中国音乐学院	1.40
76	台湾长庚大学 *	2.99	111	华中师范大学	1.38
77	上海大学	2.92	112	北京中医药大学	1.33
78	兰州大学	2.90	113	复旦大学	1.32
79	大连海事大学	2.83	114	北京科技大学	1.26
80	北京理工大学	2.80	115	上海财经大学	1.24
81	上海体育大学	2.76	116	中国政法大学	1.23
82	中国科学技术大学	2.64	117	延边大学	1.22
83	香港岭南大学 *	2.60	118	东北大学	1.22
84	台北医学大学 *	2.55	119	北京协和医学院	1.21
85	东南大学	2.55	120	河海大学	1.18
86	中国矿业大学（徐州）	2.54	121	东北农业大学	1.07
87	台湾亚洲大学 *	2.49	122	新疆大学	1.05
88	成都理工大学	2.39	123	华东师范大学	1.03
89	北京体育大学	2.24	124	辽宁大学	0.99
90	电子科技大学	2.14	125	北京林业大学	0.96
91	同济大学	2.12	126	南昌大学	0.96
92	中国地质大学（北京）	2.08	127	南开大学	0.94
93	东华大学	2.07	128	江南大学	0.92

续表

序号	中文名称	得分	序号	中文名称	得分
129	香港浸会大学 *	0.92	156	天津医科大学	0.35
130	中国海洋大学	0.80	157	上海中医药大学	0.32
131	中国农业大学	0.78	158	哈尔滨工程大学	0.30
132	宁夏大学	0.78	159	台湾“中央大学” *	0.27
133	四川大学	0.78	160	西北大学	0.24
134	南京中医药大学	0.76	161	苏州大学	0.17
135	台湾彰化师范大学 *	0.76	162	河北工业大学	0.14
136	西北农林科技大学	0.75	163	广西大学	0.13
137	北京工业大学	0.73	164	石河子大学	0.11
138	天津工业大学	0.73	165	上海海洋大学	0.11
139	南京信息工程大学	0.64	166	合肥工业大学	0.11
140	太原理工大学	0.62	167	南京农业大学	0.10
141	华中科技大学	0.60	168	华南师范大学	0.10
142	贵州大学	0.60	169	青海大学	0.09
143	南京邮电大学	0.59	170	福州大学	0.08
144	内蒙古大学	0.58	171	西南财经大学	0.05
145	宁波大学	0.57	172	海南大学	0.04
146	成都中医药大学	0.54	173	湖南师范大学	0.03
147	中国石油大学（华东）	0.53	174	华南理工大学	0.03
148	中南财经政法大学	0.49	175	华中农业大学	0.02
149	武汉理工大学	0.43	176	湖南大学	0.01
150	河南大学	0.42	177	对外经济贸易大学	0.01
151	台湾中国医药大学 *	0.42	178	华北电力大学（北京）	0.01
152	陕西师范大学	0.42	179	西南石油大学	0.01
153	西南大学	0.41	180	国防科学技术大学	0.00
154	吉林大学	0.41	181	华北电力大学（保定）	0.00
155	华东理工大学	0.40	182	广州中医药大学	0.00

（二）内地大学 Facebook 传播力指数分布

Facebook 传播力指数得分靠前的内地大学依次为清华大学、北京大学、中央音乐学院、浙江大学、中央戏剧学院、重庆大学、中南大学、北京化工大学、中央美术学院、南京大学。其中，华北地区 6 所，华东地区 2 所，华中地区 1 所，西南地区 1 所。

表 1-13　内地大学 Facebook 传播力指数

序号	中文名称	得分	序号	中文名称	得分
1	清华大学	72. 89	36	西安交通大学	3. 76
2	北京大学	50. 67	37	中央财经大学	3. 66
3	中央音乐学院	50. 11	38	中国石油大学（北京）	3. 58
4	浙江大学	35. 61	39	北京航空航天大学	3. 54
5	中央戏剧学院	20. 88	40	天津大学	3. 39
6	重庆大学	16. 27	41	西北工业大学	3. 32
7	中南大学	16. 08	42	北京外国语大学	3. 25
8	北京化工大学	12. 65	43	中国科学院大学	3. 23
9	中央美术学院	12. 51	44	北京邮电大学	3. 18
10	南京大学	11. 73	45	上海大学	2. 92
11	上海外国语大学	10. 40	46	兰州大学	2. 90
12	中国传媒大学	9. 79	47	大连海事大学	2. 83
13	山东大学	9. 34	48	北京理工大学	2. 80
14	外交学院	9. 17	49	上海体育大学	2. 76
15	中国美术学院	9. 03	50	中国科学技术大学	2. 64
16	南京理工大学	8. 48	51	东南大学	2. 55
17	武汉大学	8. 46	52	中国矿业大学（徐州）	2. 54
18	郑州大学	7. 37	53	成都理工大学	2. 39
19	东北林业大学	7. 03	54	北京体育大学	2. 24
20	北京师范大学	6. 77	55	电子科技大学	2. 14
21	上海交通大学	6. 44	56	同济大学	2. 12
22	暨南大学	6. 20	57	中国地质大学（北京）	2. 08
23	长安大学	6. 16	58	东华大学	2. 07
24	云南大学	6. 09	59	首都师范大学	2. 01
25	安徽大学	6. 07	60	中国人民解放军海军军医大学	1. 93
26	中央民族大学	6. 05	61	西南交通大学	1. 92
27	上海音乐学院	5. 55	62	东北师范大学	1. 91
28	中国人民大学	5. 48	63	北京交通大学	1. 89
29	中山大学	5. 26	64	中国地质大学（武汉）	1. 83
30	哈尔滨工业大学	4. 92	65	中国人民解放军空军军医大学	1. 80
31	南京林业大学	4. 89	66	西安电子科技大学	1. 77
32	中国药科大学	4. 76	67	南京航空航天大学	1. 69
33	四川农业大学	4. 66	68	南京师范大学	1. 68
34	厦门大学	4. 56	69	中国矿业大学（北京）	1. 68
35	西藏大学	4. 02	70	中国人民公安大学	1. 55

续表

序号	中文名称	得分	序号	中文名称	得分
71	大连理工大学	1.54	107	成都中医药大学	0.54
72	天津中医药大学	1.52	108	中国石油大学（华东）	0.53
73	中国音乐学院	1.40	109	中南财经政法大学	0.49
74	华中师范大学	1.38	110	武汉理工大学	0.43
75	北京中医药大学	1.33	111	河南大学	0.42
76	复旦大学	1.32	112	陕西师范大学	0.42
77	北京科技大学	1.26	113	西南大学	0.41
78	上海财经大学	1.24	114	吉林大学	0.41
79	中国政法大学	1.23	115	华东理工大学	0.40
80	延边大学	1.22	116	天津医科大学	0.35
81	东北大学	1.22	117	上海中医药大学	0.32
82	北京协和医学院	1.21	118	哈尔滨工程大学	0.30
83	河海大学	1.18	119	西北大学	0.24
84	东北农业大学	1.07	120	苏州大学	0.17
85	新疆大学	1.05	121	河北工业大学	0.14
86	华东师范大学	1.03	122	广西大学	0.13
87	辽宁大学	0.99	123	石河子大学	0.11
88	北京林业大学	0.96	124	上海海洋大学	0.11
89	南昌大学	0.96	125	合肥工业大学	0.11
90	南开大学	0.94	126	南京农业大学	0.10
91	江南大学	0.92	127	华南师范大学	0.10
92	中国海洋大学	0.80	128	青海大学	0.09
93	中国农业大学	0.78	129	福州大学	0.08
94	宁夏大学	0.78	130	西南财经大学	0.05
95	四川大学	0.78	131	海南大学	0.04
96	南京中医药大学	0.76	132	湖南师范大学	0.03
97	西北农林科技大学	0.75	133	华南理工大学	0.03
98	北京工业大学	0.73	134	华中农业大学	0.02
99	天津工业大学	0.73	135	湖南大学	0.01
100	南京信息工程大学	0.64	136	对外经济贸易大学	0.01
101	太原理工大学	0.62	137	华北电力大学（北京）	0.01
102	华中科技大学	0.60	138	西南石油大学	0.01
103	贵州大学	0.60	139	国防科学技术大学	0.00
104	南京邮电大学	0.59	140	华北电力大学（保定）	0.00
105	内蒙古大学	0.58	141	广州中医药大学	0.00
106	宁波大学	0.57			

（三）Facebook 传播力具体指标分析

Facebook 传播力指数权重占总体传播力指数权重的 19%。自有账号建设部分权重为 7%，其中，是否有官方认证账号占比 1%，好友数量、一年内点赞总量、一年内评论总数各占比 2%。他建数据占比 12%，正面评论总量、正面点赞总量和正面传播量各占比 4%。

从官方认证账号来看，共有 14 所中国大学 Facebook 账号获得官方认证，分别是北京大学、清华大学、上海外国语大学、浙江大学、澳门大学、台湾东海大学、台北大学、台湾师范大学、香港城市大学、香港大学、香港科技大学、香港理工大学、香港中文大学、台湾元智大学。其中有 4 所内地大学、10 所港澳台地区大学。

从好友数量来看，中国大学账号平均好友数量为 71212。关注人数超过均值的大学共 19 所，占比约 10.4%。19 所大学中有 13 所中国内地大学、6 所港台地区大学。本项指标排名靠前的中国大学依次为清华大学、北京大学、浙江大学、中国美术学院、武汉大学、天津大学、南京航空航天大学、北京航空航天大学、北京外国语大学、台湾师范大学。主页好友数量在 100000 人次以上（包括 100000）的大学共 13 所，约占总体的 7.2%。主页好友数量在 10000~100000 人次（包括 100000）的大学共 39 所，约占总体的 21.4%。主页好友数量在 1000~10000 人次（包括 10000）的大学共 85 所，约占总体的 46.7%。主页好友数量在 1000 人次（包括 1000）以下的大学共 45 所，约占总体的 24.7%。

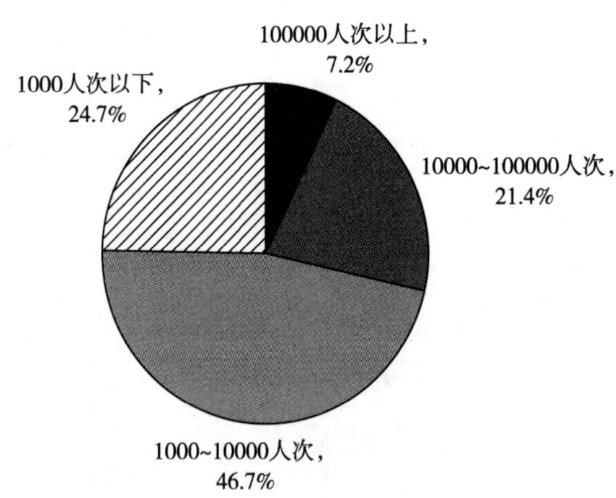

图 1-33　中国大学 Facebook 账号好友数量分布

从一年内点赞总量来看，中国大学一年内点赞总量平均为 13420 次，点赞总量在平均值以上的大学共 27 所，占比约 14.8%，其中 10 所中国内地大学、17 所中国港澳台地区大学。内容获赞数排名靠前的中国大学依次为北京大学、清华大学、台湾清华大学、台湾师范大学、浙江大学、台湾大学、香港科技大学、武汉大学、中国美术学院、台湾阳明交通大学。

从一年内评论总数来看，中国大学一年内评论总数平均为 388 次，一年内评论总数在平均值以上的大学共 39 所，占比约 21.4%，其中有 26 所中国内地大学、13 所中国港澳台地区大学。评论数排名靠前的中国大学依次为台湾清华大学、台湾师范大学、台湾阳明交通大学、清华大学、北京化工大学、南京大学、中南大学、南京理工大学、台湾大学、浙江大学。

从正面评论总量来看，中国大学正面评论量平均为 201 次，平台正面评论量在平均值以上的大学共 33 所，占比约 18.1%，其中有 15 所中国内地大学、18 所中国港澳台地区大学。平台正面评论量排名靠前的中国大学依次为台湾大学、台湾师范大学、台湾阳明交通大学、台北大学、台湾东海大学、台湾辅仁大学、高雄医学大学、中央戏剧学院、中央音乐学院、北京大学。

从正面点赞总量来看，中国大学正面点赞量平均为 1463 次，平台正面点赞量在平均值以上的大学共有 30 所，占比约 16.5%，其中有 13 所中国内地大学、17 所中国港澳台地区大学。平台正面点赞量排名靠前的中国大学依次为北京大学、清华大学、上海音乐学院、四川农业大学、西北工业大学、西藏大学、云南大学、浙江大学、郑州大学、中山大学。

从正面传播量来看，中国大学正面传播量平均为 26 次，正面传播量在平均值以上的大学共有 41 所，占比 22.5%，其中有 16 所中国内地大学、25 所中国港澳台地区大学。正面传播量排名靠前的中国大学依次为台湾中兴大学、台湾阳明交通大学、重庆大学、台湾海洋大学、澳门大学、台湾科技大学、高雄医学大学、台湾大同大学、台湾大学、台湾东海大学。正面传播量在 100 次以上（包括 100 次）的大学共 16 所，占比 8.79%；在 50~100 次（包括 50 次）的大学共 11 所，占比 6.05%；在 50 次以下的大学共 155 所，占比 85.16%。

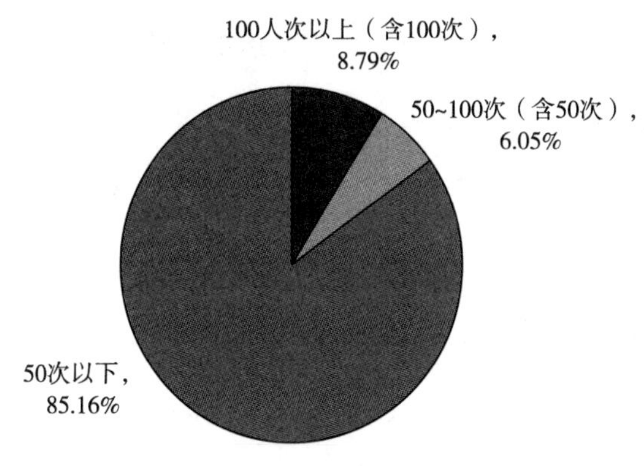

图 1-34　中国大学 Facebook 正面传播量分布

（四）参照分析

台湾大学 Facebook 传播力指数得分位列中国大学之首（指数为 100.00），仅次于美国参照大学中得分第 1 的哈佛大学（指数为 104.99）。在中国大学中，Facebook 主页好友数量最多者为清华大学（关注人数为 4900000），相较上年增长 16.53%，仅次于美国参照大学中关注人数第 1 的哈佛大学（关注人数为 6600000），远超韩国参照大学中关注人数第 1 的首尔大学（关注人数为 229000）和欧美参照大学中关注人数第 2 的斯坦福大学

（关注人数为 1570000）。

浙江大学在 2023 年 Facebook 传播力得分第 3，相较于上年的 31 名进步明显。平台正面点赞总量排名优势突出，在中国大学中得分第 4，超过北京大学、台湾大学等高校。

在平台正面评论方面，台湾大学、台湾师范大学实现了对于海外参照院校的超越，对比上年的 Facebook 传播力指数有所进步。中国多所大学如中央戏剧学院、中央音乐学院的他建数据获得显著提升，其平台正面传播力大幅赶超首尔大学与京都大学。

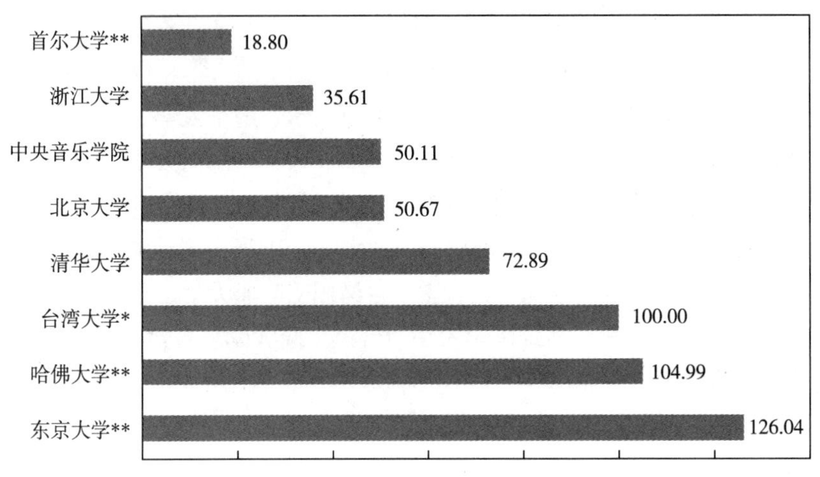

图 1-35　Facebook 传播力指数参照分析

（五）Facebook 传播力具体案例分析：北京大学、浙江大学、中央戏剧学院

1. 北京大学

一直以来，北京大学的海外传播力都属于中国大学中的佼佼者。2023 年中国大学海外传播力综合指数得分第 2，中国内地大学 Facebook 传播力得分第 2。北京大学在 Facebook 平台拥有官方认证账号，粉丝数量达 4180000，其自建账号一年内共获得 126397 次点赞、1685 条评论。北京大学能够在整体海外传播力和各个平台的建设上都取得领先，与其丰富的海外传播经验和积极的多样化实践密不可分。

图 1-36　北京大学 Facebook 官方账号

首先，大力弘扬传统文化。北京大学在海外传播的过程中，立足于中国传统文化，以中国传统文化的影响力和感染力助推北京大学走向世界，将学校活动、对外传播与传统文化巧妙结合，凸显海外传播的中国特色与蓬勃生命力。例如，北京大学在 2023 年 5 月 13 日发布的北京大学“春日邂逅”京剧表演和交流活动，就是立足地理优势与资源，将京剧这一“国粹”作为亮点对外传播，既是对中国传统文化的继承和发扬，也是对学校丰富文化互动的生动体现，该帖子在 Facebook 获得了 10000 次以上的点赞量。北京大学并不拘泥于简单的图文展示，也将活动现场的视频上传至社交平台，以多模态的传播方式调动受众的感官，提升传播效果。

图 1-37 北京大学“春日邂逅”活动

图 1-38　北京大学“春日邂逅”活动宣传

其次，注重海外学生交流。北京大学明确海外社交平台用户的受众定位，针对海外用户进行有的放矢，尽可能地保证传播的有效性。立足于自身原有的优势定位和海外知名度，调动现有资源与海外名校和团体积极开展海外交流活动，活动形式多样有趣，包含学术、文化等多个领域。北京大学还增加海外留学生的出镜频率，拉近与海外用户的距离，在帮助传播有效开展的同时，借助大量的海外留学生反映北京大学的学术实力与国际知名度。例如，2023 年 7 月 3 日北京大学发布的关于“国际暑期学院”的帖子，就是通过学生之间的国际交流活动进行宣传，获得了 17000 次点赞。2023 年 6 月 24 日北京大学与卢森堡大学孔子学院联合举办的牡丹亭鉴赏活动，通过对于牡丹亭古典咏叹调的交流学习吸引了大量关注，获得了 1294 次点赞。北京大学 2023 年 7 月 5 日发布的毕业典礼的帖子中，出镜学生就以海外留学生为主，获得了 44000 次点赞。

图 1–39　北京大学国际暑期学校

最后，积极开展用户互动。在进行高质量、高频次宣传的同时，北京大学并不一味追求单向度的传播，也注重于开展与用户的双向互动。例如，2023 年 9 月 29 日北京大学在中国的传统节日——中秋节到来之际，在节日背景与传统文化的加持下大胆创新，借用中秋节作为主题，绘制“填字游戏”的海报，迎合海外用户习惯进行宣传，在中国传统节日氛围的烘托下与用户互动，并获得了 637 次点赞。

"The breeze won't blow and the moon shines no more; West of the painted wall southward opens the door." During the #DragonBoatFestival, the classical aria of the Peony Pavilion echoed in #Luxembourg.

Under the support of the Office of International Relations of #PekingUniversity, the Office of Global Communications, and the Confucius Institute of the University of Luxembourg, a group of artists from #PKU held a fantastic #workshop in the Lycée Athénée de Luxembourg and Lyc... **展开**

查看翻译

1,294　　40　2

赞　评论　分享

图 1-40　北京大学与卢森堡孔子学院的文化交流活动

图 1-41　北京大学毕业典礼

2. 浙江大学

浙江大学在 2023 年实现了 Facebook 传播力的大幅提升，其 Facebook 传播力指数得分在内地从上年的第 31 跃升为第 4。浙江大学能够在 2023 年取得实质性的飞跃，与其海外传播策略的调整与优化有着密不可分的关系。浙江大学的 Facebook 账号获得平台官方认证，拥有 331000 粉丝，其自建账号在 2023 年共获得一年点赞总量 177563 次，一年内评论总量 2378 次。在他建数据方面，浙江大学平台点赞总量为 2341 次，平台评论总量 318 次，平台正面传播量 77 次。

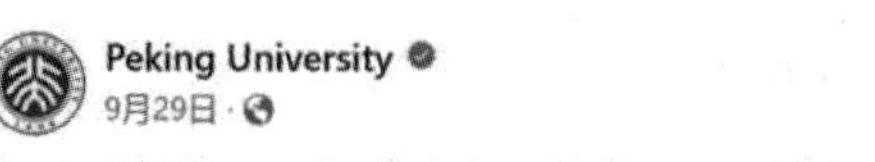

Happy #MidAutumnFestival, dear #Pekingers and followers.
Leap into the delightful vibes with our crossword puzzle!

Hint: It's a journey through the festive spirit, with some clues hidden right within the poster!

#PKU #MoonMomentWithU

查看翻译

图 1-42　北京大学中秋填字游戏

图 1-43　浙江大学官方账号

首先，注重传播的本土化。浙江大学在传播形式上采取了图文结合或文字与视频结合的方式，以简短干练的介绍文字配以相关的图片或视频进行宣传，符合快节奏的阅读时代用户对于“短、平、快”内容的需求，同时在与海外用户相关度高的帖子中多使用英语作为主要文字。其视觉的传播遵循简单高效的原则，尤其是其对于海外访学交流项目和学术活动的宣传，其帖子中大量的精美海报的使用，帮助相关信息实现简单高效的宣传，促使用户高效地获取相关信息。

浙江大学于 2023 年 7 月 31 日发布的“2023 年浙江大学全球可持续发展目标暑期学校开学典礼”的视频，其传播对象主要为海外用户，视频和文字介绍在语言的选择上都使用了英语，通过精美的视频，帮助受众直观地了解浙江大学。通过对其发布内容的分析可以看到，浙江大学在 Facebook 上的海外传播并不是对原有国内社交平台传播内容的简单传播，而是结合海外社交媒体平台的特色和海外受众的需求进行的精心创作。

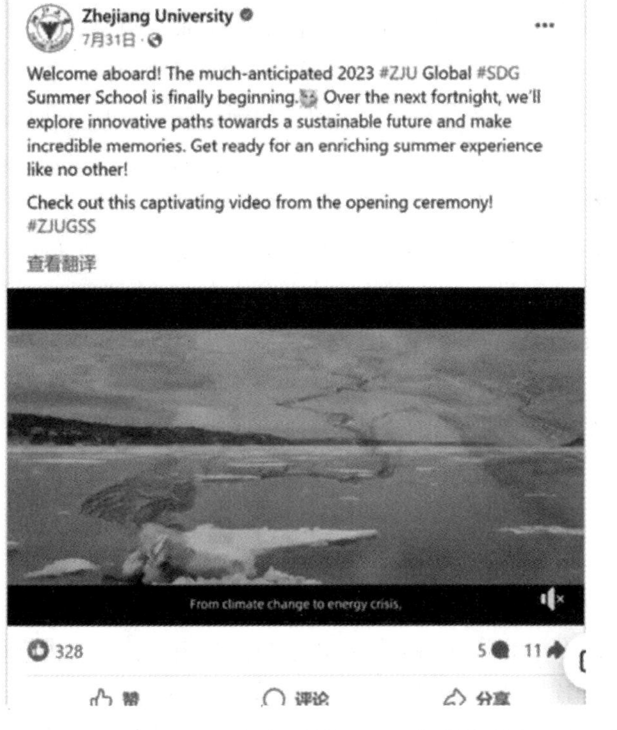

图 1-44　2023 年浙江大学全球可持续发展目标暑期学校开学典礼

其次，注重学术交流与互动。浙江大学立足“求是创新”的校训，积极开展世界一流综合大学的建设，依托自身的综合实力和原有的国际知名度，在冬季和夏季假期积极开展面向海外留学的访学项目和中外学术交流活动，不断加大对海外国际生源的吸纳，在学术方面通过海外学生的亲身体验宣传浙江大学，积极促进中外学术的交流与碰撞。同时在帖子的内容安排上积极与受众互动，借助抽奖、有奖问答等形式调动受众的积极性，从而为帖子增加热度。

例如，在 2023 年 7 月 25 日为“呼吁来自世界各地的所有大学生、教职员工和校友！分享激动人心的体育视频，有机会赢取高达 7000 元人民币的奖金。我们期待看到您壮观的运动时刻！”的帖子获得了 170000000 次点赞。其文字内容简洁明了，图片和视频都沿袭了简约大方的制作风格，符合社交平台视觉刺激、快速获取信息的习惯。同时，以转发抽奖刺激用户自发地与浙江大学互动。

浙江大学于 2023 年 7 月 27 日发布的全球暑期计划的帖子，在介绍计划的同时，鼓励受众通过照片、视频或帖子表达想法、感受或与暑期学校课程相关的见解。并添加#ZJUGSS 标签，并提及@浙江大学，通过这样的方式促使受众积极转发互动，为浙江大学增加讨论热度与曝光度，获得了 17000 次的高点赞次数。

3. 中央戏剧学院

相较于北京大学和浙江大学在自建方面取得的成功，中央戏剧学院的海外传播力提升则主要得益于他建部分在内容和质量上的优化。中央戏剧学院 7 天正面点赞总量达 8726 次，正面评论总量 768 次，正面传播量 96 次，他建数据总体较上年大幅提升，在中国内地大学中名列前茅，其在中国内地大学的 Facebook 海外传播力中排名第 3，较上年的第 66 位获得了飞跃性提升。虽然其正面传播量并不具有明显优势，但其正面点赞总量与正面评论总量却十分可观，这主要得益于中央戏剧学院本身的专业特性。

中央戏剧学院自成立以来为中国培养了大量的艺术人才，也是目前走红的众多中国明星的母校之一，名人明星带来的“明星效应”对中央戏剧学院的海外传播影响显著，加之随着中外文化交流的日益频繁和中国影视业的日益发达，大量的中国本土影视作品和中国籍明星在海外走红，明星自身的流量加持会助推中央戏剧学院的学校宣传，通过明星相关内容的发布，其帖子的点赞量与评论量都会在粉丝群体的推动下快速上升，助推了中央戏剧学院的海外传播。在中央戏剧学院的相关帖子下，大多数都与明星有关，例如，2023 年 2 月 23 日发布的吴磊和中央戏剧学院校友赵今麦的新剧宣传的相关帖子获得 1917 次点赞。

（六）Facebook 传播力小结

1. 中国大学 Facebook 平台建设整体有所进步，中国港澳台地区大学势头强劲

与 2022 年和 2021 年的 Facebook 平台传播力指数相比，中国大学得分浮动较大，仅有清华大学、北京大学连续 3 年均靠前。与国外参照大学相比，中国大学 Facebook 平台传播力指数与国外参照大学间的总体差距逐年缩小，对部分参照院校实现超越，多所高校的

图 1-45 浙江大学 2023 年 7 月 25 日发布的帖子

图 1-46 浙江大学全球暑期计划

图 1-47　中央戏剧学院《在暴雪时分》宣传帖子

得分在首尔大学、京都大学之前，账号数量增多，发布内容的质量也有所提升。总体而言，2023 年中国大学在 Facebook 平台建设取得了一定进步，但与海外参照大学中的领先大学如哈佛大学、东京大学的差距仍不可忽视。同时，港澳台地区的大学一直保持平稳进步，台湾大学更是一跃成为 2023 年中国大学 Facebook 平台传播力第一名。

2. 国际交流成为新亮点，全面调动用户互动积极性

中国大学在 Facebook 上努力寻找新的探索路径。中国大学在 Facebook 平台上发布的与海外学术交流、文化交流、艺术交流以及暑期学校和夏令营的相关信息，展现了中国高校自身过硬的科研能力与教学水平。同时，多所大学积极创新，迎合海外用户的习惯与海外社交媒体特点进行互动，通过抽奖、游戏、转发等多种方式实现对外传播的“软传播”，进一步提升受众对相关信息的接收度。

八、维度五：中国大学Instagram传播力

Instagram 的用户来自世界不同国家，是大学内容传播、话题讨论、形象塑造的重要平台。以 Instagram 为平台进行数据统计分析，能够从一个侧面了解中国大学的品牌影响力以及在海外的多模态信息传播效果。

（一）中国大学 Instagram 传播力指数分布

Instagram 传播力维度包括是否有官方认证账号、粉丝数量、一年内发布的内容数量、一年内最多回复数量、一年内图文最高点赞量、一年内视频最高点击量 6 个指标。操作方式为在 Instagram 搜索栏输入各大学英文全称，并进行以上 6 个方面的数据统计。

Instagram 传播力指数得分靠前的中国大学依次为清华大学、北京大学、浙江大学、台湾逢甲大学、香港中文大学、香港大学、中国美术学院、台北大学、香港城市大学、台湾阳明交通大学。其中，中国内地大学 4 所、港台地区大学 6 所。清华大学居首位，其 Instagram 传播力指数为 100.00。

表 1-14　中国大学 Instagram 传播力指数

序号	中文名称	得分	序号	中文名称	得分
1	清华大学	100.00	16	北京师范大学	20.63
2	北京大学	61.70	17	台湾师范大学 *	15.13
3	浙江大学	52.84	18	天津大学	15.11
4	台湾逢甲大学 *	52.76	19	香港理工大学 *	14.83
5	香港中文大学 *	47.94	20	香港浸会大学 *	13.49
6	香港大学 *	46.77	21	台湾政治大学 *	13.30
7	中国美术学院	42.29	22	台湾亚洲大学 *	12.05
8	台北大学 *	39.77	23	台湾东华大学 *	12.02
9	香港城市大学 *	31.80	24	台湾“中央大学” *	10.16
10	台湾阳明交通大学 *	25.45	25	东华大学	10.12
11	北京外国语大学	23.45	26	台北医学大学 *	9.55
12	上海交通大学	22.95	27	香港科技大学 *	9.45
13	澳门大学 *	22.60	28	长安大学	9.36
14	台湾中华大学 *	21.33	29	香港岭南大学 *	8.00
15	台湾清华大学 *	21.11	30	台湾中兴大学 *	7.55

续表

序号	中文名称	得分	序号	中文名称	得分
31	西北工业大学	7.04	66	电子科技大学	1.24
32	台湾成功大学*	7.02	67	北京化工大学	0.92
33	台湾彰化师范大学*	6.21	68	台湾中原大学*	0.87
34	上海中医药大学	5.42	69	厦门大学	0.70
35	台湾科技大学*	5.34	70	四川大学	0.69
36	台湾长庚大学*	5.15	71	宁波大学	0.60
37	中国矿业大学（徐州）	5.10	72	西南石油大学	0.49
38	台湾云林科技大学*	5.01	73	西南财经大学	0.46
39	上海音乐学院	4.99	74	中国药科大学	0.46
40	西北大学	4.42	75	南京理工大学	0.44
41	中国石油大学（北京）	4.27	76	复旦大学	0.41
42	西安电子科技大学	4.24	77	重庆大学	0.39
43	东南大学	3.79	78	北京理工大学	0.35
44	武汉大学	3.77	79	北京科技大学	0.32
45	台湾大同大学*	3.77	80	西安交通大学	0.30
46	台湾海洋大学*	3.59	81	上海大学	0.30
47	南京中医药大学	3.55	82	南京邮电大学	0.30
48	台湾高雄科技大学*	3.49	83	台湾东吴大学*	0.29
49	中国科学技术大学	3.28	84	郑州大学	0.26
50	台湾中正大学*	3.18	85	中南大学	0.24
51	北京航空航天大学	3.17	86	湖南师范大学	0.22
52	台湾中山大学*	3.15	87	台湾大学*	0.22
53	石河子大学	2.63	88	四川农业大学	0.19
54	南京航空航天大学	2.47	89	河南大学	0.19
55	上海外国语大学	2.31	90	华中农业大学	0.18
56	华东师范大学	2.09	91	东北师范大学	0.18
57	台湾辅仁大学*	2.06	92	兰州大学	0.17
58	南昌大学	1.93	93	西南大学	0.16
59	华东理工大学	1.87	94	山东大学	0.13
60	同济大学	1.87	95	中国海洋大学	0.13
61	上海海洋大学	1.63	96	湖南大学	0.12
62	台湾东海大学	1.36	97	东北大学	0.09
63	台湾淡江大学*	1.35	98	成都中医药大学	0.09
64	对外经济贸易大学	1.34	99	云南大学	0.08
65	台湾元智大学*	1.28	100	北京交通大学	0.07

续表

序号	中文名称	得分	序号	中文名称	得分
101	吉林大学	0.06	136	福州大学	0.00
102	西北农林科技大学	0.05	137	广州中医药大学	0.00
103	南开大学	0.05	138	国防科学技术大学	0.00
104	中国人民大学	0.05	139	哈尔滨工程大学	0.00
105	台湾中国医药大学*	0.05	140	哈尔滨工业大学	0.00
106	中国石油大学（华东）	0.05	141	海南大学	0.00
107	南京大学	0.04	142	合肥工业大学	0.00
108	辽宁大学	0.04	143	河北工业大学	0.00
109	北京体育大学	0.04	144	华北电力大学（保定）	0.00
110	新疆大学	0.02	145	华北电力大学（北京）	0.00
111	中国农业大学	0.02	146	华南理工大学	0.00
112	贵州大学	0.02	147	华南师范大学	0.00
113	台湾暨南国际大学*	0.02	148	华中科技大学	0.00
114	中山大学	0.01	149	华中师范大学	0.00
115	南京师范大学	0.01	150	暨南大学	0.00
116	中国政法大学	0.01	151	江南大学	0.00
117	河海大学	0.01	152	南京林业大学	0.00
118	中国地质大学（武汉）	0.01	153	南京信息工程大学	0.00
119	北京协和医学院	0.00	154	内蒙古大学	0.00
120	中央戏剧学院	0.00	155	青海大学	0.00
121	广西大学	0.00	156	陕西师范大学	0.00
122	南京农业大学	0.00	157	上海财经大学	0.00
123	大连海事大学	0.00	158	上海体育大学	0.00
124	宁夏大学	0.00	159	首都师范大学	0.00
125	安徽大学	0.00	160	苏州大学	0.00
126	北京工业大学	0.00	161	太原理工大学	0.00
127	北京林业大学	0.00	162	天津工业大学	0.00
128	北京邮电大学	0.00	163	天津医科大学	0.00
129	北京中医药大学	0.00	164	天津中医药大学	0.00
130	成都理工大学	0.00	165	外交学院	0.00
131	大连理工大学	0.00	166	武汉理工大学	0.00
132	中国人民解放军海军军医大学	0.00	167	西藏大学	0.00
133	中国人民解放军空军军医大学	0.00	168	西南交通大学	0.00
134	东北林业大学	0.00	169	延边大学	0.00
135	东北农业大学	0.00	170	中国传媒大学	0.00

续表

序号	中文名称	得分	序号	中文名称	得分
171	中国地质大学（北京）	0.00	177	中央财经大学	0.00
172	中国科学院大学	0.00	178	中央美术学院	0.00
173	中国矿业大学（北京）	0.00	179	中央民族大学	0.00
174	中国人民公安大学	0.00	180	中央音乐学院	0.00
175	中国音乐学院	0.00	181	高雄医学大学 *	0.00
176	中南财经政法大学	0.00	182	台北科技大学 *	0.00

（二）内地大学 Instagram 传播力指数分布

Instagram 传播力指数得分靠前的中国内地大学依次为清华大学、北京大学、浙江大学、中国美术学院、北京外国语大学、上海交通大学、北京师范大学、天津大学、东华大学、长安大学。其中，华北地区 5 所、华东地区 4 所、西北地区 1 所。

相较于上年，浙江大学跻身成为 2023 年 Instagram 传播力指数得分前三的大学，比上年上升了 2 名。北京师范大学、长安大学为 2023 年新进得分前十的大学，且北京师范大学比上年上升 25 名。北京大学、清华大学连续 4 年 Instagram 传播力指数得分居前两位。

表 1-15　内地大学 Instagram 传播力指数

序号	中文名称	得分	序号	中文名称	得分
1	清华大学	100.00	18	东南大学	3.79
2	北京大学	61.70	19	武汉大学	3.77
3	浙江大学	52.84	20	南京中医药大学	3.55
4	中国美术学院	42.29	21	中国科学技术大学	3.28
5	北京外国语大学	23.45	22	北京航空航天大学	3.17
6	上海交通大学	22.95	23	石河子大学	2.63
7	北京师范大学	20.63	24	南京航空航天大学	2.47
8	天津大学	15.11	25	上海外国语大学	2.31
9	东华大学	10.12	26	华东师范大学	2.09
10	长安大学	9.36	27	南昌大学	1.93
11	西北工业大学	7.04	28	华东理工大学	1.87
12	上海中医药大学	5.42	29	同济大学	1.87
13	中国矿业大学（徐州）	5.10	30	上海海洋大学	1.63
14	上海音乐学院	4.99	31	对外经济贸易大学	1.34
15	西北大学	4.42	32	电子科技大学	1.24
16	中国石油大学（北京）	4.27	33	北京化工大学	0.92
17	西安电子科技大学	4.24	34	厦门大学	0.70

续表

序号	中文名称	得分	序号	中文名称	得分
35	四川大学	0.69	70	辽宁大学	0.04
36	宁波大学	0.60	71	北京体育大学	0.04
37	西南石油大学	0.49	72	新疆大学	0.02
38	西南财经大学	0.46	73	中国农业大学	0.02
39	中国药科大学	0.46	74	贵州大学	0.02
40	南京理工大学	0.44	75	中山大学	0.01
41	复旦大学	0.41	76	南京师范大学	0.01
42	重庆大学	0.39	77	中国政法大学	0.01
43	北京理工大学	0.35	78	河海大学	0.01
44	北京科技大学	0.32	79	中国地质大学（武汉）	0.01
45	西安交通大学	0.30	80	北京协和医学院	0.00
46	上海大学	0.30	81	中央戏剧学院	0.00
47	南京邮电大学	0.30	82	广西大学	0.00
48	郑州大学	0.26	83	南京农业大学	0.00
49	中南大学	0.24	84	大连海事大学	0.00
50	湖南师范大学	0.22	85	宁夏大学	0.00
51	四川农业大学	0.19	86	安徽大学	0.00
52	河南大学	0.19	87	北京工业大学	0.00
53	华中农业大学	0.18	88	北京林业大学	0.00
54	东北师范大学	0.18	89	北京邮电大学	0.00
55	兰州大学	0.17	90	北京中医药大学	0.00
56	西南大学	0.16	91	成都理工大学	0.00
57	山东大学	0.13	92	大连理工大学	0.00
58	中国海洋大学	0.13	93	中国人民解放军海军军医大学	0.00
59	湖南大学	0.12	94	中国人民解放军空军军医大学	0.00
60	东北大学	0.09	95	东北林业大学	0.00
61	成都中医药大学	0.09	96	东北农业大学	0.00
62	云南大学	0.08	97	福州大学	0.00
63	北京交通大学	0.07	98	广州中医药大学	0.00
64	吉林大学	0.06	99	国防科学技术大学	0.00
65	西北农林科技大学	0.05	100	哈尔滨工程大学	0.00
66	南开大学	0.05	101	哈尔滨工业大学	0.00
67	中国人民大学	0.05	102	海南大学	0.00
68	中国石油大学（华东）	0.05	103	合肥工业大学	0.00
69	南京大学	0.04	104	河北工业大学	0.00

续表

序号	中文名称	得分	序号	中文名称	得分
105	华北电力大学（保定）	0.00	124	天津医科大学	0.00
106	华北电力大学（北京）	0.00	125	天津中医药大学	0.00
107	华南理工大学	0.00	126	外交学院	0.00
108	华南师范大学	0.00	127	武汉理工大学	0.00
109	华中科技大学	0.00	128	西藏大学	0.00
110	华中师范大学	0.00	129	西南交通大学	0.00
111	暨南大学	0.00	130	延边大学	0.00
112	江南大学	0.00	131	中国传媒大学	0.00
113	南京林业大学	0.00	132	中国地质大学（北京）	0.00
114	南京信息工程大学	0.00	133	中国科学院大学	0.00
115	内蒙古大学	0.00	134	中国矿业大学（北京）	0.00
116	青海大学	0.00	135	中国人民公安大学	0.00
117	陕西师范大学	0.00	136	中国音乐学院	0.00
118	上海财经大学	0.00	137	中南财经政法大学	0.00
119	上海体育大学	0.00	138	中央财经大学	0.00
120	首都师范大学	0.00	139	中央美术学院	0.00
121	苏州大学	0.00	140	中央民族大学	0.00
122	太原理工大学	0.00	141	中央音乐学院	0.00
123	天津工业大学	0.00			

（三）Instagram 传播力具体指标分析

Instagram 传播力指数权重占总体传播力指数权重的 15%，下设 6 个指标。其中，是否有官方认证账号占比 1%，粉丝数量、一年内发布的内容数量、一年内最多回复数量、一年内图文最高点赞量、一年内视频最高点击量各占比 2.8%。

第一，在是否有官方认证账号方面，有 124 所大学拥有 Instagram 账号，2023 年只有清华大学、北京大学、香港中文大学 3 所学校的账号经过官方认证。整体而言，中国大学在 Instagram 传播力建设中仍缺乏官方认证意识，2023 年没有新获得认证的中国大学账号。

第二，在粉丝数量方面，中国大学 Instagram 账号平均粉丝数量为 7395，较上年的 2458 上升显著，证明 2023 年中国大学整体上在 Instagram 的影响群体扩大，影响范围明显增加。粉丝数量在平均数以上的大学共有 23 所，占比约 12.6%。该指标排名靠前的大学依次为香港大学、香港城市大学、清华大学、北京大学、浙江大学、上海交通大学、香港中文大学、中国美术学院、香港理工大学、香港科技大学。其中 5 所大学为中国内地大学、5 所大学为香港地区大学，这 10 所大学粉丝数量平均为 100000 人，较上年的 38800 人有显著增长，再次证明了 2023 年中国大学在该平台影响群体的扩大。但粉丝量排名靠前的大学间粉丝数量差异较大，位居第 1 的香港大学（粉丝 350000 人）的粉丝量是位居第 10 的香港科技大学（粉丝 26000 人）的 13 倍左右，这一差距较上年进一步拉大。

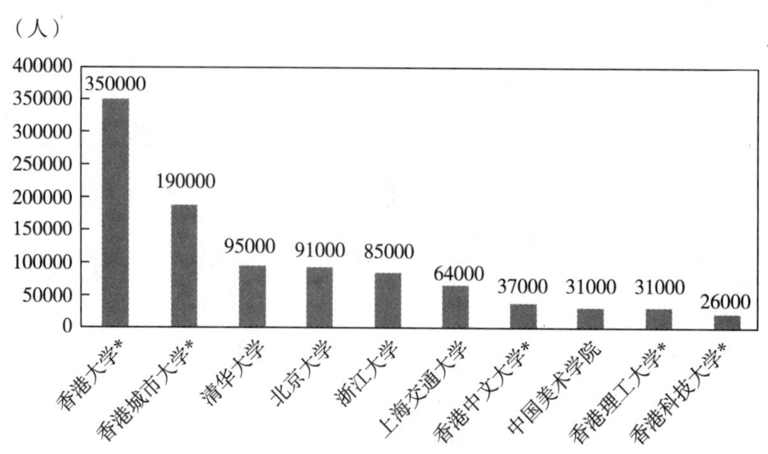

图 1-48　部分中国大学 Instagram 粉丝数量

第三，在一年内发布内容数量方面，2023 年中国大学 Instagram 账号信息年均信息发布量 73 条，比上年（52 条）明显增多，体现出中国大学在该平台内容创作活跃度有所提升。发布内容数量高于平均数的大学有 48 所，占比约 26.4%。2023 年 Instagram 账号年发布内容数量为 0 的有 92 所，占比约 50.5%，相比上年（115 所）有所下降，有部分大学在 2023 年开始或恢复了 Instagram 平台的内容发布。账号发布信息数量排名靠前的中国大学依次为中国美术学院、北京大学、北京外国语大学、北京师范大学、清华大学、上海交通大学、澳门大学、天津大学、台湾亚洲大学。其中 8 所为中国内地大学，较上年增加 1 所。信息发布量最大的是中国美术学院，达到 966 条，相比上年第 1 的香港大学（发布 574 条）内容创作频率更高，且前四名的大学在 2023 年的内容发布数量都高于上年发布最多的香港大学。这 10 所大学发布数量平均为 584 条，较上年（430 条）有明显增长。

第四，在一年内最多回复数量方面，中国大学 Instagram 账号平均获得回复 60 条，较上年（29 条）增加超过 1 倍，2023 年中国大学 Instagram 平台创造出了互动率更高的内容。该指标排名靠前的大学依次为台北大学、台湾阳明交通大学、台湾逢甲大学、台湾清华大学、台湾“中央大学”、台湾中兴大学、台湾师范大学、台湾彰化师范大学、清华大学、台湾政治大学。这项指标前十名的院校中只有清华大学 1 所为中国内地大学，其余 9 所皆为台湾地区的大学，其中有 8 所为台湾的大学，2023 年这一指标中台湾地区大学表现突出。

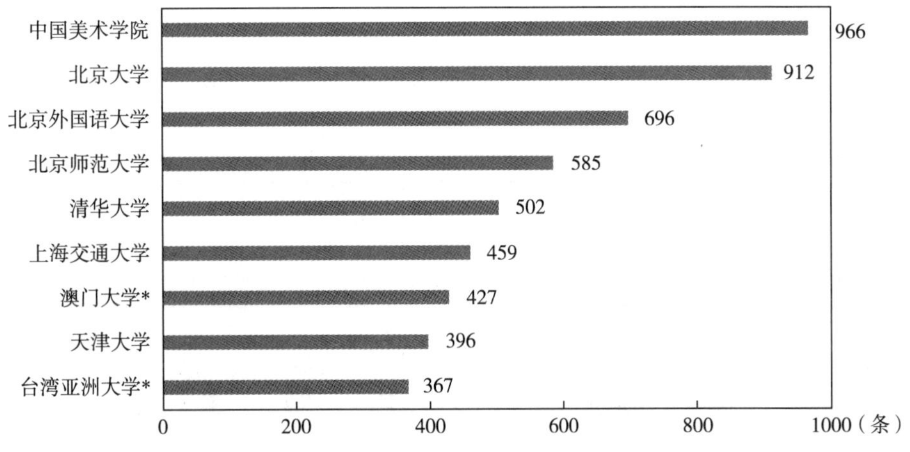

图 1-49　部分中国大学 Instagram 发布图文数量

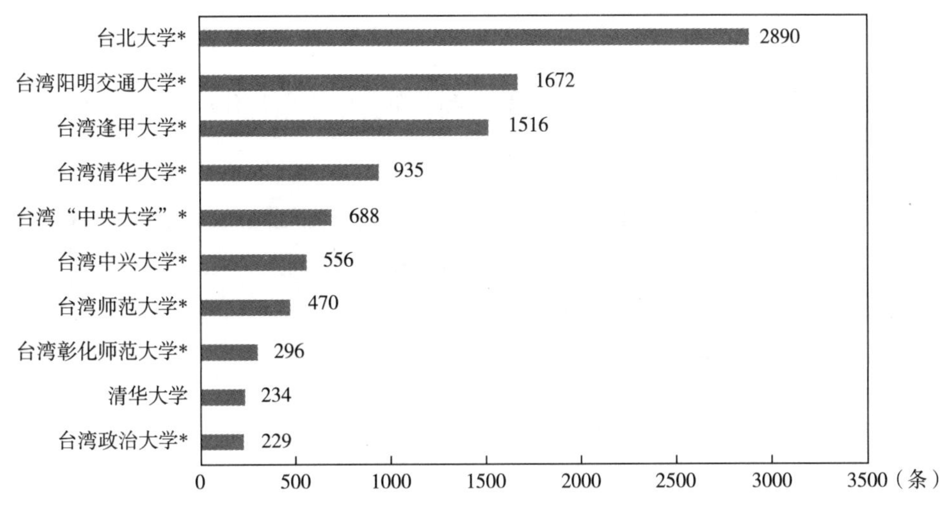

图 1-50　部分中国大学 Instagram 单条内容回复数量

第五，在一年内图文最高点赞量方面，中国大学 Instagram 账号单条内容平均最高点赞量为 2064 条，较上年数值（532 条）增长近 3 倍。获点赞数高于平均数的大学有 16 所，占比约 8.8%。该指标排名靠前的大学依次为清华大学、浙江大学、香港大学、台湾逢甲大学、香港中文大学、中国美术学院、北京大学、上海交通大学、台湾政治大学、北京师范大学。其中有 6 所为中国内地大学、2 所为香港大学、2 所为台湾大学。

第六，在一年内视频最高点击量方面，中国大学 Instagram 账号单条视频信息最高播放量为 1444000 次，是清华大学发布的一条视频。中国大学 Instagram 账号单条视频信息平均最高点击量为 38006 次，较上年（6783 次）增长较多。该指标排名靠前的大学依次为清华大学、台湾逢甲大学、浙江大学、香港中文大学、台湾中华大学、北京大学、澳门大学、中国美术学院、香港浸会大学、香港城市大学。点击量在平均数以上的大学共有

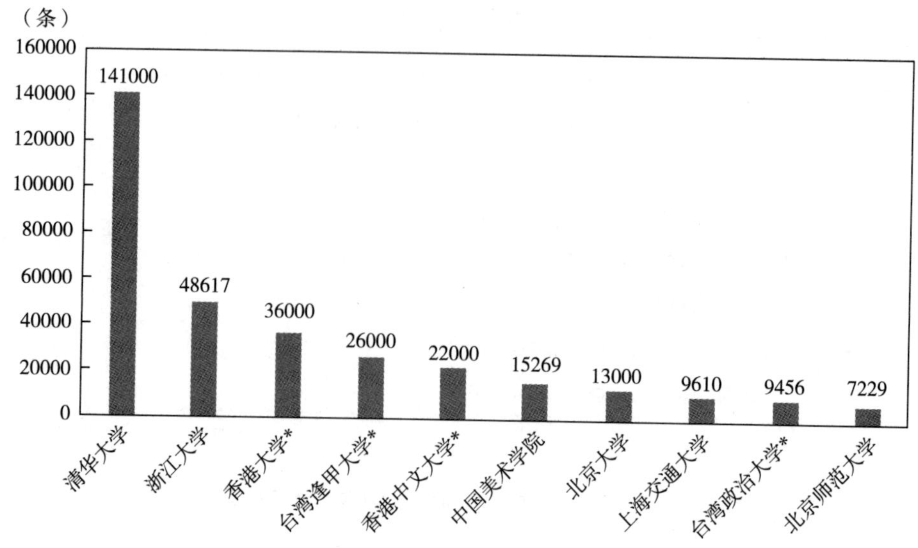

图 1-51　部分中国大学 Instagram 单条图文最高点赞量

17 所，占比约 9.3%。在 100 所拥有 Instagram 账号的大学中，共有 69 所大学 Instagram 账号发布过视频。

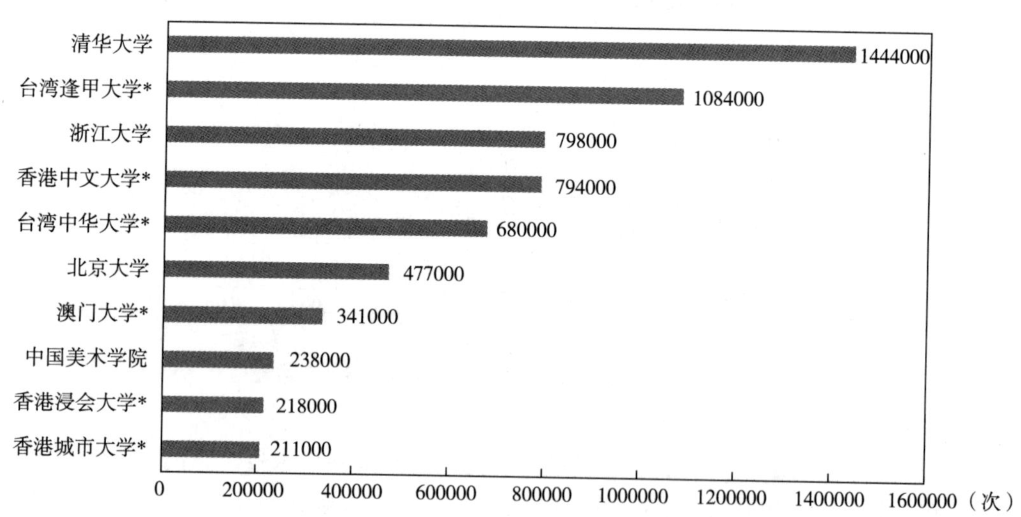

图 1-52　部分中国大学 Instagram 单条视频最高点击量

（四）参照分析

1. 中国大学部分指标超越海外头部大学

2023 年中国大学在 Instagram 平台的几项数据指标相比上年进步明显，已超过作为参照的 8 所美日韩头部大学，包括一年内发布的内容数量、一年内最多回复数量和一年内图文最高点赞量。在一年内发布的内容数量方面，中国美术学院最多，为 966 条，超过 8 所参照大学中这一指标最高的高丽大学（346 条）近两倍，该项指标保持了上年的优势并进一步提升；在一年内最多回复数量方面，台北大学单条内容最高回复量最多，为 2890 条，超过 8 所参照大学中的所有学校，上年回复数量最高的台湾逢甲大学（1457 条）远低于该指标下美国参照大学中排名第 1 的哈佛大学（180000 条），相比之下 2023 年中国大学在该指标的表现有明显进步。在一年内图文最高点赞量方面，清华大学单条图文最高点赞量为 141000 次，超过 8 所参照大学中的所有学校，点赞量是参照学校中单条图文最高点赞量排名第 1（50000 次）的哈佛大学的近 3 倍。

2. 中国大学部分指标与海外头部大学相比仍存在差距

与上年相比，中国大学 Instagram 平台建设在上述 3 个指标上已取得了较大进步，对比外国顶尖大学仍有优势，但在部分指标上仍与美国、韩国顶尖大学有所差距。

在粉丝数量方面，中国大学粉丝数量最多的是香港大学的 350000 人，超过日韩的 4 所参照大学，其中排名第 1 的首尔大学粉丝数量为 112000 人，但低于美国的 4 所参照大学，其中排名第 1 的哈佛大学粉丝 2342000 人，香港大学与之相比仍有 6 倍左右的明显差距。

在一年内视频最高点击量方面，北京大学单条视频最高点赞量最多，为 1444000 次，低于 3 所参照大学的同一指标，包括哈佛大学（1328000 次）、高丽大学（1523000 次）、首尔大学（4167000 次）。

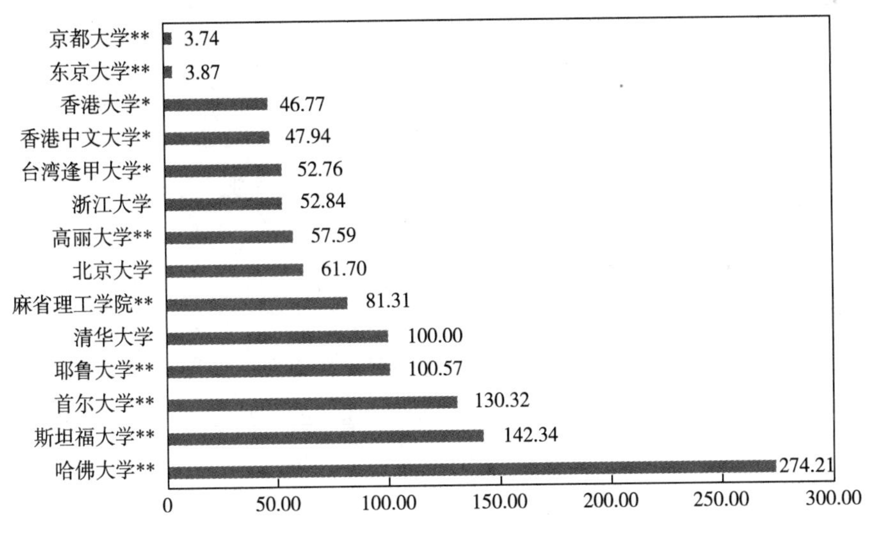

图 1-53　Instagram 传播力指数参照分析

（五）Instagram 传播力具体案例分析：香港中文大学、中国美术学院、北京外国语大学和长安大学

1. 香港中文大学

香港中文大学的 2023 年中国大学 Instagram 传播力指数得分第 5，比上年进步 2 位。

香港中文大学的 Instagram 平台粉丝数量为 37000 人，相较于上年（26000 人）增长了 42.3%。香港中文大学一年内发布在 Instagram 的内容达 363 条，平台的图文点赞数量最高达 22000 次，比上年的 2289 次有明显提升，在中国大学排名第 5。其视频点赞量最高的一条更是达到了 794000 次，与上年的 14000 次相比提升近 56 倍，在中国大学排名第 4。从以上指标看，香港中文大学 2023 年在 Instagram 平台的传播表现稳中求进，有明显进步。

图 1-54 香港中文大学 Instagram 主页

第一，展现各类成就，打造学校形象。香港中文大学 Instagram 平台的调性以学校宣传为主，内容多为师生的科研成果和其他成就、校内大型活动回顾以及优秀师生个人风采展示。学校成就类内容包括科研成果、体育赛事、艺术成就等，高校师生在各领域的优异表现有利于促进学校的形象打造，是学校师资力量和教学质量的直观展现。该校日常高频率发布此类内容，有助于提高师生校友对学校的认同感，在 Instagram 上塑造积极正面学校形象，也有利于吸引校友之外的粉丝群体，助力传播范围的扩大。

第二，贴近学生视角，拉近受众距离。香港中文大学于 2023 年 8 月下旬开学季发布新生指南系列视频，包括“校园地理篇”、“冷知识篇”、“书院生活篇” 3 条视频，内容以新生采访为主，包含中英双语字幕，该系列视频平均点赞量高达 14044 次。这一系列新生指南视频与其账号平时风格有所差异，与其他内容相比更加贴近学生视角，可以拉近与受众之间的距离感，增加账号内容的趣味性和生活性，从而有助于中外学生及其他网友对香港中文大学的了解，促进校园特色文化的传播。

第三，打造集体记忆，凝结爱校情结。2023 年是香港中文大学创立 60 周年，校庆作为在校师生及历届校友共享的意义符号，是进行海外传播的天然题材。该校围绕校庆这一事件，在 Instagram 上陆续更新各类校庆系列活动的动态，如校庆活动视频、校庆艺术展、研究新贵特刊等，互动数据突出。这些内容有利于激发该校学生的爱校情感，促进打造学子共同的集体记忆，从而提高内容的互动率和传播扩散力。例如，60 周年校庆启动典礼的回顾视频，香港中文大学采用无人机拍摄，活力轻松的配乐与庆典的场面相配合，获得 206000 次的播放量。

图 1-55　香港中文大学发布的新生指南视频

图 1-56　香港中文大学发布 60 周年校庆启动典礼视频

香港中文大学 2023 年图文点赞数最高的一条内容也与集体记忆和爱校情结有关，内容为该校正门地标"华表"的今昔对比图，点赞量 22000 次。这是该校的系列内容"中大今昔"中的一条，通过历史和当下地标的对比来体现学校的景观变化和历史变迁，从而提高学生对校史的熟悉程度，使地标成为集体记忆和爱校情结的一个载体，促进学校形象传播。

图 1-57　香港中文大学地标“华表”今昔对比

2. 中国美术学院

中国美术学院在 2023 年中国大学 Instagram 传播力指数得分第 7。总体而言，该校在传播力的多个指标上已位居中国大学前列。粉丝数量为 31000 人，距上年（19000 人）增加 12000 人，一年内发布的内容数量 966 条，在该项指标居 2023 年中国大学的榜首，一年内图文最高点赞量 15269 次，一年内视频最高点击量 238000 次，互动数据表现依旧良好。

图 1-58　中国美术学院 Instagram 主页

第一，弘扬传统文化，讲好中国故事。中国美术学院继续延续先前挖掘、弘扬中国传统文化的账号特色，以艺术为切入点讲述中国故事。如中国美术学院账号在每个节气当天会发布节气介绍视频，内容为与节气相匹配的画作，用动态形式呈现并加以中国风配乐，视觉与听觉相结合，视频呈现和文字介绍相补充。这一系列视频让画作“由静变动”，给予受众一种独特的艺术欣赏体验和美学享受，节气系列视频的点赞数据都比较突出，多期视频超过 1 万次点赞。

除节气外，中国美术学院同样会发布节日介绍，以上这些传统文化的内容创作都采用英文表达，该校以艺术为纽带，以审美为联结，在对外传播中推动中国文化精华“走出去”。

图 1-59　中国美术学院发布的节气相关视频

第二，线上线下结合，助力活动宣传。中国美术学院作为国内顶尖的美术类学府，艺术类活动的举办频率要高于其他高校。这类活动具有较大的创新空间，在互联网时代具有线上线下联动传播的可行性。中国美术学院在 Instagram 为线下活动进行传播扩散，例如，2023 年 6 月举办的青年艺术节中，该校将 Instagram 平台上有关该艺术节的打卡照片拼凑成一张海报，通过官方账号感谢大家的观展和打卡，获得了 10000 次点赞。这种线上线下联动的传播形式有助于为线下活动引流，同时“翻牌”（官方转发）的互动行为可以提高线下观展受众在线上发布内容的积极性，从而促进高校活动内容传播。

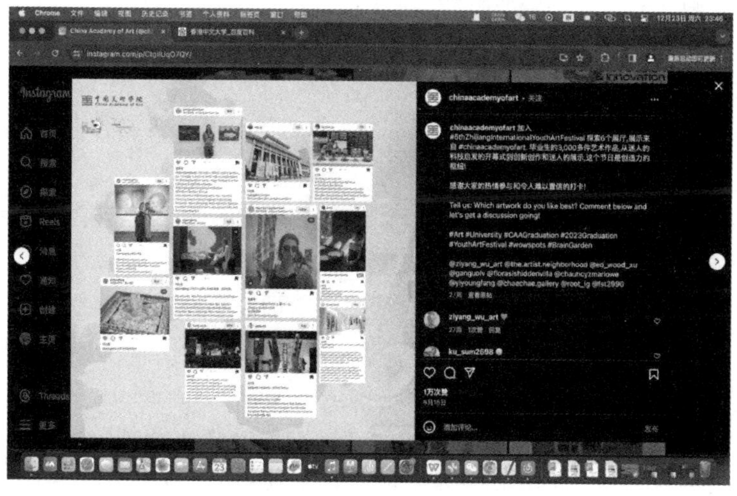

图 1-60　中国美术学院发布的艺术节相关内容

3. 北京外国语大学

北京外国语大学在 2023 年中国大学 Instagram 传播力指数得分第 11，保持了上年的名次。北京外国语大学的 Instagram 平台粉丝数量为 9991 人，相较上年（4479 人）增长了 1 倍左右。北京外国语大学一年内发布在 Instagram 的内容达 696 条，在中国大学排名第 3 位，在上年的数据（574 条）上进一步提升。

图 1-61　北京外国语大学 Instagram 主页

第一，立足国际视野，促进对外交流。作为中国最具代表性的语言类高校之一，北京外国语大学生源来源多元，拥有来自世界各地的留学生，在 Instagram 平台的内容风格相比其他中国高校更加国际化。在新生采访、毕业采访等个人风采展示内容上，该校会选取不同国籍的学生，这类内容有利于展现该校“语言连接世界”的理念，呈现“知识无国界”的跨国交流氛围。在身份认同层面上，不同国籍学生为主体的传播内容更容易让海外受众产生认同感和亲近感，从而提高传播效果。

第二，打造系列专题，丰富主页内容。北京外国语大学近两年在 Instagram 平台上发布的内容数量一直名列前茅，2023 年共发布 696 条，在中国大学位列第 3，远超 8 所用以参照的海外头部大学的内容发布数量。丰富的主页内容有利于提高官方账号的活跃度，这也成为北京外国语大学 2023 年粉丝增长 1 倍左右的主要原因之一。

该校在 Instagram 平台发布的内容有形成系列的特点，包括短期活动的多条连续内容和长期的专栏内容。在短期系列内容方面，新生采访系列就是典型案例，北京外国语大学在 9 月共发布了 12 条新生采访图文内容，形成了封面、形式统一的系列，这类系列内容可以在账号主页形成整齐醒目的内容板块，达到吸引受众的目的，同时使主页内容在观感上更加规模化。在长期系列内容方面，北京外国语大学在 Instagram 平台定期发布“Chinese Idioms”系列内容，每期讲解一个中国谚语，包括其中文发音、英文含义、适用语境等，平均每月更新 2~3 条。这一内容符合该校的院校特色，以中国谚语为内容创作素材，科普汉语用法，既有助于塑造院校的特色化形象，又能助力中华传统语言文化的海外传播。

4. 长安大学

长安大学在 2023 年中国大学 Instagram 传播力指数排名第 28，距上年进步 3 位，得分 9.36，比上年提升 62.8%。长安大学的 Instagram 平台粉丝数量为 5597 人，是上年粉丝数量（1041 人）的 5 倍左右。长安大学一年内发布在 Instagram 的内容达 214 条（上年 130 条），平台的图文点赞数量最高达 929 次（上年 60 次），视频点赞量最高量 75000 次（上年 283 次），各项传播力数据明显进步。

图 1-62　长安大学 Instagram 主页

第一，聚焦留学群体，展现校园生活。长安大学发布了多条由留学生出镜创作的视频内容，每期由一位留学生围绕学校印象、学习体验等进行口播分享，并配合内容剪辑学校的场景形成 vlog。这种内容形式符合学生受众的内容接受偏好，相比图文的校园介绍更具有直观性和沉浸感，vlog 形式符合社交媒体平台的传播特性。同时这一系列内容展现了海外学生在长安大学的学习状态，有助于促进学校形象的塑造和校园文化的传播，由海外留学生出镜及口播的视频内容更具有国际视野，有利于吸引海外粉丝群体，对该校走向国际化有促进作用。

图 1-63　长安大学发布的校园介绍 vlog

第二，挖掘本地特色，促进文化“出海”。长安大学所在地陕西西安曾是中国历史上十三个朝代的古都，具有厚重的城市历史底蕴和丰富的本地文化资源。长安大学积极结合当地特色，在 Instagram 平台上创作发布了多条具有城市特色的内容，如凭借西安与汉服这一传统服饰的渊源，该校在中秋节发布的视频中就由身穿汉服的学生出镜，手持月饼与镜头互动。这类内容将传统文化元素与校园文化相融合，在促进校园形象塑造的同时也助力中华优秀传统文化走向海外，提高传播音量。

图 1-64　长安大学发布的中秋节汉服视频

（六）Instagram 传播力小结

1. 中国大学传播力显著提高，部分指标超越海外头部大学

与上年数据相比，2023 年中国大学在 Instagram 平台的几项数据指标有显著提升，在一年内发布的内容数量、一年内最多回复数量和一年内图文最高点赞量这 3 项指标上，中国大学的第 1 名均超过作为参照的 8 所海外头部大学。在一年内发布的内容数量方面，中国美术学院、北京大学、北京外国语大学等 11 所国内大学均超过 8 所用以参照的海外头部大学。一年内最多回复数量方面，台北大学、台湾阳明交通大学、台湾逢甲大学这 3 所台湾地区大学超过 8 所参照大学中的所有学校，这项数据上年中国大学远落后于海外头部大学。一年内图文最高点赞量方面，清华大学超过 8 所参照大学中的所有学校，是其中排名第 1 的哈佛大学同一数据的 3 倍左右。从这 3 项数据可以看出 2023 年中国大学在 Instagram 的内容创作更为积极，运营主动性有显著提升，同时内容互动度上也取得一定进步，总体传播力在国际范围内有所提升。

但是在粉丝数量和一年内视频最高点击量方面，中国大学部分指标与海外头部大学相比仍存在差距。在粉丝数量方面，中国大学粉丝数量最多的高校粉丝数量超过日韩的 4 所参照大学，但低于美国的 4 所参照大学，距离其中排名第 1 的哈佛大学，中国排名第 1 的香港大学仍有 6 倍左右的明显差距，中国内地大学粉丝最多的清华大学粉丝数量不到 100000 人，距海外顶尖大学仍有较大差距。粉丝量的差距是未来中国大学在 Instagram 平台海外传播中需要优化的重点，只有将粉丝群体不断扩大，中国大学发出的声音才能被更多人所听见，才能更好地讲好中国故事。

2. 建立文化交流纽带，增强国际互动意识

Instagram 平台作为一个用户来自世界各地的国际社交平台，中国大学想要在该平台进一步提高海外传播力，需要建立并巩固与海外受众交流的纽带，并增强国际互动意识，促进国际对话交流。

中国大学与海外受众交流的纽带是留学生群体，他们作为在华求学的外国人，天然对海外受众具有更亲近的身份，他们既熟悉国外的习俗文化，又正在体验中国的学习生活。中国大学应将留学生群体及其生活作为在 Instagram 平台上进行海外传播的重要内容来源，通过他们的体验来传播高校文化，以及通过他们的声音来打造高校形象。在此基础上，中国大学举办的国际活动也是连接中外的重要纽带，此类活动一般在 Instagram 平台上更能引起海外受众的关注和互动，也是中国高校应重视的传播内容。

同时，中国大学在该平台上与海外大学的互动较为有限，内地高校之间进行线上社交媒体互动和线下联合举办活动较为常见。内地高校可以依托交换留学这类合作活动，与海外大学进行一些线上互动，从而提高国际间高校的互动频率，改善粉丝群体受限的传播现状。

九、维度六：中国大学YouTube传播力

YouTube 是世界最大的视频网站，作为当前行业内最成功、实力最强大、影响力颇广的在线视频服务提供商，YouTube 的系统每天要处理上千万个视频片段，为全球成千上万的用户提供高水平的视频上传、分发、展示、浏览服务。在视觉传播的大趋势下，YouTube 平台成为中国大学海外网络传播的重要平台和主要渠道。

（一）中国大学 YouTube 传播力指数分布

YouTube 传播力维度包括是否有官方认定账号、订阅数量、一年内发布的视频数量、一年内最高浏览量、一年内最高评论量、平台一年内发布的视频数量、平台一年内浏览总量、平台一年内点赞总量和平台一年内评论总量 9 个指标。按不同权重计算指标对应数据，得出 182 所中国大学 YouTube 传播力指数分布情况。

YouTube 传播力指数得分靠前的大学依次为清华大学、浙江大学、北京大学、澳门大

学、台湾大学、西安交通大学、复旦大学、香港大学、中国美术学院、香港中文大学。其中，中国内地大学 6 所、港澳台地区大学 4 所。得分靠前的大学中，中国内地大学从 2021 年的 3 所到 2022 年的 5 所再到 2023 年的 6 所，可以看出，中国内地大学传播力持续稳定进步。清华大学居首位，其传播力指数为 100. 00。

中国头部大学在 YouTube 平台的表现较为活跃，但从总体来看仍存在进步空间。拥有 YouTube 账号的中国大学共计 114 所，占总体比例的 62. 64%。2023 年新有 2 所大学建立 YouTube 账号，相较上年增幅约为 1. 8%。在 YouTube 传播力得分上，中国大学中超过总体平均指数的大学共 42 所，占比 23. 1%。

表 1-16　中国大学 YouTube 传播力评估指数

序号	中文名称	得分	序号	中文名称	得分
1	清华大学	100. 00	27	台湾云林科技大学 *	10. 34
2	浙江大学	68. 97	28	天津大学	9. 89
3	北京大学	56. 05	29	台湾师范大学 *	9. 78
4	澳门大学 *	54. 72	30	台湾高雄科技大学 *	9. 76
5	台湾大学 *	50. 63	31	厦门大学	9. 26
6	西安交通大学	46. 30	32	台湾政治大学 *	7. 61
7	复旦大学	44. 00	33	台湾成功大学 *	7. 50
8	香港大学 *	40. 37	34	西北大学	7. 27
9	中国美术学院	36. 80	35	台湾阳明交通大学 *	7. 16
10	香港中文大学 *	26. 46	36	华东师范大学	7. 10
11	台湾暨南国际大学 *	26. 06	37	台湾清华大学 *	6. 83
12	台湾中正大学 *	25. 23	38	中山大学	6. 77
13	香港城市大学 *	19. 00	39	东南大学	6. 48
14	台湾东海大学 *	18. 54	40	东华大学	6. 47
15	台湾中原大学 *	18. 16	41	台湾逢甲大学 *	6. 33
16	台湾长庚大学 *	18. 09	42	北京理工大学	6. 12
17	香港理工大学 *	17. 95	43	华南理工大学	5. 93
18	南京大学	16. 06	44	台湾亚洲大学 *	5. 79
19	中国科学技术大学	15. 37	45	西北工业大学	5. 24
20	上海交通大学	14. 51	46	四川大学	5. 12
21	台湾中华大学 *	14. 18	47	台北医学大学 *	4. 92
22	香港科技大学 *	13. 81	48	北京工业大学	4. 75
23	北京外国语大学	13. 45	49	上海中医药大学	4. 63
24	香港浸会大学 *	12. 49	50	山东大学	4. 50
25	武汉大学	10. 63	51	台湾中国医药大学 *	4. 47
26	中国人民大学	10. 52	52	长安大学	4. 12

续表

序号	中文名称	得分	序号	中文名称	得分
53	西藏大学	3.98	88	西南财经大学	1.10
54	上海大学	3.83	89	成都理工大学	1.06
55	上海海洋大学	3.83	90	台湾东华大学*	1.05
56	暨南大学	3.70	91	华东理工大学	1.02
57	台湾中兴大学*	3.69	92	华中科技大学	0.98
58	台湾东吴大学*	3.56	93	北京体育大学	0.91
59	中国人民解放军海军军医大学	3.50	94	南京信息工程大学	0.89
60	台湾中山大学*	3.40	95	台湾“中央大学”*	0.88
61	重庆大学	3.32	96	湖南大学	0.87
62	哈尔滨工业大学	3.27	97	南京邮电大学	0.86
63	同济大学	3.14	98	台北科技大学*	0.82
64	北京师范大学	3.05	99	河海大学	0.80
65	中央音乐学院	3.04	100	南京理工大学	0.77
66	台湾淡江大学*	2.96	101	台湾彰化师范大学*	0.76
67	香港岭南大学*	2.89	102	中国科学院大学	0.74
68	郑州大学	2.80	103	西安电子科技大学	0.74
69	广西大学	2.63	104	云南大学	0.74
70	东北农业大学	2.61	105	吉林大学	0.72
71	安徽大学	2.46	106	南昌大学	0.72
72	大连理工大学	2.14	107	南京中医药大学	0.69
73	西南石油大学	2.06	108	海南大学	0.65
74	上海外国语大学	1.97	109	华南师范大学	0.62
75	台湾辅仁大学*	1.91	110	南京航空航天大学	0.57
76	中国传媒大学	1.74	111	中南大学	0.56
77	台北大学*	1.65	112	台湾大同大学*	0.54
78	高雄医学大学*	1.64	113	武汉理工大学	0.53
79	太原理工大学	1.56	114	北京交通大学	0.53
80	中国音乐学院	1.54	115	宁波大学	0.52
81	北京林业大学	1.46	116	台湾科技大学*	0.46
82	兰州大学	1.41	117	中央民族大学	0.46
83	上海音乐学院	1.41	118	哈尔滨工程大学	0.44
84	中国矿业大学（徐州）	1.39	119	合肥工业大学	0.41
85	台湾元智大学*	1.34	120	东北林业大学	0.38
86	对外经济贸易大学	1.31	121	中央戏剧学院	0.38
87	大连海事大学	1.22	122	北京航空航天大学	0.38

续表

序号	中文名称	得分	序号	中文名称	得分
123	上海财经大学	0.36	153	南京林业大学	0.17
124	中国石油大学（北京）	0.36	154	中国地质大学（武汉）	0.17
125	宁夏大学	0.36	155	中国海洋大学	0.16
126	江南大学	0.35	156	内蒙古大学	0.16
127	河南大学	0.33	157	南开大学	0.16
128	中国政法大学	0.33	158	华中农业大学	0.16
129	湖南师范大学	0.33	159	东北大学	0.14
130	中国石油大学（华东）	0.33	160	河北工业大学	0.13
131	中央财经大学	0.32	161	广州中医药大学	0.13
132	中国农业大学	0.31	162	北京化工大学	0.12
133	北京邮电大学	0.29	163	首都师范大学	0.12
134	北京科技大学	0.27	164	台湾海洋大学 *	0.11
135	天津医科大学	0.25	165	天津工业大学	0.11
136	中国人民公安大学	0.25	166	北京中医药大学	0.11
137	西南大学	0.25	167	成都中医药大学	0.11
138	西南交通大学	0.23	168	外交学院	0.10
139	贵州大学	0.22	169	南京农业大学	0.10
140	电子科技大学	0.22	170	西北农林科技大学	0.10
141	新疆大学	0.22	171	青海大学	0.09
142	辽宁大学	0.21	172	福州大学	0.09
143	四川农业大学	0.21	173	陕西师范大学	0.09
144	延边大学	0.21	174	东北师范大学	0.08
145	中央美术学院	0.20	175	中国药科大学	0.07
146	国防科学技术大学	0.20	176	苏州大学	0.07
147	北京协和医学院	0.19	177	中南财经政法大学	0.06
148	石河子大学	0.19	178	上海体育大学	0.03
149	华中师范大学	0.19	179	中国地质大学（北京）	0.03
150	南京师范大学	0.18	180	中国矿业大学（北京）	0.02
151	华北电力大学（北京）	0.18	181	中国人民解放军空军军医大学	0.00
152	天津中医药大学	0.17	182	华北电力大学（保定）	0.00

（二）内地大学 YouTube 传播力指数分布

YouTube 传播力指数得分靠前的内地大学依次为清华大学、浙江大学、北京大学、西安交通大学、复旦大学、中国美术学院、南京大学、中国科学技术大学、上海交通大学、北京外国语大学。其中，华北地区 3 所、华东地区 6 所、西北地区 1 所。

表 1-17　内地大学 YouTube 传播力评估指数

序号	中文名称	得分	序号	中文名称	得分
1	清华大学	100.00	36	北京师范大学	3.05
2	浙江大学	68.97	37	中央音乐学院	3.04
3	北京大学	56.05	38	郑州大学	2.80
4	西安交通大学	46.30	39	广西大学	2.63
5	复旦大学	44.00	40	东北农业大学	2.61
6	中国美术学院	36.80	41	安徽大学	2.46
7	南京大学	16.06	42	大连理工大学	2.14
8	中国科学技术大学	15.37	43	西南石油大学	2.06
9	上海交通大学	14.51	44	上海外国语大学	1.97
10	北京外国语大学	13.45	45	中国传媒大学	1.74
11	武汉大学	10.63	46	太原理工大学	1.56
12	中国人民大学	10.52	47	中国音乐学院	1.54
13	天津大学	9.89	48	北京林业大学	1.46
14	厦门大学	9.26	49	兰州大学	1.41
15	西北大学	7.27	50	上海音乐学院	1.41
16	华东师范大学	7.10	51	中国矿业大学（徐州）	1.39
17	中山大学	6.77	52	对外经济贸易大学	1.31
18	东南大学	6.48	53	大连海事大学	1.22
19	东华大学	6.47	54	西南财经大学	1.10
20	北京理工大学	6.12	55	成都理工大学	1.06
21	华南理工大学	5.93	56	华东理工大学	1.02
22	西北工业大学	5.24	57	华中科技大学	0.98
23	四川大学	5.12	58	北京体育大学	0.91
24	北京工业大学	4.75	59	南京信息工程大学	0.89
25	上海中医药大学	4.63	60	湖南大学	0.87
26	山东大学	4.50	61	南京邮电大学	0.86
27	长安大学	4.12	62	河海大学	0.80
28	西藏大学	3.98	63	南京理工大学	0.77
29	上海大学	3.83	64	中国科学院大学	0.74
30	上海海洋大学	3.83	65	西安电子科技大学	0.74
31	暨南大学	3.70	66	云南大学	0.74
32	中国人民解放军海军军医大学	3.50	67	吉林大学	0.72
33	重庆大学	3.32	68	南昌大学	0.72
34	哈尔滨工业大学	3.27	69	南京中医药大学	0.69
35	同济大学	3.14	70	海南大学	0.65

续表

序号	中文名称	得分	序号	中文名称	得分
71	华南师范大学	0.62	107	北京协和医学院	0.19
72	南京航空航天大学	0.57	108	石河子大学	0.19
73	中南大学	0.56	109	华中师范大学	0.19
74	武汉理工大学	0.53	110	南京师范大学	0.18
75	北京交通大学	0.53	111	华北电力大学（北京）	0.18
76	宁波大学	0.52	112	天津中医药大学	0.17
77	中央民族大学	0.46	113	南京林业大学	0.17
78	哈尔滨工程大学	0.44	114	中国地质大学（武汉）	0.17
79	合肥工业大学	0.41	115	中国海洋大学	0.16
80	东北林业大学	0.38	116	内蒙古大学	0.16
81	中央戏剧学院	0.38	117	南开大学	0.16
82	北京航空航天大学	0.38	118	华中农业大学	0.16
83	上海财经大学	0.36	119	东北大学	0.14
84	中国石油大学（北京）	0.36	120	河北工业大学	0.13
85	宁夏大学	0.36	121	广州中医药大学	0.13
86	江南大学	0.35	122	北京化工大学	0.12
87	河南大学	0.33	123	首都师范大学	0.12
88	中国政法大学	0.33	124	天津工业大学	0.11
89	湖南师范大学	0.33	125	北京中医药大学	0.11
90	中国石油大学（华东）	0.33	126	成都中医药大学	0.11
91	中央财经大学	0.32	127	外交学院	0.10
92	中国农业大学	0.31	128	南京农业大学	0.10
93	北京邮电大学	0.29	129	西北农林科技大学	0.10
94	北京科技大学	0.27	130	青海大学	0.09
95	天津医科大学	0.25	131	福州大学	0.09
96	中国人民公安大学	0.25	132	陕西师范大学	0.09
97	西南大学	0.25	133	东北师范大学	0.08
98	西南交通大学	0.23	134	中国药科大学	0.07
99	贵州大学	0.22	135	苏州大学	0.07
100	电子科技大学	0.22	136	中南财经政法大学	0.06
101	新疆大学	0.22	137	上海体育大学	0.03
102	辽宁大学	0.21	138	中国地质大学（北京）	0.03
103	四川农业大学	0.21	139	中国矿业大学（北京）	0.02
104	延边大学	0.21	140	中国人民解放军空军军医大学	0.00
105	中央美术学院	0.20	141	华北电力大学（保定）	0.00
106	国防科学技术大学	0.20			

（三）YouTube 传播力具体指标分析

YouTube 传播力指数权重占总体传播力指数权重的 17%。其中，是否有官方认证账号占比 1%，订阅数量、一年内发布的视频数量、一年内最高浏览量、一年内最高评论量、平台一年内发布的视频数量、平台一年内浏览总量、平台一年内点赞总量和平台一年内评论总量各占比 2%。

从注册账号的情况来看，中国大学中共有 114 所拥有 YouTube 账号，其余 68 所大学未注册 YouTube 账号。

从订阅数量来看，115 所大学 YouTube 账号订阅数量平均为 2677 人次。订阅数量较多的中国大学依次为浙江大学、清华大学、北京大学、复旦大学、中国美术学院、香港中文大学、香港大学、台湾大学、上海交通大学、香港理工大学。其中，内地大学 6 所、港澳台地区大学 4 所。

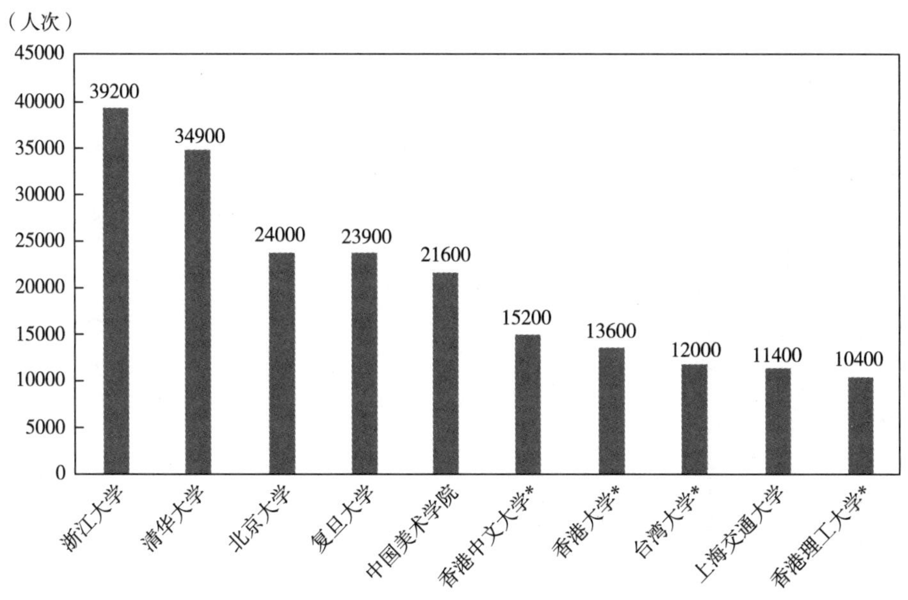

图 1-65　部分大学 YouTube 订阅数量

从一年内发布的内容数量来看，72 所大学 YouTube 账号曾发布视频。发布内容数量较多的中国大学依次为中国美术学院、台湾中正大学、浙江大学、清华大学、香港科技大学、台湾云林科技大学、北京大学、香港理工大学、澳门大学、东华大学。其中，中国内地大学和中国港澳台地区大学各 5 所。

从一年内最高浏览量来看，澳门大学、台湾东海大学、浙江大学、台湾高雄科技大学、香港理工大学、清华大学、香港中文大学、香港浸会大学、中国美术学院、香港科技大学浏览量较多。其中，3 所中国内地大学、7 所中国港澳台地区大学。

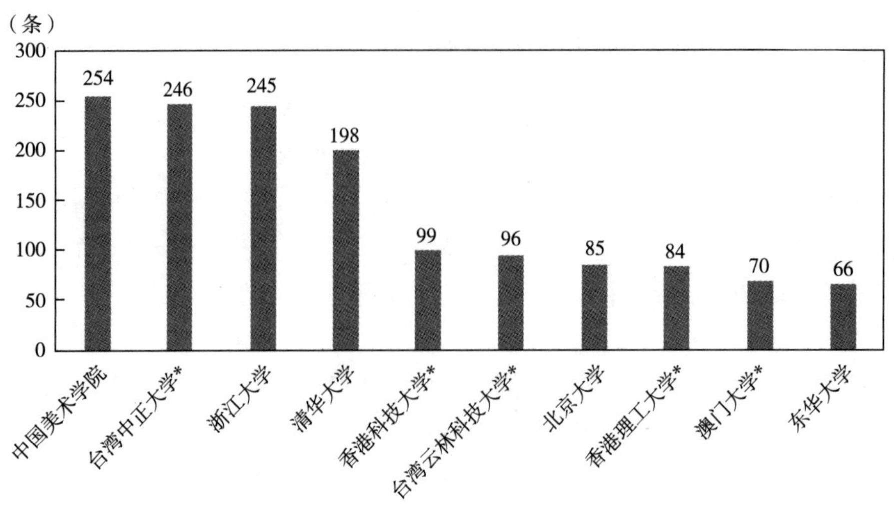

图 1-66　部分大学 YouTube 发布内容数量

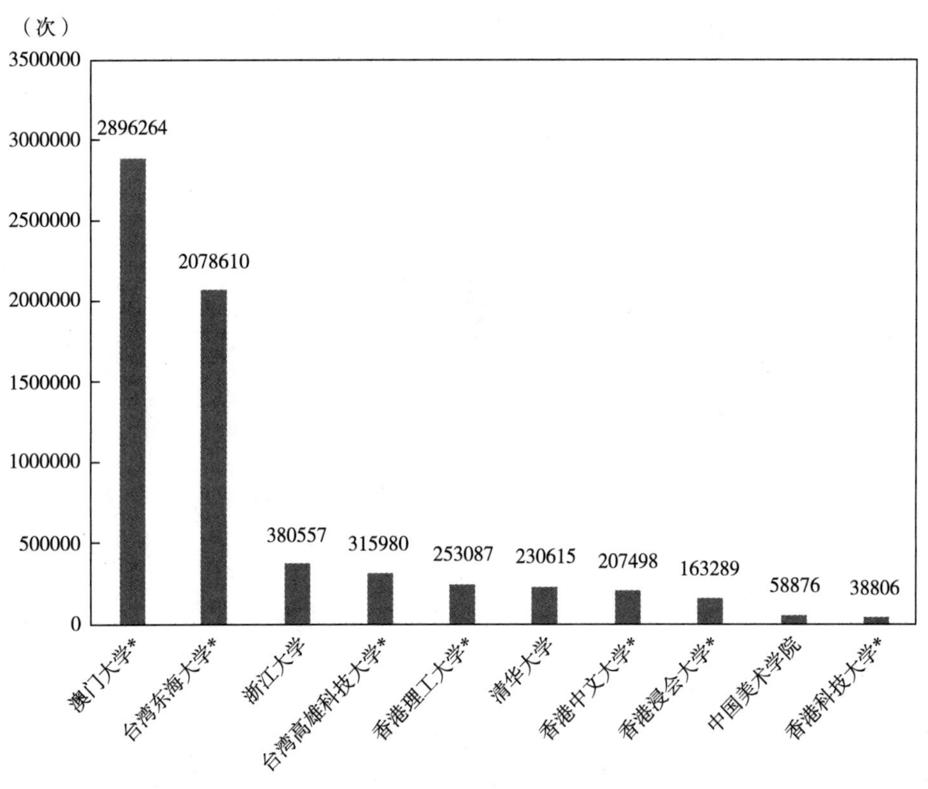

图 1-67　部分大学 YouTube 最高浏览量

从一年内最高评论量来看，台湾暨南国际大学、浙江大学、西北大学、台湾大学、台湾师范大学、台湾中原大学、台湾清华大学、清华大学、厦门大学、中国美术学院评论量

较多。其中，中国内地大学和中国港澳台地区大学各 5 所。

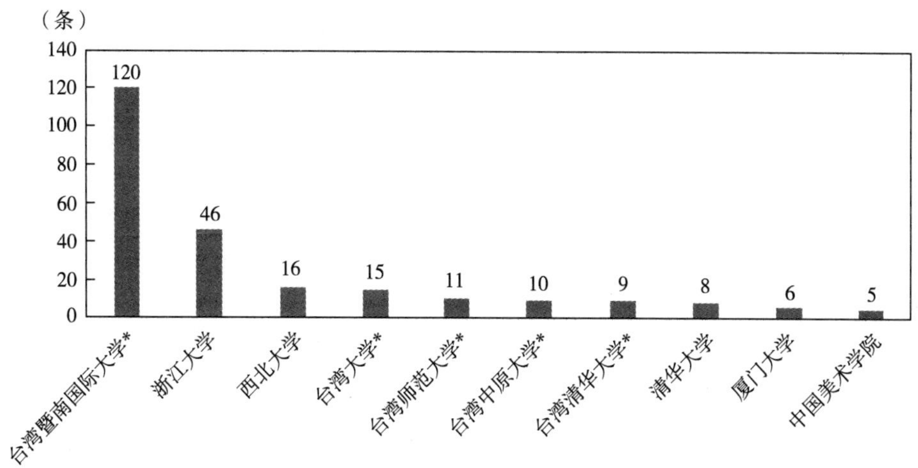

图 1-68　部分大学 YouTube 最高评论量

从平台一年内发布的视频数量来看，北京大学、清华大学、台湾大学、香港大学、复旦大学、浙江大学、南京大学、香港中文大学、四川大学、武汉大学发布的视频数量较多。其中，中国内地大学 7 所、港澳台地区大学 3 所。

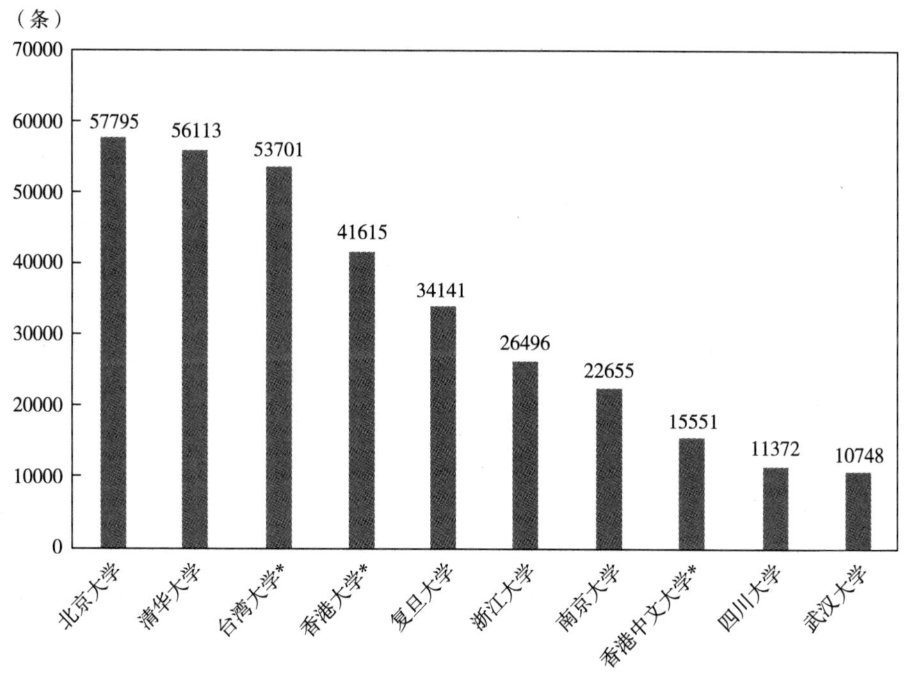

图 1-69　部分大学 YouTube 平台发布视频量

从平台一年内浏览总量来看，澳门大学、香港城市大学、西安交通大学、清华大学、台湾大学、复旦大学、香港中文大学、香港大学、重庆大学、中央音乐学院浏览较多。其中，中国内地大学和港澳台地区大学各 5 所。

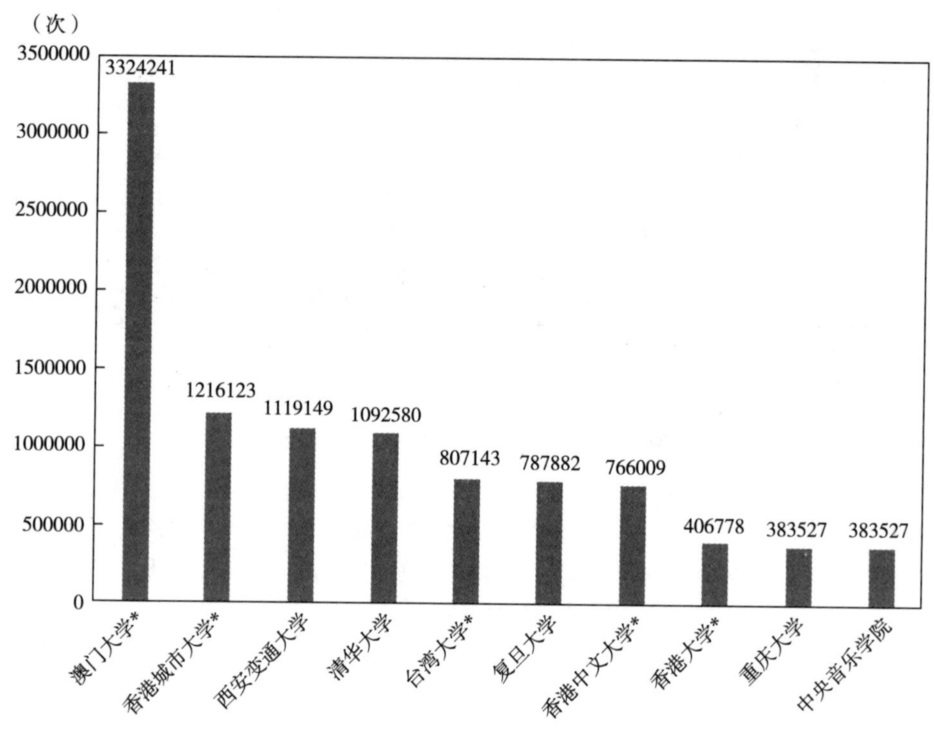

图 1-70　部分大学 YouTube 平台浏览总量

从平台一年内点赞总量来看，清华大学、西安交通大学、台湾大学、香港大学、中国人民大学、复旦大学、中国科学技术大学、北京大学、北京外国语大学、南京大学点赞量较多。其中，内地大学 8 所、港澳台地区大学 2 所。

从平台一年内评论总量来看，西安交通大学、清华大学、中国科学技术大学、北京大学、复旦大学、北京外国语大学、台湾大学、华东师范大学、华南理工大学、西藏大学评论量较多。其中，内地大学 9 所、台湾地区大学 1 所。

（四）参照分析

中国大学 YouTube 传播力指数得分最高的清华大学指数为 100.00，低于日韩参照大学中的首尔大学和高丽大学。在官方认证账号方面，首尔大学已有 YouTube 官方认证，而清华大学未能获得。在一年内视频发布数量方面，清华大学 2023 年发布视频 198 条，高于日韩参照大学。清华大学订阅量不及首尔大学，但高于其他 3 所日韩参照大学。在他建数据方面，除了平台评论总量上清华大学（1410）与日韩参照大学的平均值（1413）基

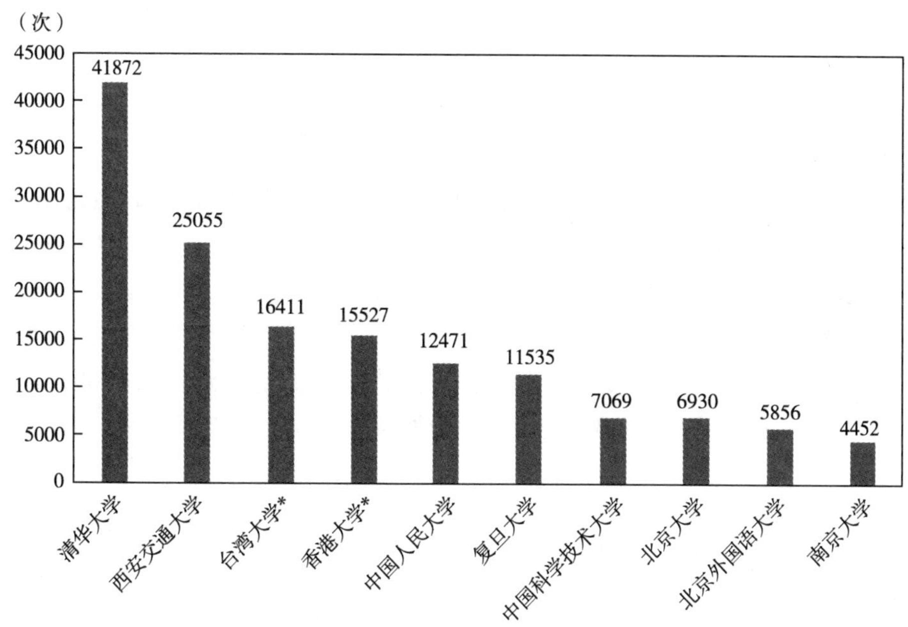

图 1-71　部分大学 YouTube 平台点赞总量

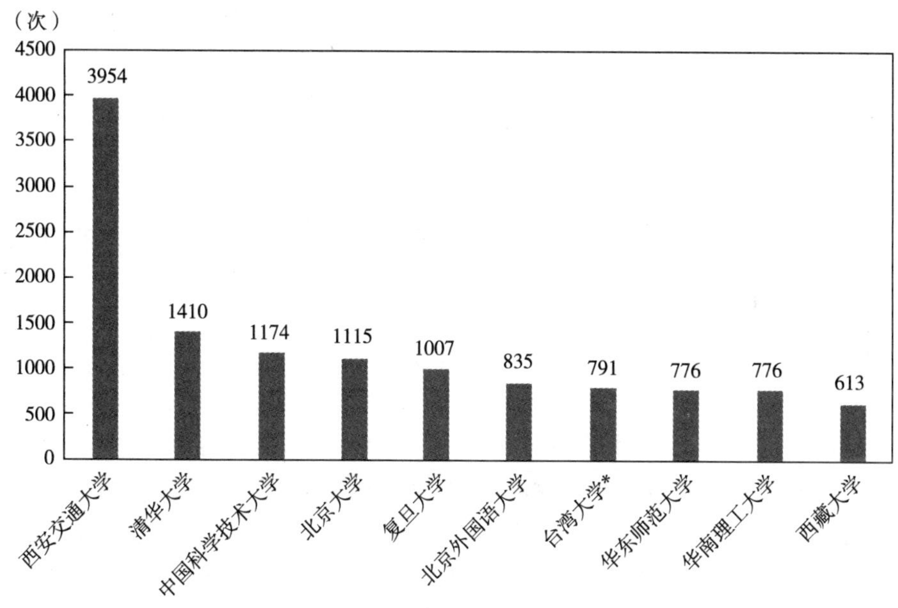

图 1-72　部分大学 YouTube 平台评论总量

本持平外，清华大学相较日韩参照大学平均水平在平台视频数量（56113，67660）、浏览总量（1092580，2651328）和点赞总量（41872，54788）上仍存在差距。

在 YouTube 传播力维度下，包含 8 所参照大学，得分靠前的有 6 所中国内地大学、8

所港澳台地区大学，与上年数据相同，但从整体情况来看，2023 年内地大学平均传播力指数 4.34，港澳台地区大学 11.49，与上年内地大学 3.31、港澳台地区大学 16.98 相比，差距略有缩小，说明内地大学 YouTube 传播力建设呈良好发展态势，正逐步追赶港澳台地区大学传播力建设进度。

与美国参照大学相比，中国大学在 YouTube 传播力建设上存在差距，2023 年 4 所美国大学得分均高于中国大学。将清华大学与美国参照大学得分第 1 的斯坦福大学对比可以发现，在账号发布视频数量上，清华大学 2023 年共发布 198 条视频，超过斯坦福大学的 55 条；在视频最高浏览量上，二者（230615，234328）差距较小，说明中国大学 YouTube 传播力建设进步速度快，提升明显。但在订阅数量上，清华大学（34900）与斯坦福大学（1840000）的差距不容忽视，还需进一步加强账号的运营与建设。

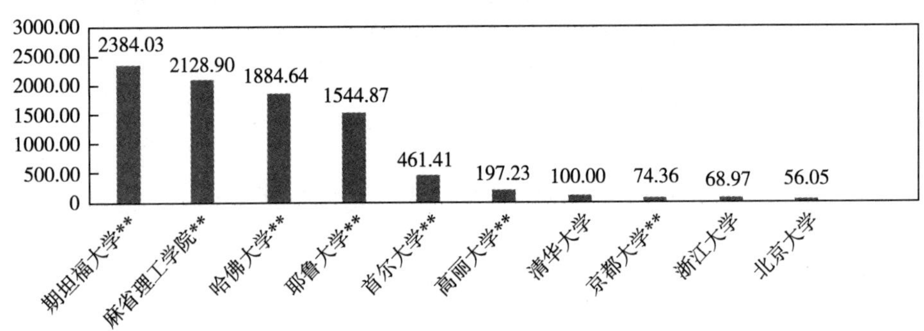

图 1-73　YouTube 传播力指数参照分析

（五）YouTube 传播力具体案例分析：清华大学、浙江大学和西安交通大学

1. 清华大学：突出人才培养优势，拉近心理距离

清华大学在 YouTube 传播力指数得分中连续三年均为第 1，表现优异。2023 年，清华大学无论是自建数据还是他建数据都较为突出。自建数据方面，清华大学的订阅量排名第 2，收获约 34900 人关注，发布视频数量达 198 条，视频最高浏览量达 230615 次，而视频最高评论量也较高，整体而言较为靠前。他建数据方面，清华大学的平台视频数量达 56113 条，平台点赞量高达 41872 次，平台评论量有 1410 次，平台浏览量达 1092580 次。

清华大学在 YouTube 平台上所发布的内容主要分为三种类型：第一种侧重展示清华大学丰富的学术资源以及清华学子参与学术会议或交流项目的情景，突出表现了清华大学在科研学术方面的影响力以及在人才培养方面的优势。例如，有关清华学生参与非洲肯尼亚海外实习项目的视频介绍详细、制作精美，浏览量高达 89000 次，并收获了 508 次点赞。第二种展示外国留学生在清华大学的学习和课余生活，相关主题包括参与艺术节活动、探寻打卡食堂美食以及在图书馆的学习记录等。从留学生个人的微观视角讲述清华大学故事，有利于拉近与海外受众的心理距离，因此取得了较好的传播效果。第三种则主要介绍清华大学的校园环境，相关视频展现了清华大学优美的校园风光与便利的生活设施，如《春天的清华校园之旅》这条视频侧重展示了清华校园植物的繁茂与建筑奇观，浏览量达 16000 次。此外，值得指出的是，有关讲解留学生入学注意事项的视频具有较高的实用性，因此得到了大量播放与关注。

图 1-74　学生参与非洲肯尼亚海外实习项目视频

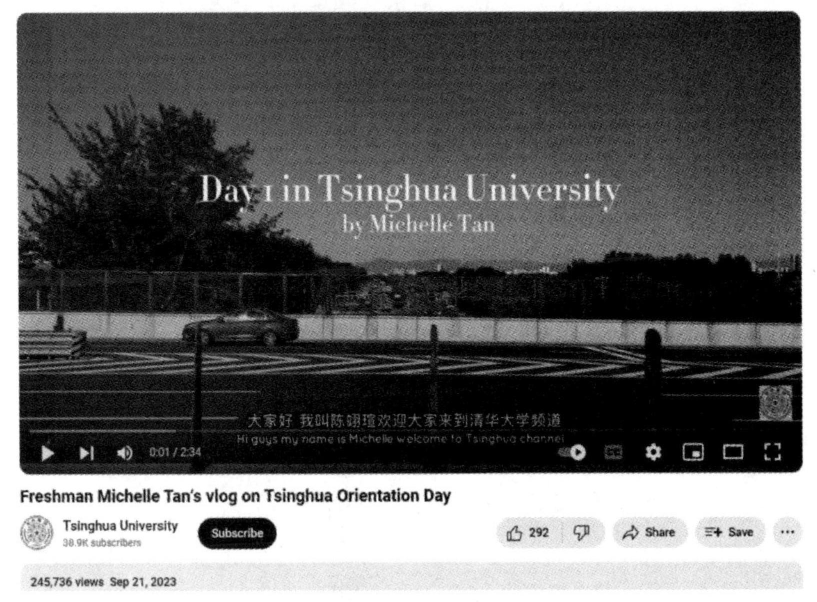

图 1-75　留学生在清华大学的日常记录视频

图 1-76　春天的清华校园之旅视频

2. 浙江大学：贴近生活真实，展现校园之美，传播中华文化

浙江大学 2021 年在中国内地大学 YouTube 传播力中排名第 19，2022 年排名第 10，2023 年跃升至第 2 位，3 年来进步较大。2023 年浙江大学 YouTube 订阅量 39200 次，共发布 245 条视频，最高浏览量达 380557 次，单条视频最高评论量为 46 次。

图 1-77　浙江大学 YouTube 账号主页

首先，立足学校自身，打造优质形象名片。浙江大学在对外宣传的过程中，依托自身良好的学校基建和教学水平，借助 YouTube 平台以视频形式为主的“重视听”的特色，将学校的基础设施建设和校园日常生活转化为宣传视频在海外社交媒体上进行传播。浙江大学 7 个校区的巨大体量和一流的硬件设施成为浙江大学极强综合实力的具体体现。例

如，2023 年 7 月 28 日浙江大学发布的“看看紫金港校区全新的主图书馆”的视频，就从浙江大学学子的视角展现了校园内体育设施的优秀配置，该视频浏览量高达 533549 次，共获得 880 次点赞。

图 1–78　“看看紫金港校区全新的主图书馆”视频截图

图 1–79　浙江大学校园美景与建筑的相关视频

图 1-79　浙江大学校园美景与建筑的相关视频（续）

在对学校的硬件设施和校园风景进行宣传的同时，浙江大学还积极通过浙大学子的精神面貌助推自己走向海外。学生呈现出的精神面貌在很大程度上反映了学校的文化氛围与教学水平。浙江大学将学生风貌作为学校的对外传播名片之一，通过朝气蓬勃、青春洋溢的浙大学子展现出浙江大学多元的文化包容和极高的综合实力。例如，2023 年 9 月 27 日浙江大学发布的“滑轮与探索：在浙江大学拥抱车轮上的自由”的视频，通过对浙江大学老派滑板俱乐部的介绍，反映了浙江大学学子的生活激情和对滑板的热爱，展现了浙江大学丰富多元的校园文化，获得了 14984 次的浏览和 110 次的点赞。

图 1-80　“滑轮与探索：在浙江大学拥抱车轮上的自由”视频截图

其次，定位受众需要，展现国际化视野。浙江大学在 YouTube 账号的建设过程中并不只是一味地将国内社交媒体平台发布的内容原封不动地迁移至 YouTube 上，而是在清晰定位浙江大学海外社交媒体账号的受众兴趣与需要后，针对其发布与海外用户自身相关的内容或海外学子可以参加的相关国际活动，尽可能地吸引海外用户对于浙江大学的关注。

例如，浙江大学发布的关于“国际美食节”活动的介绍视频，不仅鼓励了浙江大学的留学生积极参与，也吸引了海外其他用户对于浙江大学的兴趣，展现了浙江大学对外传播的国际化站位。该视频浏览量突破 200000 次，获得 344 次点赞。由此可见，浙江大学在海外传播中取得的成绩，离不开其自身过硬的硬件条件和综合软实力的加持，但更重要的是其能够在对外传播中重视海外用户的喜好与需求，以不断拓宽的国际化视野作为指南，通过高频率、高水平的优质内容，积极构建其在海外社交媒体上的名校形象。

3. 西安交通大学：改变刻板印象，记录真实影像

西安交通大学 2023 年 YouTube 传播力指数得分第 6，表现良好。平台浏览量排名第 3，平台点赞量排名第 2，平台评论量排名第 1，他建数据方面成绩优秀。

在 YouTube 平台上搜索“Xi’an Jiaotong University”，可以发现许多介绍西安交通大学校园美景及机构设施的视频，最突出的是一位在西安交通大学留学的巴基斯坦女生所发布的视频，视频通过采访中外学生以及自身体会的方式展现了西安交通大学先进的教学设施、优美的校园环境、便利的生活条件，得到了许多海外观众的关注与评论，他们表示，来到西安交通大学之后改变了以往对于中国的刻板印象，对于中国及中国大学有了更加真实的了解。该视频传播了西安交通大学的良好形象，提升了其海外知名度，也助力了中国

大学的海外传播力建设。

图 1-81　浙江大学国际美食节宣传视频截图

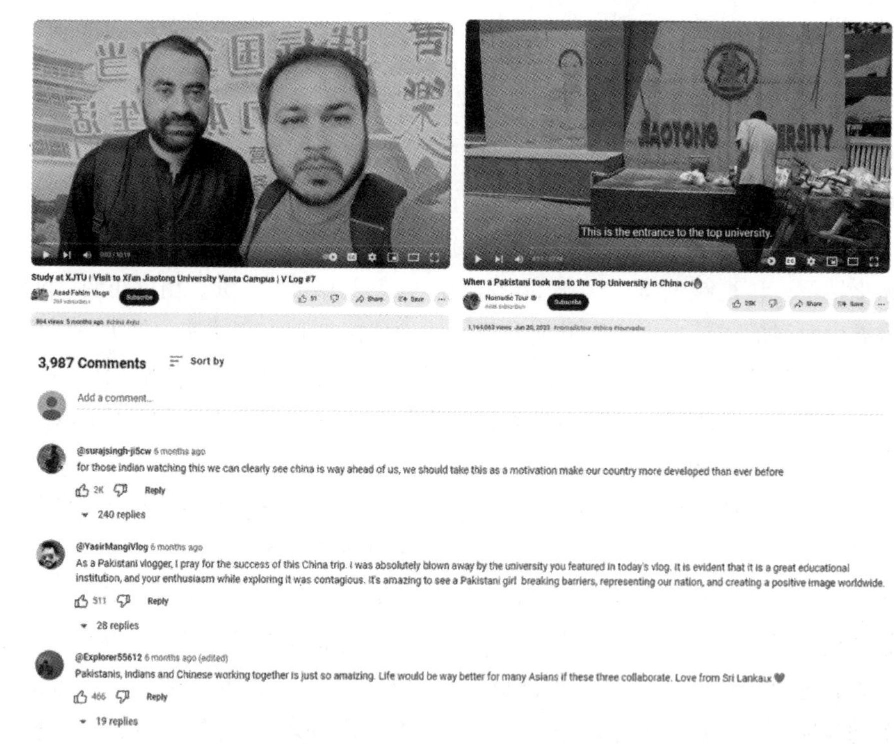

图 1-82　西安交通大学留学生发布视频截图

（六）YouTube 传播力小结

1. 中国内地大学 YouTube 平台建设与中国港澳台地区大学差距缩小，但相比参照大学仍有很大进步空间

2023 年中国 141 所内地大学中共有 75 所注册了 YouTube 账号，注册率为 53.2%，低于港澳台地区大学注册率（97.56%）及国外参照大学注册率。内地大学均未获得官方认证，而参照大学中的哈佛大学、耶鲁大学、麻省理工学院和首尔大学的 YouTube 账号已获得官方认证。2023 年内地大学订阅量排名第 1 的是浙江大学，订阅量 39200 人次，较上年的北京大学增加 15900 人次，不及美国参照大学和首尔大学，但超过东京大学、高丽大学和京都大学。

拥有 YouTube 账号的 75 所内地大学平均发布视频数量为 19.4 条，为参照大学发文量的 23.95%，相比上年略有进步；平均最高浏览量为 10185.4 次，不及港澳台地区大学的 150325.5 次和参照大学的 666723.9 次；平均最高评论量 1.37 次，不及港澳台地区大学的平均最高评论量（4.63 次），远低于参照大学的平均最高评论量（480 次）；平均视频数量为 3834.9 条，超过港澳台地区大学的 3637.4 条，但与参照大学平均视频数量 227870.4 条相比仍有较大差距；平均浏览量为 95458.6 次，不及港澳台地区大学的平均浏览量（207606.3 次）和参照大学的平均浏览量（12888825 次）；平均点赞量为 1925.4 次，超过港澳台地区大学的平均点赞量 931.3 次，远不及参照大学的平均点赞量（588646.5 次）；平均评论量为 194.9 次，超过港澳台地区大学的平均评论量（35.9 次），但不及参照大学的平均评论量 16187.3 次。

综合来看，内地大学 YouTube 平台建设与港澳台地区大学差距进一步缩小，甚至在某些方面有所赶超，但与参照大学相比，无论是在自建数据还是在他建数据方面仍有较大差距，需要进一步提升。

2. 寻找新的传播力建设增长点，鼓励外国讲述者讲好中国故事

本报告涵盖的 190 所大学中，YouTube 平台单条视频点击量最高的大学为麻省理工学院，视频浏览量 3433087 次，内容是 Mark Rober 参加麻省理工学院 2023 届毕业典礼，Mark Rober 为前 NASA 工程师，当红 YouTube 博主，拥有 24000000 粉丝，该条视频的红火在一定程度上依托于 Mark Rober 的名人效应，而这种引流方式应用到中国大学的宣传上面也依然适用。

在自建数据方面，中国大学已有明显进步，他建数据成为传播力增长新的突破点，2023 年表现突出的西安交通大学，就是在他建数据方面表现优异，从而有了较为明显的进步。清华大学、浙江大学、西安交通大学等都非常重视从留学生的视角讲述中国故事，这有利于拉近与外国观众的心理距离，使海外观众更好地接收视频中的信息，而这也取得了良好的传播效果。

在未来的 YouTube 平台建设过程中，一方面要深入挖掘中华优秀传统文化的魅力，注重跨文化传播，自身讲好中国故事；另一方面也可以借助外国讲述者的力量，鼓励更多的

外国友人讲好中国故事，更好地提升中国大学的国际影响力。

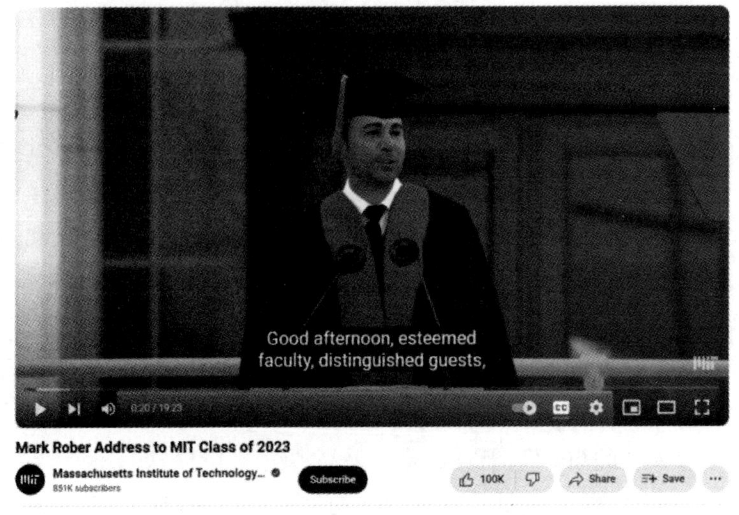

图 1-83　麻省理工学院发布内容截图

十、维度七：中国大学ChatGPT传播力

ChatGPT 先进的数据获取和深度自然语言处理技术，使其能够有效地整合并分析涉及中国大学海外网络传播的多元数据，涵盖社交媒体动态、学术出版、新闻报道等信息。在精准辨识并深入解析相关数据的基础上，ChatGPT 还可以从多角度对中国大学的全球传播影响力进行评估，为前 6 个平台的数据分析结果提供辅助验证，增强整体评估的可靠性与全面性。

（一）中国大学 ChatGPT 传播力评估指数分布

本维度下，对中国大学海外网络传播力的评估由 GPT-4 完成。具体操作步骤如下：

步骤 1：将 190 所国内外大学的英文名称制作成 Excel 表格，上传并让 GPT-4 读取。

步骤 2：在 GPT-4 聊天框中输入如下内容："我给了一个中国和全球的大学名单，请读取名单，根据 GPT 的数据库所学知识，对这些大学的全球传播量大小进行打分。打分阈值（0~100 分）。输出一个新的表格。"让 GPT-4 根据其数据库训练数据对大学的全球传播量进行综合评估，评估结果输出为百分制的评分表，并将其作为 ChatGPT 平台的大学海外网络传播力指数参考依据。

步骤 3：为减小误差，另外使用 2 个不同的 GPT-4 账号重复“步骤 2”操作，依次得到 3 份大学海外网络传播力综合评估的百分制评分表。

步骤 4：将 3 份评分表内同一大学下的 3 个数据值取平均数处理，得到的数据结果作为最终用作数据分析的 ChatGPT 平台大学海外网络传播力评估指数的基础依据。

ChatGPT 传播力评估指数得分靠前的中国大学依次为清华大学、北京大学、复旦大学、上海交通大学、浙江大学、中国人民解放军空军军医大学、香港岭南大学、台湾高雄科技大学、台湾东吴大学、中央音乐学院。其中，内地大学有 7 所、香港地区有 2 所、台湾地区有 1 所。清华大学居首位，其传播力评估指数为 100. 00。

表 1-18　中国大学 ChatGPT 传播力评估指数

序号	中文名称	得分	序号	中文名称	得分
1	清华大学	100. 00	27	台湾中正大学 *	70. 79
2	北京大学	96. 91	28	同济大学	70. 10
3	复旦大学	85. 57	29	北京中医药大学	69. 76
4	上海交通大学	83. 85	30	华中农业大学	69. 76
5	浙江大学	83. 85	31	西北大学	69. 76
6	中国人民解放军空军军医大学	75. 60	32	台湾辅仁大学 *	69. 42
7	香港岭南大学 *	75. 26	33	南京航空航天大学	69. 07
8	台湾高雄科技大学 *	74. 91	34	台湾阳明交通大学 *	69. 07
9	台湾东吴大学 *	74. 57	35	西南石油大学	68. 73
10	中央音乐学院	74. 23	36	东北大学	68. 38
11	东北林业大学	73. 88	37	西北工业大学	68. 38
12	陕西师范大学	73. 88	38	台湾暨南国际大学 *	68. 38
13	厦门大学	73. 20	39	国防科学技术大学	68. 04
14	香港中文大学 *	72. 85	40	华东理工大学	68. 04
15	东北师范大学	71. 82	41	中央财经大学	68. 04
16	哈尔滨工程大学	71. 82	42	香港城市大学 *	68. 04
17	台湾彰化师范大学 *	71. 82	43	北京理工大学	67. 70
18	电子科技大学	71. 13	44	北京协和医学院	67. 70
19	西南交通大学	71. 13	45	河北工业大学	67. 70
20	台北大学 *	71. 13	46	华北电力大学（北京）	67. 70
21	香港理工大学 *	71. 13	47	辽宁大学	67. 70
22	北京师范大学	70. 79	48	西北农林科技大学	67. 70
23	成都中医药大学	70. 79	49	中央美术学院	67. 70
24	中国人民解放军海军军医大学	70. 79	50	重庆大学	67. 70
25	福州大学	70. 79	51	香港浸会大学 *	67. 70
26	湖南师范大学	70. 79	52	内蒙古大学	67. 35

续表

序号	中文名称	得分	序号	中文名称	得分
53	宁夏大学	67.35	88	石河子大学	64.95
54	西南大学	67.35	89	澳门大学 *	64.95
55	中国政法大学	67.35	90	台湾中兴大学 *	64.95
56	台湾师范大学 *	67.35	91	台湾亚洲大学 *	64.95
57	北京外国语大学	67.01	92	吉林大学	64.60
58	暨南大学	67.01	93	南京理工大学	64.60
59	首都师范大学	67.01	94	南京林业大学	64.60
60	北京化工大学	66.67	95	上海音乐学院	64.60
61	北京交通大学	66.67	96	西安电子科技大学	64.60
62	成都理工大学	66.67	97	中国人民大学	64.60
63	大连理工大学	66.67	98	中国音乐学院	64.60
64	河南大学	66.67	99	台湾清华大学 *	64.60
65	外交学院	66.67	100	台湾“中央大学” *	64.60
66	台湾东海大学 *	66.67	101	东北农业大学	64.26
67	北京林业大学	66.32	102	上海海洋大学	64.26
68	中国石油大学（北京）	66.32	103	中央戏剧学院	64.26
69	香港大学 *	66.32	104	台湾云林科技大学 *	64.26
70	台湾中原大学 *	66.32	105	哈尔滨工业大学	63.92
71	华南师范大学	65.98	106	南昌大学	63.92
72	南京农业大学	65.98	107	山东大学	63.92
73	上海大学	65.98	108	西南财经大学	63.92
74	四川农业大学	65.98	109	中国美术学院	63.92
75	苏州大学	65.98	110	中国药科大学	63.92
76	台湾成功大学 *	65.64	111	中山大学	63.92
77	安徽大学	65.29	112	南京信息工程大学	63.57
78	北京工业大学	65.29	113	上海中医药大学	63.57
79	西安交通大学	65.29	114	台湾中华大学 *	63.57
80	中国地质大学（北京）	65.29	115	湖南大学	63.23
81	中国矿业大学（徐州）	65.29	116	太原理工大学	63.23
82	台湾中山大学 *	65.29	117	天津工业大学	63.23
83	北京科技大学	64.95	118	天津中医药大学	63.23
84	北京体育大学	64.95	119	武汉理工大学	63.23
85	大连海事大学	64.95	120	中国科学院大学	63.23
86	南京中医药大学	64.95	121	香港科技大学 *	63.23
87	青海大学	64.95	122	中南财经政法大学	62.89

续表

序号	中文名称	得分	序号	中文名称	得分
123	台湾逢甲大学*	62.89	153	台湾政治大学*	60.82
124	高雄医学大学*	62.89	154	广州中医药大学	60.48
125	中国矿业大学（北京）	62.54	155	台湾大同大学*	60.48
126	中南大学	62.54	156	武汉大学	60.14
127	江南大学	62.20	157	台湾长庚大学*	60.14
128	兰州大学	62.20	158	台湾中国医药大学*	60.14
129	宁波大学	62.20	159	南京邮电大学	59.79
130	台北医学大学*	62.20	160	台湾元智大学*	59.79
131	华东师范大学	61.86	161	北京邮电大学	59.45
132	南京师范大学	61.86	162	南开大学	59.45
133	对外经济贸易大学	61.51	163	北京航空航天大学	59.11
134	合肥工业大学	61.51	164	海南大学	59.11
135	上海财经大学	61.51	165	天津医科大学	59.11
136	新疆大学	61.51	166	东华大学	58.76
137	延边大学	61.51	167	华中科技大学	58.76
138	中国传媒大学	61.51	168	南京大学	58.76
139	中国科学技术大学	61.51	169	中国石油大学（华东）	58.76
140	台北科技大学*	61.51	170	天津大学	58.42
141	台湾海洋大学*	61.51	171	中国人民公安大学	58.42
142	河海大学	61.17	172	台湾东华大学*	58.42
143	华中师范大学	61.17	173	贵州大学	57.73
144	长安大学	61.17	174	上海体育大学	57.73
145	郑州大学	61.17	175	台湾大学*	57.73
146	中国海洋大学	61.17	176	广西大学	57.04
147	中央民族大学	61.17	177	中国地质大学（武汉）	57.04
148	台湾淡江大学*	61.17	178	中国农业大学	57.04
149	东南大学	60.82	179	台湾科技大学*	57.04
150	华北电力大学（保定）	60.82	180	上海外国语大学	56.01
151	四川大学	60.82	181	云南大学	55.67
152	西藏大学	60.82	182	华南理工大学	54.98

（二）内地大学 ChatGPT 传播力评估指数分布

ChatGPT 传播力评估指数得分靠前的内地大学依次为清华大学、北京大学、复旦大学、上海交通大学、浙江大学、中国人民解放军空军军医大学、中央音乐学院、东北林业大学、陕西师范大学、厦门大学。其中，京津地区 3 所、东北地区 1 所、西北地区 2 所、华东地区 3 所、华南地区 1 所。

表 1-19　内地大学 ChatGPT 传播力评估指数

序号	中文名称	得分	序号	中文名称	得分
1	清华大学	100.00	35	辽宁大学	67.70
2	北京大学	96.91	36	西北农林科技大学	67.70
3	复旦大学	85.57	37	中央美术学院	67.70
4	上海交通大学	83.85	38	重庆大学	67.70
5	浙江大学	83.85	39	内蒙古大学	67.35
6	中国人民解放军空军军医大学	75.60	40	宁夏大学	67.35
7	中央音乐学院	74.23	41	西南大学	67.35
8	东北林业大学	73.88	42	中国政法大学	67.35
9	陕西师范大学	73.88	43	北京外国语大学	67.01
10	厦门大学	73.20	44	暨南大学	67.01
11	东北师范大学	71.82	45	首都师范大学	67.01
12	哈尔滨工程大学	71.82	46	北京化工大学	66.67
13	电子科技大学	71.13	47	北京交通大学	66.67
14	西南交通大学	71.13	48	成都理工大学	66.67
15	北京师范大学	70.79	49	大连理工大学	66.67
16	成都中医药大学	70.79	50	河南大学	66.67
17	中国人民解放军海军军医大学	70.79	51	外交学院	66.67
18	福州大学	70.79	52	北京林业大学	66.32
19	湖南师范大学	70.79	53	中国石油大学（北京）	66.32
20	同济大学	70.10	54	华南师范大学	65.98
21	北京中医药大学	69.76	55	南京农业大学	65.98
22	华中农业大学	69.76	56	上海大学	65.98
23	西北大学	69.76	57	四川农业大学	65.98
24	南京航空航天大学	69.07	58	苏州大学	65.98
25	西南石油大学	68.73	59	安徽大学	65.29
26	东北大学	68.38	60	北京工业大学	65.29
27	西北工业大学	68.38	61	西安交通大学	65.29
28	国防科学技术大学	68.04	62	中国地质大学（北京）	65.29
29	华东理工大学	68.04	63	中国矿业大学（徐州）	65.29
30	中央财经大学	68.04	64	北京科技大学	64.95
31	北京理工大学	67.70	65	北京体育大学	64.95
32	北京协和医学院	67.70	66	大连海事大学	64.95
33	河北工业大学	67.70	67	南京中医药大学	64.95
34	华北电力大学（北京）	67.70	68	青海大学	64.95

续表

序号	中文名称	得分	序号	中文名称	得分
69	石河子大学	64.95	106	新疆大学	61.51
70	吉林大学	64.60	107	延边大学	61.51
71	南京理工大学	64.60	108	中国传媒大学	61.51
72	南京林业大学	64.60	109	中国科学技术大学	61.51
73	上海音乐学院	64.60	110	河海大学	61.17
74	西安电子科技大学	64.60	111	华中师范大学	61.17
75	中国人民大学	64.60	112	长安大学	61.17
76	中国音乐学院	64.60	113	郑州大学	61.17
77	东北农业大学	64.26	114	中国海洋大学	61.17
78	上海海洋大学	64.26	115	中央民族大学	61.17
79	中央戏剧学院	64.26	116	东南大学	60.82
80	哈尔滨工业大学	63.92	117	华北电力大学（保定）	60.82
81	南昌大学	63.92	118	四川大学	60.82
82	山东大学	63.92	119	西藏大学	60.82
83	西南财经大学	63.92	120	广州中医药大学	60.48
84	中国美术学院	63.92	121	武汉大学	60.14
85	中国药科大学	63.92	122	南京邮电大学	59.79
86	中山大学	63.92	123	北京邮电大学	59.45
87	南京信息工程大学	63.57	124	南开大学	59.45
88	上海中医药大学	63.57	125	北京航空航天大学	59.11
89	湖南大学	63.23	126	海南大学	59.11
90	太原理工大学	63.23	127	天津医科大学	59.11
91	天津工业大学	63.23	128	东华大学	58.76
92	天津中医药大学	63.23	129	华中科技大学	58.76
93	武汉理工大学	63.23	130	南京大学	58.76
94	中国科学院大学	63.23	131	中国石油大学（华东）	58.76
95	中南财经政法大学	62.89	132	天津大学	58.42
96	中国矿业大学（北京）	62.54	133	中国人民公安大学	58.42
97	中南大学	62.54	134	贵州大学	57.73
98	江南大学	62.20	135	上海体育大学	57.73
99	兰州大学	62.20	136	广西大学	57.04
100	宁波大学	62.20	137	中国地质大学（武汉）	57.04
101	华东师范大学	61.86	138	中国农业大学	57.04
102	南京师范大学	61.86	139	上海外国语大学	56.01
103	对外经济贸易大学	61.51	140	云南大学	55.67
104	合肥工业大学	61.51	141	华南理工大学	54.98
105	上海财经大学	61.51			

（三）参照分析

从头部大学水平上看，清华大学 ChatGPT 传播力评估指数得分位列中国大学之首（指数为 100.00），仅次于美国参照大学 ChatGPT 传播力评估指数得分第 1 的哈佛大学（指数为 100.34），高于日韩参照大学 ChatGPT 传播力评估指数得分第 1 的首尔大学（指数为 89.69）。这说明基于 ChatGPT 数据库综合评估，中国头部大学（清华大学）的全球传播量已接近美国头部大学（哈佛大学），同时已超过日韩头部大学（首尔大学）。

从整体水平上看，中国内地大学 ChatGPT 平台传播力平均指数为 65.46，与中国港澳台地区大学平均指数 65.48 基本持平。这说明基于 ChatGPT 平台数据库综合评估，内地大学整体的全球传播声量与港澳台地区大学大致相等。

（四）ChatGPT 传播力小结

中国大学全球传播声量综合指数呈现头部效应，分布呈现“钟”形。182 所中国大学中，ChatGPT 平台指数总体平均值为 65.46，共有 76 所大学超过平均值，占总体的 41.76%，其余 58.24%大学的 ChatGPT 平台指数均在平均值以下，即仍有超过一半的中国大学的全球传播声量低于平均水平。这表明中国大学间的全球传播声量存在差距，头部大学存在优势，应发挥头部大学的示范作用，全面加强中国大学的全球传播声量。

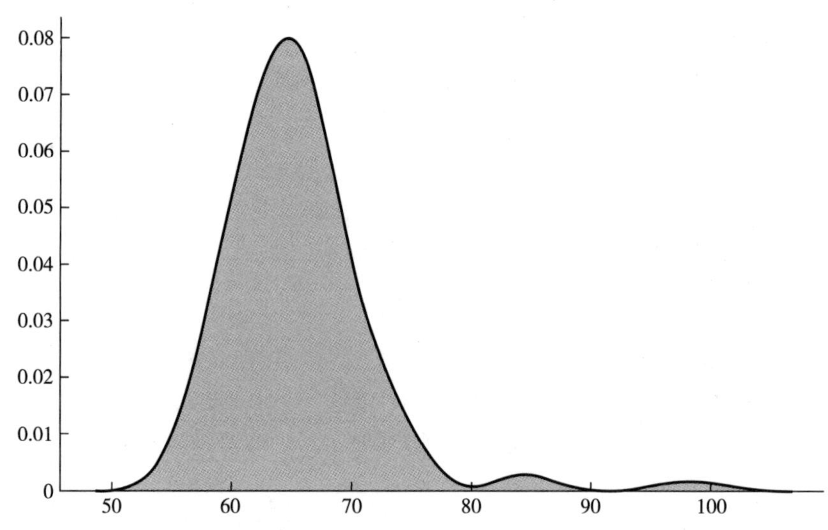

图 1-84　中国大学 ChatGPT 指数概率密度分布

注：横轴为 ChatGPT 平台指数数值。

十一、内地大学案例分析

（一）清华大学

清华大学作为中国头部高校之一，在世界范围内具有显著的影响力。在本报告所选取的各海外平台上，清华大学的表现均较为优异。数据显示，清华大学中国大学海外传播力综合指数得分第 1，仅次于斯坦福大学、哈佛大学、麻省理工学院、耶鲁大学和高丽大学这 5 所海外大学，并超过京都大学、首尔大学和东京大学这 3 所亚洲大学。分平台来看，清华大学在 ChatGPT、Instagram 和 X 的传播力指数得分均为第 1，在 Wikipedia 和 YouTube 的传播力指数得分第 2，在 Google 和 Facebook 的上传播力指数表现优异，得分第 3 和第 4。具体而言，根据各项评价指标，清华大学的海外传播情况呈现出以下特点：

1. 国际范围内知名度较高，在各平台上广受关注

从是否有官方认证和关注粉丝数量的角度来看，一方面，清华大学在 X、Facebook 和 Instagram 等大多数海外平台上均有官方认证账号，在 Wikipedia 上的词条完整性也很好；另一方面，清华大学在上述各大平台上均有较高的粉丝数量，有的平台表现甚至超过几所海外大学。这表明清华大学在国际范围内的知名度与认可度较高，从一个侧面体现出了官方认证对于高校关注度的提升以及海外形象的建构具有重要意义。因此，未来中国各大学应加强对于平台官方认证的重视程度，以吸引更多用户的关注和订阅，从而更好地助力其海外传播力和影响力的提升。

2. 推文与视频发布数量多，注重优质内容的生产

从内容发布数量和点赞数量的角度来看，清华大学在 Facebook、YouTube 和 Instagram 等平台上表现优异，与其他中国大学相比优势显著。以 YouTube 平台为例，一年内与清华大学相关的视频发布数量高达 56113 条，平台点赞总量达 41872 次。在内容方面，YouTube 平台上所发布的相关视频不仅包括探索校园、学校成果和周年庆典等官方视角的介绍，还涵盖了对于师生日常生活、各方人士采访以及从媒体视角所进行的记录。丰富的题材、精良的制作和用心的推介等都是清华大学在海外传播力指数较高的主要因素，这也给其他中国大学进行国际传播提供了一定的启示和借鉴。

（二）北京大学

2023 年中国大学海外网络传播力数据显示，北京大学海外传播力综合指数为 84. 37，相较中国内地大学平均综合指数 34. 40 超出 145. 98%，头部优势显著。结合 2017 ~ 2023 年中国内地大学海外网络传播力指数得分，北京大学连续 7 年位列内地大学得分前两

图 1-85　清华大学 YouTube 主页

图 1-86　清华大学部分相关视频

名，具备长期、稳定的全球传播实力。具体而言，北京大学海外传播情况呈现以下特点：

1. 社交媒体平台影响力持续增强

社交媒体平台是中国大学对外展示科研水平、科研潜力、教学能力、学生素养、校园文化、自然风光等全方位形象的窗口，对大学海外影响力的提升至关重要。而各大社交媒体平台用户作为海外传播的目标受众，各平台账号下积累的粉丝量直接影响到大学的传播声量与发声响应强度。2023 年北京大学在 X、Facebook、YouTube、Instagram 这四大社交媒体平台上的粉丝数量均实现大幅度增长，具体而言，在 X 平台的粉丝数量为 691689，相较上年的 292934 增幅高达 136.12%；在 Facebook 平台的粉丝数量为 4100000，相较上年的 2924041 增幅达 40.22%；在 YouTube 平台的粉丝数量为 24000，相较上年的 4210 增幅达 470.07%；在 Instagram 平台的粉丝数量为 91000，相较上年的 51000 增幅达 78.43%。这反映出北京大学在过去一年中受到更多的海外用户关注，受众基数实现大幅攀升，为北京大学的海外传播营造了良好的条件。

2. 社交媒体平台账号完备，国际认可程度高

海外社交媒体平台上账号的完整程度是大学国际认可度的重要外化形式，反映出平台方对大学机构传播资质的认可与综合评估。在 X、Facebook、Instagram 等平台上，国内只

有极少数大学获得平台方认证的官方账号标志；在 X 和 Facebook 平台上，内地仅有 4 所大学获得；在 Instagram 平台上，内地仅有 2 所大学获得，其中北京大学均榜上有名，相较其他中国内地大学具有较高的账号完整性。同时，据 ChatGPT 平台对中国大学全球传播量进行综合评估并打分的结果显示，北京大学的全球传播得分高达 96. 91，得分超过耶鲁大学，相较海外头部高校哈佛大学、斯坦福大学、麻省理工学院差距小于 3. 2%，相差甚微。反映出北京大学的综合传播实力已接近全球顶尖大学，在全球传播力层面已实现跻身全球头部大学行列。

（三）浙江大学

浙江大学在 2023 年进步显著。在中国大学海外网络传播力综合指数中，浙江大学由 2022 年的得分第 7（综合指数 38. 72）升至 2023 年的得分第 5（综合指数 63. 15）。其中国内地大学海外网络传播力也保持了 2022 年所取得的中国内地得分第 3 的成绩，综合指数由 2022 年的 38. 72 升至 2023 年的 63. 15。

1. 海外传播力持续增强，整体排名稳中有升

浙江大学在各个平台的海外传播力建设颇有成效，中国内地大学中浙江大学 Google 传播力指数得分第 4，Wikipedia 传播力指数得分第 5，X 传播力指数得分第 7，Facebook 传播力指数得分第 4，Instagram 传播力指数得分第 3，YouTube 传播力指数得分第 4，ChatGPT 传播力评估指数得分第 5。在与参照大学的对比中可见，2023 年浙江大学的海外网络传播力虽然与美国参照院校指数得分第 1 的斯坦福大学仍然存在一定的差距，但是却对东京大学（综合指数得分第 13）等日韩部分参考大学实现了赶超。由此可见，无论是在总体排名上还是在综合指数上，浙江大学都取得了优异的成绩。

2. 社交账号内容完善，多角度助力传播

浙江大学重视海外社交媒体平台的账号建设。从是否有官方认证和关注粉丝数量的角度来看。浙江大学在 X、Facebook 上均有官方账号。各个平台的粉丝数量在中国内地院校中也名列前茅，Facebook 粉丝数量更是高达 330000。浙江大学在海外影响力与知名度均有不俗的表现，在海内外都获得了认可。由此可见，想要打造走向世界的一流大学，其院校的对外传播平台账号建设与学校形象构建是必不可少的，浙江大学排名的稳中有升离不开其在海外社交平台账号的建设与完善。

3. 数量与质量并进，助力海外传播声量扩大

在内容的数量与质量上，浙江大学双管齐下共同发力。2023 年浙江大学在 X 上的发布总数为 554 条，在 Instagram 上的发布总数为 529 条，平均每天都会有帖子发布，由此可见其社交账号的活跃度。从点赞数量来看，浙江大学 2023 年在 Facebook 上的点赞总数高达 177563 次，超过斯坦福大学、耶鲁大学、东京大学等海外名校，可见浙江大学在海外社交媒体上的认可度。能够取得这样的成绩，离不开浙江大学在海外社交媒体上的传播策略，多模态的传播形式和频繁地与用户互动，为浙江大学发布的内容增加了曝光度，随之而来的就是对浙江大学的关注，这为其他中国大学进行海外传播提供了可借鉴的有效途径。

图 1-87　浙江大学 X 官方账号

图 1-88　浙江大学 Facebook 官方账号

十二、结论与分析

（一）清华大学、北京大学和香港大学居 2023 年中国大学海外网络传播力得分前三

2023 年，中国大学的海外网络传播力综合指数得分靠前的依次是清华大学、北京大学、香港大学、浙江大学、台湾大学、香港中文大学、香港科技大学、台湾阳明交通大

学、澳门大学和台湾师范大学。

2023 年，内地大学的海外网络传播力综合指数得分靠前的依次是清华大学、北京大学、浙江大学、中国美术学院、武汉大学、上海交通大学、复旦大学、北京理工大学、中央音乐学院和中国科学技术大学。

（二）清华大学、北京大学、浙江大学和复旦大学连续 7 年进入内地前十，内地大学间差距仍然存在，头部大学优势明显

对比 2017~2023 年内地大学海外网络传播力指数得分，始终稳定在前十的有清华大学、北京大学、浙江大学和复旦大学。另外，中国美术学院 6 次上榜，上海交通大学 5 次上榜。2023 年，武汉大学、中央音乐学院和北京理工大学首次跻身前十。

内地大学海外网络传播力综合指数呈现头部效应，分布情况呈倒“丁”形。141 所内地大学中，共有 29 所高校的综合指数超过总体平均值，占总体的 20.57%，其余 79.43% 的大学综合指数均在总体平均值以下，即大部分内地大学的海外网络传播力低于总体平均水平。这表明内地大学间的海外网络传播力建设存在差距，头部大学的优势明显，应发挥头部大学示范作用，全面加强海外全媒体平台建设。

表 1-20　近 7 年内地大学海外网络传播力指数对比

序号	2017 年	2018 年	2019 年	2020 年	2021 年	2022 年	2023 年
1	清华大学	北京大学	清华大学	清华大学	清华大学	清华大学	清华大学
2	北京大学	清华大学	北京大学	北京大学	北京大学	北京大学	北京大学
3	南京大学	中国美术学院	中国美术学院	上海交通大学	浙江大学	浙江大学	浙江大学
4	复旦大学	南京航空航天大学	浙江大学	浙江大学	上海交通大学	上海交通大学	中国美术学院
5	浙江大学	南京大学	天津大学	南京航空航天大学	北京外国语大学	复旦大学	武汉大学
6	南京航空航天大学	浙江大学	南京航空航天大学	天津大学	复旦大学	中国美术学院	上海交通大学
7	上海交通大学	复旦大学	复旦大学	中国美术学院	华东师范大学	南京大学	复旦大学
8	中国科学技术大学	天津大学	北京航空航天大学	复旦大学	中国美术学院	北京外国语大学	北京理工大学
9	对外经济贸易大学	北京航空航天大学	北京师范大学	华中科技大学	天津大学	山东大学	中央音乐学院
10	北京外国语大学	四川大学	南京大学	华东师范大学	中国科学技术大学	上海大学	中国科学技术大学

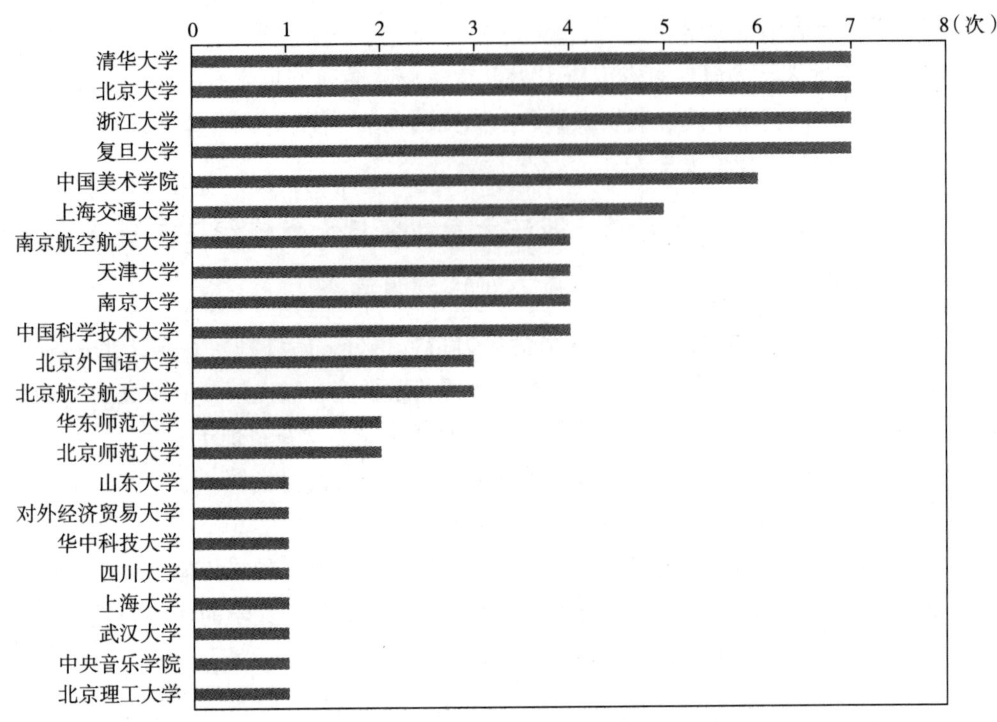

图 1-89　2017~2023 年内地大学海外网络传播力指数得分靠前的大学上榜情况

（三）中国大学社交媒体平台影响力显著提升

将 141 所中国内地大学与 41 所中国港澳台地区大学 2023 年的海外社交平台建设情况与上年的数据进行对比，发现大学在 Facebook、X、YouTube、Instagram 等平台的账号注册数量、粉丝（好友）数量均有不同程度的提高，海外传播力建设不断加强，在各大海外社交媒体平台的影响力显著提升。

在 Facebook 平台上，2023 年中国大学账号平均好友数量为 71212 人，相比于上年的 62473 增长了 13.99%。在 X 平台上，各大学粉丝数量均有不同程度的提升，头部大学中，北京大学的粉丝数量为 691689 人，相较上年的 292934 人增幅高达 136.12%；武汉大学的粉丝数量为 17456 人，相较上年的 1795 人增幅高达 872.48%，用户基数实现大幅攀升。在 YouTube 平台上，2023 年新跻身头部高校行列的西安交通大学他建平台浏览总量超出平均水平，达 1102.49%。在 Instagram 平台上，中国大学账号单条视频信息最高播放量为清华大学的 1444000 次，较上年的 21000 次增幅达 6776.19%。中国大学账号单条视频信息平均最高点击量为 38006 次，较上年的 6783 次增长了 460.31%。

（四）中国内地大学与中国港澳台地区大学在社交媒体平台的传播力整体存在一定差距，在 X 平台差距较小，在 Instagram、YouTube、Facebook 等平台大幅落后

通过比较中国内地大学与中国港澳台地区大学在 Facebook、X、YouTube、Instagram

等海外社交平台上的传播力指数差异，发现中国内地大学与中国港澳台地区大学在社交媒体平台的传播力上存在差距。其中，在 X 的传播力得分均值与中国港澳台地区大学最为接近，而在 Instagram、YouTube，尤其是 Facebook 上的传播力指数大幅落后于中国港澳台地区大学。具体而言，中国内地大学的 X 传播力指数均值为 4.00，约为中国港澳台地区大学的 89.48%，表现最好。而在 YouTube、Instagram 和 Facebook 上，中国内地大学的传播力得分均值均不及中国港澳台地区大学的 50%，尤其 Facebook 平台甚至低于中国港澳台地区大学得分平均值的 25%。结合上年的数据结果，中国内地大学在 X 平台的活跃程度不减，但在 YouTube、Instagram 和 Facebook 平台的活跃程度仍有待提高。

X 平台榜单前十中有 3 所香港地区大学，Facebook 平台榜单前十中有 7 所台湾地区大学，Instagram 榜单前十中有 6 所港台地区大学，YouTube 榜单前十中有 4 所港澳台地区大学，ChatGPT 榜单前十中有 3 所台湾地区大学。相较 Instagram、YouTube 和 Facebook 这 3 个社交媒体平台，内地大学在 X 和 ChatGPT 两平台的表现更为突出。

表 1-21　中国内地大学与中国港澳台地区大学各平台传播力指数均值

地区	X	YouTube	Instagram	Facebook	ChatGPT
内地	4.00	4.41	3.13	4.23	65.46
港澳台	4.47	11.31	11.91	19.01	65.48

（五）中国内地头部大学在海外网络传播力综合指数方面已经逐渐赶超中国港澳台地区大学，与美国头部大学相比存在差距

将 6 年来中国内地大学海外网络传播力指数得分第 1 分别与当年美国、日韩和中国港澳台地区的参照大学得分第 1 进行比较发现，内地得分第 1 的大学（清华大学）已经明显超过港澳台地区大学第 1（香港大学），但 2023 年被日韩参照高校第 1（高丽大学）反超。同时，与美国参照大学第 1（斯坦福大学）比较可以发现，清华大学与斯坦福大学之间的差距进一步扩大，尤其在全社交平台的关注度与讨论度上仍有差距。但在平台自我建设方面，头部的清华大学、北京大学已经逐渐赶上美国参照大学，与其差距正在显著缩小，表明中国大学的海外传播力建设取得了明显的进步。

表 1-22　2018~2023 年中国内地大学得分第 1 与参照大学得分第 1 的传播力指数比较

单位：%

传播力指数比较	2018 年	2019 年	2020 年	2021 年	2022 年	2023 年
内地/内地	100	100	100	100	100	100
内地/美国	17.4	16.9	27.3	87.09	44.5	18.37
内地/日韩	265	245.4	270.3	120.8	115.7	65.15
内地/港澳台	183	236.1	274.3	112.5	140.81	141.62

（六）前沿科研成果是内地大学海外传播的突出亮点

通过回溯并分析内地大学在各平台的发布内容可以发现，前沿科研成果是内地大学海外传播的突出亮点。在 Google 新闻中，学术成果是国际媒体报道、关注与评价大学的重要议题，也是各个大学提升 Google 海外网络传播力的重要手段。以南京大学为例，南京大学一年内正面新闻数量较上年增幅达 20.73%，从内容上看，2023 年南京大学的新闻报道主题主要为对材料科学、生物学、地质学、生物进化学、物理学、考古学、历史学等自然科学领域以及人文科学领域的研究成果。例如，超导物理与材料研究中心温海虎团队推翻美国罗切斯特大学朗加·迪亚斯（Ranga Dias）团队室温超导研究、研究屋顶光伏发电的碳减排潜力、发明全钙钛矿串联太阳能电池等成果。在科研与节能环保方面的成果产出与报道能够向世界展示中国大学的科研水平与积极承担社会责任的担当，对展示正面形象起到重要作用。

（七）内地大学将中华传统文化作为海外传播发力点

传统文化主题是内地各大学展示自身特色、弘扬中华文化的重要发布内容，其点赞量（或转发量）与评论量明显优于其他主题。在 Instagram 平台，中国美术学院 2023 年排名第 7，粉丝数量为 31000，较上年增加近 63.16%，一年内图文最高点赞量 15269 次，一年内视频最高点击量 238000 次，互动数据表现良好。从内容上看，中国美术学院延续其发掘、弘扬中国传统文化的账号特色，发挥院校优势以艺术为切入点传播中国传统文化，如在每个节气发布介绍视频，用中国传统文化内核搭配英文表达和中国风配乐，带给用户强烈视听觉冲击，单条内容可收获超 15000 次点赞，用户反响良好。武汉大学结合学校自身独特的校园景观与标志性建筑，在 X 平台发布与樱花、桂花有关的摄影作品，并对外展示校园内诸如老斋舍、十八栋和宋卿体育馆等具有代表性的历史建筑，向受众展示集自然风光与深厚历史底蕴于一体的高校形象，传达具有鲜明特色的武大符号，发帖获得良好反响，成为海外社交媒体平台大学形象传播的良好典范。

（八）知名校友互动、顶尖人才访问可以带动中国大学海外传播力增长

吸引媒体和社会公众关注是提高大学传播声量的关键。与知名校友进行互动以及邀请顶尖人才访问的相关报道具有较高的新闻价值和吸引力，他们的成功故事、学术成就和创新思维可以成为媒体报道和公众关注的焦点，提升大学的知名度和声誉，成为拉动大学海外传播力的新增长点。例如，在 X 平台上，香港科技大学对优秀校友和师生代表的大力宣传为其带来更多的社会关注，一则主要内容为“改变游戏规则的汗液感应技术让训练更智能、更安全”的发帖，配以该校知名跨栏运动员的图片，获得了超过 1700 人次的关注。邀请知名人士入校互动，加强对典型人物的报道，一方面可以为社会带来更多的正能量传播，进一步强化大学的正面形象；另一方面可以借助互动吸引更多感兴趣的受众的关注，让共创活动成为大学海外传播与海外交流造势的新推手。

（九）内地大学海外社交媒体平台整体互动性有待提高，大学间互动、平台间联动可以成为发挥集群优势的新方式

内地大学海外社交平台的点击量、点赞量、转发量与评论量整体还相对偏低。在X平台上，内地大学账号平均评论总量为94.61，仅为美国参照大学的1.45%；在Facebook平台上，内地大学账号平均评论总量为305.04，为港澳台地区大学的45.14%和美国参照大学的11.17%；在YouTube平台上，内地大学账号平均最高评论数仅为0.73，仅为港澳台地区大学平均回复量的15.76%；在Instagram平台上，内地大学账号平均回复量仅为5.40，仅为港澳台地区大学平均回复量的2.18%、美国参照大学平均回复量的0.99%，存在显著差距。

为解决当前内地大学海外社交媒体平台互动性差的问题，可以从以下方面着手：首先，增强与受众的互动意识，通过了解受众需求制定针对性内容策略；其次，丰富互动形式，尝试通过互动游戏、有奖问答等形式提高用户的积极性与参与度；最后，加强平台间联动，利用不同平台的特色和优势进行内容的多平台发布和互动，提高内容的触及率和传播效果。此外，内地大学之间还可以通过彼此合作与互动的方式发挥集群优势，共同提升内地大学在海外社交媒体平台的传播力。

（十）中国大学在ChatGPT传播力评估指数得分与Google、Wikipedia、X、Facebook、Instagram和YouTube这6个平台以及综合指数得分呈现显著正相关

将中国大学在ChatGPT传播力评估指数得分分别与Google、Wikipedia、X、Facebook、Instagram和YouTube这6个平台及综合传播力指数得分情况进行皮尔逊相关分析，结果显示，均呈现显著正相关。

具体而言，ChatGPT与Google之间相关系数为0.598，p<0.01，即存在显著正相关；ChatGPT与Wikipedia相关系数为0.527，p<0.01，即存在显著正相关；ChatGPT与X相关系数为0.568，p<0.01，即存在显著正相关；ChatGPT与Facebook相关系数为0.588，p<0.01，即存在显著正相关；ChatGPT与Instagram相关系数为0.627，p<0.01，即存在显著正相关；ChatGPT与YouTube相关系数为0.626，p<0.01，即存在显著正相关；ChatGPT与综合指数相关系数为0.682，p<0.01，即存在显著正相关。

表1-23 中国大学在ChatGPT与其他6个平台以及综合指数的相关性分析

变量		Google	Wikipedia	X	Facebook	Instagram	YouTube	综合指数
ChatGPT	皮尔逊相关性	0.598**	0.527**	0.568**	0.588**	0.627**	0.626**	0.682**
	Sig.（双尾）	4.8850e-15	1.8594e-11	2.1072e-13	1.6875e-14	0	0	0

注：**表示在0.01级别（双尾），相关性显著。

第二章　2023 中央企业海外网络传播力建设报告

摘　要

中央企业是我国经济社会发展的“稳定器”和“压舱石”。作为国家形象建设的重要名片，如何讲好中国故事，传播好企业声音，是加强我国国际传播能力建设的重要任务。

本报告选取了国务院国有资产监督管理委员会下属的 97 家中央企业作为研究对象，从集团层面开展研究，并选择《2021 年中国民营企业 500 强》榜首的华为技术有限公司与 Brand Finance 发布的“2023 年度全球油气公司品牌价值 50 强”榜首的荷兰皇家壳牌石油公司作为对比参照。报告选取 Google、Wikipedia、Facebook、X（Twitter）、Instagram、YouTube 6 个平台挖掘数据并开展分析。

研究发现，2023 年我国中央企业海外网络传播力具有以下特征：

（1）海外传播力综合指数得分靠前的中央企业依次为中国石油化工集团有限公司、中国东方航空集团有限公司、中国南方航空集团有限公司、中国航空集团有限公司、中国石油天然气集团有限公司、中国建筑集团有限公司、中国移动通信集团有限公司、国家电网有限公司、中国中车集团有限公司、中国铁道建筑集团有限公司。

（2）中央企业抓住关键时间节点创建互动话题，拉近与海外受众的距离。中央企业抓住关键时间节点，如重大节日，通过主动创建互动话题等方式，与平台受众进行线上的交流互动，突破时空间隔，拉近距离，达成即时传播。

（3）巧用标签传递正面情绪，仪式化传播营造在场感。中央企业巧妙运用创建固定话题的方式，定期发布积极正面的情感内容，感染受众，帮助“硬性”的文案内容“软着陆”，符合社交媒体传播基调，同时塑造企业友好、可信赖的形象。

（4）内容在地化策略提升中央企业区域传播力。中央企业注重对传播内容的在地化改造，通过以当地员工第一视角讲述工作经历、传播当地风土人情、庆祝当地特色节日等方式拉近与海外受众距离，有效提升中央企业在不同地区的传播力。

（5）文案内容与视觉美学结合，带动文化、城市传播。多家中央企业在传播活动中运用中式经典视觉元素，与企业自身视觉元素进行结合，彰显中式美学。通过完善视觉表达，在展现企业风采的同时，也展现我国城市风貌，并传播地区文化，利用视觉美学赋能传播。

（6）“专业度+话题性+合力”：共建“一带一路”、绿色环保、体育竞技等主题热度高。2023 年恰逢共建“一带一路”倡议提出 10 周年，相关内容关注度、讨论度较高；乘借杭州亚运会成功开办，体育竞技也成为一大热点话题；低碳节能、绿色环保等相关内容多年来在海外平台上持续受到广泛关注。企业将自身产品与服务信息与不同热门主题良性结合，助力内容的表达和传播。

（7）中央企业积极借助具有人文关怀的内容，从“我的故事”走向“我们的故事”。我国中央企业在“走出去”的过程中，积极发布具有人文关怀的内容，以此体现企业主动承担社会责任的正面形象，促进中央企业与社会发展的融合。

（8）部分中央企业海外传播内容语境过高，同时账号维护策略平衡性欠佳，难破传播壁垒。中央企业专业性内容和官方化语态、视角限制内容表达的亲民性；而面对海外媒介，中央企业传播手段平衡性欠佳，账号运营力度不足、传播形式和内容过于单一，难以直击受众需求点。

一、背景

2023 年，习近平总书记在对宣传思想文化工作的重要指示中明确提出“七个着力”的要求，其中一条是“着力加强国际传播能力建设、促进文明交流互鉴”。党的十八大以来，以习近平同志为核心的党中央高度重视国际传播工作，对加强和改进国际传播工作提出一系列新思想、新观点、新论断，作出一系列新的重大部署，为做好国际传播工作指明了前进方向，提供了根本遵循。党的二十大报告强调加强我国国际传播能力建设，要加快构建中国话语和中国叙事体系，讲好中国故事、传播好中国声音，展现可信、可爱、可敬的中国形象。

作为行业产业的“排头兵”，国有企业特别是中央企业在国际化经营中主动服务大局，承担展示良好国家形象的使命责任，已成为“走出去”的重要载体。随着经济全球化和对外开放的深入推进，中央企业国际化程度不断提高，国际社会对其的关注度也随之上升。在这样的背景下，中央企业如何塑造良好的国际形象，如何更好地传播中国声音，是加强我国国际传播能力建设、提升国际传播效能的重要课题。

“美美与共、天下大同。”2023 年是共建“一带一路”倡议提出的第 10 年。回顾 10 年发展，国资中央企业积极响应，在 140 个共建国家参与投资合作项目 5000 多个，金额超过万亿美元，在推动共建国家互联互通、经济社会发展、民生改善等方面发挥了重要作用。相关中央企业也在共建“一带一路”的实践中，不断探索提升企业国际竞争力的路径，国际化经营取得新成效。讲好中国企业故事，传播好中国企业声音，展示真实、立体、全面的中国经济发展状况，既是加强我国国际传播能力建设的重要任务，也是中央企业的重要责任。

2023 年 2 月 9 日召开的中央企业宣传思想工作会议指出：2022 年，中央企业宣传思想战线坚持以习近平新时代中国特色社会主义思想为指导，以迎接和宣贯党的二十大为工作主线，围绕中心、服务大局、弘扬主旋律、壮大正能量、传递好声音，为国资中央企业高质量发展提供了坚强政治保证、凝聚了强大精神力量、营造了良好舆论氛围。做好 2023 年国资中央企业宣传思想工作，要紧紧围绕学习宣传贯彻党的二十大精神这条主线，加强党对宣传思想工作的全面领导，聚焦政治引领，坚持不懈用习近平新时代中国特色社会主义思想和党的二十大精神凝心铸魂；聚焦提振信心，充分汇聚推进中国式现代化的强大力量；聚焦文明创建，不断提高中央企业精神文明创建水平；聚焦国际传播，持续以企业形象展示中国形象；聚焦主导主动，切实守好国资中央企业意识形态安全防线；聚焦开拓创新，不断推动国资中央企业宣传思想工作展现新气象。将中国声音传向海外，就要将中央企业声音传向海外；中央企业声音传向海外，中央企业就必然走上海外网络平台。通过可信、可爱、可敬的中央企业形象展示中国形象，这既是中央企业的使命担当，也是我国国际传播工作的必然要求。

本报告涉及两个核心概念：一是“海外”一词包含地理空间和虚拟空间的双重含义。地理空间维度是指考察对象数据来源于海外网站，是非国内注册成立的网络公司，包括 Google、Wikipedia、X（Twitter）、Facebook、Instagram、YouTube 6 个重要互联网平台。虚拟空间维度指网络空间的海外语言内容，限于可行性的要求，选择英语来分析。两个空间有重叠部分，如虚拟空间的英语有可能是从我国境内发出的，只是将英语内容呈现在地理空间的境外网站上。此外，2023 年的报告新增了 ChatGPT 平台对中央企业海外网络传播力评估指数的维度。

二是将网络传播力概念理解为四个层次。第一层次是“在场”，衡量标准是在互联网场域中的出现频率，操作化定义是提及率，在场是传播力的基础；第二层次是“评价”，即“在场”内容是否引起评价以及评价的正负面定性，评价是传播力的重点；第三层次是“承认”，即互联网世界对传播内容的价值认可程度；第四层次是“认同”，是对“承认”的一种深化，强调在保持文化自信和文化自觉的同时真正认可并尊重他国文化。综合考虑重要性、可操作性等因素，本报告主要从第一层次的“在场”和第二层次的“评价”两个维度考察我国中央企业在海外的传播力指数。

本报告选取国务院国有资产监督管理委员会管辖的 97 家中央企业作为研究样本，通过抓取国际搜索网站和大型社交平台数据，设定具体的维度和指标进行比对分析，以期了解我国中央企业海外网络传播力现状，提高企业海外网络传播能力，完善我国海外网络传播体系建设，进而提升中国的国际传播实力。

二、研究方法

（一）数据采集平台

为了更科学、准确地评价中央企业传播力建设的状况，为中央企业海外影响力提升以及为中国国际传播新格局建设提供更具有针对性的参考，本报告选取 Google、Wikipedia、X（Twitter）、Facebook、Instagram、YouTube、ChatGPT 7 个平台作为中央企业海外网络传播力的考察维度，量化研究中央企业的海外网络传播力现状。

Google 是全球最大的搜索引擎，提供超过 30 余种语言服务，在全球搜索引擎平台上占据主导地位。Google News 是世界范围内英文新闻最大的集合渠道之一，涵盖全球主流媒体新闻报道。因此，本报告以 Google News 为平台分析中央企业海外报道的新闻内容和报道数量。

Wikipedia 是基于多种语言写成的网络百科全书，也是一个动态的、可自由访问与编辑的全球知识体，拥有广泛的用户群体。Wikipedia 的英文词条完整性能够在一定程度上反映中央企业面向全球编辑和完善英文媒体资料的主动性和积极性。

X（Twitter）是代表性的全球性社交媒体平台，话题讨论多样，参与群体多元，于 2022 年被埃隆·马斯克收购，并于 2023 年 7 月更名为“X”。截至 2023 年 7 月，X 月度活跃用户数量达 5.41 亿，受众覆盖世界多地。X 为受众提供一个公共讨论平台，不同地理空间的信息都可以通过社交网络传播扩散，有着很强的国际影响力。对 X 中的中央企业自身建设和全平台传播数据进行统计，可在一定程度上反映出中央企业在海外普通用户群体中传播的深度与广度。

Facebook 是以“熟人”社交模式主打的社交媒体平台，用户可以利用该平台发布各类内容，与拥有共同兴趣的好友交流讨论观点、分享网络信息。根据官方发布的 2023 年第三季度投资者报告显示，截至 2023 年 9 月，平均每日有超过 20.9 亿用户访问 Facebook 平台，月度活跃用户数量达 30.5 亿，是全球最“活跃”的社交媒体平台。Facebook 的官方主页是中央企业传播和吸引粉丝的重要阵地，Facebook 平台的数据统计在一定程度上可以反映出中央企业海外传播的触达范围、触达深度以及认同程度。

Instagram 于 2010 年 10 月推出，不同于传统社交媒体，它更专注于图片分享，主推图片社交，深受年轻人欢迎。自问世以来，其用户数量一直保持高速增长，截至 2023 年 4 月，Instagram 已经覆盖 16.28 亿用户，全球约有 20.3%的人在使用 Instagram，在全球最“活跃”社交媒体排名中位列第 4。同时，Instagram 在海外青年群体中影响力较强，根据 Ypulse 研究报告显示，自 2022 年 11 月以来，Z 世代和千禧一代的 Instagram 使用量正在不断增长，约 43%的 Z 世代和 52%的千禧一代每天都使用这款应用。所以，Instagram 也是中央企业海外传播的重要渠道。

YouTube 是海外主要视频网站，用户可在平台内自主上传和浏览全球范围的视频内容。应用程序 Annie 的数据显示，YouTube 用户每次访问平均花费 29 分 15 秒，是用户平均使用时间最长的平台。根据 Kepios 报告显示，截至 2023 年 4 月，YouTube 已吸引超过 25.27 亿用户，全球约有 31.5%的用户在使用 YouTube。作为全球规模最大和最有影响力的视频网站，YouTube 深受不同群体用户青睐。在 YouTube 平台上进行视频传播可以做到快速、大范围扩散，吸引不同国家用户成为中央企业粉丝。

ChatGPT（Chat Generative Pre-trained Transformer）是由 OpenAI 公司开发的基于大语

言模型的生成式人工智能产品。自 2022 年 11 月推出以来，其丰富的应用场景和处理复杂任务的卓越能力深受消费市场青睐。截至 2023 年 11 月，ChatGPT 移动应用程序的安装量超过 1.1 亿次，此外，Similarweb 的数据显示，ChatGPT 网站在过去一个月（2023 年 10 月）内的访问量高达 17 亿次，拥有庞大的用户群体和广泛的应用范围。ChatGPT 具备的强大数据抓取和分析能力，能够访问并抓取相关互联网数据，包括新闻报道、社交媒体动态、学术研究等媒体内容，并运用深度学习算法对抓取内容进行综合分析，对中央企业的全球媒体传播情况进行客观、全面的评估和打分。本报告创新性地将 ChatGPT 这一基于大数据综合分析的新平台纳入考察，以期对中央企业的海外网络传播力有更为全面的认知。

（二）指标

本报告采用德尔菲法设立指标和权重。首先，选取 Google、Wikipedia、X、Facebook、Instagram、YouTube 6 个平台以及 ChatGPT 作为考察维度；其次，对每个维度设立具体指标，通过赋予各项指标不同权重，计算评估我国中央企业的海外网络传播力综合指数。7 个维度共有二级指标 37 个，逐一赋予权重进行量化统计分析，得出 97 家中央企业的海外网络传播力综合指数得分。

表 2-1　中央企业指标体系权重分布

单位：%

<table>
<tr><th>维度</th><th colspan="2">指标</th><th colspan="2">权重</th></tr>
<tr><td>Google</td><td colspan="2">新闻数量（正面新闻）</td><td>20</td><td>20</td></tr>
<tr><td rowspan="4">Wikipedia</td><td colspan="2">词条完整性</td><td>1</td><td rowspan="4">4</td></tr>
<tr><td colspan="2">一年内词条被编辑的次数</td><td>1</td></tr>
<tr><td colspan="2">一年内参与词条编辑的用户数</td><td>1</td></tr>
<tr><td colspan="2">链接情况（What links here）</td><td>1</td></tr>
<tr><td rowspan="8">X</td><td rowspan="5">自有账号建设</td><td>是否有官方认证账号</td><td>1</td><td rowspan="8">19</td></tr>
<tr><td>粉丝数量</td><td>2</td></tr>
<tr><td>一年内发布的内容数量</td><td>2</td></tr>
<tr><td>一年内转发总量（retweets）</td><td>2</td></tr>
<tr><td>一年内评论总数</td><td>2</td></tr>
<tr><td rowspan="3">他建数据</td><td>一年内正面转发总量（retweets）</td><td>3</td></tr>
<tr><td>一年内正面评论总数</td><td>3</td></tr>
<tr><td>正面传播量（正负面、全称为关键词）</td><td>4</td></tr>
<tr><td rowspan="7">Facebook</td><td rowspan="4">自有账号建设</td><td>是否有官方认证账号</td><td>1</td><td rowspan="7">19</td></tr>
<tr><td>好友数量</td><td>2</td></tr>
<tr><td>一年内账号点赞总量</td><td>2</td></tr>
<tr><td>一年内账号评论总量</td><td>2</td></tr>
<tr><td rowspan="3">他建数据</td><td>平台正面总评论量</td><td>4</td></tr>
<tr><td>平台正面总点赞量</td><td>4</td></tr>
<tr><td>正面传播量</td><td>4</td></tr>
</table>

续表

维度	指标		权重	
Instagram	是否有官方认证账号		1	15
	粉丝数量		2.8	
	一年内发布的内容数量		2.8	
	一年内最多回复数量		2.8	
	一年内图文最高点赞量		2.8	
	一年内视频最高点击量		2.8	
YouTube	自建数据	是否有官方认证账号	1	18
		订阅数量	1.5	
		一年内发布的视频数量	1.5	
		一年内最高浏览量	2	
		一年内最高点赞量	2	
		一年内最高评论量	2	
	他建数据	他建视频数量	2	
		他建最高浏览量	2	
		他建最高点赞量	2	
		他建最高评论量	2	
ChatGPT	排名		5	5

相较 2022 年中央企业的海外网络传播力指标体系，本次报告在 Facebook 平台上加入“平台传播量”这一维度，包括“平台正面总评论量”、“平台正面总点赞量”、“正面传播量”三项指标，其中“正面传播量”具体表现为平台上其他用户发布的有关中央企业正面内容的数量；同样在 YouTube 平台上加入“平台传播量”这一维度，包含四项指标。正如前文所述，“网络传播力”可分为“在场”、“评价”、“承认”、“认同”四个层次。新增这一维度，即从“评价”维度考察我国中央企业在互联网英文世界中的传播力，并通过对“点赞”行为的考察对“承认”维度加以适当探讨。而对其考察，也主要是借助大数据挖掘分析法，即使用 Python 爬虫程序，以企业英文全称为关键词，从海外社交媒体平台中检索、收集推文数据，并对获取的推文信息进行正负面判断。

（三）算法

首先，数据整理。将非定量数据转化成定量数据，非定量数据所在指标分别为：维基百科中的“词条完整性”。如 X 中的“是否有官方账户”，Facebook 中的“是否有官方账户”，Instagram 中的“是否有官方账户”，YouTube 中的“是否有官方账户”等。其次，计算各个指标的指数。具体算法如下：

$$x_j = a + k\left(\sum_{i=1}^{7}\beta_i y_{ij} - \min_j\left(\sum_{i=1}^{7}\beta_i y_{ij}\right)\right)$$

$x_j \in [a, 100]$：中央企业 j 的海外传播力综合得分。

β_i：任意一级指标的权重，$i=1, 2, 3, 4, 5, 6, 7$。

$y_{1j} = \frac{z_{1j}}{\max_j (z_{1j})} \times 100$：中央企业 j 在 Google 搜索上的网络传播力得分，其中 z_{1j} 是中央企业 j 在 Google 搜索上的正面数值。

$$y_{2j} = \frac{(1/\beta_2)\sum_{k=1}^{4}\alpha_{2k} \times \frac{z_{2j}^k}{\max_j(z_{2j}^k)} \times 100}{\max_j\left((1/\beta_2)\sum_{k=1}^{4}\alpha_{2k} \times \frac{z_{2j}^k}{\max_j(z_{2j}^k)} \times 100\right)} \times 100$$

：中央企业 j 在 Wikipedia 的网络传播力得分，其中 z_{2j}^k 是中央企业 j 在 Wikipedia 任意二级指标上的数值，α_{2k} 为任意二级指标的权重，$k=1, 2, 3, 4$。

$$y_{3j} = \frac{(1/\beta_3)\sum_{k=1}^{8}\alpha_{3k} \times \frac{z_{3j}^k}{\max_j(z_{3j}^k)} \times 100}{\max_j\left((1/\beta_3)\sum_{k=1}^{8}\alpha_{3k} \times \frac{z_{3j}^k}{\max_j(z_{3j}^k)} \times 100\right)} \times 100$$

：中央企业 j 在 X 的网络传播力得分，其中 z_{3j}^k 是中央企业 j 在 X 任意二级指标上的数值，α_{3k} 为一级指标 X 下任意二级指标的权重，$k=1, 2, 3, 4, 5, 6, 7, 8$。

$$y_{4j} = \frac{(1/\beta_4)\sum_{k=1}^{7}\alpha_{4k} \times \frac{z_{4j}^k}{\max_j(z_{4j}^k)} \times 100}{\max_j\left((1/\beta_4)\sum_{k=1}^{7}\alpha_{4k} \times \frac{z_{4j}^k}{\max_j(z_{4j}^k)} \times 100\right)} \times 100$$

：中央企业 j 在 Facebook 的网络传播力得分，其中 z_{4j}^k 是中央企业 j 在 Facebook 任意二级指标上的数值，α_{4k} 为一级指标 Facebook 下任意二级指标的权重，$k=1, 2, 3, 4, 5, 6, 7$。

$$y_{5j} = \frac{(1/\beta_5)\sum_{k=1}^{6}\alpha_{5k} \times \frac{z_{5j}^k}{\max_j(z_{5j}^k)} \times 100}{\max_j\left((1/\beta_5)\sum_{k=1}^{6}\alpha_{5k} \times \frac{z_{5j}^k}{\max_j(z_{5j}^k)} \times 100\right)} \times 100$$

：中央企业 j 在 Instagram 的网络传播力得分，其中 z_{5j}^k 是中央企业 j 在 Instagram 任意二级指标上的数值，α_{5k} 为一级指标 Instagram 下任意二级指标的权重，$k=1, 2, 3, 4, 5, 6$。

$$y_{6j}=\frac{(1/\beta_6)\sum_{k=1}^{10}\alpha_{6k}\times\frac{z_{6j}^k}{\max_j(z_{6j}^k)}\times 100}{\max_j\left((1/\beta_6)\sum_{k=1}^{10}\alpha_{6k}\times\frac{z_{6j}^k}{\max_j(z_{6j}^k)}\times 100\right)}\times 100$$：中央企业 j 在 YouTube 的网络传播力得分，其中 z_{6j}^k 是中央企业 j 在 YouTube 任意二级指标上的数值，α_{6k} 为一级指标 YouTube 下任意二级指标的权重，$k=1$，2，3，4，5，6，7，8，9，10。

$y_{7j}=\frac{z_{7j}}{\max(z_{7j})}\times 100$：中央企业 j 在 ChatGPT 上的网络传播力得分，其中 z_{7j} 是中央企业 j 在 ChatGPT 上的正面数值。

（四）数据采集时间

本报告中各维度数据采集时间分别为：

Google、Wikipedia、Instagram、YouTube 以及 ChatGPT 维度下共 22 个二级指标的数据采集时间为 2022 年 10 月 16 日至 2023 年 10 月 15 日，时间覆盖一整年。

X 维度下的自有账号建设部分共 5 个二级指标，采集时间为 2022 年 10 月 16 日至 2023 年 10 月 15 日，时间覆盖一整年。他建数据部分共 3 个二级指标，采集时间为 2023 年 11 月 11 日至 17 日，时间覆盖 7 天。

Facebook 维度下的自有账号建设部分共 4 个二级指标，采集时间为 2022 年 10 月 16 日至 2023 年 10 月 15 日，时间覆盖一整年。他建数据部分共 3 个二级指标，采集时间为 2023 年 11 月 19 日至 25 日，时间覆盖 7 天。

（五）分析对象选择

本报告选取了国务院国有资产监督管理委员会管辖的 97 家中央企业作为研究对象。相较于 2022 年公布的 97 家中央企业名单，2023 年经国务院批准，中央企业发生以下变更："有研科技集团有限公司" 名称变更为 "中国有研科技集团有限公司"，新增中国南水北调集团有限公司 1 家中央企业；此外，在研究进展过程中，中国电子科技集团有限公司与中国华录集团有限公司实施重组，中国华录集团有限公司成为中国电子科技集团有限公司的控股子公司，因此在排名中不计入中国华录集团有限公司。本报告从集团层面开展研究，只采集集团层面的相关数据，不对集团的具体子公司数据进行采集。

对中央企业的 Google、Wikipedia、X、Facebook、Instagram、YouTube 6 个维度的考察，均使用其英文名称进行搜索，大部分企业的英文名称包含前缀 "China"，或使用中文名称的音译，如 "China Huaneng Group"（中国华能集团有限公司），因此其英文名称具有唯一性，可以直接对应到该企业：个别企业英文名搜索会存在无关信息混入的情况，我们可通过人工筛选的方法以确定其准确网址。

表 2-2　97 家中央直属企业名单及英文名称

中文名称	英文名称	英文简称	中文名称	英文名称	英文简称
鞍钢集团有限公司	Ansteel Group Corporation	ANSTEEL	中国机械工业集团有限公司	China National Machinery Industry Corporation(Ltd.)	SINOMACH
东风汽车集团有限公司	Dongfeng Motor Corporation	DFMC	中国机械科学研究总院集团有限公司	China Academy of Machinery Science and Technology Group Co., Ltd.	CAM
国家电力投资集团有限公司	State Power Investment Corporation Limited	SPIC	中国检验认证（集团）有限公司	China Certification & Inspection Group	CCIC
国家电网有限公司	State Grid Corporation of China	State Grid	中国建材集团有限公司	China National Building Material Group Co., Ltd.	CNBM
国家开发投资集团有限公司	State Development & Investment Corp., Ltd.	SDIC	中国建设科技有限公司	China Construction Technology Consulting Co., Ltd.	CCTC
国家能源投资集团有限责任公司	China Energy Investment Corporation	CHN ENERGY	中国建筑集团有限公司	China State Construction Engineering Corporation Co., Ltd.	CSCEC/China State Construction
国家石油天然气管网集团有限公司	China Oil & Gas Pipeline Network Corporation	PipeChina	中国建筑科学研究院有限公司	China Academy of Building Research	CABR
哈尔滨电气集团有限公司	Harbin Electric Corporation	HE	中国交通建设集团有限公司	China Communications Construction Company Limited	CCCC
华侨城集团有限公司	Overseas Chinese Town Holdings Company	OCT GROUP	中国节能环保集团有限公司	China Energy Conservation and Environmental Protection Group	CECEP
华润（集团）有限公司	China Resources (Holdings) Co., Ltd.	CR/China Resources Group	中国矿产资源集团有限公司	China Mineral Resources Group Co., Ltd.	CMRG
矿冶科技集团有限公司	BGRIMM Technology Group	BGRIMM	中国联合网络通信集团有限公司	China United Network Communications Group Co., Ltd.	CHINA UNICOM
南光（集团）有限公司［中国南光集团有限公司］	Nam Kwong (Group) Company Limited	Nam Kwong	中国林业集团有限公司	China Forestry Group Corporation	CFGC
新兴际华集团有限公司	Xinxing Cathay International Group	XXCIG	中国旅游集团有限公司［香港中旅（集团）有限公司］	China Tourism Group Corporation Limited/China Travel Service (Holdings) Hong Kong Limited	CTG
招商局集团有限公司	China Merchants Group	CMG	中国铝业集团有限公司	Aluminum Corporation of China	CHINALCO

续表

中文名称	英文名称	英文简称	中文名称	英文名称	英文简称
中国安能建设集团有限公司	China Anneng Construction Group Corporation limited	CHINA ANNENG	中国煤炭地质总局	China National Administration of Coal Geology	CCGC
中国宝武钢铁集团有限公司	China Baowu Steel Group Corporation	BAOWU	中国煤炭科工集团有限公司	China Coal Technology & Engineering Group	CCTEG
中国保利集团有限公司	China Poly Group Corporation Limited	Poly Group	中国民航信息集团有限公司	China TravelSky Holding Company Limited	TravelSky
中国兵器工业集团有限公司	China North Industries Group Corporation Limited	NORINCO GROUP	中国南方电网有限责任公司	China Southern Power Grid Co. , Ltd.	CSG
中国兵器装备集团有限公司	China South Industries Group Corporation limited	CSGC	中国南方航空集团有限公司	China Southern Air Holding Company Ltd.	China Southern Group
中国诚通控股集团有限公司	China Chengtong Holdings Group Ltd.	CCT/CHINA CHENGTONG	中国南水北调集团有限公司	China South-to-North Water Diversion Corporation Limited	
中国储备粮管理集团有限公司	China Grain Reserves Group Ltd. Company	SINOGRAIN	中国能源建设集团有限公司	China Energy Engineering Group Co. , Ltd.	ENERGY CHINA
中国船舶集团有限公司	China State Shipbuilding Corporation Limited	CSSC	中国农业发展集团有限公司	China National Agricultural Development Group Co. , Ltd.	CNADC
中国大唐集团有限公司	China Datang Corporation Limited	CDT	中国融通资产管理集团有限公司	China RongTong Asset Management Group Corporation Limited	CRTC
中国第一汽车集团有限公司	China Faw Group Co. , Ltd.	FAW	中国商用飞机有限责任公司	Commercial Aircraft Corporation of China, Ltd.	COMAC
中国电力建设集团有限公司	Power Construction Corporation of China	POWERCHINA	中国石油化工集团有限公司	China Petrochemical Corporation	SINOPEC
中国电气装备集团有限公司	China Electrical Equipment Group Co. , Ltd.	CEE	中国石油天然气集团有限公司	China National Petroleum Corporation	CNPC
中国电信集团有限公司	China Telecom Corporation Limited	CHINA TELECOM	中国铁道建筑集团有限公司	China Railway Construction Corporation Limited	CRCC
中国电子科技集团有限公司	China Electronics Technology Group Corporation	CETC	中国铁路工程集团有限公司	China Railway Group Limited	CREC
中国电子信息产业集团有限公司	China Electronics Corporation	CEC	中国铁路通信信号集团有限公司	China Railway Signal & Communication Co. , Ltd.	CRSC
中国东方电气集团有限公司	Dongfang Electric Corporation	DEC	中国通用技术（集团）控股有限责任公司	China General Technology (Group) Holding Co. , Ltd.	GENERTEC

续表

中文名称	英文名称	英文简称	中文名称	英文名称	英文简称
中国东方航空集团有限公司	China Eastern Airlines Co., Ltd.	CEA/China Estern	中国卫星网络集团有限公司	China Satellite Network Group Co., Ltd.	CSCN
中国钢研科技集团有限公司	China Iron & Steel Research Institute Group Co., Ltd.	CISRI	中国五矿集团有限公司	China Minmetals Corporation	China Minmetals
中国广核集团有限公司	China General Nuclear Power Corporation	CGN	中国物流集团有限公司	China Logistics Group Co., Ltd.	China Logistics
中国国际工程咨询有限公司	China International Engineering Consulting Corporation	CIECC	中国稀土集团有限公司	China Rare Earth Group Co., Ltd.	REGCC
中国国际技术智力合作集团有限公司	China International Intellectech Group Co., Ltd.	CIIC	中国信息通信科技集团有限公司	China Information Communication Technologies Group Corporation	CICT
中国国新控股有限责任公司	China Reform Holdings Corporation Ltd.	CRHC	中国盐业集团有限公司	China National Salt Industry Corporation	CNSIC
中国海洋石油集团有限公司	China National Offshore Oil Corporation	CNOOC	中国冶金地质总局	China Metallurgical Geology Bureau	CMGB
中国航空发动机集团有限公司	Aero Engine Corporation of China	AECC	中国一重集团有限公司	China First Heavy Industries	CFHI
中国航空工业集团有限公司	Aviation Industry Corporation of China, Ltd.	AVIC	中国医药集团有限公司	China National Pharmaceutical Group Co., Ltd.	SINOPHARM
中国航空集团有限公司	China National Aviation Holding Corporation Limited	CNAH/AIR CHINA	中国移动通信集团有限公司	China Mobile Communications Group Co., Ltd.	CHINA MOBILE/CMCC
中国航空器材集团有限公司	China Aviation Supplies Holding Company	CAS	中国有色矿业集团有限公司	China Nonferrous Metal Mining (Group) Co., Ltd.	CNMC
中国航空油料集团有限公司	China National Aviation Fuel Group Limited	CNAF	中国有研科技集团有限公司	China Grinm Group Corporation Limited	GRINM GROUP
中国航天科工集团有限公司	China Aerospace Science and Industry Corporation Limited	CASIC	中国远洋海运集团有限公司	China Cosco Shipping Corporation Limited	COSCO SHIPPING
中国航天科技集团有限公司	China Aerospace Science and Technology Corporation	CASC	中国长江三峡集团有限公司	China Three Gorges Corporation	CTG
中国核工业集团有限公司	China National Nuclear Corporation	CNNC	中国中车集团有限公司	CRRC Corporation Limited	CRRC
中国华电集团有限公司	China Huadian Corporation Ltd.	CHD	中国中化控股有限责任公司	Sinochem Holdings Corporation Ltd.	Sinochem Holdings

续表

中文名称	英文名称	英文简称	中文名称	英文名称	英文简称
中国华能集团有限公司	China Huaneng Group Co., Ltd	CHINA HUANENG	中国中煤能源集团有限公司	China National Coal Group Corporation	China Coal Group
中国化学工程集团有限公司	China National Chemical Engineering Group Corporation Ltd.	CNCEC	中粮集团有限公司	COFCO Corporation	COFCO
中国黄金集团有限公司	China National Gold Group Co., Ltd.	China Gold			

（六）参照系选择

本报告同时选择了《2021 年中国民营企业 500 强》榜首的华为技术有限公司（Huawei Technologies Co., Ltd，HUAWEI）与 Brand Finance 发布的“2023 年度全球油气公司品牌价值 50 强”榜首的荷兰皇家壳牌石油公司（Shell plc，Shell）作为参照分析。

《2021 年中国民营企业 500 强》榜单由全国工商联发布，共有 5785 家年营业收入 5 亿元以上的企业参加。全国工商联是中国民营企业的官方代表组织，其发布的数据和排名得到了政府和社会各界的广泛认可，具有很高的权威性和公信力。Brand Finance 是全球知名的独立第三方品牌价值评估和咨询机构，成立于 1996 年，总部位于伦敦，是国际五大品牌价值评估机构之一。该公司每年研究超过 3500 个全世界不同行业的品牌，“全球品牌价值 500 强排名”是其最具知名度的榜单，得到广泛认可。华为技术有限公司在通信技术领域，荷兰皇家壳牌石油公司在石油化工领域，均是全球领先的代表性企业，在各自行业内具有高度影响力。因此，选取以上榜单的第一名作为参照对象。因为绝对数值一直处于波动状态，所以在中央企业对比参照企业进行相对数值分析时，采用百分比形式，并将中央企业得分第 1 作为 1 进行比较。

三、中央企业海外网络传播力综合指数

（一）97 家中央企业海外传播力综合指数分布

本报告整理并汇集我国 97 家中央企业在 Google、Wikipedia、X（Twitter）、Facebook、Instagram、YouTube 和 ChatGPT 7 个维度 37 个指标数据，通过综合模型计算分析得出海外网络传播力指数。

在这 97 家企业中，综合指数得分最高的是中国石油化工集团有限公司（100.00），其后依次是中国东方航空集团有限公司（96.89）、中国南方航空集团有限公司（94.21）、中国航空集团有限公司（93.11）、中国石油天然气集团有限公司（83.73）。石油化工、民航类企业在海外网络传播力方面总体上居于领先地位。

表 2-3　97 家中央企业海外传播力综合指数

序号	中文名称	得分	序号	中文名称	得分
1	中国石油化工集团有限公司	100.00	34	中国航天科技集团有限公司	41.32
2	中国东方航空集团有限公司	96.89	35	中国大唐集团有限公司	41.18
3	中国南方航空集团有限公司	94.21	36	中国通用技术（集团）控股有限责任公司	39.62
4	中国航空集团有限公司	93.11			
5	中国石油天然气集团有限公司	83.73	37	中国宝武钢铁集团有限公司	39.62
6	中国建筑集团有限公司	68.80	38	中国商用飞机有限责任公司	38.95
7	中国移动通信集团有限公司	67.18	39	中国华能集团有限公司	38.79
8	国家电网有限公司	66.04	40	中国电信集团有限公司	38.69
9	中国中车集团有限公司	63.23	41	华侨城集团有限公司	38.28
10	中国铁道建筑集团有限公司	61.27	42	中国中煤能源集团有限公司	37.90
11	中国海洋石油集团有限公司	58.50	43	中国华电集团有限公司	36.67
12	中国第一汽车集团有限公司	58.36	44	中国一重集团有限公司	36.57
13	中国核工业集团有限公司	55.69	45	中国黄金集团有限公司	36.36
14	中国铁路工程集团有限公司	55.29	46	中国船舶集团有限公司	35.76
15	哈尔滨电气集团有限公司	53.54	47	中国建筑科学研究院有限公司	35.54
16	中国电力建设集团有限公司	53.44	48	中国电气装备集团有限公司	35.05
17	东风汽车集团有限公司	52.89	49	中国信息通信科技集团有限公司	34.73
18	中粮集团有限公司	50.36	50	招商局集团有限公司	34.42
19	中国五矿集团有限公司	50.35	51	中国稀土集团有限公司	34.13
20	中国长江三峡集团有限公司	48.47	52	中国广核集团有限公司	34.08
21	中国医药集团有限公司	48.01	53	中国有色矿业集团有限公司	33.98
22	华润（集团）有限公司	47.39	54	中国电子科技集团有限公司	33.79
23	中国能源建设集团有限公司	46.44	55	中国电子信息产业集团有限公司	33.62
24	中国交通建设集团有限公司	46.44	56	中国兵器工业集团有限公司	33.56
25	中国中化控股有限责任公司	46.23	57	鞍钢集团有限公司	33.53
26	中国机械工业集团有限公司	46.03	58	国家能源投资集团有限责任公司	33.53
27	国家电力投资集团有限公司	45.98	59	中国化学工程集团有限公司	33.51
28	中国航天科工集团有限公司	45.19	60	中国旅游集团有限公司［香港中旅（集团）有限公司］	33.44
29	中国东方电气集团有限公司	44.59			
30	中国远洋海运集团有限公司	44.59	61	中国保利集团有限公司	33.35
31	中国联合网络通信集团有限公司	44.48	62	中国建材集团有限公司	33.09
32	中国航空工业集团有限公司	42.02	63	中国兵器装备集团有限公司	32.78
33	中国铝业集团有限公司	41.50	64	中国南方电网有限责任公司	32.70

续表

序号	中文名称	得分	序号	中文名称	得分
65	中国航空发动机集团有限公司	32.66	81	中国诚通控股集团有限公司	31.68
66	国家石油天然气管网集团有限公司	32.66	82	中国储备粮管理集团有限公司	31.60
67	中国物流集团有限公司	32.58	83	中国机械科学研究总院集团有限公司	31.56
68	中国盐业集团有限公司	32.43	84	中国农业发展集团有限公司	31.51
69	中国检验认证（集团）有限公司	32.40	85	中国航空油料集团有限公司	31.26
70	中国卫星网络集团有限公司	32.39	86	中国冶金地质总局	31.22
71	中国节能环保集团有限公司	32.36	87	中国航空器材集团有限公司	31.19
72	国家开发投资集团有限公司	32.21	88	中国林业集团有限公司	31.06
73	中国铁路通信信号集团有限公司	32.13	89	中国钢研科技集团有限公司	31.00
74	中国民航信息集团有限公司	32.07	90	矿冶科技集团有限公司	30.98
75	中国有研科技集团有限公司	32.02	91	中国国新控股有限责任公司	30.87
76	中国融通资产管理集团有限公司	31.96	92	中国国际工程咨询有限公司	30.80
77	新兴际华集团有限公司	31.94	93	中国南水北调集团有限公司	30.62
78	南光（集团）有限公司［中国南光集团有限公司］	31.90	94	中国国际技术智力合作集团有限公司	30.57
			95	中国安能建设集团有限公司	30.53
79	中国矿产资源集团有限公司	31.88	96	中国煤炭科工集团有限公司	30.46
80	中国建设科技有限公司	31.79	97	中国煤炭地质总局	30.00

（二）参照系比较

中央企业海外网络传播力综合指数得分第 1 的是中国石油化工集团有限公司（100.00），但相较于参照企业华为技术有限公司（3945.51）以及荷兰皇家壳牌石油公司（735.68）仍然有明显差距，说明中央企业在海外网络传播力方面还有较大上升空间。

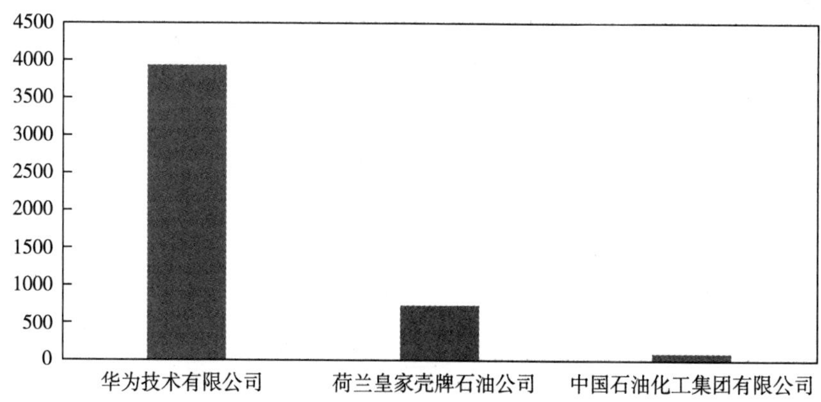

图 2-1　海外传播力综合指数参照

四、维度一：中央企业Google传播力

通过在 Google 搜索引擎的新闻检索，了解中央企业在国外英文网站上新闻出现的总体数量，以及正面新闻与负面新闻的占比，从而整体把握中央企业在海外的受关注程度。

（一）Google 传播力得分

Google 传播力指数维度包括 Google 新闻数量（正面新闻）一个指标，占总指数权重的 20%。共有 6 位编码员对新闻内容进行分析，6 位编码员的信度为 92%，较为可信。

在 Google 英文搜索引擎的 News 分类下，采用输入双引号加中央企业英文全称的方法（“中央企业英文全称”）进行搜索（部分企业采用输入中央企业英文简称的方法进行搜索），限定搜索时间为 2022 年 10 月 16 日至 2023 年 10 月 15 日，得到各企业的新闻数量。通过内容分析，筛选负面新闻，从新闻总数中进行删减。Google 传播力采用正面新闻传播量指标进行评估。

中央企业 Google 搜索的平均新闻量为 2073 条。其中 Google 搜索量最高的是中国石油天然气集团有限公司，有 12000 条新闻。中央企业 Google 搜索的正面新闻量平均为 934 条。中国石油天然气集团有限公司有 11400 条正面新闻信息，是 Google 正面新闻量最高的中央企业。

1. Google 传播力指数得分分布

Google 传播力指数得分靠前的中央企业依次是中国石油天然气集团有限公司、中国石油化工集团有限公司、中国医药集团有限公司、中国航空集团有限公司、中国移动通信集团有限公司、中国东方航空集团有限公司、中国远洋海运集团有限公司、中国南方航空集团有限公司、中国联合网络通信集团有限公司、中国宝武钢铁集团有限公司。从总体上看，能源、航空类企业排名靠前。

表 2-4　中央企业 Google 传播力指数

序号	中文名称	得分	序号	中文名称	得分
1	中国石油天然气集团有限公司	100.00	7	中国远洋海运集团有限公司	36.19
2	中国石油化工集团有限公司	81.31	8	中国南方航空集团有限公司	31.61
3	中国医药集团有限公司	61.71	9	中国联合网络通信集团有限公司	29.01
4	中国航空集团有限公司	55.99	10	中国宝武钢铁集团有限公司	27.60
5	中国移动通信集团有限公司	47.90	11	中国商用飞机有限责任公司	25.95
6	中国东方航空集团有限公司	47.22	12	中国铁道建筑集团有限公司	21.36

续表

序号	中文名称	得分	序号	中文名称	得分
13	东风汽车集团有限公司	11.41	48	中国稀土集团有限公司	0.60
14	中国交通建设集团有限公司	11.17	49	中国民航信息集团有限公司	0.58
15	中国海洋石油集团有限公司	8.76	50	中国船舶集团有限公司	0.57
16	中国建筑集团有限公司	8.35	51	中国物流集团有限公司	0.54
17	中国航天科技集团有限公司	6.88	52	中国华电集团有限公司	0.48
18	中粮集团有限公司	5.49	53	中国矿产资源集团有限公司	0.48
19	中国中煤能源集团有限公司	5.48	54	中国机械工业集团有限公司	0.45
20	中国中车集团有限公司	5.47	55	中国一重集团有限公司	0.44
21	中国长江三峡集团有限公司	5.46	56	中国电子信息产业集团有限公司	0.38
22	中国能源建设集团有限公司	5.17	57	中国航空发动机集团有限公司	0.38
23	中国电力建设集团有限公司	5.08	58	中国电信集团有限公司	0.37
24	中国核工业集团有限公司	4.49	59	中国大唐集团有限公司	0.32
25	中国铁路工程集团有限公司	4.45	60	中国建材集团有限公司	0.29
26	中国航空工业集团有限公司	4.37	61	中国有色矿业集团有限公司	0.29
27	国家电网有限公司	4.32	62	中国储备粮管理集团有限公司	0.27
28	国家电力投资集团有限公司	3.34	63	中国航空器材集团有限公司	0.23
29	招商局集团有限公司	2.60	64	国家开发投资集团有限公司	0.22
30	中国航天科工集团有限公司	2.42	65	中国国新控股有限责任公司	0.22
31	中国铝业集团有限公司	1.75	66	南光（集团）有限公司	0.18
32	鞍钢集团有限公司	1.72	67	中国航空油料集团有限公司	0.18
33	中国旅游集团有限公司	1.64	68	中国第一汽车集团有限公司	0.14
34	中国电子科技集团有限公司	1.50	69	华润（集团）有限公司	0.08
35	国家能源投资集团有限责任公司	1.43	70	中国林业集团有限公司	0.08
36	中国东方电气集团有限公司	1.39	71	中国盐业集团有限公司	0.08
37	哈尔滨电气集团有限公司	1.30	72	中国化学工程集团有限公司	0.07
38	中国华能集团有限公司	1.27	73	中国建筑科学研究院有限公司	0.07
39	中国检验认证（集团）有限公司	1.18	74	中国节能环保集团有限公司	0.06
40	中国中化控股有限责任公司	0.92	75	中国南水北调集团有限公司	0.06
41	中国兵器工业集团有限公司	0.87	76	中国安能建设集团有限公司	0.05
42	中国黄金集团有限公司	0.79	77	华侨城集团有限公司	0.04
43	国家石油天然气管网集团有限公司	0.78	78	中国农业发展集团有限公司	0.04
44	中国广核集团有限公司	0.76	79	中国通用技术（集团）控股有限责任公司	0.04
45	中国卫星网络集团有限公司	0.69	80	中国兵器装备集团有限公司	0.03
46	中国保利集团有限公司	0.66	81	中国钢研科技集团有限公司	0.03
47	中国五矿集团有限公司	0.61	82	中国国际工程咨询有限公司	0.03

续表

序号	中文名称	得分	序号	中文名称	得分
83	中国南方电网有限责任公司	0.03	88	中国煤炭科工集团有限公司	0.02
84	中国铁路通信信号集团有限公司	0.03	89	中国信息通信科技集团有限公司	0.02
85	矿冶科技集团有限公司	0.02	90	中国电气装备集团有限公司	0.02
86	中国有研科技集团有限公司	0.02	91	中国国际技术智力合作集团有限公司	0.01
87	中国诚通控股集团有限公司	0.02	92	新兴际华集团有限公司	0.00

2. 参照系比较

中央企业 Google 传播力指数得分第 1 的是中国石油天然气集团有限公司（100.00），高于荷兰皇家壳牌石油公司（64.65）和华为技术有限公司（47.76），是荷兰皇家壳牌石油公司的 1.55 倍、华为技术有限公司的 2.09 倍。

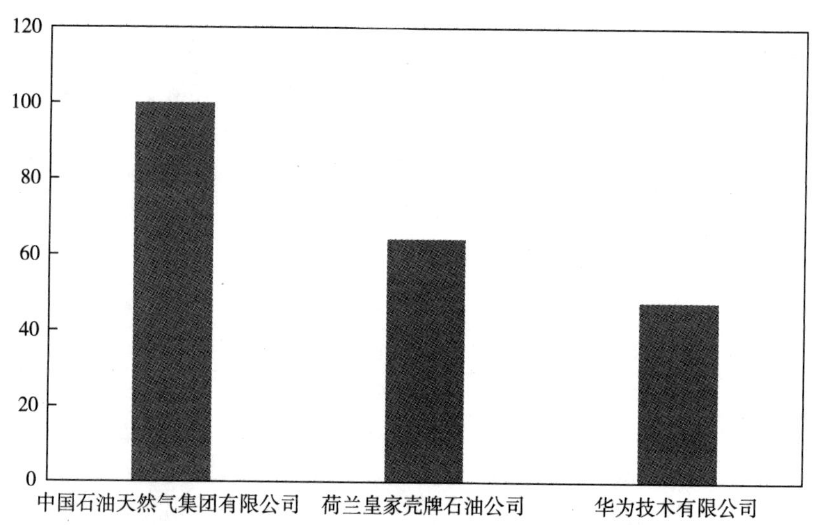

图 2-2 Google 传播力指数参照

（二）Google 传播力案例分析

1. 中国石油天然气集团有限公司：围绕共建“一带一路”理念，积极开展能源合作

中国石油天然气集团有限公司（以下简称中石油）在 2023 年 Google 传播力指数得分最高，较 2022 年上升两位；新闻检索总量 12000 条，经抽样判断，负面新闻比例为 5%，正面传播新闻总量 11400 条，在检索总量与正面传播总量上均排名第 1。

中石油的发展、运行状况备受关注，此类报道通常围绕中石油的业务拓展、盈利状况、能源合作等展开。作为中国最大的石油和天然气生产商之一，中石油是全球能源市场的重要参与者，在全球能源市场中的地位和影响力使其在国际领域具有天然的关注度。同时，中石油在海外拥有广泛的业务，涉及石油和天然气勘探、开发、生产、销售等多个领域；其在国际市场上的合作与竞争关系，也是国际社会关注的焦点。例如，中国日报国际版（China Daily-Global Edition）于 2022 年 11 月 29 日对中石油所推出的新充电业务进行报道。彭博社（Bloomberg）于 2023 年 7 月 21 日对中石油钻探万米“超深”天然气井进行报道。

CNPC jolts things up with new charging venture

By ZHENG XIN | China Daily | Updated: 2022-11-29 08:19

A technician instructs a driver how to operate super-charging equipment in Jinhua, Zhejiang province, in July. [Photo by HU XIAOFEI/FOR CHINA DAILY]

China National Petroleum Corp announced on Monday the establishment of a new energy company with its business covering battery manufacturing, new energy vehicle sales and charging piles.

The business of the company, with a registered capital of 60 million yuan ($8.34 million), also includes new energy vehicle accessories sales, power transmissions, distribution and control equipment manufacturing, as well as the manufacture and sales of photovoltaic equipment and components, according to Tianyancha, a corporate information-sharing site.

CNPC, together with Shanghai Qiyuan Green Power Tech Co Ltd and Shanghai Enneagon Energy Tech Co Ltd, hold shares in the joint venture.

The company said earlier that it aims to build over 1,000 charging stations by 2025 in China, having built 203 as of September.

An analyst said China's energy giants have been expanding their investment in low-carbon businesses including renewables, hydrogen and electric mobility to further facilitate the country's goal of achieving carbon neutrality by 2060.

Wei Hanyang, a power market analyst at BloombergNEF, said CNPC has selected a wise route to go green by targeting renewable energy to benchmark with global oil majors and competitors.

NEVs will eventually replace internal combustion engines in the China market, and if left behind in this transition, oil companies can lose their competitive edge over the long term, Wei said.

In September, CNPC joined SAIC Motor Corp, battery maker Contemporary Amperex Technology Co Ltd and China Petrochemical Corp — also known as Sinopec, the world's largest refiner by volume — to set up a Shanghai-based JV to supply swappable batteries for electric vehicles.

The JV, Shanghai Jieneng Zhidian New Energy Technology, is expected to set up about 40 battery swapping stations in cities such as Shanghai and Beijing as well as Guangdong province's Guangzhou and Shenzhen this year. The aim is to put about 300 such stations into operation by the end of 2023 and about 3,000 by 2025.

The firm will also research swappable battery technology as well as provide big data services with its business focusing on leasing power batteries, according to official business registration portal www.qcc.com.

Luo Zuoxian, head of intelligence and research at the Sinopec Economics and Development Research Institute, said domestic oil majors have been stepping up development of new energy assets in recent years, while their widespread gas stations nationwide also give them an edge as pioneers in the new energy industry.

The oil majors can not only provide physical sites, but also take over the supply of clean energy via battery swapping based on their existing filling station networks, and they should further extend the industry chain of new energy transportation, including developing hydrogen refueling stations, Luo said.

Sinopec and CNPC aim to switch to new energies and transform petrol stations into "integrated energy service stations" where drivers can either charge or swap their vehicles' batteries.

图 2-3 中石油推出新的充电业务

China begins drilling "ultra-deep" 10,000-meter natural gas well

Dan Murtaugh, Bloomberg July 21, 2023

(Bloomberg) – China has begun drilling a 10,000-meter hole in the ground for the second time this year as it seeks ultra-deep reserves of natural gas.

China National Petroleum Corp. on Thursday began drilling the Shendi Chuanke 1 Well in Sichuan province, with a designed depth of 10,520 meters (6.5 miles), Xinhua News Agency reported. The project follows a similar sized well that CNPC began drilling in Xinjiang in May, described at the time as the deepest ever undertaken in China.

While the earlier well was described as experimental in nature, with the project designed to test drilling technologies and provide data on the Earth's internal structure, the Sichuan undertaking is seeking to find ultra-deep reserves of natural gas, according to Xinhua.

Sichuan is home to some of China's largest shale gas reserves. The nation's state-owned oil giants have had only limited success tapping their potential, though, because of difficult terrain and complicated underground geology.

China's government has put pressure on energy companies in recent years to enhance fuel security by boosting domestic production amid a series of power shortages, geopolitical strife and global price volatility.

图 2-4 中石油钻探万米天然气井

同时，在有关中石油的新闻报道中，绿色低碳及可持续发展议题突出。这与全球节能减碳意识不断提高、石油行业面临着越来越大的环保压力有着密切关系。有关中石油的此类报道体现了中石油将绿色低碳融入共建“一带一路”中，积极与沿线国家开展能源合作的意识与姿态，为中央企业在世界范围塑造了良好的形象。例如，国际出版物《能源共和国》（*The Energy Republic*）于 2023 年 7 月 27 日撰写报道称卡塔尔能源公司选择中石油作为 NFE（卡塔尔北方气田扩容项目）合作伙伴，二者将继续探讨在油气全产业链及绿色低碳能源等领域的全方位合作，构建稳定、长期、立体的战略伙伴关系。

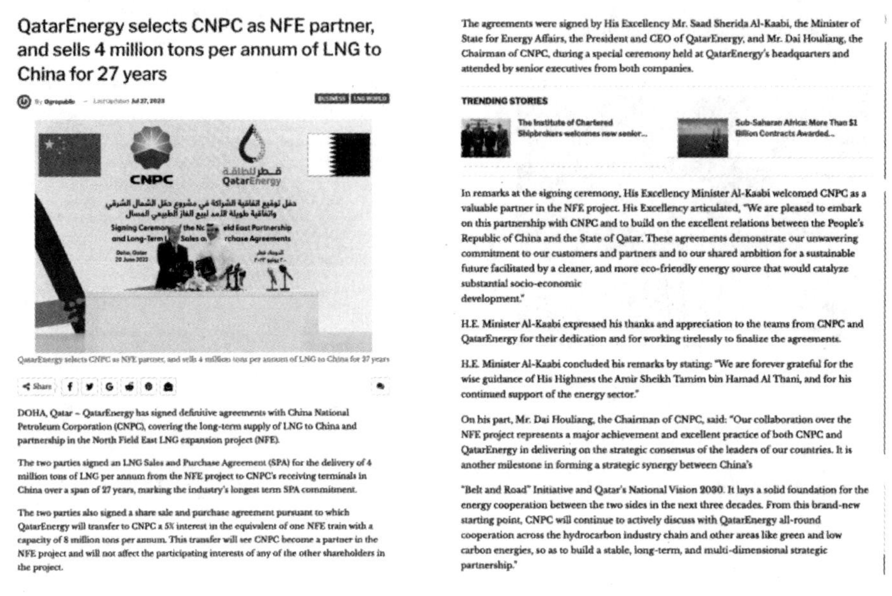

QatarEnergy selects CNPC as NFE partner, and sells 4 million tons per annum of LNG to China for 27 years

QatarEnergy selects CNPC as NFE partner, and sells 4 million tons per annum of LNG to China for 27 years

DOHA, Qatar – QatarEnergy has signed definitive agreements with China National Petroleum Corporation (CNPC), covering the long-term supply of LNG to China and partnership in the North Field East LNG expansion project (NFE).

The two parties signed an LNG Sales and Purchase Agreement (SPA) for the delivery of 4 million tons of LNG per annum from the NFE project to CNPC's receiving terminals in China over a span of 27 years, marking the industry's longest term SPA commitment.

The two parties also signed a share sale and purchase agreement pursuant to which QatarEnergy will transfer to CNPC a 5% interest in the equivalent of one NFE train with a capacity of 8 million tons per annum. This transfer will see CNPC become a partner in the NFE project and will not affect the participating interests of any of the other shareholders in the project.

The agreements were signed by His Excellency Mr. Saad Sherida Al-Kaabi, the Minister of State for Energy Affairs, the President and CEO of QatarEnergy, and Mr. Dai Houliang, the Chairman of CNPC, during a special ceremony held at QatarEnergy's headquarters and attended by senior executives from both companies.

TRENDING STORIES

The Institute of Chartered Shipbrokers welcomes new senior...

Sub-Saharan Africa: More Than $1 Billion Contracts Awarded...

In remarks at the signing ceremony, His Excellency Minister Al-Kaabi welcomed CNPC as a valuable partner in the NFE project. His Excellency articulated, "We are pleased to embark on this partnership with CNPC and to build on the excellent relations between the People's Republic of China and the State of Qatar. These agreements demonstrate our unwavering commitment to our customers and partners and to our shared ambition for a sustainable future facilitated by a cleaner, and more eco-friendly energy source that would catalyze substantial socio-economic development."

H.E. Minister Al-Kaabi expressed his thanks and appreciation to the teams from CNPC and QatarEnergy for their dedication and for working tirelessly to finalize the agreements.

H.E. Minister Al-Kaabi concluded his remarks by stating: "We are forever grateful for the wise guidance of His Highness the Amir Sheikh Tamim bin Hamad Al Thani, and for his continued support of the energy sector."

On his part, Mr. Dai Houliang, the Chairman of CNPC, said: "Our collaboration over the NFE project represents a major achievement and excellent practice of both CNPC and QatarEnergy in delivering on the strategic consensus of the leaders of our countries. It is another milestone in forming a strategic synergy between China's

"Belt and Road" Initiative and Qatar's National Vision 2030. It lays a solid foundation for the energy cooperation between the two sides in the next three decades. From this brand-new starting point, CNPC will continue to actively discuss with QatarEnergy all-round cooperation across the hydrocarbon industry chain and other areas like green and low carbon energies, so as to build a stable, long-term, and multi-dimensional strategic partnership."

图 2–5 中石油同卡塔尔能源公司合作

2. 中国宝武钢铁集团有限公司：引领钢铁行业绿色发展，深化国际合作共创未来

与上年 Google 传播力指数对比，中国宝武钢铁集团有限公司（以下简称中国宝武）在中央企业排名中上升幅度较大，由 2022 年的第 29 位上升至 2023 年的第 10 位。在 Google 新闻搜索中搜索“CHINA BAOWU”，中国宝武在 2022 年 10 月 16 日到 2023 年 10 月 15 日期间共有 3330 条检索结果。经过抽样筛选，中国宝武在此期间共有正面新闻 3147 条，负面新闻比例为 6%，新闻内容主要围绕绿色发展及国际合作展开。

有关中国宝武的新闻报道中，环保与跨国合作议题较 2022 年度更为突出显著，相关的新闻主要关注中国在钢铁行业、气候变化应对及国际合作领域的表现。2022 年下半年以来，钢铁行业盈利水平大幅下降。中国宝武进行并购重组，不断扩大自身规模和市场份额；同时继续推进跨国合作，加快重点项目投资，整体运营状况良好，得到媒体多次报道。如日本的日经亚洲（NIKKEI Asia，前身为《日经亚洲评论》）于 2022 年 12 月 22 日对中国宝武吸收合并中国中钢集团有限公司（以下简称中钢集团）一事进行报道，称其将增强中国宝武的全球竞争优势。英国最大的通讯社路透社（Reuters）于 2023 年 8 月 23 日对中国宝武与巴西铁矿石生产商淡水河谷就未来合作的潜在机会进行会谈一事进行报道。

BUSINESS DEALS

China's Baowu Steel absorbs Sinosteel in state-backed deal

World's biggest steelmaker acquires mining assets as part of purchase

Baowu Steel employees work at a hot rolling plant in Shanghai. The Chinese group is the world's largest producer of crude steel © Reuters

SHUNSUKE TABETA, Nikkei staff writer
December 22, 2022 05:42 JST

BEIJING -- The world's largest steelmaker officially became bigger Wednesday after Chinese authorities approved China Baowu Steel Group's takeover of compatriot Sinosteel Group.

Baowu Steel absorbs Sinosteel's prowess in resource development and importing of raw materials. The addition of Sinosteel's mining assets will boost Baowu's global competitive advantage.

The absorption, announced by China's State-owned Assets Supervision and Administration Commission (SASAC), represents the latest in a series of purchases by Baowu Steel.

Sinosteel's predecessor was founded in 1980, according to Chinese media. Sinosteel's core businesses are mainly in supplying steelmaking technology and in importing resources. The company entered into manufacturing of steel products through group companies.

Sinosteel later expanded its offshore resource businesses to secure more material. The state-owned enterprise is developing an iron ore mine in Cameroon, for one.

But the rush of investments in offshore resources led to a mountain of debt. Sinosteel ran into financial problems in 2014 and began restructuring its liabilities.

Under the guidance of SASAC, Baowu took Sinosteel under its managerial custody in October 2020. Wednesday's integration officially places Sinosteel under Baowu's umbrella.

Baowu itself is the product of a 2016 merger between Baosteel Group and Wuhan Iron and Steel. The state-owned steelmaker went on to acquire targets such as Magang and TISCO on the road to becoming the world's top producer of crude steel by volume.

图 2-6　中国宝武吸收合并中钢集团

China Baowu wants new models of cooperation with Vale

Reuters | August 3, 2023 | 10:26 am Top Companies China Latin America Iron Ore

Stock image.

The world's largest steelmaker China Baowu Steel Group Corporation has held talks with Brazilian iron ore miner Vale on potential opportunities for future cooperation, according to an update on its *WeChat* account on Thursday.

Hu Wangming, chairman of the group, held a face-to-face meeting with Eduardo Bartolomeo, Vale's chief executive officer, at Baowu's headquarter Shanghai.

Hu said Baowu and Vale need to explore new models of future cooperation to achieve sustainability in the steel value chain.

He hopes to keep a stable iron ore supply with a reasonable price.

The meeting came after Hu, previously the general manager, stepped into his new role in June.

Both sides also discussed cooperation in investment in mineral resources as well as the research and development of the low-carbon metallurgical technology, it said without giving further details.

(By Amy Lv and Andrew Hayley; Editing by Alison Williams)

图 2-7　中国宝武与淡水河谷会谈

同时，2022 年同时段内 Google 平台中国宝武相关新闻对其造成的二氧化碳排放、污染等格外关注。中国宝武在 2023 年积极推进环保治理和绿色发展，进行科技创新与转型升级，赢得了国内外媒体的广泛报道。如路透社（Reuters）于 2023 年 5 月 1 日撰写报道称中国宝武同沙特阿美公司（2222. SE）和公共投资基金（PIF）签署协议，计划合资与沙特阿拉伯建设全流程钢板制造工厂。该基地将配备一座基于天然气的直接还原铁（DRI）炉和一座电弧炉，与传统高炉相比，旨在将炼钢过程中的二氧化碳排放量减少 60%以上。《中国日报》（*China Daily*）在 2023 年 6 月 14 日报道称全球最大的铁矿石开采商之一福蒂斯丘集团（Fortescue）与中国宝武钢铁集团公司签署了一份谅解备忘录（MoU），双方将共同探索低碳炼铁技术，并在铁矿石选矿以及可再生能源等领域开展合作，推动其与中国的合作实现从“绿矿”到“绿钢”的跨越。这些新闻反映了中国宝武在环保和可持续发展方面的积极态度和行动，也表明了中国宝武在全球钢铁行业中的重要地位及其在推动行业绿色发展方面的领导作用。

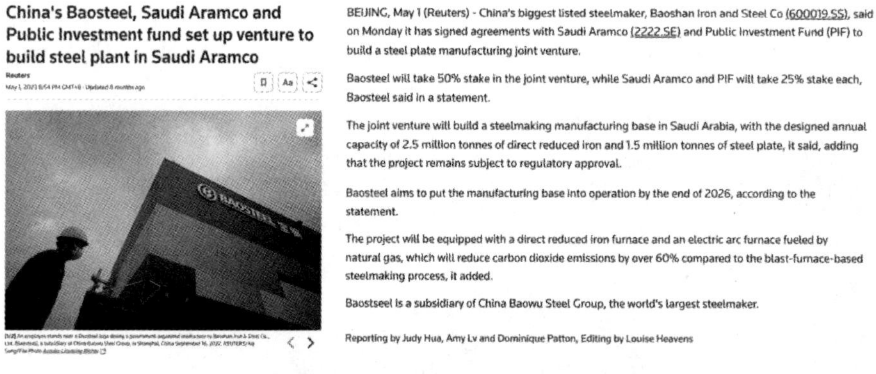

China's Baosteel, Saudi Aramco and Public Investment fund set up venture to build steel plant in Saudi Aramco

Reuters

BEIJING, May 1 (Reuters) - China's biggest listed steelmaker, Baoshan Iron and Steel Co (600019.SS), said on Monday it has signed agreements with Saudi Aramco (2222.SE) and Public Investment Fund (PIF) to build a steel plate manufacturing joint venture.

Baosteel will take 50% stake in the joint venture, while Saudi Aramco and PIF will take 25% stake each, Baosteel said in a statement.

The joint venture will build a steelmaking manufacturing base in Saudi Arabia, with the designed annual capacity of 2.5 million tonnes of direct reduced iron and 1.5 million tonnes of steel plate, it said, adding that the project remains subject to regulatory approval.

Baosteel aims to put the manufacturing base into operation by the end of 2026, according to the statement.

The project will be equipped with a direct reduced iron furnace and an electric arc furnace fueled by natural gas, which will reduce carbon dioxide emissions by over 60% compared to the blast-furnace-based steelmaking process, it added.

Baostseel is a subsidiary of China Baowu Steel Group, the world's largest steelmaker.

Reporting by Judy Hua, Amy Lv and Dominique Patton, Editing by Louise Heavens

图 2-8　中国宝武计划参与建设沙特阿拉伯炼钢生产基地

Fortescue, China Baowu Steel Group enter agreement to reduce emissions

By Zheng Xin | chinadaily.com.cn | Updated: 2023-06-14 18:03

The new special steel is roll off the production line of Magang Group, which is part of China Baowu Steel Group, in Ma'anshan, Anhui province on June 6, 2023. [Photo/VCG]

Fortescue, one of the world's largest iron ore miners, has signed a Memorandum of Understanding (MoU) with China Baowu Steel Group Corporation to work together on reducing emissions associated with iron and steel making.

This collaboration will explore lower emission--iron-making technology at one of China Baowu's operations in China using Fortescue iron ore and green hydrogen, iron ore beneficiation research and development, and collaboration opportunities in renewable energy and green hydrogen.

"This MoU further strengthens our longstanding partnership with China Baowu, the world's biggest steel maker and Fortescue's largest customer, and reflects our collective commitment to eliminate emissions," said Fortescue Metals Chief Executive Officer Fiona Hick.

"Fortescue is exploring a range of options to reduce emissions in the steel value chain including through partnerships with suppliers, customers and research institutes. We firmly believe that collaboration and partnerships such as this will be integral to developing the technologies required to deliver on our ambitious target of net zero Scope 3 emissions by 2040."

"Fortescue's strategy of transitioning into a green energy and resources company is aligned with Baowu's future development plan. We look forward to conducting more substantive collaborations together on iron ore, green energy and resource development," said Chen Derong, chairman of China Baowu.

Related Stories

Investment in Australia hits new low

Canberra should engage more with Beijing

Green hydrogen to rise in China

图 2-9　中国宝武同福蒂斯丘签署谅解备忘录

（三）Google 传播力小结

1. 低碳绿色持续为中央企业展现世界品牌形象助力

低碳绿色为多家企业于 Google 平台海外传播的热门话题，持续为中央企业展现世界品牌形象及中国力量助力。近一年，中央企业相关新闻多次提及低碳转型战略，如降低碳排放、提高能源利用效率、推动绿色发展等。围绕低碳绿色话题展开的新闻报道包括节能降耗、绿色能源、技术创新、跨国合作等。例如，世界领先的港口和码头技术期刊《国际港口技术》（*Port Technology International*）对中国远洋海运集团有限公司将大力发展绿色甲醛产业进行报道；美通社（PR Newswire）撰文称中国石油化工集团有限公司以创新驱动、能效优化和消费优化为石化行业高质量增长铺路。

Port Technology

COSCO SHIPPING set to develop green methanol industrial ...

COSCO SHIPPING Corporation Limited, State Power Investment Corporation Limited (SPIC), Shanghai International Port Group (SIPG), and China Certification...

2023年9月21日

PR Newswire

Sinopec Paves the Way for High-Quality Growth in ...

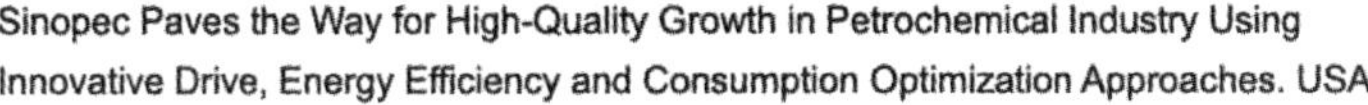

Sinopec Paves the Way for High-Quality Growth in Petrochemical Industry Using Innovative Drive, Energy Efficiency and Consumption Optimization Approaches. USA -...

2023年7月25日

图 2-10　低碳绿色在 Google 中检索的新闻

2. 数字化发展为 Google 平台中央企业海外传播新焦点

中央企业的数字化发展成为 Google 平台中央企业海外传播的新焦点，相关报道主要围绕中央企业数字平台建设、数字化战略、数据资源、数字基础设施等话题展开。相关报道体现了中央企业注重从业务创新转型方向和价值空间大小出发，打造和提升信息时代的生存与发展能力。例如，美通社（PR Newswire）对中国移动通信集团有限公司在 2023 年数字战略基准中位居第 1 进行报道。环球通讯社（Globe Newswire）于 2023 年 4 月 26 日对 2030 年全球数字农业市场规模将达到 341.3 亿美元进行预测报道，相关企业名单中列举了中粮集团有限公司。科技媒体硅角（SiliconANGLE）于 2023 年 10 月 4 日对东风汽车集团有限公司使用黑莓 QNX 技术解决方案一事进行报道。

中央企业在数字化发展方面取得了显著的进展，通过数字化转型加速、智能化水平提升和数字化服务升级等措施，提高了企业的竞争力和国际美誉度。未来，随着技术的不断进步和市场需求的不断变化，中央企业数字化转型的加深将进一步助力我国国际形象于世界之林的建构。

PR Newswire

Omdia: China Mobile tops 2023 digital strategy benchmark as ...

China Mobile is rapidly turning itself into a TechCo operator with an array of digital services beyond connectivity." A further striking result is that UAE-...

2023年6月12日

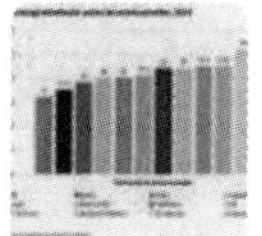

GlobeNewswire

Global Digital Agriculture Market Size To Worth $ 34.13 Billion ...

Ltd., Agri Marketplace, COFCO International, Cranswick PLC, Crofarm Agriproduct Pvt. Ltd., Tanihub, Deere & Company, AGCO Corporation, Raven Industries...

2023年4月26日

SiliconANGLE

BlackBerry to split in two, take IoT business public next year

IoT customers in the automotive space that use BlackBerry's QNX technology solution include BMW Group, Robert Bosch GmH, Continental AG, Dongfeng Motor Corp.

2023年10月4日

图 2-11　数字化发展在 Google 中检索的新闻

3. Google 维度中央企业整体传播能力尚有不足

与 2022 年相比，中央企业 Google 搜索的平均新闻量有较大进步，为 2022 年度 Google 搜索平均新闻量的 1.49 倍。但从结果来看，指数得分前十的中央企业的平均指数约为 51.85、平均新闻搜索总量为 6205 条；而得分第 11 至第 20 的中央企业平均指数降至约 11.03、平均新闻搜索总量降至 1900.8 条。自第 15 名起，中央企业 Google 传播力指数得分不足 1；第 92 名及以后的中央企业 Google 传播力指数得分为 0。多数中央企业于 Google 平台的海外传播能力仍有较大提升空间。

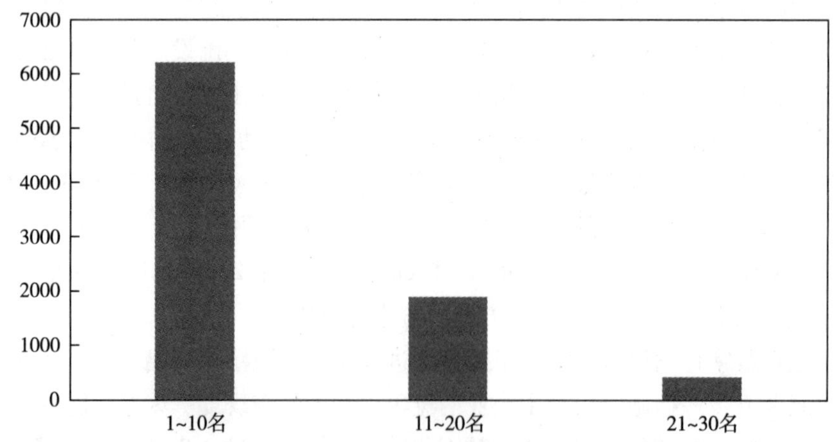

图 2-12　Google 传播力指数得分前 30 分段平均新闻搜索量对比

五、维度二：中央企业Wikipedia传播力

（一）Wikipedia 传播力得分

Wikipedia 传播力指数维度包括四个指标，占总指数权重的 10%。其中，词条完整性、一年内词条被编辑的次数、一年内参与词条编辑的用户数、链接情况各占 1.0%。

中央企业 Wikipedia 词条普及率较高，词条完整性变化不大，链接情况较 2022 年度有所差异，整体编辑次数和参编用户数仍然偏低，较上年仍有下降。其中有 86 家中央企业拥有 Wikipedia 词条，较上年新增 16 家，2023 年词条普及率为 88.7%。词条平均编辑次数为 7 次，年平均参与词条编辑用户数为 3 次。在外部链接方面，有 76 家中央企业拥有外部链接，平均关联链接数为 196 条。

1. Wikipedia 传播力指数得分分布

Wikipedia 传播力指数得分靠前的中央企业依次是中国东方航空集团有限公司、中国移动通信集团有限公司、中国联合网络通信集团有限公司、中国电信集团有限公司、中国航空集团有限公司、中国航空工业集团有限公司。

表 2-5　中央企业 Wikipedia 传播力指数

序号	中文名称	得分	序号	中文名称	得分
1	中国东方航空集团有限公司	100.00	15	中国商用飞机有限责任公司	49.40
2	中国移动通信集团有限公司	89.29	16	中国铁道建筑集团有限公司	49.25
3	中国联合网络通信集团有限公司	87.46	17	华润（集团）有限公司	46.69
4	中国电信集团有限公司	83.00	18	中国建筑集团有限公司	46.69
5	中国航空集团有限公司	60.28	19	中国海洋石油集团有限公司	45.73
6	中国航空工业集团有限公司	60.03	20	中国铝业集团有限公司	45.37
7	中国第一汽车集团有限公司	58.74	21	中国航空发动机集团有限公司	44.92
8	中国航天科工集团有限公司	58.42	22	国家电网有限公司	44.33
9	中国航天科技集团有限公司	56.31	23	中国船舶集团有限公司	40.98
10	华侨城集团有限公司	55.41	24	中国南方航空集团有限公司	40.71
11	中国宝武钢铁集团有限公司	54.33	25	中国南方电网有限责任公司	40.12
12	中国核工业集团有限公司	50.70	26	中国中化控股有限责任公司	38.37
13	东风汽车集团有限公司	50.62	27	中国五矿集团有限公司	37.73
14	中国电子科技集团有限公司	50.12	28	招商局集团有限公司	37.62

续表

序号	中文名称	得分	序号	中文名称	得分
29	鞍钢集团有限公司	37.31	58	中国融通资产管理集团有限公司	29.50
30	中国电子信息产业集团有限公司	36.95	59	中国节能环保集团有限公司	29.39
31	中国石油天然气集团有限公司	36.06	60	中国大唐集团有限公司	29.36
32	中国物流集团有限公司	35.60	61	中国民航信息集团有限公司	28.52
33	中国兵器工业集团有限公司	35.53	62	中国保利集团有限公司	28.42
34	中国盐业集团有限公司	35.47	63	中国铁路工程集团有限公司	28.01
35	中国华能集团有限公司	35.01	64	中国铁路通信信号集团有限公司	27.79
36	中国检验认证（集团）有限公司	34.33	65	中国一重集团有限公司	26.89
37	国家石油天然气管网集团有限公司	33.66	66	国家开发投资集团有限公司	26.81
38	中国医药集团有限公司	33.37	67	中国交通建设集团有限公司	26.50
39	中国远洋海运集团有限公司	33.23	68	中国黄金集团有限公司	26.44
40	中国华电集团有限公司	33.03	69	中国有研科技集团有限公司	26.39
41	中国石油化工集团有限公司	32.37	70	中国诚通控股集团有限公司	26.39
42	国家能源投资集团有限责任公司	32.37	71	中国建筑科学研究院有限公司	25.80
43	国家电力投资集团有限公司	32.16	72	中国有色矿业集团有限公司	24.85
44	哈尔滨电气集团有限公司	32.11	73	中国建材集团有限公司	24.82
45	中国广核集团有限公司	31.86	74	中国中车集团有限公司	24.34
46	南光（集团）有限公司	31.77	75	中国稀土集团有限公司	24.34
47	中国机械工业集团有限公司	31.46	76	中国信息通信科技集团有限公司	24.20
48	中国兵器装备集团有限公司	31.37	77	中国航空油料集团有限公司	23.22
49	中国旅游集团有限公司	31.12	78	中国能源建设集团有限公司	22.80
50	中国矿产资源集团有限公司	31.10	79	中国中煤能源集团有限公司	22.74
51	中国长江三峡集团有限公司	30.84	80	中国建设科技有限公司	22.71
52	中国电力建设集团有限公司	30.79	81	中国农业发展集团有限公司	21.12
53	新兴际华集团有限公司	30.70	82	中国化学工程集团有限公司	21.09
54	中国东方电气集团有限公司	30.32	83	中国卫星网络集团有限公司	21.09
55	中国通用技术（集团）控股有限责任公司	30.06	84	中国航空器材集团有限公司	17.44
56	中粮集团有限公司	29.55	85	中国电气装备集团有限公司	17.44
57	中国储备粮管理集团有限公司	29.50	86	中国机械科学研究总院集团有限公司	17.44

2. 参照系比较

中央企业 Wikipedia 传播力指数得分第 1 的中国东方航空集团有限公司（100.00）低于华为技术有限公司（103.30），高于荷兰皇家壳牌石油公司（37.39），华为技术有限公司的得分与中国东方航空集团有限公司差距不大，荷兰皇家壳牌石油公司的得分远低于中国东方航空集团有限公司，仅为其的 37.4%。

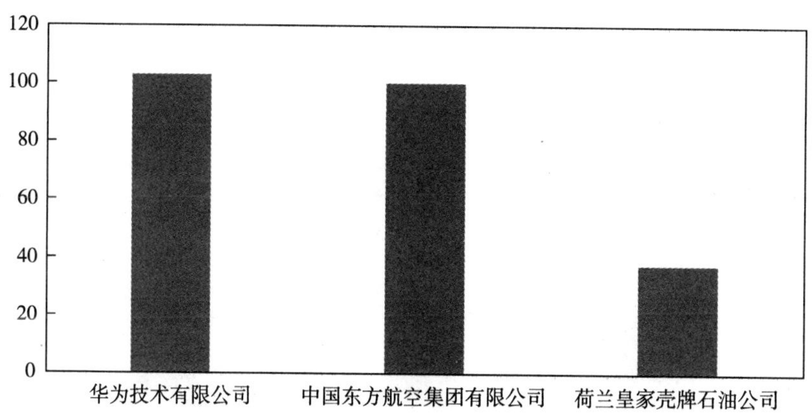

图 2-13　Wikipedia 传播力指数参照

（二）Wikipedia 传播力具体指标分析

对中央企业 Wikipedia 传播力的考察主要分为两个层面：一是词条完整度，主要通过考察是否包含官方定义、历史发展、地址和外部链接 4 项指标进行统计；二是中央企业英文 Wikipedia 词条在最近一年的受关注程度，主要通过被编辑次数和参与编辑的用户数以及各企业的 Wikipedia 英文词条与其他词条的链接情况体现。

在词条完整性方面，有 61 家中央企业的词条包含官方定义、历史发展、地址和外部链接 4 项指标，词条建构较为完善，占总体的 63%。其中词条不完善的中央企业，除 11 家完全未创立词条外，有 17 家中央企业缺少历史发展，有 10 家企业缺少外部链接。

在词条编辑方面，中央企业的词条编辑次数和参编用户总体偏少，不同企业间差异较大。在一年内词条被编辑的次数方面，中国东方航空集团有限公司以 55 次位居第 1，其他中央企业的词条编辑次数均小于 50 次。在一年内参与词条编辑的用户数方面，中国东方航空集团有限公司为 23 人，其他中央企业的词条编辑人数均在 15 人及以下，总体水平较上年均有所下降。中央企业 2023 年的词条平均编辑次数为 7 次，比上年降低了一半，年平均参编人数为 3 人，比 2022 年少 4 人。

词条编辑情况统计中 Wikipedia 传播力指数得分第 1 的中国东方航空集团有限公司，其编辑次数高于华为技术有限公司（46 次）与荷兰皇家壳牌石油公司（5 次），但参与编辑的用户数量（23 人）少于华为技术有限公司（26 人）。在一年内词条被编辑的次数方面，中国东方航空集团有限公司是华为技术有限公司的 119.6%，是荷兰皇家壳牌石油公司的 1100%。在一年内参与词条编辑的用户数量方面，中国东方航空有限公司是华为技术有限公司的 88.5%，是荷兰皇家壳牌石油公司的 460%。

在词条的链接方面，2023 年，中央企业平均关联词条为 196 条，比上年度多出 22 条。中国联合网络通信集团有限公司的词条关联链接数最高，为 959 条，是华为技术有限公司的 105.0%、是荷兰皇家壳牌石油公司的 507.4%。

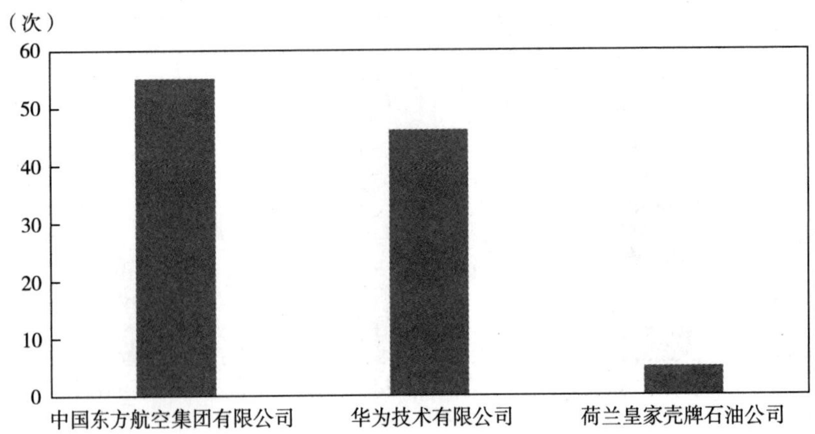

图 2-14　Wikipedia 编辑次数比较

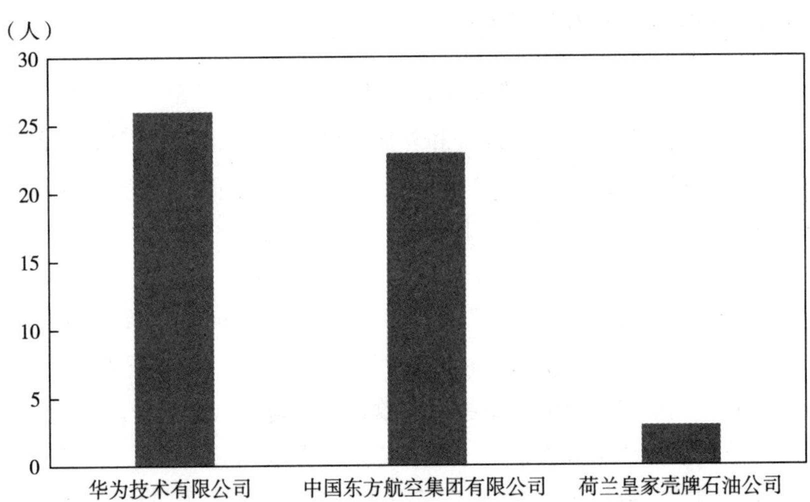

图 2-15　Wikipedia 编辑人数比较

（三）Wikipedia 传播力案例分析

中国东方航空集团有限公司（以下简称东航）2023 年在 Wikipedia 传播力上整体表现较好，Wikipedia 维度得分最高继续优势。东航在 Wikipedia 上对本企业的建设和传播主要表现在以下四点：

第一，内容丰富度。东航的 Wikipedia 词条完整度一直较好，除 Wikipedia 维度用于评测中央企业的官方定义、历史发展、地址和外部链接这 4 项指标外，东航的 Wikipedia 词条内还具备标志、机队、航点、评价、主要子分公司等更为详细的内容。总体考察东航在 Wikipedia 中的词条情况，其内容全面丰富、信息量充足、图文表兼备。

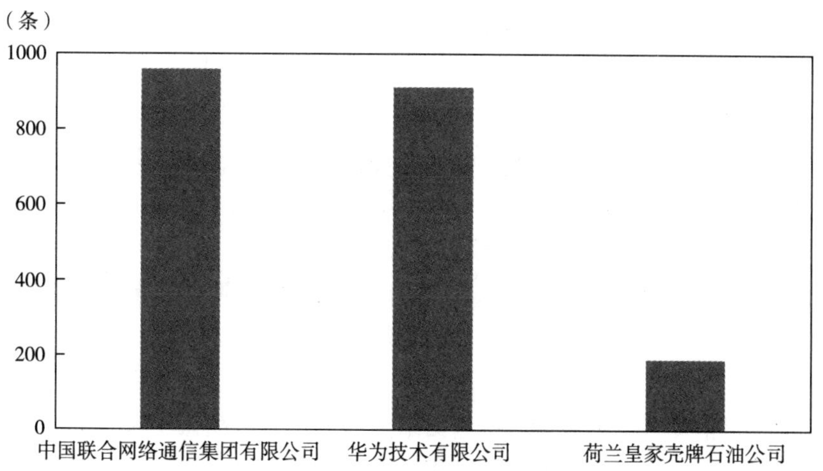

图 2-16　Wikipedia 链接情况比较

图 2-17　东航 Wikipedia 目录

第二，词条更新率。东航 Wikipedia 词条 2023 年度的修改次数为 55 次，其中“现役”模块编辑次数最多（17 次），参与编辑的用户数量为 23 人，但总体次数和人数相较于上年均有所下降。时间分布上，东航词条内容除 2023 年 2 月没有编辑记录外，其他月均有编辑记录。从以上几方面反映出，东航 Wikipedia 词条在 2023 年仍保持着较稳定的更新状态，对企业相关信息的关注和维护度较好，拥有较高主动性。在编辑记录中还能观察到部分参与用户的讨论痕迹，说明东航词条内容的编辑和更新来源并不单一，体现了东航词条信息修正的辩证性和交互性。

第三，外部链接量。外部链接指除本站外，其他站点用于导向本站点的链接。东航的外部链接共分为外部网页链接和 Wikipedia 词条链接两种，其中外部网页链接包括官方网站、东航官网的新浪微博、China Eastern 的 X 账户、东航台湾 China Eastern Airlines 的 Facebook 专页共 4 条，Wikipedia 词条链接包含中国东方航空、中华人民共和国航空公司、天合联盟成员、国际航空运输协会成员、沪深 300 指数成份股、国有重要骨干企业 6 个大类共 761 条。从数量与类别两方面看，东航的外部连接范围较为全面广泛，说明东航与众多内容关联度较高。

第四，信息可信度。虽然参见与参考文献两部分内容未列入 Wikipedia 平台各中央企业传播力的考评指标中，但在数据采集过程中可以发现，各中央企业的 Wikipedia 词条在参见与参考文献部分具有较大差异，其中东航词条内的参考文献比较具有代表性。东航词条内容引用的参考资料共 127 条，数量较多，类型丰富，说明其词条内许多内容具备权威出处，这为词条信息的溯源和讨论提供了有效参考和客观证据，有助于东航词条可信度的提升。

（四）Wikipedia 传播力小结

2023 年，中央企业在 Wikipedia 中的词条数量较上年增加了 16 家，其中官方定义、历史发展、地址和外部链接 4 项指标齐全的中央企业词条较上年也增加了 9 家。这组数据表明，中央企业在 Wikipedia 中的词条数量和质量都在稳步提升，反映出中央企业对 Wikipedia 平台建设海外传播力作用的重视程度在逐步增加，对自身信息向外传播的关注度在不断提高，同时也通过健全基本的信息类目，不断提升自身词条内容的准确性和针对性，这可能有助于公众更好地了解我国中央企业，并提高其透明度和国际公信力。也有部分中央企业如国家石油天然气管网集团有限公司、新兴际华集团有限公司、中国有研科技集团有限公司等，在 2023 年创建了本企业的 Wikipedia 词条，实现了从无到有的跨越。虽然整体内容丰富度仍有较大提升空间，但词条的建立为这些中央企业的对外传播提供了一条新的渠道，也表明这些中央企业对自身国际传播和品牌建设的重视，反映了它们在数字化转型和国际化发展方面的积极态度。

部分中央企业对 Wikipedia 平台建设的关注度仍旧不足，如中国大唐集团有限公司、中国华电集团有限公司，较上一年度，仍未完善词条内历史发展的详细信息，虽分别有 5 次、7 次词条编辑，外部链接数量也有所增加，但基础信息的缺失对其海外传播力的建设仍具有较大负面影响。而中国航空器材集团有限公司、中国航空油料集团有限公司等，此类中央企业虽早已建立词条，但对词条的维护和更新意识并不强。例如，2023 年 Wikipedia 平台的外部链接样态与上年相比有所不同，中国航空器材集团有限公司的外部链接部分直接被删除，对此其并未进行修订补充。还有部分中央企业仍然搜索不到官方词条，如矿冶科技集团有限公司、中国煤炭地质总局、中国煤炭科工集团有限公司、中国冶金地质总局等，说明这些中央企业对 Wikipedia 的传播作用和重要程度的认知有待提高。其在信息公开方面一定程度上也不够透明，编辑用户因此无法获取可靠详细的信息用于编辑，从而影响了其在 Wikipedia 上的曝光度。

六、维度三：中央企业X(Twitter)传播力

Twitter 于 2023 年 7 月 23 日更名为“X”，作为全球最大的社交媒体平台之一，是一个开放的社交媒体平台，在多个国家和地区被网民广泛使用，是全球互联网平台访问量最大的 10 个网站之一，平台的数据统计在一定程度上可以反映中央企业的海外影响力。

（一）X 传播力得分

X 传播力维度具体分为自有账号建设和平台传播量两项。自有账号建设包括是否有官方认证账户、粉丝数量、一年内发布的内容数量、一年内转发总数、一年内评论总数。X 传播力维度权重占总指数权重的 19%，其中，是否有官方认证账号占总量的 1%，粉丝数量、一年内发布的内容数量、一年内转发总量、一年内评论总数各占 2%；平台传播量维度选择随机抽取 7 天传播内容进行分析，随机抽样日期范围为 2023 年 11 月 11~17 日。具体指标为正面传播量，权重占比为 4%，平台 7 天内正面转发总量、7 天内正面评论总数各占 3%。在平台传播量的正负面判断上，共有 2 位编码员对新闻内容进行分析，编码员的信度为 98.7%，可信度较高。

总体来看，中央企业的 X 传播力较弱，但相较于上年有所增加。在调查的 97 家企业中，有 58 家企业拥有 X 账号，占总体的 59.8%，相比上年增加 13.9%。仅有 21 家企业的账号经过官方认证，但相较 22 年增加了 15 家。2023 年新增被官方认证的企业有哈尔滨电气集团有限公司、中国大唐集团有限公司、中国第一汽车集团有限公司、中国东方电气集团有限公司、中国航空工业集团有限公司、中国机械工业集团有限公司、中国交通建设集团有限公司、中国能源建设集团有限公司、中国石油天然气集团有限公司、中国铁道建筑集团有限公司、中国铁路工程集团有限公司、中国通用技术（集团）控股有限责任公司、中国长江三峡集团有限公司、中国中车集团有限公司、中国中化控股有限责任公司。

1. X 传播力得分分布

X 传播力指数得分靠前的中央企业依次是中国石油化工集团有限公司、国家电网有限公司、中国航空集团有限公司、中国核工业集团有限公司、中国第一汽车集团有限公司。

表 2-6　中央企业 X 传播力指数

序号	中文名称	得分	序号	中文名称	得分
1	中国石油化工集团有限公司	100.00	27	中国联合网络通信集团有限公司	10.40
2	国家电网有限公司	94.88	28	中国航天科技集团有限公司	9.76
3	中国航空集团有限公司	93.64	29	中国华电集团有限公司	8.38
4	中国核工业集团有限公司	86.40	30	中国有色矿业集团有限公司	8.17
5	中国第一汽车集团有限公司	84.57	31	中国远洋海运集团有限公司	7.84
6	中国海洋石油集团有限公司	82.81	32	中国船舶集团有限公司	7.07
7	中国铁道建筑集团有限公司	80.24	33	中国电信集团有限公司	6.61
8	中国石油天然气集团有限公司	72.52	34	中国广核集团有限公司	6.04
9	中国东方航空集团有限公司	72.03	35	中国电子信息产业集团有限公司	4.19
10	中国电力建设集团有限公司	71.90	36	中国建材集团有限公司	2.89
11	中国中化控股有限责任公司	61.56	37	国家能源投资集团有限责任公司	1.60
12	中国铁路工程集团有限公司	61.33	38	鞍钢集团有限公司	1.32
13	中国建筑集团有限公司	57.96	39	中国南方电网有限责任公司	0.75
14	哈尔滨电气集团有限公司	57.85	40	中粮集团有限公司	0.74
15	中国南方航空集团有限公司	51.59	41	中国商用飞机有限责任公司	0.34
16	中国长江三峡集团有限公司	49.54	42	中国煤炭科工集团有限公司	0.32
17	中国交通建设集团有限公司	45.97	43	中国医药集团有限公司	0.21
18	中国机械工业集团有限公司	45.24	44	华润（集团）有限公司	0.09
19	国家电力投资集团有限公司	45.19	45	中国化学工程集团有限公司	0.06
20	中国大唐集团有限公司	41.46	46	中国有研科技集团有限公司	0.05
21	中国东方电气集团有限公司	40.07	47	中国黄金集团有限公司	0.04
22	中国航空工业集团有限公司	30.94	48	中国民航信息集团有限公司	0.03
23	中国中车集团有限公司	30.73	49	东风汽车集团有限公司	0.02
24	中国通用技术（集团）控股有限责任公司	30.16	50	中国宝武钢铁集团有限公司	0.01
25	中国移动通信集团有限公司	29.68	51	中国铝业集团有限公司	0.01
26	中国能源建设集团有限公司	25.94			

2. *参照系比较*

将中央企业 X 传播力指数得分第 1 的中国石油化工集团有限公司（100.00）与华为技术有限公司（1819.36）和荷兰皇家壳牌石油公司（112.06）进行比较，中国石油化工集团有限公司的得分是华为技术有限公司得分的 5.5%，是荷兰皇家壳牌石油公司的 89.24%。

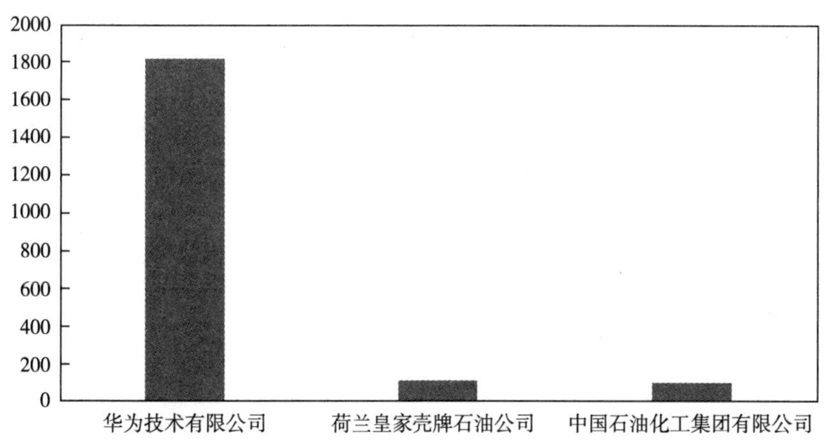

图 2-18　X 传播力指数参照

（二）X 传播力具体指标分析

在账号方面：97 家中央企业中有 59.8%（58 家）的企业拥有 X 账号，21 家企业拥有 X 官方认证账号。

在粉丝数量方面：中央企业 X 账号平均粉丝数量为 18735 人，相较上年增长近 37%。共有 25 家中央企业的粉丝数量在 10000 人以上，占总体的 25.8%，相比上年增加了 3.9 个百分点。其中，粉丝数量较多的是中国石油化工集团有限公司和中国东方航空集团有限公司，均超过 150000 人。但是，中国石油化工集团有限公司与华为技术有限公司及荷兰皇家壳牌石油公司的 X 粉丝数量相比仍差距较大，中国石油化工集团有限公司的粉丝数量仅占荷兰皇家壳牌石油公司粉丝数量的 35.5%和华为技术有限公司粉丝数量的 1.9%。

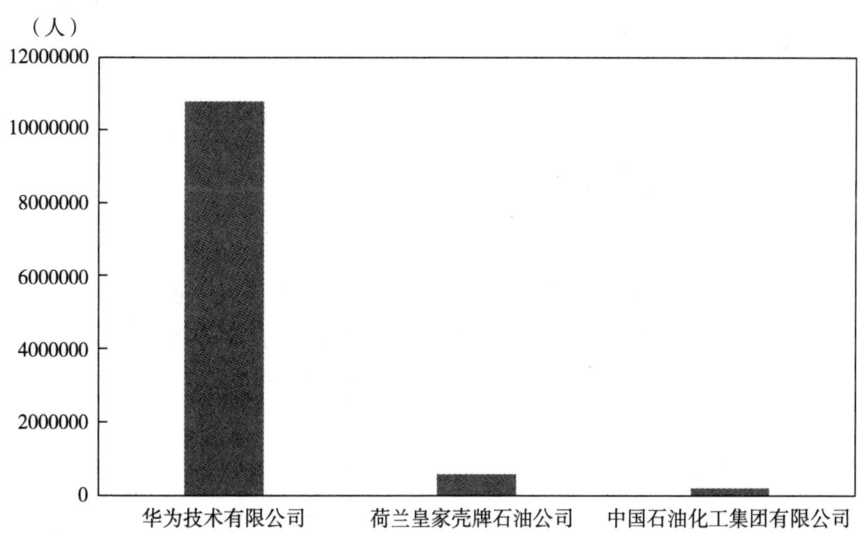

图 2-19　X 账号粉丝量比较

在一年内发布的内容数量方面：中央企业 X 账号一年内平均发布 77 条信息，相比上年增长近 37.5%。有 41.2%（40 家）的企业一年内在 X 上发布了内容，相比上年增加了 4.5 个百分点。其中，中国南方航空集团有限公司发布的信息数量最多，但相比参照企业，其内容发布量仅为华为技术有限公司的 23.3%。

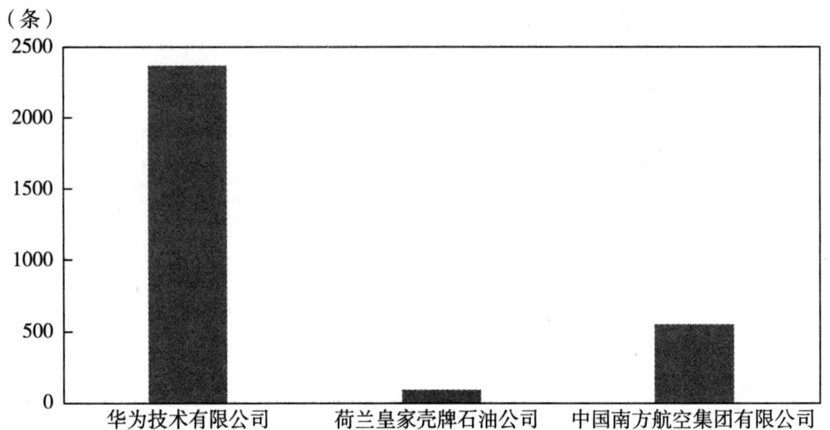

图 2-20　X 一年内发布的内容数量比较

在一年内转发总量方面：中央企业 X 账号一年内平均转发量为 965 条信息。有 35.1%（34 家）的企业一年内在 X 上发布的内容被转发，其中有 17 家中央企业转发量超过 1000 条，占比 50%。其中一年内转发总量最高的企业为中国石油化工集团有限公司，共 14347 条，但相比于参照企业，也仅占华为技术有限公司（96216 条）的 14.9%。

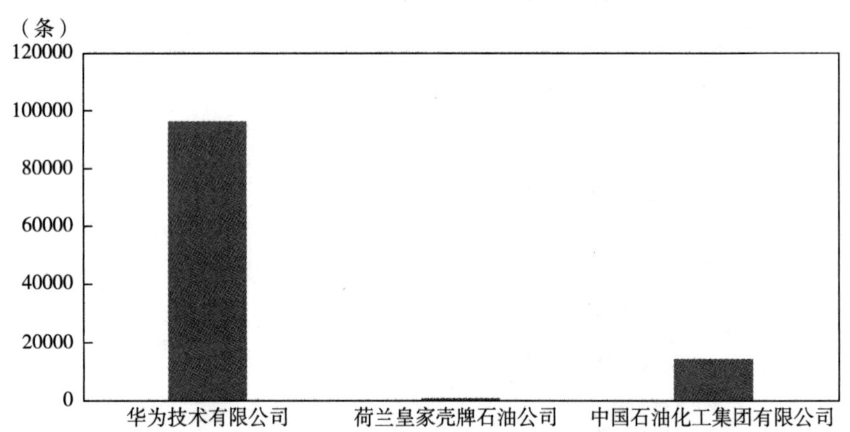

图 2-21　X 一年内转发数量比较

在一年内评论总数方面：中央企业 X 账号一年内平均评论量为 177 条。有 35.1%（34 家）的企业一年内在 X 上发布的内容被评论。中国第一汽车集团有限公司评论总数位列第 1，评论数为 2432 条；但相比于参照企业，仍然表现一般，仅占华为技术有限公司的 12.8%。

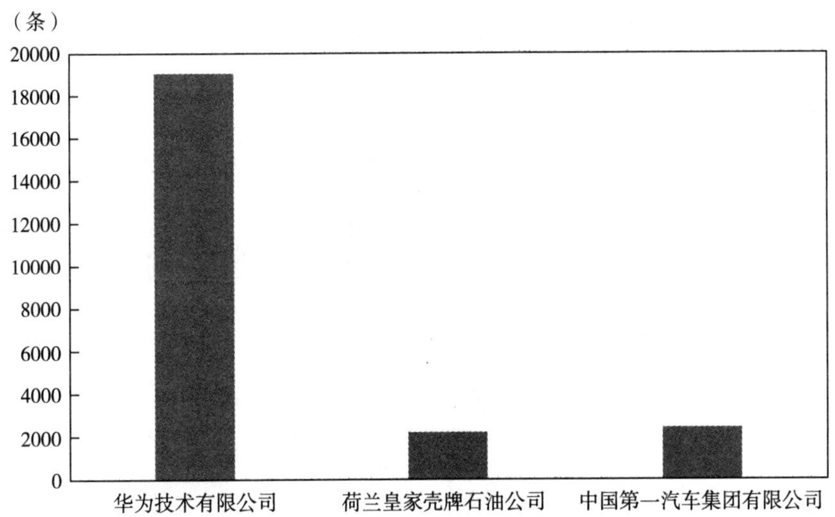

图 2-22　X 一年内评论数量比较

（三）X 传播力案例分析

1. 中国石油化工集团有限公司

中国石油化工集团有限公司（以下简称中石化）2023 年 X 传播力综合指数得分最多，保持上年的排名。此外，在一年发布内容的转发总量也最高，评论总数也表现优秀。具体来看，其粉丝数量相比上年上涨超 10000 人次，粉丝数超过 20000 万人，2023 年共发布 302 条推文，总转发量为 14347 条（相比上年增长 164.4%）和总评论数为 2022 条（相比上年增长 91.8%），在自身基础上仍取得显著进步。

首先，聚焦国际合作，注重企业形象。中石化主动融入国家对外开放大局和共建“一带一路”倡议，先后进入阿尔及利亚、加纳、加蓬、肯尼亚、沙特、乌干达、泰国等国家市场，在促进就业、公益事业、环境保护等方面积极作为，承揽工程有力地促进了当地社会经济发展，与当地民众感情不断升温，用实际行动讲好中石化故事，塑造好企业形象。

2023 年 4 月，中石化与卡塔尔能源公司签署合作协议，参与卡塔尔首都多哈北油田东扩项目，标志着中石化与卡塔尔能源在 NFE 项目上的一体化合作，这一协议被视为双方在北部气田扩能项目上实现一体化合作的里程碑；同年 7 月，中石化与沙特阿拉伯国家石油公司签订 Amiral 项目 P5AC 包工程 EPC 总承包合同，是中石化在沙特地区独立承揽的最大金额的炼化工程总承包项目。该项目计划在朱拜勒工业区新建一个世界级石化综合体，进一步延长产业价值链。中石化在沙特的表现与贡献，获得中国驻沙特大使馆表彰，并且收到沙特阿美公司表扬中石化沙特分公司 SP229 队连续 10 年无损时事故的贺信。

这些合作凸显了中石化在国际能源合作中的站位，以及中石化加强其在石油化工领域全球影响力的战略举措。

Sinopec @SinopecNews · Apr 4

Sinopec Petroleum Engineering & Construction Corporation has undertaken many construction projects in several countries, including Qatar, Saudi Arabia, Algeria, and Ghana. #CobuildtheDreamofHappiness

More details: bit.ly/436PoEr

图 2-23　中石化在多个国家承建项目

Sinopec @SinopecNews · Apr 12

On April 12, 2023, Sinopec inked the partnership agreement with @qatarenergy to participate in the North Field East expansion project in Doha, the capital of Qatar, which marks the integrated cooperation between Sinopec and QatarEnergy on the NFE project. bit.ly/3MCCFDm

图 2-24　中石化与卡塔尔签署合作协议

其次，展现人文关怀，承担社会责任。中石化为构建人类命运共同体贡献力量，帮扶沿线欠发达国家，展现大型企业的人文关怀。例如，中石化赞助中医中心分队前往阿尔及利亚首都阿尔及尔举办针灸义诊活动，该条推特收获 2100 个点赞量。作为一种非药物治疗疼痛的方法，针灸服务已惠及该地区的大批患者，也促进了中阿两国文化和医疗交流。针灸作为国家级非物质文化遗产、中华优秀传统文化，也得以走出国门，内容体现人文关怀，从而获得更多用户的关注和青睐并积极点赞转发，为平台传播提供了素材和话题。

另外，中石化致力于节能减排、碳中和，积极践行国家绿色发展、可持续发展理念。例如，中石化齐鲁石化公司通过污水处理技术方案实现污水循环利用，为去污、节水做出了贡献。中国驻巴基斯坦大使馆文化参赞转发关于齐鲁石化治污节水亮点成果的推文，得到海外网友的好评。另外，中石化齐鲁公司陆续出台《齐鲁石化“十四五”节水工作方案》等文件，包括“污水回用率超过 60%”、“工业水重复利用率在 97.5%以上”在内的 8 项节水计划逐步成为现实，展现了中石化在节能减排、绿色发展上做出的重要贡献。

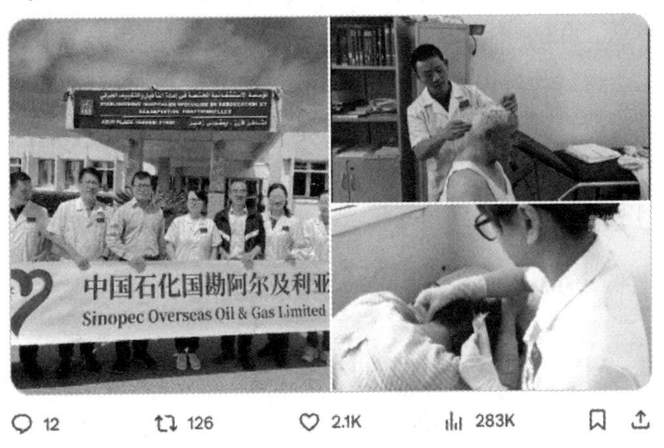

图 2-25　中石化举行针灸义诊

2. 国家电网有限公司

国家电网有限公司（以下简称国家电网），2023 年 X 传播力指数得分为 94.88，位列第 2，主要得益于其平台正面传播量占比表现优异，其平台传播量也位列第 2。

首先，自建内容与他建内容同步维护。国家电网 2023 年 X 传播力指数“平台传播量维度”排名优异，其对于他建内容的维护较成功，使正面传播内容更多地被看到，为平台传播提供了素材与话题。平台中的他建内容主要传播国家电网的国际合作项目，得到了平台用户的评论与转发。具体来看，国家电网积极融入对外开放大局，开展国际方面的合

Sinopec @SinopecNews · Apr 6
Sinopec Qilu Petrochemical Company has turned sewage recyclable through effluent treatment technology program, which contributes to both de-pollution and water conservation. #SinopecNews
More details: bit.ly/3ZMid67

图 2-26　中石化污水循环利用

作，如南非共和国总统府电力部长发布图文表示，接待了国家电网的代表团。此外，国家电网与 Oracle Power PLC（ORCP，国际自然资源与电力项目开发商）在绿色氢项目的开发、融资、建设、运营和维护方面的合作也在平台中获得可观的数据。这些内容既体现了我国能源电力行业朝着可持续能源生产迈出了重要一步，也符合国家促进清洁能源开发利用的号召，同时对南非和巴基斯坦等国家的经济发展和民生改善具有重要意义，体现国家电网主动融入国家对外开放大局和共建“一带一路”倡议。

Dr Kgosientsho Ramokgopa @Kgosientsho_R · Jul 13
[IN PICTURES]: Yesterday we received the Delegation from **State Grid Corporation** of China, a state-owned electric utility corporation.

图 2-27　南非共和国接待国家电网代表团

图 2-28　国家电网与 ORCP 合作项目

其次，响应国家号召，承担企业责任。一方面，国家电网为构建人类命运共同体贡献力量，帮扶沿线欠发达国家，展现大型企业的人文关怀。例如，国家电网在巴西北里奥格兰德州若昂卡马拉市建设的海水淡化项目，由巴西北大河州政府负责运维管理，国家电网巴西电力公司为当地技术人员提供了系统培训和运维手册，确保项目的稳定运行。通过输水管道惠及 800 多个家庭，共计 3000 余名居民的生活用水和当地民生，同时也体现了中巴深厚友谊和国家电网的国际视野与站位。

另一方面，国家电网及其各省电力公司在节能减排、绿色发展上做出了重要贡献。例如，国家电网甘肃省电力公司推动农村电网改造升级，满足分布式光伏接入需求，为推进乡村振兴提供可靠电力。国家电网浙江省电力公司在丽水市景宁畲族自治县建设“100% 绿色电力微电网”，使风能、光能和水能能够有效地转化为清洁能源等，发文在 X 上获得可观的阅读量。

3. 中国航空集团有限公司

中国航空集团有限公司（以下简称国航）2023 年 X 传播力综合指数得分第 3，在上年未上榜，国航取得显著进步主要得益于其自建内容的常态化更新，以及在 7 天平台数据抽取中发布量较多，以下将详细分析其传播力优异的原因。

首先，语态轻量有温度，易产生共鸣。国航发布的日常内容有较为鲜明的特点，文案字数较少且大多传递积极的态度。除了更新当日航班动态和目的地风土人情外，国航巧妙地运用创建主题标签的方式，如#WednesdayWisdom、#Mondaymood，分享较为正能量、鼓舞人心的话语，如鼓励探索世界和充实自身生活等，使“硬性”文案内容“软着陆”，

State Grid @SGCCofficial · Jan 5

State Grid Zhejiang Electric Power Company is building a "100% green power micro grid" in Jingning She Autonomous County, Lishui City. The project enables wind, light and water energy to be efficiently converted into clean energy.

6　13　2.6K

图 2-29　国家电网在丽水市景宁畲族自治县的项目

同时又与国航品牌吻合。轻量且有温度的内容更符合社交媒体的基调，也可以提高内容的传播效率，有助于塑造企业的友好、可信赖的形象。

图 2-30　国航创建主题标签

其次，聚焦中华文明，彰显文化自信。中国企业兴起于民族自信和文化自信，理应在汲取中华优秀传统文化的基础上筑牢品牌自信、反哺当代文化，拉紧彼此共生共荣的纽带。国航通过短视频的形式把国航企业元素和中华优秀传统元素结合，借助 X 社交媒体平台传播该企业文化的同时传播中华文化。例如，传播中国的京剧文化，介绍中国传统节日端午节、中秋节以及美食和习俗等，展现出文化自信。其在 X 上发布的人文习俗和传统文化类内容的目的不是简单地进行单向传播，而是结合了企业特性与时事，达到品牌传播和推广的目的，其切入的角度和叙事的方式都与国航形象或企业文化密切相关。

图 2-31　国航与传统文化的美学

（四）X 传播力小结

X 传播力指数得分靠前的中央企业依次为中国石油化工集团有限公司、国家电网有限公司、中国航空集团有限公司、中国核工业集团有限公司、中国第一汽车集团有限公司。

总体来看，2023 年中央企业 X 自有账号建设与平台传播的维护有待同步，另外，不同评价方式下的得分差异显示各企业平台建设方向有所偏重。2022 年 X 平台和自建账号的评价体系将往年的“最高转发量”和“最高评论量”指标调整为“总转发量”和“总评论量”指标。在这一指标下，各中央企业的综合得分更能反映一年的总体情况。指标变动后，通过对比“自有账号建设”和“平台传播量”两个维度综合可以发现，在具体的得分上有些变动：中石化总体表现仍然突出，其在“自有账号建设”和“维度综合”均为第 1 位。而在“平台传播量”维度得分第 2 的国家电网有限公司的“自有账号建设”维度却稍显逊色。相反，在“自有账号建设”维度得分第 2 的中国第一汽车集团有限公司在“平台传播量”维度未上榜，这也从侧面说明中央企业不仅需要关注自身账号传播，也需要重视他建内容的监控与维护。

表 2-7 部分中央企业在 X 不同评价方式比较

序号	自有账号建设维度	平台传播量维度	两个维度综合
1	中国石油化工集团有限公司	中国航空集团有限公司	中国石油化工集团有限公司
2	中国第一汽车集团有限公司	国家电网有限公司	国家电网有限公司
3	中国铁道建筑集团有限公司	中国核工业集团有限公司	中国航空集团有限公司
4	中国建筑集团有限公司	中国海洋石油集团有限公司	中国核工业集团有限公司
5	中国中化控股有限责任公司	中国电力建设集团有限公司	中国第一汽车集团有限公司
6	中国建筑集团有限公司	中国石油天然气集团有限公司	中国海洋石油集团有限公司
7	中国南方航空集团有限公司	中国铁路工程集团有限公司	中国铁道建筑集团有限公司
8	中国铁路工程集团有限公司	中国长江三峡集团有限公司	中国石油天然气集团有限公司
9	中国交通建设集团有限公司	中国航天科技集团有限公司	中国东方航空集团有限公司
10	中国机械工业集团有限公司	中国建材集团有限公司	中国电力建设集团有限公司

七、维度四：中央企业Facebook传播力

Facebook 为用户提供了展示自己、与他人互动和分享内容的空间，同时也是企业吸引海外用户的重要传播阵地，平台的数据统计在一定程度上可以反映中央企业海外传播的触达范围、触达深度以及认同程度。

（一）Facebook 传播力得分

Facebook 传播力指数维度具体分为自有账号建设和他建数据两项。自有账号建设的各项指标权重如下：是否有官方认证账号占 1%，好友数量、一年内账号点赞总量、一年内账号评论总量各占 2%。他建数据包括平台正面总评论量、平台正面总点赞量和正面传播量各占 4%。Facebook 传播力维度权重占总指数权重的 19%。

总体来看，中央企业在 Facebook 平台的认证状况相对较差，但相较于上年有所改善。在 97 家企业中仅有 11 家中央企业拥有 Facebook 官方认证账号，在企业总数不变的情况下，相较于上年增加了 2 家官方认证账号。2023 年仍有 36 家中央企业没有关注者，但相较于上年减少了 10 家。

1. Facebook 传播力得分分布

Facebook 传播力指数得分靠前的中央企业依次是中国南方航空集团有限公司、中国五矿集团有限公司、中国石油化工集团有限公司、中国航空集团有限公司、中国石油天然气集团有限公司。

表 2-8　中央企业 Facebook 传播力指数

序号	中文名称	得分	序号	中文名称	得分
1	中国南方航空集团有限公司	100.00	27	中国旅游集团有限公司［香港中旅（集团）有限公司］	4.40
2	中国五矿集团有限公司	75.07			
3	中国石油化工集团有限公司	58.65	28	招商局集团有限公司	4.26
4	中国航空集团有限公司	42.91	29	中国铁路工程集团有限公司	4.23
5	中国石油天然气集团有限公司	30.22	30	中国机械工业集团有限公司	4.17
6	中国中车集团有限公司	28.28	31	国家能源投资集团有限责任公司	3.96
7	中国第一汽车集团有限公司	27.43	32	中国交通建设集团有限公司	3.11
8	中国建筑集团有限公司	24.9	33	中国电子科技集团有限公司	2.80
9	中国华能集团有限公司	24.83	34	中国船舶集团有限公司	2.65
10	中国东方航空集团有限公司	24.63	35	哈尔滨电气集团有限公司	2.62
11	中国移动通信集团有限公司	20.3	36	中国能源建设集团有限公司	2.59
12	中国海洋石油集团有限公司	17.32	37	中国中化控股有限责任公司	1.92
13	中国东方电气集团有限公司	12.45	38	中国航空工业集团有限公司	1.90
14	中国华电集团有限公司	10.91	39	中国兵器工业集团有限公司	1.87
15	东风汽车集团有限公司	10.24	40	中国建材集团有限公司	1.75
16	中国电信集团有限公司	10.05	41	中国远洋海运集团有限公司	1.64
17	国家电力投资集团有限公司	9.54	42	中国广核集团有限公司	1.33
18	中国信息通信科技集团有限公司	9.47	43	中国有色矿业集团有限公司	0.27
19	中国航天科技集团有限公司	9.12	44	中国保利集团有限公司	0.19
20	国家电网有限公司	8.48	45	中国联合网络通信集团有限公司	0.11
21	中粮集团有限公司	7.49	46	中国南方电网有限责任公司	0.04
22	中国铁道建筑集团有限公司	7.43	47	中国电子信息产业集团有限公司	0.03
23	华润（集团）有限公司	7.24	48	中国商用飞机有限责任公司	0.02
24	中国核工业集团有限公司	6.13	49	中国电气装备集团有限公司	0.02
25	中国通用技术（集团）控股有限责任公司	5.79	50	中国电力建设集团有限公司	0.01
26	中国长江三峡集团有限公司	5.69			

2. 参照系比较

将中央企业 Facebook 平台传播力指数得分第 1 的中国南方航空集团有限公司（100.00）与华为技术有限公司（776.87）和荷兰皇家壳牌石油公司（22.96）进行比较，中国南方航空集团有限公司的得分是华为技术有限公司得分的 12.87%，是荷兰皇家壳牌石油公司得分的 435.54%。

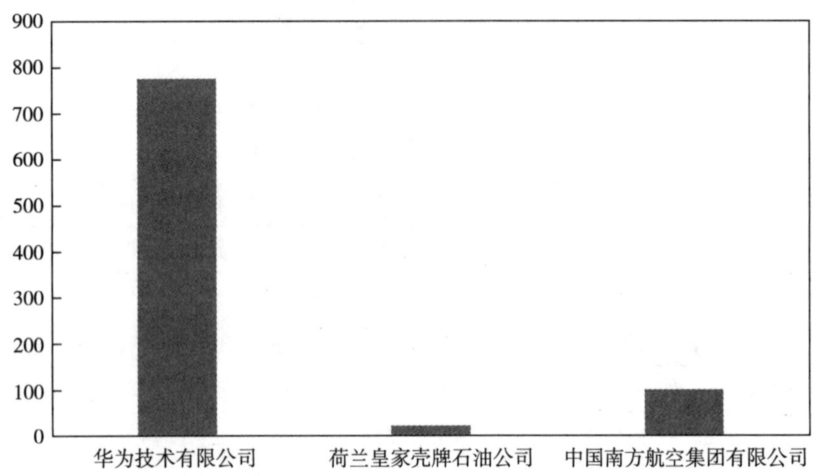

图 2-32 Facebook 传播力指数参照

（二）Facebook 传播力具体指标分析

97 家中央企业在 Facebook 平台的活跃程度呈现两极分化的情况。97 家中央企业中仅有 11 家进行账号的官方认证，分别是华润（集团）有限公司、中国东方航空集团有限公司、中国航空集团有限公司、中国华电集团有限公司、中国华能集团有限公司、中国建筑集团有限公司、中国南方航空集团有限公司、中国石油化工集团有限公司、中国石油天然气集团有限公司、中国移动通信集团有限公司和中粮集团有限公司。

在好友数量方面，不同中央企业好友数量差距较大。Facebook 账号平均好友数量为 584890。其中有 7 家中央企业好友数量超过百万，分别为中国南方航空集团有限公司、中国东方航空集团有限公司、中国石油化工集团有限公司、中国石油天然气集团有限公司、中国交通建设集团有限公司、中国航空集团有限公司和中国建筑集团有限公司。其中有 51 家中央企业的好友数量未达到 500。其中中国南方航空公司好友人数最多，且领先于其他中央企业，但其好友数量为华为技术有限公司好友总数的 36.9%。

在一年内点赞总量方面，中央企业 Facebook 账号一年内平均点赞量为 141413 次。有 43.3%（42 家）的企业一年内在 Facebook 上发布的内容被点赞，其中有 20 家中央企业点赞量超过 10000 次，占比 47.6%。中国第一汽车集团有限公司点赞总数最多，为 3366282，相较于参照企业，是华为技术有限公司的 152.5%、荷兰皇家壳牌石油公司的 235734%。

在一年内评论总量方面，中央企业 Facebook 账号一年内平均评论量为 1519 条。有 42.3%（41 家）的企业一年内在 Facebook 上发布的内容被评论。一年内总评论量最高的企业为中国第一汽车集团有限公司，共 13713 条，但相比参照企业，也仅占华为技术有限公司（35720 条）的 38.4%。

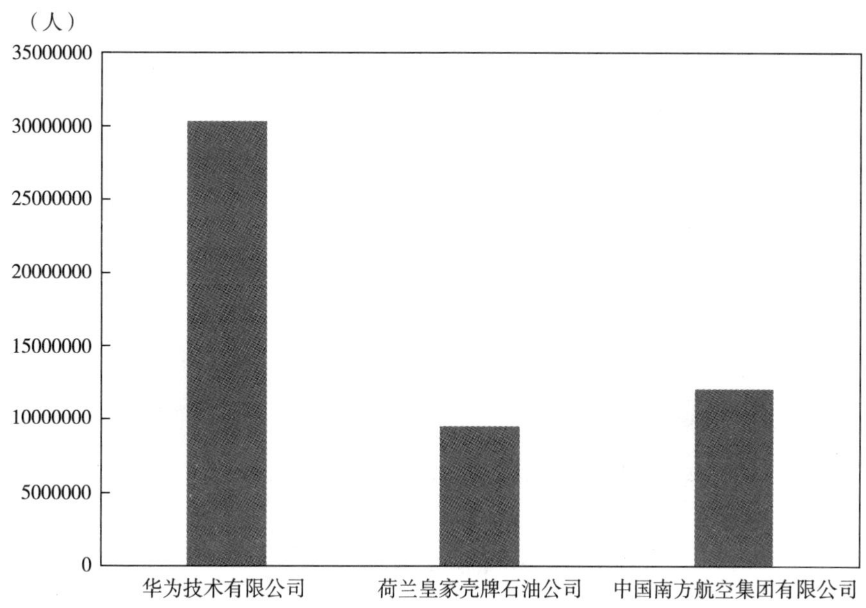

图 2-33　Facebook 好友数量比较

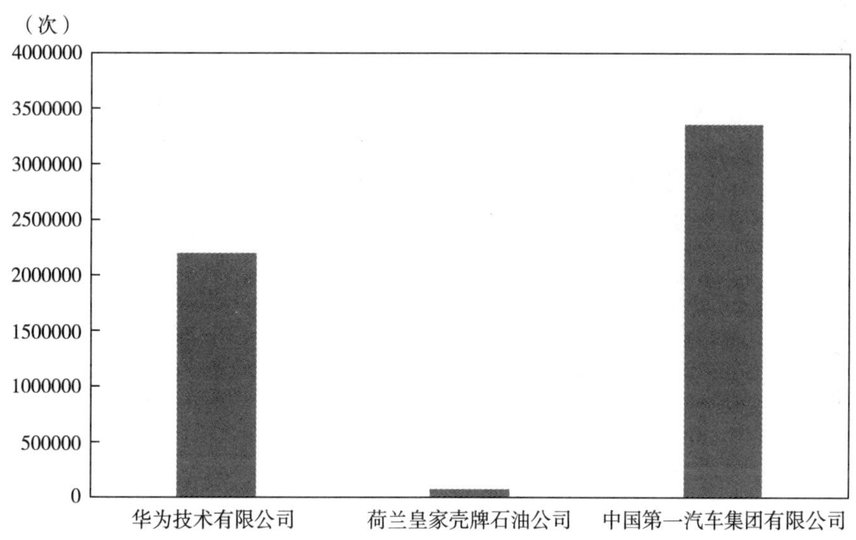

图 2-34　Facebook 一年内点赞总量比较

在正面传播量方面，97 家中央企业中有 37.1%（36 家）的企业有正面传播量数据。其中，整体正面传播量平均值为 5 条，仅有 6 家中央企业正面传播量超过 10 条。中国石油化工集团有限公司在正面传播量的中央企业排名中位列第 1，为 21 条，相较于参照企业，是华为技术有限公司的 116.7%、荷兰皇家壳牌石油公司的 700%。

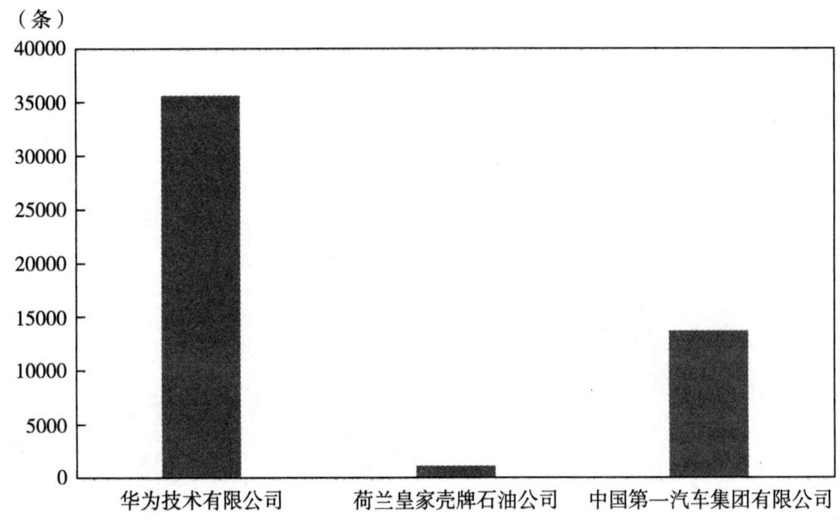

图 2-35　Facebook 一年内评论总量比较

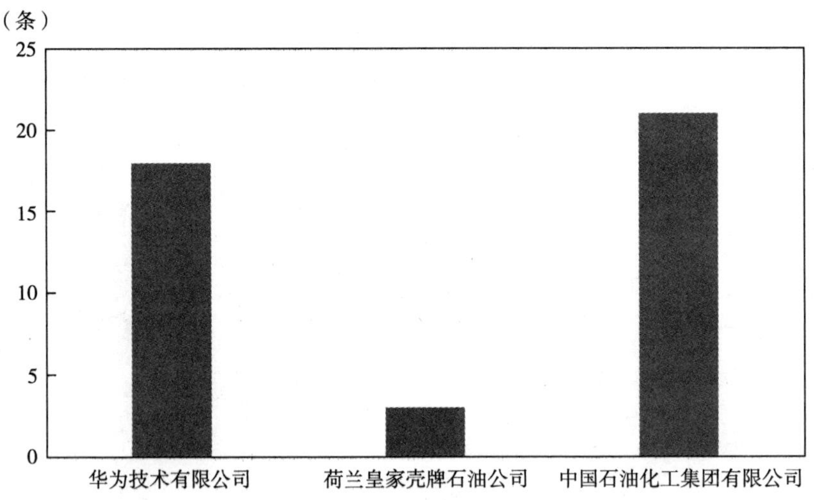

图 2-36　Facebook 正面传播量比较

（三）Facebook 的传播力案例分析

1. 中国南方航空集团有限公司

中国南方航空集团有限公司（以下简称南航）的 Facebook 传播力指数得分最高，相比上年排名不变，稳摘桂冠。其自建账号指数得分与平台传播指数得分均最高，说明南航注重自身内容建设，在国际舞台上以积极主动的姿态发声，通过传递丰富多样、具有吸引力的信息，传播企业文化和价值观，提升品牌形象和知名度。

首先，领略城市风貌，展现文化魅力。南航利用自身的航线网络优势，传播中国各地的文化特色。从重庆嘉陵夜景的霓虹璀璨，到北京长城的巍峨壮美；从南昌滕王阁的气势恢宏，到青海湖的碧水绿岸……让全球的用户了解到中国的自然风光和人文景观，感受地域文化差异和城市独特魅力，不仅有助于促进地方旅游业的发展，更体现了国有企业的社会责任。

图 2-37　城市风光：重庆、北京、南昌、青海

南航注重传统文化的推广，强化了航空服务与地方文化的结合。例如，将世界自然遗产之一——重庆武隆的形象以彩绘的形式展示在机身上；机组人员和乘客一起唱传统歌曲，纪念壮族独特的文化节日“三月三”。这些都是将地方文化融入航空服务中的举措，让乘客在旅途中就能感受到传统文化的魅力。

其次，个人故事切入，彰显企业文化。南航在长期发展过程中已经形成了一套独特的价值观、行为规范和组织文化体系，并将员工的个人故事作为企业形象重要的展示窗口，通过员工的精神风貌展现良好的企业文化和形象。南航的杰出飞行员李卯忠、功勋飞行员

图 2-38　武隆彩绘飞机、机组人员与乘客共度壮族节日

徐庭喜，在几十年的飞行生涯中累积了上万小时的安全飞行记录，展现出技术人员的专业精神和坚韧毅力，也侧面彰显出南航勤奋、务实的企业文化。通过讲述员工的个人经历，南航成功地将企业形象与员工形象紧密结合，展现出了企业文化深厚、员工素质优良的形象，引发了海外读者的共鸣，提高了他们对南航的认同感。

图 2-39　南航杰出飞行员李卯忠、功勋飞行员徐庭喜

最后，开拓全球业务，加强国际合作。作为大型国有航空公司，坚持开拓全球业务和加强国际合作是南航持续发展和提升国际竞争力的关键战略。南航已经建立了覆盖全球的航线网络，积极与全球多家航空公司建立战略合作关系。例如，与肯尼亚航空公司重新签署特别协议，为中非两岸的乘客提供更多的路线和目的地选择。南航物流作为南航的重要部分，专注于提供全球范围内的货运和物流服务，也是南航企业实力和国际竞争力的重要组成部分。南航物流与佳邮国际公司签订战略合作协议，共同提供中国至加拿大全境的定制化物流运输服务，促进中加贸易往来。通过全球业务拓展和国际合作，南航持续提高其服务质量和国际竞争力，为全球旅客和货主提供更优质、更便捷的航空服务，得到了海外用户的关注和支持。

图 2-40　南航与肯尼亚航空公司合作

2. 中国五矿集团有限公司

中国五矿集团有限公司（以下简称五矿）在 Facebook 传播力指数得分较高，进步较大。虽然五矿的自建数据没有显示出优势，但其平台传播表现突出，平台传播量指数得分排名第 2。得益于该企业收购南非博茨纳瓦霍马考（Khoemacau）铜矿这一重要项目并在平台得以传播，不仅收获了外国媒体的关注，还得到海外用户的积极转发，为平台传播提供了素材和话题。

从五矿的角度来看，收购 Khoemacau 矿山是一个战略性的举措。《项目杂志》（专门从事报道工程、采矿、建筑、能源、房地产开发和制造业的数字月刊）报道引用了五矿资源有限公司董事长的发言："Khoemacau 加入五矿的国际投资组合，实现了增长战略和愿景——建立一个全球多样化的矿物和金属公司，并为所有利益相关者创造机会，包括股东、员工和社区。Khoemacau 有巨大的扩张潜力，期待着与目前的团队合作，使 Khoemacau 的潜力成为现实。"Khoemacau 矿山蕴藏着非洲第十大铜矿产资源量，五矿作为一家全球性的矿业公司，通过收购非洲第十大铜矿产，不仅能够增加公司的资源储备，还能够进一步扩大在非洲这一矿产资源丰富地区的业务范围，实现战略增长。这将为公司带来新的收入来源，并有助于分散风险，提高公司的市场竞争力和全球影响力。

从被收购的 Khoemacau 矿山的角度来看，五矿"拥有广泛的运营和项目交付专业知识"，将有助于矿山的进一步开发和管理，并确保矿山的安全和环保。在开采、加工、运输、管理等多个生产环节创造大量的就业机会，提升当地劳动力的技能水平，从而进一步促进当地经济发展。此外，五矿的全球影响力也将有助于提升 Khoemacau 矿山在全球市场的知名度和影响力。正如《周末邮报》（非洲纳米比亚出版的英文周报）报道引用的 Khoemacau 首席执行官评论："这将确保 Khoemacau 在未来几十年里继续是一个安全、成功、高利润的采矿企业，为博茨瓦纳提供就业、社区福利和经济发展。"

（四）Facebook 海外传播力小结

在 Facebook 平台上中央企业的账号建设仍然存在严重的两极分化情况。在参与此次

图 2-41　五矿收购博茨瓦纳 Khoemacau 铜矿新闻

评估的 97 家中央企业中，只有 11 家中央企业拥有官方认证的平台账号，有 36 家中央企业账号在 Facebook 平台没有关注者；而根据海外传播力测量权重指标，得分在 20 分以上的有 11 家中央企业，其中中国南方航空公司位列榜首。

不同中央企业在 Facebook 平台上的传播效果也存在较大差异，部分中央企业的传播力仍有待加强。对于中央企业在 Facebook 平台的运营，需要关注以下三点：

首先，结合节日进行传播。借助重大节日节点来传播企业文化是一种有效的方式。新媒体用户群体较为年轻，他们对于新颖的形式和内容有更高的接受度和喜好。但是，需要注意避免生硬地将企业元素和节日元素捆绑在一起，以一种更自然的结合方式，使企业在庆祝节日的同时，展示自身的特色和价值观。可以尝试以短视频、直播、动画、游戏等形式来展示中国文化的魅力。跨文化融合是输出与接受的双向过程，中国传统节日“出海”的同时，也要注重国际节日和海外本土节日，善用时间节点，推送相关帖文，展示中央企业的国际视野和开放态度。

其次，增强用户的参与感和互动性。部分中央企业在 Facebook 平台上的互动积极性不高，但中央企业的出海本就需要与国际用户的沟通反馈，中央企业应当将 Facebook 作为一个与用户互动和沟通的平台，而不仅仅是信息发布渠道。回复评论、参与话题讨论，与关注者保持良好的沟通，都是增强用户黏性的重要手段。中央企业可以通过举办线上活动、征集用户投稿、开展话题讨论等方式，让用户更深入地理解和参与企业传播内容。

最后，避免简单搬运内容，重视“在地性”。部分中央企业在内容发布的过程中直接将国内平台的内容和视频搬运到 Facebook 平台，或是仅添加英文字幕后发布，这样的内容浅加工行为往往忽视了海外市场的特点和需求，导致传播效果不佳。针对海外用户，在内容创作时，需要充分考虑目标市场的特点和需求，使用本地语言进行表述，结合当地的文化和消费习惯，提高内容的吸引力和亲和力。

八、维度五：中央企业Instagram传播力

Instagram 于 2010 年 10 月推出，不同于传统社交媒体，它更专注于单一的图片功能，主推图片社交，深受年轻人的欢迎。自问世以来其用户数量一直保持高速增长，截至 2023 年 4 月，Instagram 已经覆盖 16.28 亿用户，全球约有 20.3%的人在使用 Instagram。因此，Instagram 平台的统计数据在一定程度上可以反映中央企业的国际传播能力。

（一）Instagram 传播力得分

Instagram 传播力指数维度包括 6 个指标，占总权重的 15%。其中，是否有官方认证账号占 1%，粉丝数量、一年内发布的内容数量、一年内最多回复数量、一年内图文最高点赞量、一年内视频最高点击量均占 2.8%。

在 Instagram 平台上，中央企业的传播力偏弱、平台使用度较低、企业间差距大。97 家中央企业有 30 家企业有 Instagram 账号。30 家中央企业 Instagram 账号的平均粉丝数量为 23498 人。账号持有数量较上年有所上涨，但平均粉丝数量有所下降。

1. Instagram 传播力得分分布

Instagram 传播力指数得分靠前的中央企业依次是中国南方航空集团有限公司、华润（集团）有限公司、中国铝业集团有限公司、中国东方航空集团有限公司、中国建筑集团有限公司。

表 2-9　中央企业 Instagram 传播力指数

序号	企业名称	得分
1	中国南方航空集团有限公司	100.00
2	华润（集团）有限公司	72.49
3	中国铝业集团有限公司	44.20
4	中国东方航空集团有限公司	39.11
5	中国建筑集团有限公司	33.86
6	中国铁路工程集团有限公司	29.64
7	中国中车集团有限公司	27.62
8	国家电网有限公司	24.48
9	中粮集团有限公司	15.05
10	中国移动通信集团有限公司	14.88
11	华侨城集团有限公司	13.65

续表

序号	企业名称	得分
12	中国石油化工集团有限公司	12.92
13	中国电力建设集团有限公司	11.80
14	中国中煤能源集团有限公司	11.04
15	中国机械工业集团有限公司	9.83
16	中国化学工程集团有限公司	7.13
17	中国远洋海运集团有限公司	2.83
18	中国航空集团有限公司	0.64
19	中国电信集团有限公司	0.19
20	中国兵器工业集团有限公司	0.12
21	中国海洋石油集团有限公司	0.04
22	东风汽车集团有限公司	0.04
23	中国广核集团有限公司	0.01
24	中国宝武钢铁集团有限公司	0.01
25	中国长江三峡集团有限公司	0.01

2. 参照系比较

将中央企业 Instagram 传播力指数得分第 1 的中国南方航空集团有限公司（100.00）与华为技术有限公司（6369.35）和荷兰皇家壳牌石油公司（2460.65）进行比较，华为技术有限公司的得分是中国南方航空集团有限公司得分的 63.69 倍；荷兰皇家壳牌石油公司的得分是中国南方航空集团有限公司的 24.61 倍。

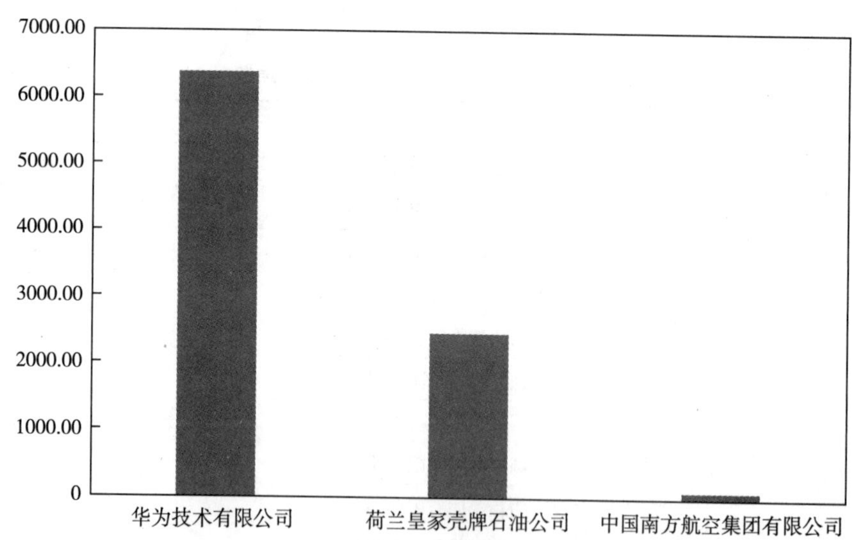

图 2-42 Instagram 传播力指数参照

（二）Instagram 传播力具体指标分析

中央企业在 Instagram 平台上的整体活跃度较低。在 97 家中央企业中，有 30 家企业拥有 Instagram 英文账号。与上年相同，2023 年仅有中国南方航空集团有限公司、中国建筑集团有限公司和中国石油化工集团有限公司的账号得到了官方认证。

在粉丝数量方面，拥有账号的 30 家中央企业粉丝数量差距较大。企业 Instagram 账号的平均粉丝数量为 23498 人，中国南方航空集团有限公司账号的粉丝数量最多，为 272000 人；也有部分企业如招商局集团有限公司等，粉丝量较少，不足百人。11 家企业的粉丝数量超过 5000 人，依次为中国南方航空集团有限公司、中国中车集团有限公司、中国移动通信集团有限公司、国家电网有限公司、中国东方航空集团有限公司、中国电力建设集团有限公司、中国建筑集团有限公司、中国铝业集团有限公司、中国石油化工集团有限公司、中粮集团有限公司、中国航空集团有限公司。

中国南方航空集团有限公司账号的粉丝数量最多，但仍低于华为技术有限公司和荷兰皇家壳牌石油公司的粉丝量，且与华为技术有限公司差距较大，是华为技术有限公司的 12. 8%，是荷兰皇家壳牌石油公司的 61. 5%。

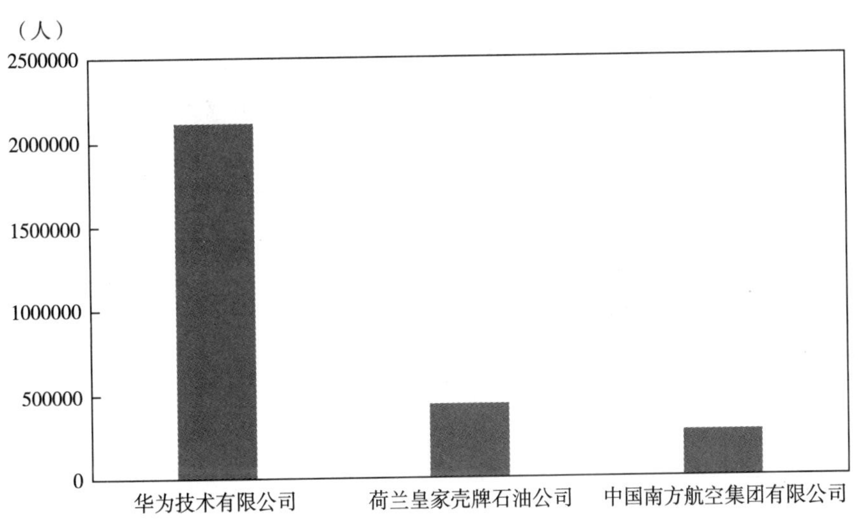

图 2-43　Instagram 账号粉丝数量

在一年内发布的内容数量方面，97 家中央企业一年内平均发布 29 条信息内容。有 16 家企业在 Instagram 上发布了内容，其中 12 家企业的信息发布量在 100 条以上，分别为中国南方航空集团有限公司、中国东方航空集团有限公司、华侨城集团有限公司、中国铝业集团有限公司、中国中煤能源集团有限公司、中国建筑集团有限公司、中国铁路工程集团有限公司、国家电网有限公司、中国机械工业集团有限公司、华润（集团）有限公司、中国中车集团有限公司、中国移动通信集团有限公司。

中国南方航空集团有限公司内容发布最多，有 605 条，是华为技术有限公司的 1.76 倍，是荷兰皇家壳牌石油公司的 55 倍。

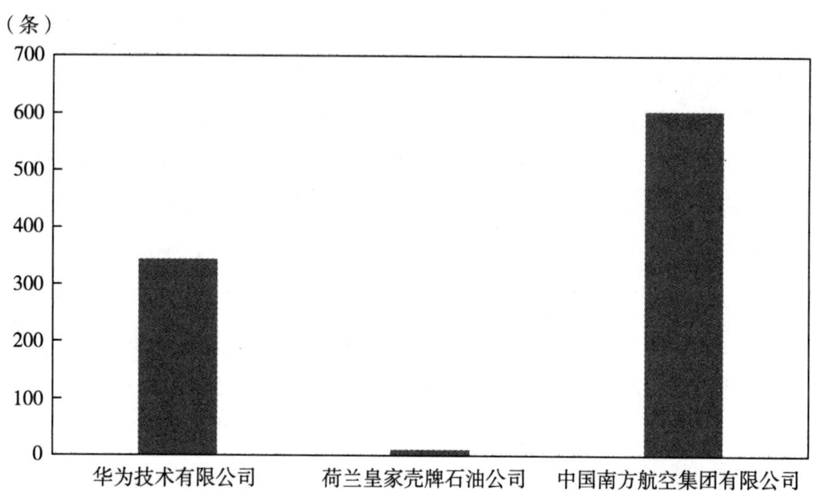

图 2-44　Instagram 一年内发布的内容总量

在一年内最多回复数量方面，97 家中央企业一年内发布内容的总体回复数量较少，均不超过 100 条。中国铝业集团有限公司一年内最多回复数量最多，但也仅是华为技术有限公司的 0.6%，是荷兰皇家壳牌石油公司的 1.3%。

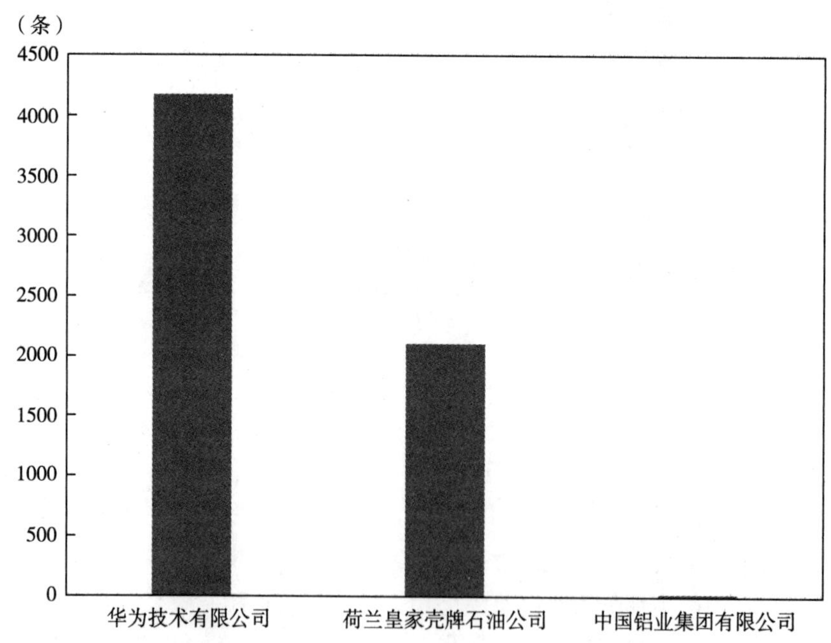

图 2-45　Instagram 一年内最多回复数量比较

在一年内图文最高点赞数量方面，97 家中央企业一年内图文最高点赞量差别较大，以 2000 次为分水岭，超过 2000 次的企业有 4 家，紧随其后排名第 5 的企业最高点赞数量仅为 898 次。华润（集团）有限公司一年内图文最高点赞量最多（26000），是华为技术有限公司的 20.9%，是荷兰皇家壳牌石油公司的 474.97%。

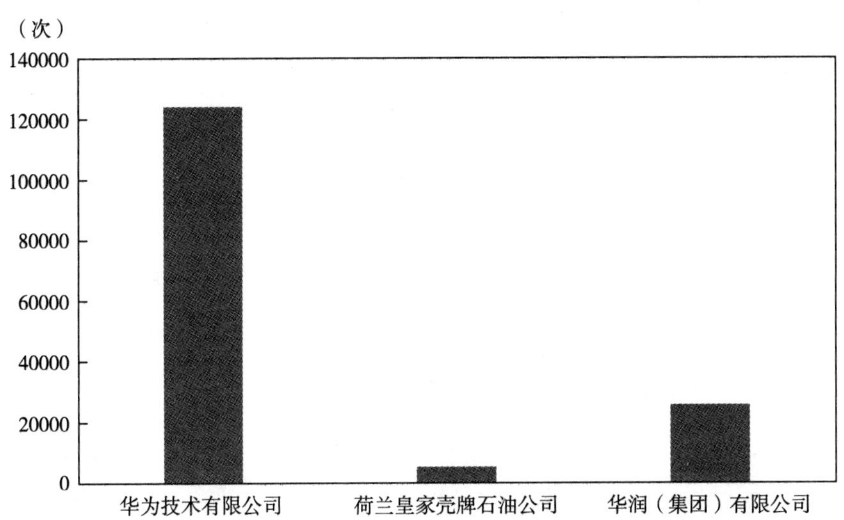

图 2-46　Instagram 一年内图文最高点赞量比较

在一年内视频最高点击量方面，华润（集团）有限公司最高（263000），是华为技术有限公司的 2.5%，是荷兰皇家壳牌石油公司的 248.1%。

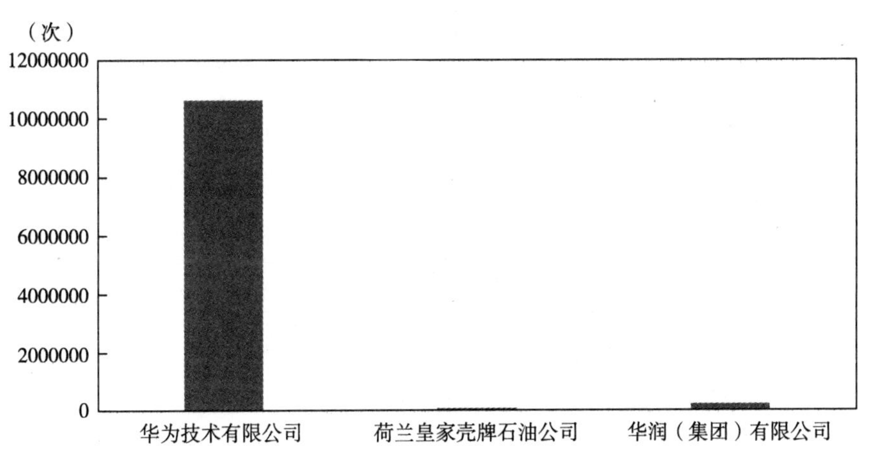

图 2-47　Instagram 一年内视频最高点击量比较

（三）Instagram 海外传播力案例分析

1. 中国南方航空集团有限公司

中国南方航空集团有限公司（以下简称南航）在 Instagram 上的传播力得分在 97 家中

央企业中排名第 1，其粉丝数量位居榜首。南航发布的内容丰富多样，各项数据指标均表现优秀，在此详细分析其传播效果较好的原因。

首先，维持内容更新，提高用户关注。南航在 Instagram 上的账号得到了官方认证，表现极为活跃。它几乎保持着每日发布 2~3 条信息的频率，仅在一年之内就发布了超过 600 条内容，这一数量在 97 家中央企业中遥遥领先，甚至接近华为技术有限公司发布内容数量的 2 倍。南航坚持保持账号的定期更新、提供多样化的内容，交替分享最新的航班信息、服务升级、公司新闻、公益活动等，有助于保持账号的新鲜感，同时能够引起用户关注。

其次，重视粉丝互动，增强用户黏性。南航积极鼓励用户参与和用户生成内容，设置奖励以激励粉丝分享他们与旅行相关的照片、故事或经验，并通过创建特定的话题标签邀请用户分享他们的旅行体验，促使关注者积极参与本账号的内容运营过程中，增加其参与感和用户黏性。

图 2-48　南航 Instagram 账号设置奖励、鼓励分享

此外，南航通过设置“guessing game”（猜谜游戏）呼吁大家在留言区进行互动回答，例如“你能凭借机翼分辨出飞机的型号吗?”等问题，既联系自身特点又以独特有趣的视角切入，增强了互动感，容易激发用户的兴趣。

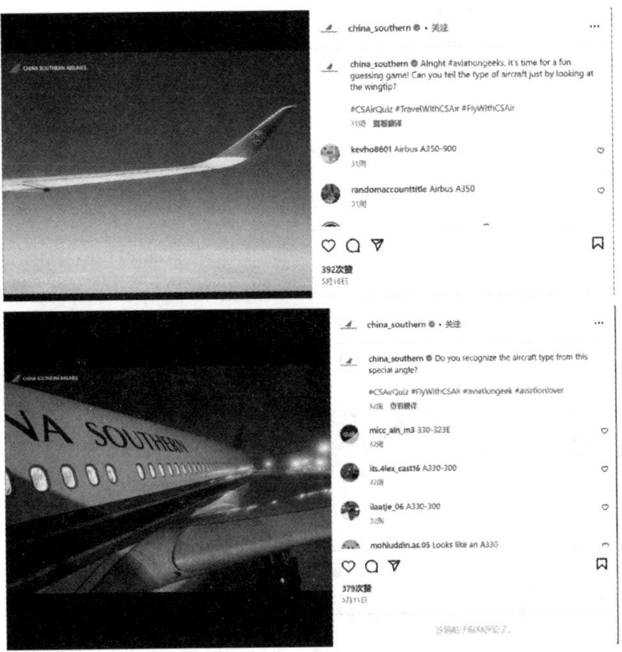

图 2-49　南航 Instagram 账号提出问题、鼓励互动

再次，注重传统文化，体现文化自信。在传播自身企业文化的同时，南航还发布了许多与中国传统文化相关的内容，例如，寒露节气、中秋节等，展现中华文化的独特魅力和深厚底蕴。这种做法有助于增进各国人民对中华文化的理解和认同，进一步体现了企业的文化自信。

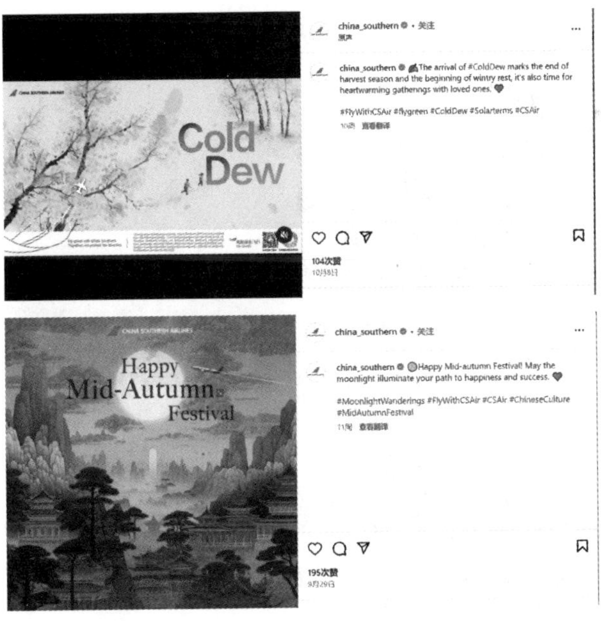

图 2-50　南航 Instagram 账号庆祝传统节日（寒露、中秋）

又次，运用历史影像，提升企业形象。除企业动态、传统文化等内容外，南航的账号也经常发布关于拥有长时间飞行生涯的机组人员退休的消息，展示公司内部的幕后花絮，包括机组人员的日常工作、飞行背后的故事等，并配以这些员工珍贵的工作老照片，聚焦他们的工作历程和感人故事。老照片作为一个重要的传播载体，承载着丰富的历史信息和回忆。在南航的官方账号中，老照片不仅记录了机组人员宝贵的青春岁月，也展示了企业的精神风貌和发展历程，传递出一种积极向上的精神风貌，有助于提升企业的整体形象。这种更贴近人心、更接地气的方式，展现了企业的人文关怀，有利于增强外界对企业的认同感。

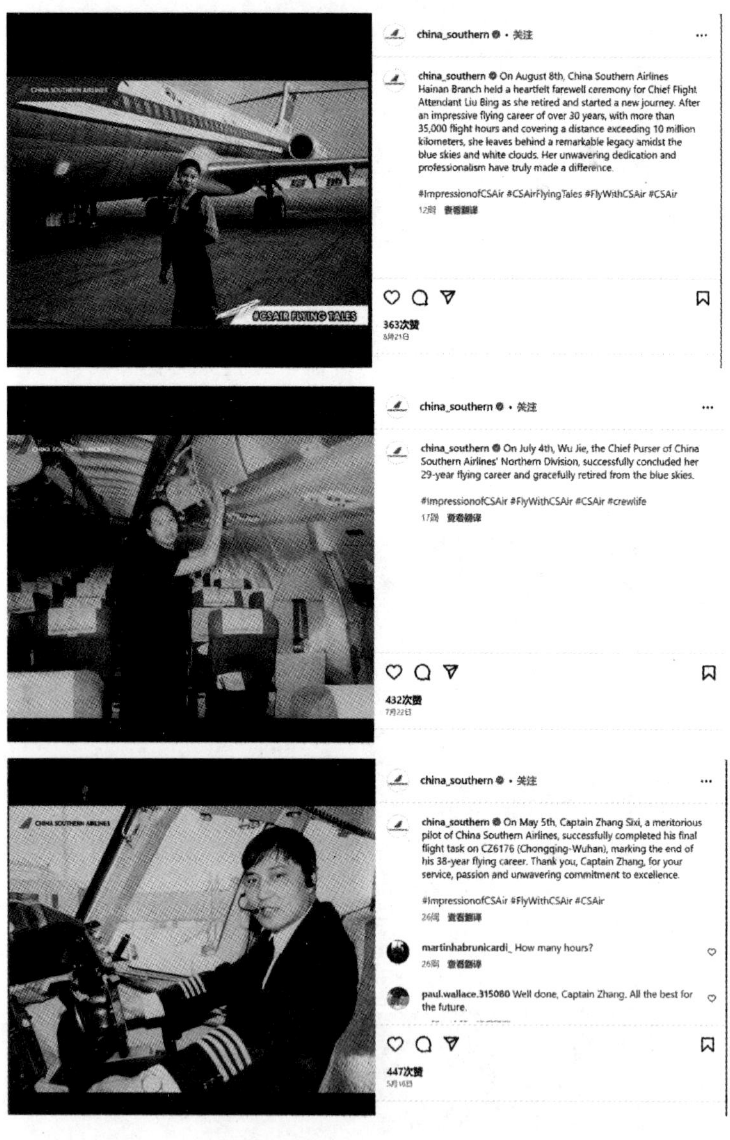

图 2-51　南航 Instagram 账号分享机组人员老照片

最后，提供有益资讯，展现中国水平。南航的 Instagram 上账号频繁分享关于航空业的最新趋势、技术创新、安全标准等方面的专业资讯，介绍南航推出的新航线、新服务、新餐食等方面的创新，提供与旅行相关的有益信息，有利于展现出其在航空领域和服务领域的专业水平，同时强调中国在这些方面的卓越表现。

举例来说，其于 2023 年 4 月 22 日发布的有关 ARJ21 飞机的推文，是南方航空“一年内图文最高点赞量”的推文。ARJ21 飞机是我国首次按照国际民航规章自行研制、具有自主知识产权的中短程新型涡扇支线飞机，为 C919 等后续机型的发展打下了基础。南航的这条推文传播效果显著，有助于增强关注者对中国民机研制技术实力的认可，展示中国在航空领域的水平。

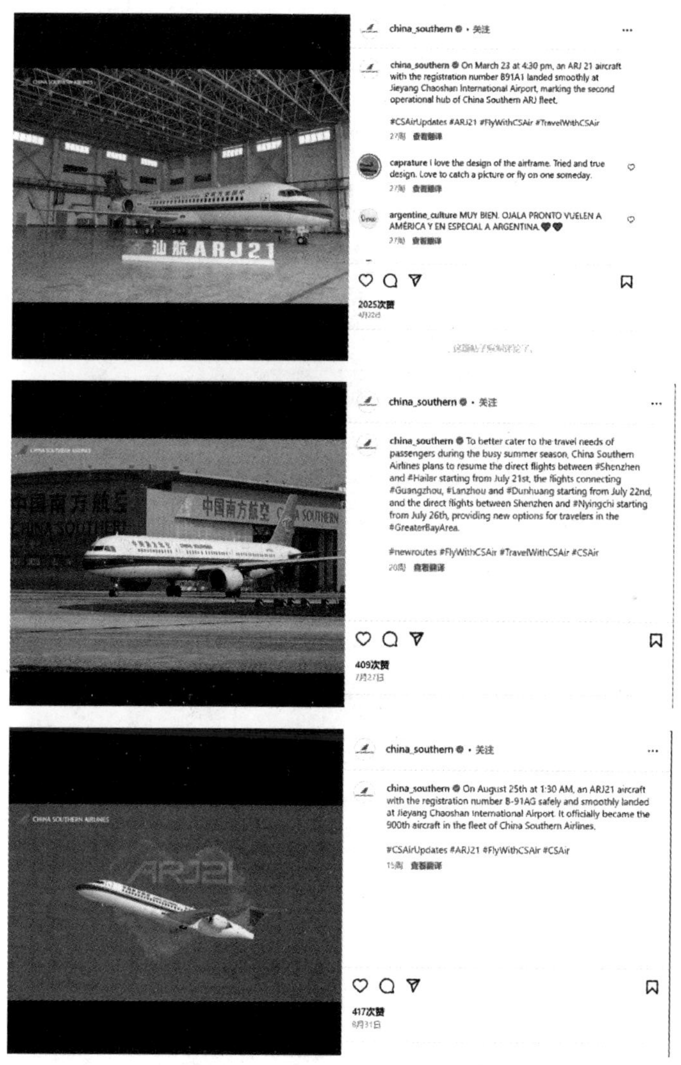

图 2-52 南航 Instagram 账号介绍新机型、新航线

2. 华润（集团）有限公司

在 97 家中央企业中，华润（集团）有限公司（以下简称华润）Instagram 传播力得分较高。虽然其粉丝数量不多，但一年内图文最高点赞量和一年内视频最高点击量均位居榜首，甚至超过了荷兰皇家壳牌石油公司的账号，可见其发布内容传播效果之好。在此具体分析华润在传播效果上表现出色的原因。

首先，注重视觉设计，提升吸引力。通过颜色、形状、图形等元素的组合，华润在 Instagram 的账号发布了各种各样的优质配图和动画，为企业形象注入独特的视觉元素。点击量最高的视频（263000）就是有关其产品的简短动画，展示了一个从白天到黑夜的动态过程，令人印象深刻。这些独特的视觉表达方式能够使华润在社交媒体平台上脱颖而出，吸引关注者的目光，提高内容的吸引力，加深用户对企业的印象。

图 2-53　华润 Instagram 账号的优质配图和动画

其次，强调社会责任，塑造企业形象。在 Instagram 平台，华润频繁传播自身定位与形象，展示企业参与的环保实践、公益项目和对“可持续发展”承诺的践行等，例如，在集团成立 40 周年之际，华润发文称将重塑新的企业价值观和企业精神；以及华润资助 20 名来自中国香港地区的学生到华润希望小镇做志愿者；还有华润在深圳经营低碳实验商店等。这类内容传达了华润积极向上的企业形象和公司价值观，凸显了企业的社会责任心。这有利于增强用户对该企业的好感度和忠诚度，进一步提升传播效果。

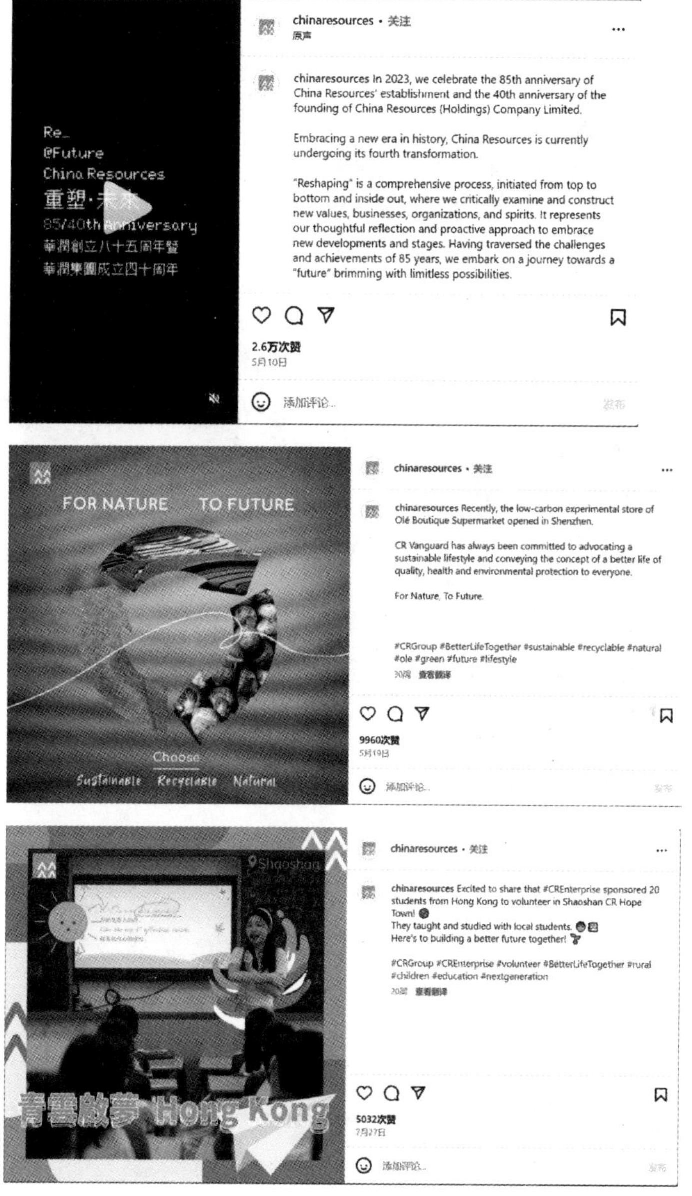

图 2-54 华润 Instagram 账号塑造企业形象的推文

最后，结合企业项目，介绍地方特色。华润的 Instagram 账号结合企业自身推动的“希望小镇建设项目”，生动呈现中国各地的独特之处，如遵义、通化等，包括其丰富的文化底蕴、传统风俗和自然景观，使受众更深刻地领略到中国各地区的魅力，同时也巧妙地将企业项目与地方特色紧密结合。这种独特而新颖的内容呈现不仅提高了用户对账号的关注度，也增强了海外受众对中国文化多样性的了解和认识。

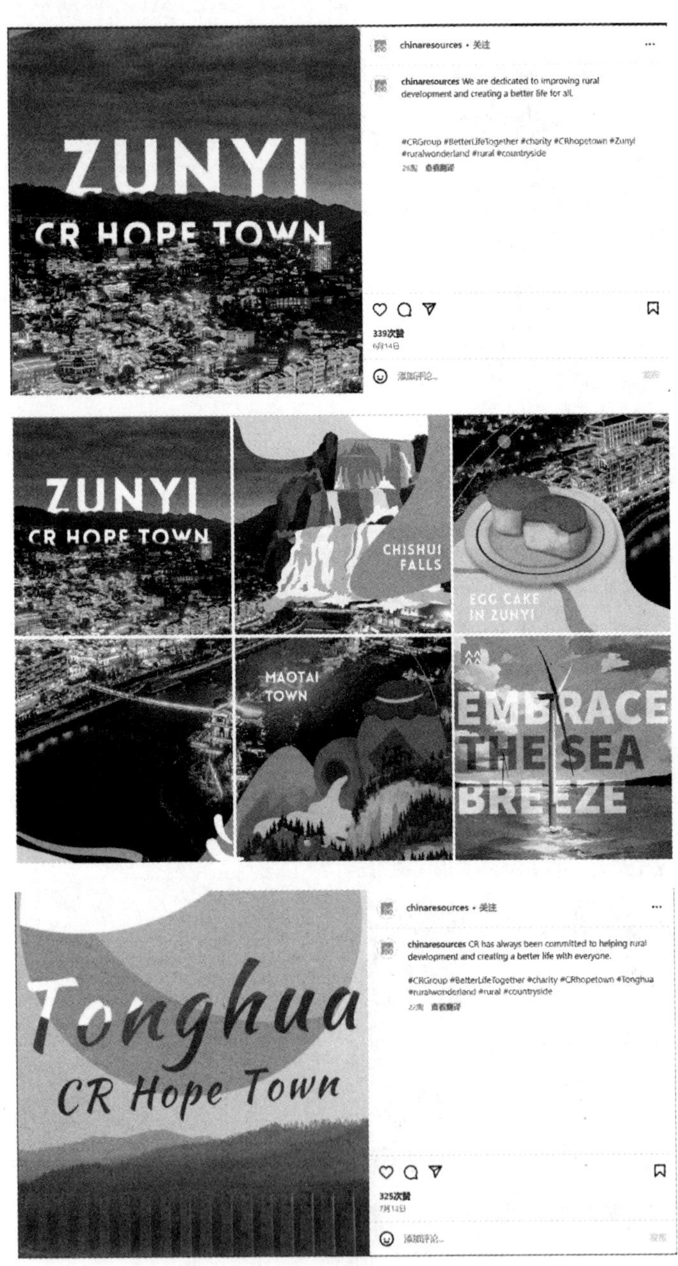

图 2-55　华润 Instagram 账号分享希望小镇建设项目（遵义、通化）

图 2-55　华润 Instagram 账号分享希望小镇建设项目（遵义、通化）（续）

（四）Instagram 传播力小结

1. 部分账号传播策略待优化，内容质量仍需提升

在传播策略和传播内容方面，航空类和能源类中央企业表现突出，但其他中央企业在 Instagram 平台上的传播策略则显得不尽如人意，存在诸多不足之处，亟待加以优化和改进。

首先，在发布周期方面，部分中央企业 Instagram 账号的更新频率较低甚至长时间不发布新内容。这种现象容易导致关注者对企业的关注度下降，影响企业在平台上的传播效果。其次，在发布内容质量方面，部分中央企业 Instagram 平台存在内容同质化、缺乏创意和深度的问题。这些内容既难以吸引和留住用户，也无法展现企业的核心价值和特色。此外，在与关注者的互动方面，部分中央企业表现较为被动，很少回复评论或参与话题讨论，从而降低了与关注者之间的互动频率。

2. 传播内容多样化，但"在地化"程度尚待提高

随着中央企业国际化程度的提升，越来越多的中央企业在 Instagram 上拥有自己的账号，部分账号也具备了一些粉丝基础，在 Instagram 平台发布丰富多样的内容，不仅包括图片和视频，还运用直播、问答等形式，增加了内容的趣味性和吸引力，能够满足不同用户的需求。

但是，中央企业在海外传播中的在地化程度尚待提高。首先，部分中央企业发布的图片和视频仍采用全中文内容，导致国外观众难以理解和接受。这对于提升中央企业的国际影响力以及拓展海外市场来说，无疑是一种制约因素。其次，部分账号存在直接照搬国内社交媒体账号素材的现象，忽视了海外市场的特点和需求。这种传播方式难以与海外受众产生共鸣，也无法体现中央企业在国际传播中的本土化策略。可见，中央企业在海外传播过程中还存在一定的"水土不服"问题，应更重视语言本地化、内容在地化、互动本地化等多方面措施，以更好地融入海外市场，提升中央企业的国际影响力。

九、维度六：中央企业YouTube传播力

YouTube 是世界上用户规模最大的视频网站之一，在全球拥有超过 25 亿的用户，具有极大的影响力，用户可以在该平台浏览并上传内容。近年来，YouTube 已经逐渐成为新闻报道与用户原创内容兼具的网络平台，YouTube 平台的统计数据在一定程度上可以反映中央企业的海外网络传播能力。

（一）YouTube 传播力得分

YouTube 传播力指数维度分为自建数据与他建数据两部分。其中，自建数据指标包括 6 个指标，共占总权重的 10%。其中，是否有官方认证账号占 1%，订阅数量、一年内发布的视频数量各占 1.5%，一年内最高点击量、一年内最高点赞量、一年内最高评论量各占 2%。他建数据指标包括他建视频数量、他建最高浏览量、他建最高点赞量和他建最高评论量共 4 个指标，每项指标各占 2%，“他建”指标共占权重的 8%。

中央企业的 YouTube 账号平均订阅数量为 1903 人，较上年（1840 人）提升了 3.42%。中央企业一年内视频发布的平均数量为 17 条，较上年（12 条）提升近 41.67%。

（二）YouTube 传播力具体指标分析

1. YouTube 传播力得分分布

YouTube 传播力指数得分靠前的中央企业依次是中国东方航空集团有限公司、中国航空集团有限公司、东风汽车集团有限公司、中粮集团有限公司、中国中车集团有限公司。

表 2-10　中央企业 YouTube 传播力指数

序号	企业名称	得分
1	中国东方航空集团有限公司	100.00
2	中国航空集团有限公司	68.69
3	东风汽车集团有限公司	67.75
4	中粮集团有限公司	54.97
5	中国中车集团有限公司	50.97
6	中国航天科工集团有限公司	48.95
7	中国石油化工集团有限公司	44.50
8	中国建筑集团有限公司	40.28

续表

序号	企业名称	得分
9	哈尔滨电气集团有限公司	34.37
10	中国移动通信集团有限公司	33.68
11	中国能源建设集团有限公司	31.21
12	国家电网有限公司	19.86
13	中国一重集团有限公司	19.11
14	中国黄金集团有限公司	17.67
15	中国建筑科学研究院有限公司	17.12
16	中国石油天然气集团有限公司	15.80
17	中国电气装备集团有限公司	14.52
18	中国铁道建筑集团有限公司	13.88
19	华侨城集团有限公司	12.34
20	中国中煤能源集团有限公司	11.98
21	中国铁路工程集团有限公司	10.66
22	中国稀土集团有限公司	10.59
23	中国长江三峡集团有限公司	9.77
24	中国南方航空集团有限公司	8.29
25	中国航天科技集团有限公司	6.89
26	中国电力建设集团有限公司	6.72
27	中国兵器装备集团有限公司	5.84
28	中国信息通信科技集团有限公司	4.94
29	中国机械工业集团有限公司	4.39
30	中国海洋石油集团有限公司	2.91
31	中国远洋海运集团有限公司	2.49
32	中国卫星网络集团有限公司	1.92
33	中国铝业集团有限公司	1.69
34	国家石油天然气管网集团有限公司	1.53
35	鞍钢集团有限公司	1.44

2. 参照系比较

将97家中央企业中YouTube传播力得分第1的中国东方航空集团有限公司（100.00）与华为技术有限公司（9948.42）和荷兰皇家壳牌石油公司（3742.08）进行比较，华为技术有限公司的得分是中国东方航空集团有限公司的99.48倍，荷兰皇家壳牌石油公司的得分是中国东方航空集团有限公司的 37.42 倍。

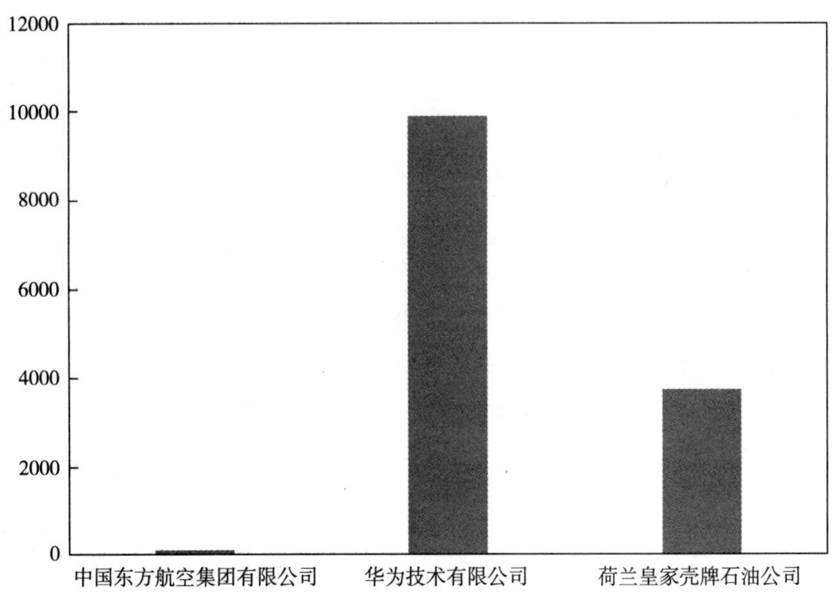

图 2-56　YouTube 传播力指数参照

（三）YouTube 传播力具体指标分析

1. 自建数据

2023 年，在 97 家中央企业中，共有 50 家中央企业拥有 YouTube 账号，较上年增加 9 家企业，仍无企业拥有官方认证账号。

在订阅数量方面，中央企业的 YouTube 账号平均订阅数量为 1967 人，在 50 家拥有 YouTube 账号的中央企业中，有 5 家中央企业账号的订阅数量在 10000 人以上，分别是中国中车集团有限公司（71600 人）、国家电网有限公司（40400 人）、中国电力建设集团有限公司（16100 人）、中国石油化工集团有限公司（15100 人）、中国航空集团有限公司（10200 人）。其中，中国中车集团有限公司的订阅数量是华为技术有限公司订阅数量（714000 人）的 10.02%，是荷兰皇家壳牌石油公司订阅数量（588000 人）的 12.17%。

在一年内发布的视频数量方面，50 家拥有 YouTube 账号的中央企业视频发布数量普遍较少，且更新频率较低。中央企业的 YouTube 账号一年内发布的视频平均数量为 17 条，较上年（12 条）有所增长。一年内视频发布数量最多的是中国航天科工集团有限公司（239 条），是荷兰皇家壳牌石油公司（109 条）的 2.19 倍，但仅是华为技术有限公司（444 条）的 53.82%。

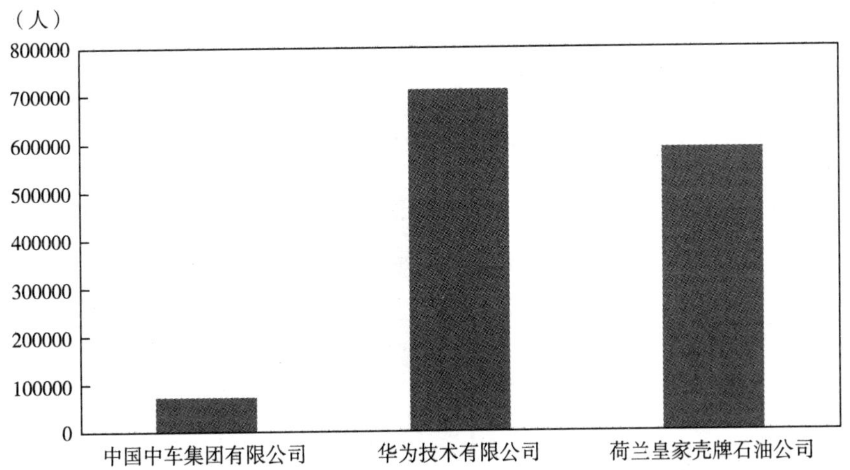

图 2-57 YouTube 订阅数量比较

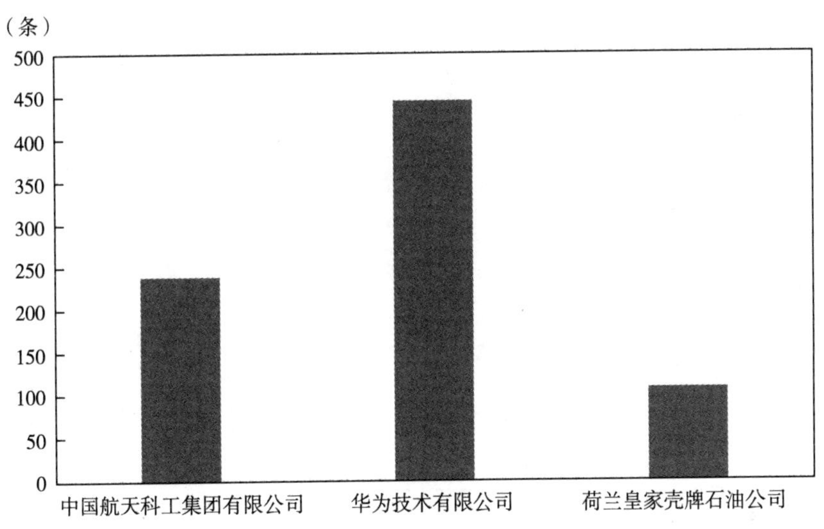

图 2-58 YouTube 一年内发布内容数量比较

在一年内最高浏览量方面，50 家中央企业的数量相差较大。97 家中央企业中，得分最高的是哈尔滨电气集团有限公司（58485 次），但与华为技术有限公司（17791513 次）和荷兰皇家壳牌石油公司（1109810 次）的一年内最高点击量相比仍有较大差距。得分较多的 10 家中央企业中，以中粮集团有限公司（19869 人次）为分水岭，其后的中央企业 YouTube 账号一年内最高浏览量均未过万。

在一年内最高点赞量和评论量方面，50 家拥有 Youtube 账号的中央企业视频的点赞、评论量整体较少，部分中央企业甚至关闭了视频评论区。一年内最高点赞量、评论量最高的是中国东方航空集团有限公司，分别为 693 次、91 次，均高于华为技术有限公司及荷兰皇家壳牌石油公司。由此可见，部分中央企业在 YouTube 平台中的点赞量和评论量情况较好。

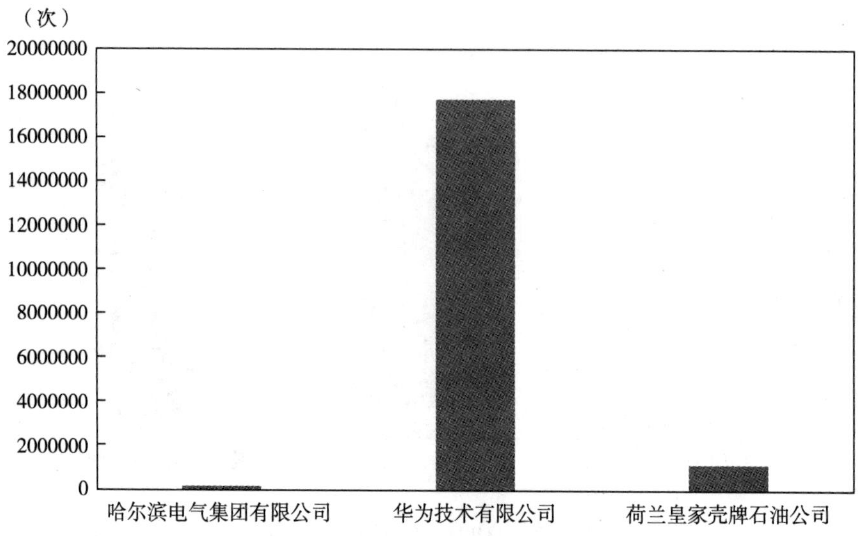

图 2-59　YouTube 一年最高点击量对比

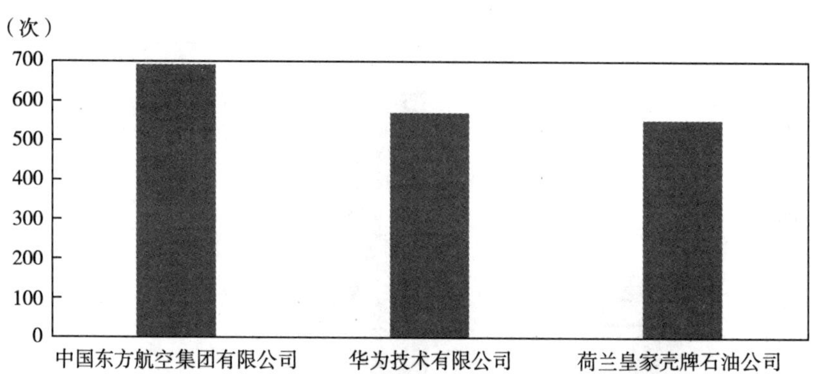

图 2-60　YouTube 一年内最高点赞量

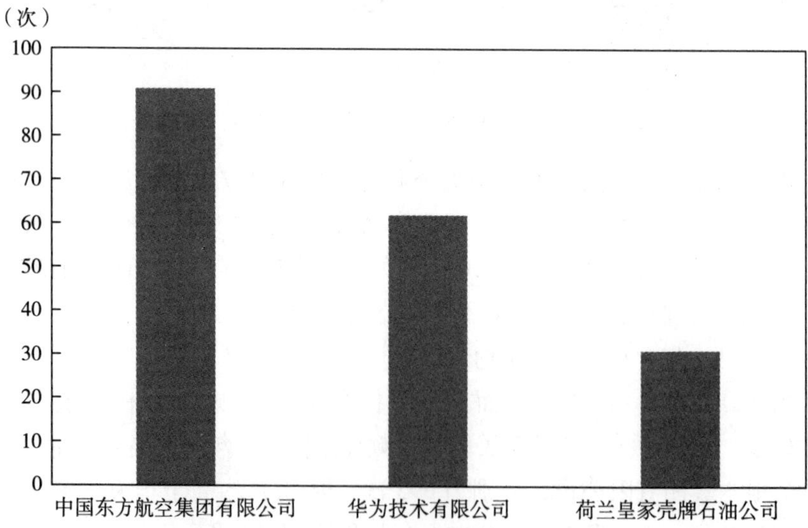

图 2-61　YouTube 一年内最高评论量对比

2. 他建数据

约92%的中央企业在 YouTube 平台上，有一定非自行传播的相关曝光。

在视频数量方面，中央企业 YouTube 他建视频数量平均为 43679 条，企业间数量差异较大。其中，得分最高的是中国能源建设集团有限公司，约有 1000000 个他建视频，近半数中央企业的他建视频个数少于 50 个。

在一年内“他建”视频最高浏览量方面，中央企业“他建”视频平均浏览量（861436 次）远高于“自建”视频平均浏览量（2697 次）。其中，得分最多的东风汽车集团有限公司“他建”视频一年内最高浏览量为 66535415 次，是华为技术有限公司（51901811 次）的 1.28 倍，是荷兰皇家壳牌石油公司（100116889 次）的 66.46%。

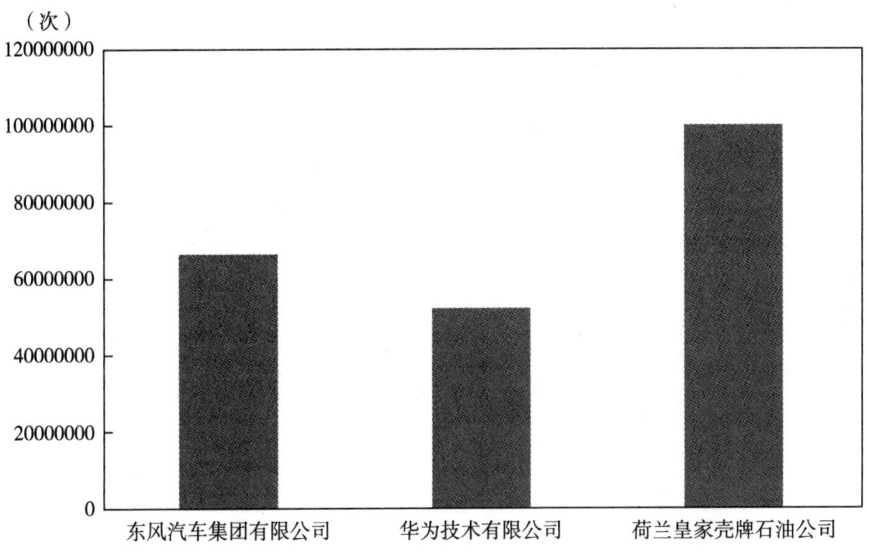

图 2-62 YouTube“他建”视频最高浏览量对比

根据数据来看，“他建”视频的平均点赞量（14601 次）要远高于“自建”视频的平均点赞量（18 次）。在一年内“他建”视频最高点赞量方面，97 家中央企业中，东风汽车集团有限公司最高（708175 次），为华为技术有限公司（1456878 次）的 48.61%，是荷兰皇家壳牌石油公司（1242085 次）的 57.02%。

根据数据来看，中央企业 YouTube 平台“他建”视频的平均评论量（273 次）要远高于“自建”视频的平均评论量（2 次）。在一年内“他建”视频最高评论量方面，97 家中央企业中，中国航空集团有限公司最高（14000 次），为华为技术有限公司（4842 次）的 2.89 倍，是荷兰皇家壳牌石油公司（963 次）的 14.54 倍。

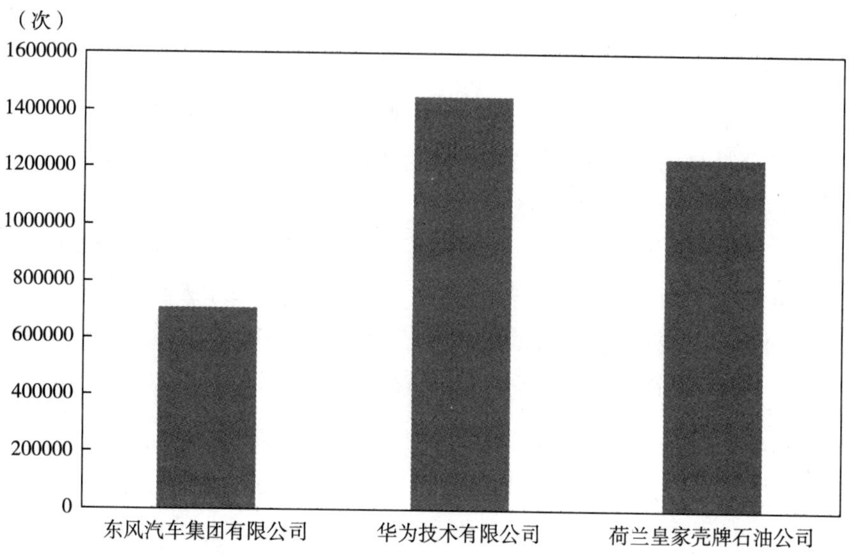

图 2-63　YouTube“他建”视频最高点赞量对比

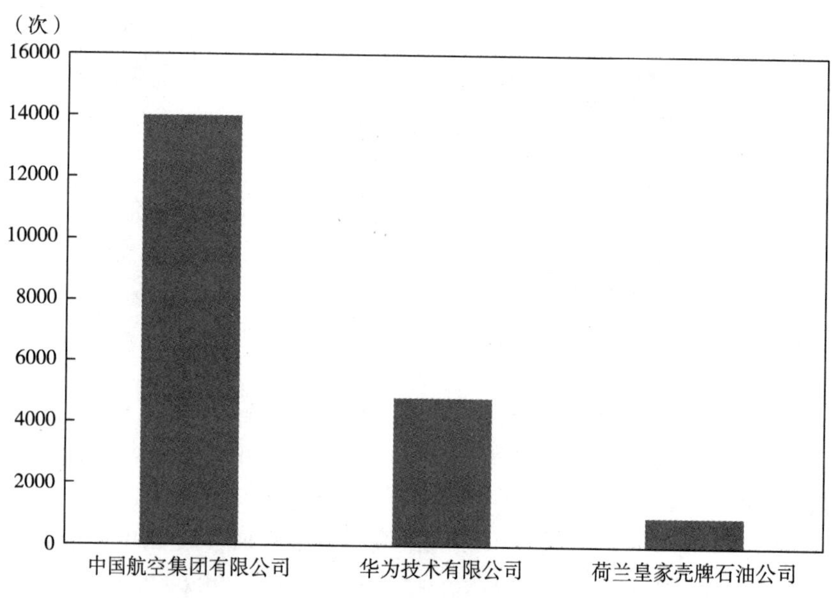

图 2-64　YouTube“他建”视频最高评论量对比

（四）YouTube 传播力案例分析

1. 中国航天科工集团有限公司

中国航天科工集团有限公司于 YouTube 平台的海外网络传播力在一年内提升比较明显，订阅数量从 0 飞升至 2950 人，2023 年的视频发布数量位居 97 家中央企业首位，多达 239 条，视频的一年内最高浏览数量高达 23405 次。

中国航天科工集团有限公司 YouTube 账号内容较为丰富，包括相关直播、短视频、长视频以及按主题整理的播放合集等。不同的视频样态可以适配不同的传播目的，如直播主要用于记录大型任务的实时报道，短视频体量小，如对设备或天文天象的展示；长视频对题材的包容性更好，因此可呈现内容种类更加综合。多类型内容的提供适应了 YouTube 平台中多样的传播样态，更符合受众观看需求。

图 2-65　中国航天科工集团有限公司 YouTube 直播截图

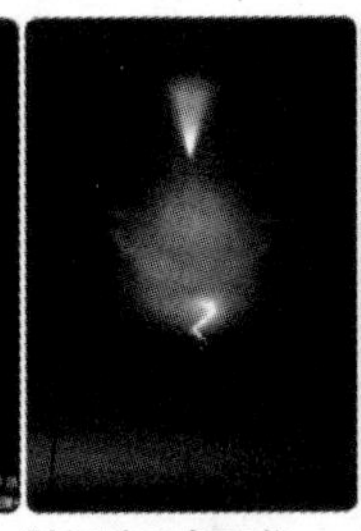

图 2-66　中国航天科工集团有限公司 YouTube 短视频截图

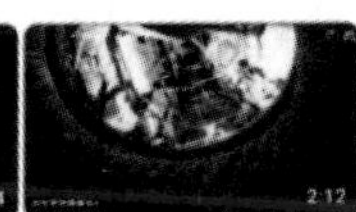
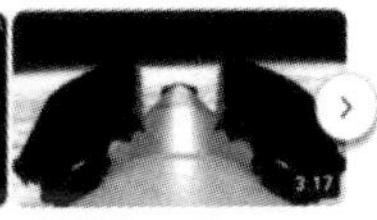

图 2-67　中国航天科工集团有限公司 YouTube 长视频截图

图 2-68　中国航天科工集团有限公司 YouTube 播放列表截图

2023 年，中国航天科工集团有限公司在 YouTube 平台上有多个视频浏览量达 20000 次以上。其中，记录由北京星际荣耀空间科技有限公司（i-Space）独立设计、研发的双曲线二号验证火箭在酒泉首次飞行试验成功的视频获得 21000 次观看，引发海外受众对中国航天发展成果的认可，展现出新时代中国航天的巨大魅力。

图 2-69　中国航天科工集团有限公司于 YouTube 发布双曲线二号发射降落视频截图

2. 东风汽车集团有限公司

东风汽车集团有限公司在 YouTube 平台中的海外网络传播力近年来发展较好，YouTube 传播力指数得分由 2022 年的 0.43 分上升至 2023 年的 67.75 分，提升了 22 个名次。其背后的重要原因在于，东风汽车集团有限公司在 2023 年度具有良好的“他建”传播力，在 97 家中央企业中拥有一年内最高“他建”视频的浏览量和点赞量。

YouTube 平台中，东风汽车集团有限公司一年内浏览量、点赞量情况较好的“他建”视频主要集中于新兴车型的展示，以及自身产品与其他同车型产品的对比和讨论。

汽车测试类博主是东风汽车集团有限公司在 YouTube 平台“他建”视频的主要产出者，视频的主要受众群体也以车迷为主，语言涵盖英文、俄文、西班牙文等，可以发现来自多个国家的车迷都表现出了对东风汽车集团有限公司产品的喜爱与关注。东风汽车集团有限公司借助其他内容产出者的“他建”作品，也得以向世界展示中国智造和中国制造的实力，在世界舞台上吸引受众的广泛关注。

3. 中粮集团有限公司

中粮集团有限公司注重将科学与文化融入自身传播，如通过开辟“Eat Better 吃好点”专题，向受众介绍更好的食物选择和烹饪方法，在进行简单科普的同时贴近企业自身定位，产出了质量较高的视频作品。

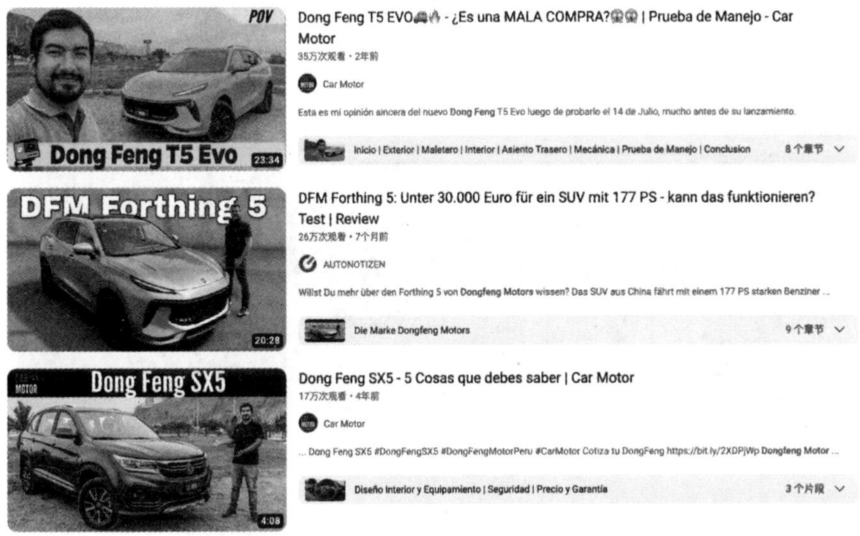

图 2-70　东风汽车集团有限公司“他建”视频搜索结果节选截图

图 2-71　东风汽车集团有限公司“他建”相关视频截图

图 2-72　中粮集团有限公司 YouTube 专题截图

同时，结合中华优秀传统文化也是中粮集团有限公司的内容生产策略之一，其在 YouTube 中大量短视频的内容都借用了中国二十四节气，结合企业的农产品信息，帮助其传播。并通过良好的构图和出色的拍摄手法，讲出产品背后的文化底蕴，在为自身产品造势的同时也宣扬了我国优秀传统文化。

图 2-73　中粮集团有限公司 YouTube 短视频截图

中粮集团有限公司 YouTube 平台内一年内浏览量、点赞量最高的视频转发自 CGTN，内容与中粮集团有限公司在南非进行玉米进口贸易相关。

图 2-74　中粮集团有限公司 YouTube 一年内点击量、点赞量最高视频截图

此视频下方的评论内容探讨了中国与南非的粮食贸易，排名靠前的评论多表示惊叹或赞许，也包括对中粮集团有限公司进口业务的分析，这部分评论更多地关注中国与南非的合作关系及其合作背后的战略意义。可见，中粮集团有限公司业务受到了外国受众的广泛关注，企业的相关行为与产品也受到了大家的深度讨论。

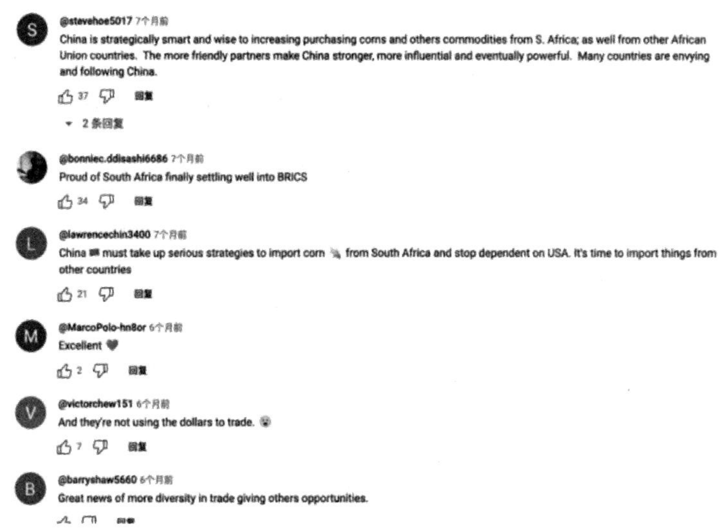

图 2-75　中粮集团有限公司 YouTube 评论节选截图

（五）YouTube 传播力小结

1. 制造业与高精尖科技引发广泛关注

在 YouTube 平台中，对有关于中央企业制造业能力和高精尖科技内容的关注度、讨论度较高，引发众多海外受众的关注和点赞，如部分中央企业发布的有关中国航空事业最新进展的相关内容收获了较高关注。同时，在诸多“他建”内容中都探讨了中央企业的相关业务和发展进程，体现出海外受众对中国科学技术及制造业发展的密切关注。

2. “他建”、“自建”差异显著，潜在受众群体有待开发

在 YouTube 平台上，中央企业“他建”视频的一年内平均的浏览量、点赞量、评论量均高于“自建”视频。“他建”视频的高数据反映了 YouTube 受众对中央企业普遍具有一定的关注意识，部分关注度较高的中央企业“他建”视频的浏览、点赞、评论量与华为技术有限公司和荷兰皇家壳牌石油公司得以持平，甚至能够超过两个参照企业。

但同时，“自建”视频数据远不如“他建”视频数据的情况也反映了中央企业对 YouTube 平台的内容生产样态和用户痛点尚不熟悉，因此未能将自己的内容生产与用户需求直接对接，无法实现有效的流量转化。此外，一部分中央企业一年内发布视频的平均数量仅为个位数，与华为技术有限公司（444 条）和荷兰皇家壳牌石油公司（109 条）相比差距较大。可见，部分中央企业对 YouTube 平台海外网络传播力建设的重视程度有待提高，传播策略有待改善。

十、维度七：中央企业ChatGPT传播力

ChatGPT 先进的数据获取和深度的自然语言处理技术，使其能够有效整合并分析涉及中央企业海外网络传播的多元数据，涵盖社交媒体动态、新闻报道等信息。在精准辨识并深入解析相关数据的基础上，ChatGPT 还可以从多角度对中央企业的全球传播影响力进行评估，为前 6 个平台的数据分析结果提供辅助验证，增强整体评估的全面性与可靠性。

本维度下，对中央企业海外网络传播力的评估由 GPT-4 完成。具体操作步骤如下：

步骤 1：将 97 家中央企业的英文名称制作成 Excel 表格，上传并让 GPT-4 读取。

步骤 2：在 GPT-4 聊天框中输入如下内容："我给了一个中央企业的名单，请读取名单，根据 GPT 的数据库所学知识，对这些中央企业的全球传播量大小进行打分。打分阈值（0~100 分）。输出一个新的表格。"让 GPT-4 根据其数据库训练数据对中央企业的全球传播量进行综合评估，评估结果输出为百分制的评分表，并将其作为 ChatGPT 平台的中央企业海外网络传播力指数参考依据。

步骤 3：为减小误差，另外使用 2 个不同的 GPT-4 账号重复步骤 2 的操作，依次得到 3 份中央企业海外网络传播力综合评估的百分制评分表。

步骤 4：将 3 份评分表内同一中央企业下的 3 个数据值取平均数处理，得到的数据结果作为最终用作数据分析的 ChatGPT 平台中央企业海外网络传播力评估指数。

表 2-11　中央企业 ChatGPT 评估传播力指数

序号	中文名称	得分	序号	中文名称	得分
1	中国保利集团有限公司	100.00	11	国家电力投资集团有限公司	92.76
2	中国船舶集团有限公司	97.74	12	中国华能集团有限公司	92.76
3	中国中车集团有限公司	94.57	13	中国远洋海运集团有限公司	91.86
4	中国五矿集团有限公司	94.57	14	中国黄金集团有限公司	91.86
5	中国医药集团有限公司	94.57	15	中国电气装备集团有限公司	91.86
6	中国冶金地质总局	94.57	16	中国交通建设集团有限公司	91.40
7	中国航天科工集团有限公司	94.12	17	中国一重集团有限公司	91.40
8	中国航天科技集团有限公司	93.21	18	中国石油天然气集团有限公司	90.95
9	中国兵器工业集团有限公司	93.21	19	招商局集团有限公司	90.95
10	中粮集团有限公司	92.76	20	中国林业集团有限公司	90.95

续表

序号	中文名称	得分	序号	中文名称	得分
21	中国化学工程集团有限公司	90.05	56	中国铝业集团有限公司	83.26
22	中国长江三峡集团有限公司	89.59	57	中国旅游集团有限公司［香港中旅（集团）有限公司］	83.26
23	矿冶科技集团有限公司	89.59			
24	中国中煤能源集团有限公司	89.14	58	中国民航信息集团有限公司	83.26
25	中国钢研科技集团有限公司	89.14	59	中国融通资产管理集团有限公司	83.26
26	国家开发投资集团有限公司	88.69	60	中国航空集团有限公司	82.81
27	中国核工业集团有限公司	88.24	61	国家电网有限公司	82.81
28	中国能源建设集团有限公司	87.78	62	中国稀土集团有限公司	82.81
29	中国国新控股有限责任公司	87.78	63	国家石油天然气管网集团有限公司	82.81
30	中国东方电气集团有限公司	87.33	64	中国国际工程咨询有限公司	82.81
31	中国有色矿业集团有限公司	87.33	65	中国安能建设集团有限公司	82.81
32	中国卫星网络集团有限公司	87.33	66	华侨城集团有限公司	81.90
33	中国铁路通信信号集团有限公司	87.33	67	中国华电集团有限公司	81.90
34	中国建筑集团有限公司	86.88	68	中国检验认证（集团）有限公司	81.90
35	中国建材集团有限公司	86.88	69	新兴际华集团有限公司	81.90
36	中国电信集团有限公司	86.43	70	哈尔滨电气集团有限公司	81.00
37	中国电子信息产业集团有限公司	86.43	71	中国南方电网有限责任公司	81.00
38	中国物流集团有限公司	86.43	72	中国诚通控股集团有限公司	81.00
39	中国节能环保集团有限公司	86.43	73	中国农业发展集团有限公司	81.00
40	中国有研科技集团有限公司	86.43	74	中国机械工业集团有限公司	80.54
41	中国铁道建筑集团有限公司	85.97	75	中国航空发动机集团有限公司	80.54
42	中国电力建设集团有限公司	85.97	76	中国煤炭科工集团有限公司	80.54
43	中国联合网络通信集团有限公司	85.97	77	华润（集团）有限公司	80.09
44	鞍钢集团有限公司	85.97	78	中国宝武钢铁集团有限公司	80.09
45	中国盐业集团有限公司	85.97	79	国家能源投资集团有限责任公司	80.09
46	中国机械科学研究总院集团有限公司	85.97	80	中国信息通信科技集团有限公司	79.64
47	东风汽车集团有限公司	85.52	81	中国电子科技集团有限公司	79.64
48	中国广核集团有限公司	85.52	82	南光（集团）有限公司［中国南光集团有限公司］	79.64
49	中国海洋石油集团有限公司	85.07			
50	中国石油化工集团有限公司	84.62	83	中国航空器材集团有限公司	79.19
51	中国航空工业集团有限公司	83.71	84	中国铁路工程集团有限公司	77.83
52	中国建筑科学研究院有限公司	83.71	85	中国大唐集团有限公司	77.83
53	中国建设科技有限公司	83.71	86	中国商用飞机有限责任公司	76.92
54	中国南水北调集团有限公司	83.71	87	中国南方航空集团有限公司	76.47
55	中国国际技术智力合作集团有限公司	83.71	88	中国储备粮管理集团有限公司	76.02

续表

序号	中文名称	得分	序号	中文名称	得分
89	中国兵器装备集团有限公司	74.21	94	中国航空油料集团有限公司	73.30
90	中国矿产资源集团有限公司	74.21	95	中国东方航空集团有限公司	72.40
91	中国煤炭地质总局	74.21	96	中国第一汽车集团有限公司	72.40
92	中国移动通信集团有限公司	73.30	97	中国中化控股有限责任公司	68.33
93	中国通用技术（集团）控股有限责任公司	73.30			

十一、结论与分析

（一）头部亮点：中石化蝉联第一，综合排名前五名中包含两家能源公司、三家航空公司，多平台宽领域打造立体海外传播矩阵

数据显示，中国石油化工集团有限公司、中国东方航空集团有限公司、中国南方航空集团有限公司、中国石油天然气集团有限公司、中国建筑集团有限公司、中国移动通信集团有限公司、中国中车集团有限公司（以下简称中国中车）7 家中央企业，继上一年度，于 2023 年再次位列中央企业海外传播力综合指数得分前十。

2023 年，新进入海外网络传播力综合指数得分前十的中央企业共有两家，分别是国家电网有限公司和中国铁道建筑集团有限公司。

表 2-12　近 6 年中央企业海外传播力综合指数对比

序号	2018 年	2019 年	2020 年	2021 年	2022 年	2023 年
1	中国南方航空集团有限公司	中国航空集团有限公司	中国移动通信集团有限公司	中国东方航空集团有限公司	中国石油化工集团有限公司	中国石油化工集团有限公司
2	中国航空集团有限公司	中国南方航空集团有限公司	中国电力建设集团有限公司	中国中车集团有限公司	中国移动通信集团有限公司	中国东方航空集团有限公司
3	中国东方航空集团有限公司	中国中车集团有限公司	中国东方航空集团有限公司	中国移动通信集团有限公司	中国南方航空集团有限公司	中国南方航空集团有限公司
4	中国石油化工集团有限公司	中国石油化工集团有限公司	中国中车集团有限公司	中国南方航空集团有限公司	中国中车集团有限公司	中国航空集团有限公司
5	国家电力投资集团有限公司	中国东方航空集团有限公司	中国南方航空集团有限公司	中国建筑集团有限公司	中国东方航空集团有限公司	中国石油天然气集团有限公司
6	中国中车集团有限公司	中国移动通信集团有限公司	中国建筑集团有限公司	中国石油天然气集团有限公司	中国石油天然气集团有限公司	中国建筑集团有限公司

续表

序号	2018 年	2019 年	2020 年	2021 年	2022 年	2023 年
7	中国移动通信集团有限公司	中国电信集团有限公司	中国石油化工集团有限公司	中粮集团有限公司	中国建筑集团有限公司	中国移动通信集团有限公司
8	东风汽车集团有限公司	中国联合网络通信集团有限公司	中国医药集团有限公司	中国石油化工集团有限公司	中国医药集团有限公司	国家电网有限公司
9	中国联合网络通信集团有限公司	国家电力投资集团有限公司	中国铁路工程集团有限公司	中国电力建设集团有限公司	中国海洋石油集团有限公司	中国中车集团有限公司
10	中国第一汽车集团有限公司	华润（集团）有限公司	中国航空集团有限公司	中国航空集团有限公司	华润（集团）有限公司	中国铁道建筑集团有限公司

中国石油化工集团有限公司、中国东方航空集团有限公司、中国南方航空集团有限公司、中国移动通信集团有限公司、中国中车集团有限公司在海外网络传播力建设中的持续性成功反映出其背后详细的对外传播策略和全面的传播矩阵布局。为了更好地在海外媒体提升传播力，这些位居头部的中央企业不仅在多个平台上进行广泛传播，达成“量”的积累，还保持着内容发布和更新的可观频率，同时做到“时”的延展。

进入前十的中央企业都十分重视传播的覆盖度，如 2023 年东航在 Wikipedia 和 YouTube 两个平台中传播力都是最佳；南航在 Facebook 和 Instagram 两个平台上的传播力建构均为第一名；中石油在 Google 平台中的传播力最好；中石化在 X 平台中排名第一。可以得知，矩阵式的全面传播布局能够帮助中央企业的信息覆盖更广泛的受众群体，从而提高自身的知名度和影响力。

（二）互动提升：中央企业抓住关键时间节点创建互动话题，拉近与海外受众的距离

数据显示，社交媒体越发成为中央企业海外传播的重要平台，通过社交媒体，企业发布自身所需内容，主导传播，还通过主动创建互动话题等方式，与平台受众进行线上的交流互动，突破时空间隔，达成即时传播。例如，中国南方航空集团有限公司在 Facebook 平台中创建多个互动话题，包括“2022 年即将结束，你最珍贵的记忆是什么?”、“2023 年已恢复多次国际航班，你在 2023 年最想去哪个国家?”、“与我们分享你的 2022 年回顾吧，向 2022 表达感谢，迎接新的一年!”等。并且通过发布调查链接的方式，向世界范围的受众收集对企业旗下航班的感受和建议。中粮集团有限公司于 YouTube 平台创建#Beauty of China Rhythmin the New Era 话题，邀请受众参与到中国韵律之美的传播之中，这些互动传播体现了主体间性，企业通过平等对话的姿态邀请国际受众参与到传播过程中来，以互动交流作为对外传播的辅助方法，以此增加企业自身内容的解释力和影响力。中国第一汽车集团有限公司在中秋佳节时，于 X 平台发布“月饼—车模配对”挑战，

邀请受众参与互动，猜出不同中国月饼的味道与中国一汽的哪种车型相匹配，还有如“将你的新年愿望告诉 FAW”、“此款车型使你和你爱的人都满意”等互动话题，具有一定的趣味性与互动性，吸引更多受众关注。

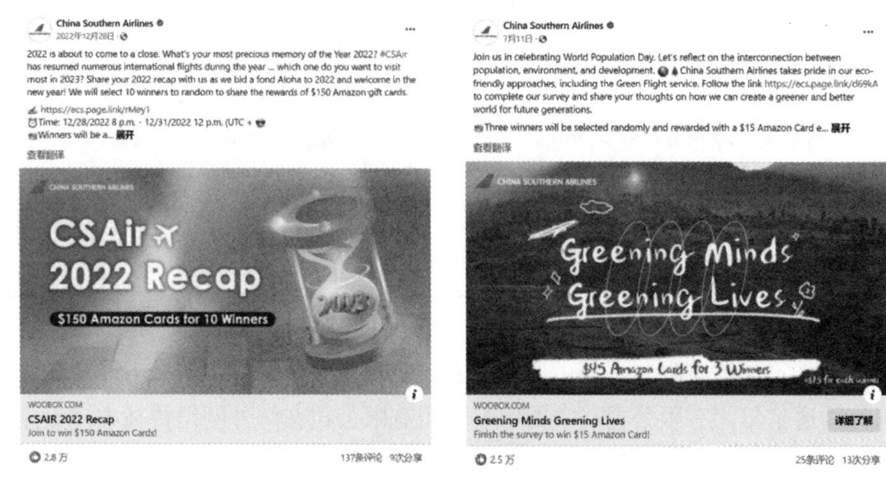

图 2-76　南航于 Facebook 发布的互动内容的截图

图 2-77　中国一汽于 X 发布的互动内容的截图

（三）情感传播：巧用标签传递正面情绪，仪式化传播营造在场感

中国航空集团有限公司巧妙地运用创建主题标签的方式，如#WednesdayWisdom、#Mondaymood、#ThursdayThoughts 等，分享较为正能量、鼓舞人心的话语。例如，引用古希腊剧作家的话语，唤起人们对学习和旅行的深层情感与智性共鸣，鼓励探索世界和充实自身生活等，使“硬性”文案内容“软着陆”，同时又与品牌吻合。轻量且有温度的内容更符合社交媒体的基调，也可以提高内容的传播效率，巧用仪式化传播手段塑造企业友好、可信赖的形象。

图 2-78　国航于 X 创建主题标签、分享正能量话语的推文截图

（四）融入当地：内容在地化策略提升中央企业区域传播力

我国中央企业在对外传播时，注重内容的在地化改造，这种改造不仅是语言层面的转化，更涉及文化、价值观等多个层面的融合，以更好地融入不同地区的受众市场。以当地员工第一视角讲述工作经历、传播当地风土人情等传播方式，能够拉近与海外受众的距离，融入当地社会生活，有效提升中央企业的区域传播力。例如，中国石油化工集团公司在 Facebook 平台中，以外籍员工哈桑·哈利的第一视角，发布了他作为其员工的成长故事与感受，与当地民众共鸣，通过“自己人”效应，获得当地居民的共情与认可。中国南方航空集团有限公司于 Instagram 平台发布了有关马来西亚的优美风景的推文，以此展示当地的风土人情。

（五）视觉表达：文案内容与视觉美学结合，带动文化、城市传播

视觉元素在内容的表达和传播中具有重要作用。2023 年我国中央企业在传播手段上纷纷创新视觉表现手法，以更加生动、形象地呈现企业内容，同时也彰显了中国审美。例如，华润（集团）有限公司在 Instagram 平台上配合杭州亚运会，发布了一张描绘西湖三潭映月景观的绘画图作。作为第 19 届亚运会官方啤酒供应商，通过视觉审美的创新，不仅展示了旗下的啤酒产品，还对外传播了我国西湖的自然之美。中国南方航空集团公司在谷雨时节，于 Facebook 上发布了一张带有中国时节文化的手绘图，将中国传统节气与其推出的清洁能源项目信息相融合，色彩搭配沉稳内敛，部分运用了国画的绘画技法，十分具有中国特色。中秋时节，中国南方航天集团有限公司和中国铁路工程集团有限公司等中央企业均发布了海报，其中圆月、山峦、祥云等具有中国文化韵味的元素最受青睐。利用

图 2-79　中石化与 Facebook 发布的外籍员工第一视角内容的截图

图 2-80　南航于 Instagram 发布的介绍马来西亚沙滩风景的推文截图

绘画、照片、视频等形式，企业可以将复杂的技术原理或产品特点以直观的方式呈现给受众，不仅能够吸引受众的注意力，还有助于加深他们对企业所传达信息和理念的理解。中粮集团有限公司于 YouTube 平台中发布了一则科普福建省武夷山市杂技“茶百戏”的视频，画面极具中式韵味，面向国际受众传播了我国福建地区独有的传统技艺，丰富了其对我国福建地区文化的了解，有助于扩大福建省在国际平台中的知名度。

图 2-81　华润、南航、中国中铁在 Instagram 与 Facebook 中发布的中国传统文化元素的海报截图

图 2-82　中粮于 YouTube 传播“茶百戏”的视频截图

（六）“专业度+话题性+合力”：共建“一带一路”、绿色环保、体育竞技等主题热度高

在海外传播中，我国中央企业比较关注热点话题和国际趋势，特别是与自身相关的主题，在一些重要的时间节点中都能积极贴合热点，发布内容助力传播。其中共建“一带一路”、“绿色环保”、“体育竞技”三个话题，成为中央企业 2023 年内容发布的重点。

2023 年是共建“一带一路”倡议提出十周年，这一主题在 2023 年中央企业的内容发布话题中热度持续增长。Google 平台数据显示，China Daily 于 2023 年 6 月 21 日报道中国铁道建筑集团有限公司加大力度布局共建“一带一路”市场，同时指出，非洲、中亚、东南亚和南美等多个市场基础设施建设潜力巨大，共建“一带一路”有望促进包括中央企业在内的主要承包商与其他相关经济体的合作。中国铁路工程集团有限公司也在 Instagram 平台上发布了共建“一带一路”项目中我国与卢旺达合作项目的进展与成果。

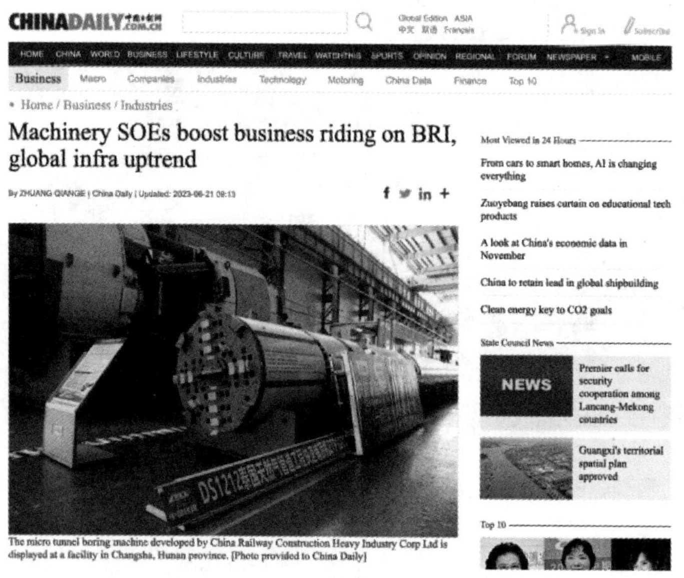

图 2-83　China Daily 报道的有关中国铁建共建“一带一路”成果的截图

另外，在 YouTube 平台中，我国中央企业的官方账号还自发建立起了共建“一带一路”的汇总话题#palonroad，参与内容发布的中央企业包括中粮集团有限公司、中国建材集团有限公司、中国建筑集团有限公司、中国东方航空集团有限公司、哈尔滨电气集团有限公司、中国石油天然气集团有限公司。其中内容观看量最多的是哈尔滨电气集团有限公司的一则视频，记录了共建“一带一路”倡议提出十年来其与外国合作伙伴的友谊影像，视频浏览量 1 万次。

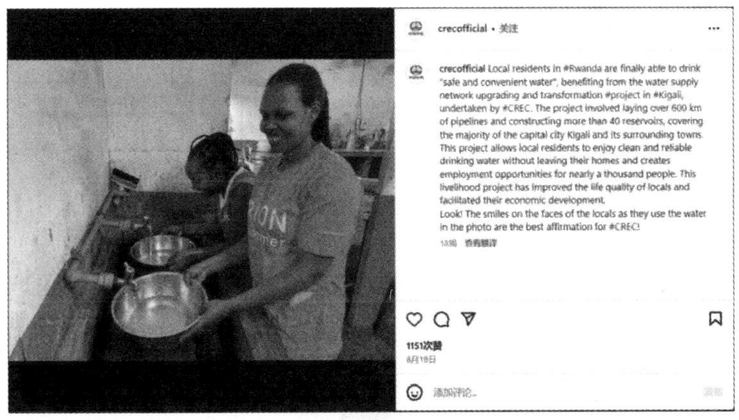

图 2-84　中国中铁于 Instagram 发布的有关“一带一路”建设成果的截图

图 2-85　中国中铁 YouTube 平台#palonroad 话题内容的截图

“绿色环保”话题与我国可持续发展的战略密切相关。中国南方航空集团有限公司的 Instagram 官方账号在“世界地球日”分享了 CZ3603 航班作为“社会责任主题航班”，向乘客传播支持低碳旅行和环保飞行理念的活动。中国石油化工集团有限公司的 YouTube 官方账号发布了许多有关生态科普和环境保护的视频，并形成合集，如以“2023 年世界地热大会”为主题的内容。

此外，借乘杭州亚运会的东风，体育竞技在 2023 年度也成为我国中央企业在海外传播平台中被高频提及的话题。例如，中国石油化工集团有限公司于 Facebook 平台借势亚运会，传播企业创新生物航空燃料技术，为杭州亚运会主题飞机提供动力。

图 2-86　南航于 Instagram 发布的有关“社会责任主题航班”截图

图 2-87　中石化于 YouTube 创建的绿色环保主题视频的列表截图

图 2-88　中石化于 Facebook 发布的有关杭州亚运会主题飞机的截图

共建“一带一路”、绿色环保、体育竞技话题都是 2023 年度中央企业较多进行结合的重点主题，如此做法不仅增强了企业自身与热点内容的联结，导流重大事件、活动、时间点的可观热度，还能够将企业本身的硬性内容搭载在不同的主题之上，良性结合，优化企业部分较为生硬的内容，更有助于信息的呈现、传递和触达。

（七）形象建设：中央企业积极借助具有人文关怀的内容，从“我的故事”走向“我们的故事”

我国中央企业在“走出去”的过程中，不仅积极发布有关中央企业自身能力以及其产品与服务的内容，还借助许多十分具有人文关怀和温度的内容来体现企业关注 ESG（环境、社会和公司治理）、主动承担社会责任的正面形象，促进中央企业与社会发展的融合。

Facebook 平台数据显示，中国石油化工集团有限公司紧贴共建“一带一路”话题，传播本企业为肯尼亚当地雇员发起的“导师—学徒”运动，不仅帮助当地建设了高速公路、地热管道和家庭供水基础设施，同时还给当地创造了许多就业机会。其还发布了外籍员工哈桑·哈利姆在中国导师的指导下，从一名“小工”成长为团队助理钻井师的个人成长故事，展现了中国对其他国家的无私帮助。中国中车集团有限公司也发布了其在马来西亚建设工厂的相关内容，对外展示两国合作的重大成果。

中国南方航空集团有限公司在 Instagram 中分享了其湖南分公司青年讲座组走进校园，在湖南第二附属小学举办“航空知识进学校”讲座的活动，希望帮助点亮孩子们的航空梦。配图阳光积极，孩子们兴致热烈，十分具有感染力。

YouTube 平台中，中国石油化工集团有限公司创建了两个关于社区责任的视频播放列表，特别突出了对当地社区可持续发展和个人生活改善的影响。X 平台上，中国石油化工集团有限公司发布的有关赞助中医团队前往阿尔及利亚首都阿尔及尔举办针灸义诊活动的报道，收获超过 2000 的点赞量，让我们看到我国的非物质文化遗产走出国门，不仅帮助了别国有需要的民众，还促进了两国间医疗理念和传统文化的交流。

这些中央企业发布的内容都是对其所持有的相关合作发展理念的软性体现，如共商共建共享、坚持开放合作等。通过内容中透露出浓郁的人文情怀，塑造着我国企业对“人类命运共同体”等有关国际社会倡议的坚持和实践。对民生、社会的关注和重视，也彰显着中央企业对承担国际责任的主动性与积极性。这些都体现了我国中央企业越发正面、丰满、厚实的形象正在海外传播的环境中不断更新。

（八）传播瓶颈：部分中央企业海外传播内容语境过高，同时账号维护策略平衡性欠佳，难破传播壁垒

在海外网络传播中，我国中央企业难免会遇到一些瓶颈和障碍。首先，中央企业在对外传播时需要考虑到企业的调性和整体形象，因而经常以较为官方的风格对外“公布”信息，而非“分享”信息。语态视角过于官方的问题可能导致企业海外传播的内容漂浮

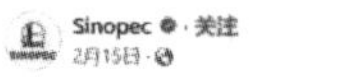

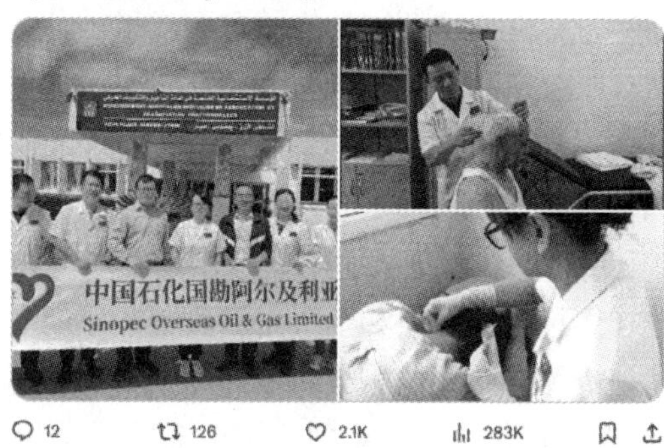

图 2-89　中石化于 Facebook、X 上发布的有关肯尼亚地区发展、针灸义诊内容的截图

图 2-90　南航于 Instagram 发布的举办航空知识讲座内容截图

于“空中楼阁”或蒙上“专业之纱”，让读者难以接近。例如，中国船舶集团有限公司以“每 DWT 里程的碳排放量比基线值低 1/4”、“NO_x 排放量达到Ⅲ级”、“能效指数达到 EEDI 第 2 阶段”等描述来介绍 NS Pioneer 的技术优势，虽然严谨、专业，但大量术语对于非专业内的受众来说却难以理解，缺乏吸引力。再如，中国电信集团有限公司发布的其自 2019 年以来对亚太地区发展促进的工作总结，只是直接陈述事实和数据，忽视了故事性的构建，略显枯燥。这些内容在一定程度上也与社交媒体平台用户期望的轻松、有趣的风格相悖，难以产生共鸣。此外，在与受众的互动方面，部分中央企业表现较为被动，在 Instagram、Facebook 和 X 这样十分注重账号间联系和互动的强社交平台中，很少主动引导受众留言、回复评论或参与话题讨论。

其次，企业采用的传播手段整体平衡性欠佳，主要表现为账号运营力度不足、传播形式和内容过于单一。第一，部分中央企业账号的运营维护力度不足，如部分中央企业 Instagram 账号的更新频率较低，甚至长时间不发布新内容；Wikipedia 平台中官方词条的编辑和更新整体也处于较低水平，甚至部分企业一年内更新次数为 0，这些都使企业难以形成良好的传播环境。第二，例如 Facebook 平台中，部分中央企业的内容产出局限于静态形式，如新闻稿、企业公告等，单一的呈现方式使这些企业传播力和影响力受限，无法充分发挥其所在社交媒体的优势。第三，除了少部分中央企业会按照不同主题对发布的内容进行分类整理，其余大部分企业在各平台中发布的内容都比较分散，企业信息、科学技术、员工事迹、生态文明、传统文化等话题堆砌，甚至 Wikipedia 平台中有部分企业将文字信息杂合呈现，这样的运营维护方式缺乏条理性和系统性，对受众持续注意力的吸引度不足，难以形成良好的传播效应。

第三章　2023 中国城市海外网络传播力建设报告

摘　要

党的二十大报告指出，“讲好中国故事，传播好中国声音，展现可信、可爱、可敬的中国形象”是新时代的要求。城市是国家形象建设的重要组成部分，也是展示中华文明的重要窗口。本报告选取 Google、X（Twitter）、YouTube、TikTok、Facebook 和 ChatGPT 6 个平台作为数据来源，采集英文数据，对我国 337 座内地城市（不含港澳台地区）的海外网络传播力进行考察。

（1）2023 年，我国 337 座城市（自治州、地区、盟）的海外网络传播力综合指数得分靠前的依次是上海市、北京市、杭州市、深圳市、重庆市、武汉市、成都市、广州市、韶关市、天津市。上海市和北京市的头部效应显著。

（2）从各省份所有城市的平均海外网络传播力指数来看，2023 年得分靠前的省份（不包括直辖市）依次是浙江省、新疆维吾尔自治区、广东省、福建省、云南省、湖北省、贵州省、江苏省、四川省、西藏自治区。新疆维吾尔自治区海外网络传播力提升显著。

（3）我国 301 座地级市（自治州、地区、盟）中，海外网络传播力综合指数得分靠前的依次是韶关市、喀什地区、和田地区、泉州市、大理白族自治州、吐鲁番市、阿克苏地区、郴州市、保山市、凉山彝族自治州。

2023 年中国城市海外传播呈现出以下特点：

（1）海外平台报道北京、杭州、成都等城市举办的大型赛事，从文化传统、现代科技等各方面凸显城市优势，全方位展示城市魅力。在 TikTok 平台，北京占比最大、热度最高的视频是关于冬奥会的内容。YouTube 的国外主流媒体如 CNA 报道了在杭州举办的亚运会，运动员们则在 TikTok 上呈现与亚运会馆内建筑的合影，提高了杭州市的国际影响力。Google News 与成都有关的新闻大都与大运会有关。同时在各方平台上，北京、杭州和成都这三座城市都展现其传统性与现代化。北京在 TikTok 上传播的传统文化符号如长城、天坛等依然热度不减，杭州的西湖、滨江等著名景观在 Google、TikTok 得到展现，体现城市魅力。从现代化的角度来看，北京现代化技术与设施也被 TikTok 平台的内容创作者所关注，杭州著名的互联网公司、成都的基础设施与公共建设便民利民都在 Google News 获得大量传播。

（2）新疆维吾尔自治区整体传播力上升，阿克苏、乌鲁木齐、吐鲁番等新疆维吾尔自治区的城市突出美食文化，合力助推新疆的海外传播。Facebook 上，阿克苏地区突出其“苹果”的特色，如展现“冰糖心”，呈现首届苹果文化旅游节。喀什地区、和田地区和吐鲁番地区在 YouTube 的传播力较广，有关喀什地区的视频呈现其享誉中外的烤全羊，与和田地区有关的视频通常以内容创作者的第一视角展现“新疆第一夜市”，拍摄具有充满烟火气的夜市文化；吐鲁番地区的葡萄作为吐鲁番地区的代表性作物，获得了大量的关注，有不少用户在 YouTube 上分享了吐鲁番葡萄采摘的盛况，凸显吐鲁番葡萄的美味以及与其相关的葡萄酒产业。

（3）上海、深圳、广州等城市的海外传播突出创新开放的发展特色，提高国际曝光度、上海的经济发达，世界人工智能大会的举办、特斯拉工厂的建立都获得了 Google News 上广泛的国际关注；深圳在 Facebook 平台具有较高的传播力，作为首批经济特区，依旧坚定不移全面扩大开放，持续深化与共建“一带一路”沿线国家和地区务实合作，鼓励企业“走出去”发展，呈现积极邀请国外企业友好访问、共谋经济发展的繁荣前景；Google News 大多描述了广州积极召开科技会议、博览会等，吸引外国企业，开展国际合作，促进经济繁荣。

（4）韶关、凉山、大理等城市结合了自然资源和人文资源，在海外传播中展现差异化的城市形象，打造出独具一格的城市名片。YouTube 上的韶关被誉为“岭南生态名城”，兼具风景优美与生态平衡；凉山在 Facebook 上表现优异，官方媒体发布 2023 年重启的火把节、以当地故事改编的电影，获得超过 10 万点赞，使凉山彝族自治州的网络传播力提升，带动凉山特色文化的对外传播；TikTok 上展现了大理白族自治州悠久的历史文化和壮美的自然景观，作为云南省的重要文化遗产，古城、宝塔等标志性建筑在 TikTok 获得广泛的传播。

（5）武汉、泉州、扬州等城市在海外传播中突出城市地标，将丰厚的文化内涵与短视频技术和传播语言结合。TikTok 上呈现了武汉众多的名胜古迹，如黄鹤楼、晴川阁等，在通过视频建构出“历史文化名城、楚文化发源地”的形象；YouTube 上展现了具有多元文化景观的泉州，开元寺、南少林寺等建筑在视频中均有呈现，突出泉州文化融合的印记；Google News 将扬州描绘成一座“被唐诗宋词环绕的江南之城”，呈现温婉动人的江南美景，如瘦西湖、何园等。

一、背景

习近平总书记在党的二十大报告中对“增强中华文明传播力影响力”作出重要部署，强调要“讲好中国故事、传播好中国声音，展现可信、可爱、可敬的中国形象”。新时代新征程，我们要用好各方面资源和力量开展国际传播，全面提升国际传播效能，不断增强中华文明传播力影响力、提升国家文化软实力。

城市是国家形象建设的重要组成部分，也是展示中华文明的重要窗口。国际上的知名城市往往能够塑造积极的国家形象，提升国家的国际声誉。深入研究城市海外网络传播力，通过案例分析挖掘其特征与问题，将有助于揭示国际社会的中国城市的真实形象，为城市海外传播的开展提供借鉴。

本报告以我国 337 座城市（自治州、地区、盟，不含港澳台地区城市）为研究对象，通过海外主要社交媒体平台上［包括 Google、X（Twitter）、YouTube、TikTok 和 2023 年新增的 Facebook、ChatGPT］的数据，设定具体维度和指标来构建传播力指数，从而能够比较全面、客观地了解我国主要城市的海外网络传播力状况，为发掘城市海外网络传播力构建的经验和教训提供事实依据，以期完善我国城市对外传播体系，进而提升我国的国际传播实力。

二、研究方法

（一）研究对象

本报告的研究对象为中国内地 337 座城市（自治州、地区、盟，不含港澳台地区城市，下同），在 6 个平台中使用关键词检索的方式搜索相关信息，为保证所采集数据为英文语境下的信息，且避免与城市同名的信息混淆，研究者在关键词检索时，对直辖市、省会城市及计划单列市的英文名称冠以双引号，对普通地级市的英文名称在冠以双引号的同时，也加上了该城市所在省份的英文名称（带双引号）。例如，在检索直辖市上海时使用的关键词为“Shanghai”，检索普通地级市无锡时使用的关键词为“Wuxi”“Jiangsu”①。

（二）研究平台

为了更科学、准确地评价中国城市传播力建设的状况，为中国城市海外影响力提升以及为中国国际传播新格局建设提供更具有针对性的参考，本报告选取 Google、X（Twitter）、Facebook、TikTok、YouTube、ChatGPT 6 个平台作为中国城市海外网络传播力的考察维度，量化研究中国城市的海外网络传播力现状。

Google 是全球最大的搜索引擎，提供超过 30 余种语言服务，在全球搜索引擎平台上占据主导地位。Google News 是世界范围内英文新闻最大的集合渠道之一，涵盖全球主流

① 在实际检索时，引号使用的是英文输入法半角模式下的字符。

媒体新闻报道。因此，Google 平台的海外新闻报道可以为研究中国城市的传播现状提供客观、真实的依据。

X（Twitter）是代表性的全球性社交媒体平台，话题讨论多样，参与群体多元，于 2022 年被埃隆·马斯克收购，并于 2023 年 7 月更名为“X”。截至 2023 年 7 月，X 月度活跃用户数量达 5.41 亿，受众覆盖世界多地。X 为受众提供一个公共讨论平台，不同地理空间的信息都可以通过社交网络传播扩散，有着很强的国际影响力。因此，对 X 平台的数据统计在一定程度上可以反映出中国城市在海外普通用户群体中的传播深度与广度。

Facebook 是以“熟人”社交模式主打的社交媒体平台，用户可以利用该平台发布各类内容，与拥有共同兴趣的好友交流讨论观点、分享网络信息。根据官方发布的 2023 年第三季度投资者报告显示，截至 2023 年 9 月，平均每日有超过 20.9 亿用户访问 Facebook 平台，月度活跃用户数量达 30.5 亿，是全球最“活跃”的社交媒体平台。因此，Facebook 平台的统计数据在一定程度上可以反映出中国城市海外传播的触达范围和触达深度。

TikTok 是一款于 2017 年 5 月上线的短视频软件，在短视频兴起的背景下，利用本土化运营策略在海外赢得了大量用户的喜爱，具有较大的影响力。根据 Socialinsider 对海外社交媒体近两年的互动率分析，TikTok 的平均互动率不仅远远高于 Instagram、Facebook 和 X（Twitter），而且差距还在不断扩大。考察城市在 TikTok 平台上的统计数据，对于研究城市在短视频这一媒介形式上的海外网络传播力具有重要意义。

YouTube 是海外主要视频网站，用户可在平台内自主上传和浏览全球范围的视频内容。应用程序 Annie 的数据显示，YouTube 用户每次访问平均花费 29 分 15 秒，是用户平均使用时间最长的平台。Kepios 报告显示，截至 2023 年 4 月，YouTube 已吸引超过 25.27 亿用户，全球约有 31.5%的用户在使用 YouTube。作为目前全球规模最大和最有影响力的视频网站，YouTube 深受不同群体用户青睐。因此，YouTube 平台的统计数据在一定程度上可以反映出中国城市借助视频形式的海外传播和沟通能力。

ChatGPT（Chat Generative Pre-trained Transformer）是由 OpenAI 公司开发的基于大语言模型的生成式人工智能产品。自 2022 年 11 月推出以来，其丰富的应用场景和处理复杂任务的卓越能力深受消费市场青睐。截至 2023 年 11 月，ChatGPT 移动应用程序的安装量超过 1.1 亿次，此外 Similarweb 的数据显示，ChatGPT 网站在过去一个月内（2023 年 10 月）的访问量高达 17 亿次，拥有庞大的用户群体和广泛的应用范围。事实上，ChatGPT 具备强大的数据抓取和分析能力，能够访问并抓取相关互联网数据，包括新闻报道、社交媒体动态、学术研究等媒体内容，并运用深度学习算法对抓取内容进行综合分析，对中国城市的全球媒体传播情况进行客观、全面的评估和打分。

（三）指标与算法

1. 指标体系

本报告选取 Google、X（Twitter）、TikTok、YouTube 以及 Facebook 5 个在线平台和 ChatGPT 大模型作为数据来源，采用专家法为每个平台及平台涉及的不同指标设置了权重。其中，Google、X（Twitter）、YouTube 和 Facebook 4 个平台的指标均包含有“非负新闻/信息/视频数量”这一项。Google 和 YouTube 平台的非新闻数量和非负视频总量是通过随机抽样的方式，对新闻和视频条目进行正负面情感倾向编码得到负面信息率后计算而来。X（Twitter）和 Facebook 平台的非负信息总量采用大数据挖掘分析法，即通过 Python 爬虫程序，以城市英文名称为关键词在平台收集数据，并对获取的信息进行正负面判断得到负面信息率，从而计算出非负信息总量。X（Twitter）和 Facebook 平台维度还包含“点赞量”、“转发量”和“评论量”三个指标，所占权重分别为 5%、5%、4%。此外，由于 TikTok 平台仅显示包含关键词标签的浏览总量，故本研究在该平台仅包含一个指标“浏览总量”，所占权重为 19%。

相较于 2022 年中国城市的海外网络传播力指标体系，本报告新增 Facebook 平台数据，YouTube 平台新增“最高浏览量”、“最高点赞量”和“最高评论量”三个指标维度，并首次纳入 ChatGPT 作为考察维度，能够更加全面地反映中国城市的海外传播现状。

表 3-1　城市指标体系权重分布　　单位：%

维度	指标	权重	
Google	非负新闻数量	19	19
X（Twitter）	非负信息总量	5	19
	点赞量	5	
	转发量	5	
	评论量	4	
YouTube	非负视频总量	5	19
	最高浏览量	5	
	最高点赞量	5	
	最高评论量	4	
TikTok	浏览总量	19	19
Facebook	非负信息总量	5	19
	点赞量	5	
	转发量	5	
	评论量	4	
ChatGPT	指数	5	5

2. 算法

本报告所使用的城市海外网络传播力指数算法如下：

$$x_j = a + k\left(\sum_{i=1}^{6} \beta_i y_{ij} - \min_j\left(\sum_{i=1}^{6} \beta_i y_{ij} \right) \right)$$

$x_j \in [a, 100]$：城市 j 的海外传播力综合得分。

β_i：任意一级指标的权重，$i=1, 2, 3, 4, 5, 6$。

$y_{1j}=\frac{z_{1j}}{\max(z_{1j})}\times 100$：城市 j 在 Google 搜索上的网络传播力得分，其中 z_{1j} 是城市 j 在 Google 搜索上的正面数值。

$$y_{2j}=\frac{(1/\beta_2)\sum_{k=1}^{4}a_{2k}\times\frac{z_{2j}^{k}}{\max_{j}(z_{2j}^{k})}\times 100}{\max_{j}\left((1/\beta_2)\sum_{k=1}^{4}a_{2k}\times\frac{z_{2j}^{k}}{\max_{j}(z_{2j}^{k})}\times 100\right)}\times 100$$

：城市 j 在 YouTube 上的网络传播力得分，其中 z_{2j}^{k} 是城市 j 在 YouTube 任意二级指标上的数值，a_{2k} 为 YouTube 下任意二级指标的权重。

$y_{3j}=\frac{z_{3j}}{\max(z_{3j})}\times 100$：城市 j 在 TikTok 上的网络传播力得分，其中 z_{3j} 是城市 j 在 TikTok 上的正面数值。

$$y_{4j}=\frac{(1/\beta_4)\sum_{k=1}^{4}a_{4k}\times\frac{z_{4j}^{k}}{\max_{j}(z_{4j}^{k})}\times 100}{\max_{j}\left((1/\beta_4)\sum_{k=1}^{4}a_{4k}\times\frac{z_{4j}^{k}}{\max_{j}(z_{4j}^{k})}\times 100\right)}\times 100$$

：城市 j 在 Twitter 上的网络传播力得分，其中 z_{4j}^{k} 是城市 j 在 Twitter 任意二级指标上的数值，a_{4k} 为 Twitter 下任意二级指标的权重。

$$y_{5j}=\frac{(1/\beta_5)\sum_{k=1}^{4}a_{5k}\times\frac{z_{5j}^{k}}{\max_{j}(z_{5j}^{k})}\times 100}{\max_{j}\left((1/\beta_5)\sum_{k=1}^{4}a_{5k}\times\frac{z_{5j}^{k}}{\max_{j}(z_{5j}^{k})}\times 100\right)}\times 100$$

：城市 j 在 Facebook 上的网络传播力得分，其中 z_{5j}^{k} 是城市 j 在 Facebook 任意二级指标上的数值，a_{5k} 为 Facebook 下任意二级指标的权重。

$y_{6j}=\frac{z_{6j}}{\max(z_{6j})}\times 100$：城市 j 在 ChatGPT 上的网络传播力得分，其中 z_{6j} 是城市 j 在 ChatGPT 上的正面数值。

（四）数据采集

Google 和 YouTube 平台数据采集的时间跨度限定为 2022 年 10 月 16 日 ~2023 年 10 月 16 日，TikTok 平台数据采集无时间限定，X（Twitter）和 Facebook 平台数据由机器抓取，数据采集时间范围为 2023 年 8~10 月 3 个月，以 3 个月的数据估算出 2023 年的数据。

三、中国城市海外网络传播力综合指数

（一）中国337座城市（自治州、地区、盟）海外网络传播力综合指数分布

本研究整理并汇集我国337座城市（自治州、地区、盟）在Google、X（Twitter）、Facebook、TikTok、YouTube、ChatGPT 6个维度上的数据，同时剔除各平台中的城市负面信息，通过综合模型计算分析得出中国城市的海外网络传播力综合指数。城市网络传播力综合指数是一个相对值，最高一座城市为100，计算方法为：首先，将海外网络传播力每个维度得分最高的城市指数化为100，再在各维度上分别换算出每座城市的海外网络传播力相对指数后进行对数标准化，最后综合Google、X（Twitter）、Facebook、TikTok、YouTube、ChatGPT 6个维度的标准化得分，通过加权计算和归一化处理得出每座城市的海外网络传播力相对综合指数（保留2位小数）。

337座城市（自治州、地区、盟）的海外网络传播力综合指数得分靠前的是上海市、北京市、杭州市、深圳市、重庆市、武汉市、成都市、广州市、韶关市、天津市。

表3-2　337座城市（自治州、地区、盟）的海外网络传播力综合指数

序号	中文名称	得分	序号	中文名称	得分
1	上海市	100.00	16	泉州市	36.26
2	北京市	85.79	17	沈阳市	36.10
3	杭州市	67.16	18	石家庄市	36.09
4	深圳市	60.01	19	南京市	35.65
5	重庆市	45.80	20	哈尔滨市	35.59
6	武汉市	44.19	21	大理白族自治州	35.40
7	成都市	43.19	22	吐鲁番市	35.18
8	广州市	41.23	23	太原市	34.78
9	韶关市	41.02	24	阿克苏地区	34.69
10	天津市	38.50	25	郑州市	34.34
11	喀什地区	38.47	26	西安市	34.22
12	乌鲁木齐市	37.99	27	福州市	33.97
13	青岛市	37.00	28	郴州市	33.93
14	和田地区	36.86	29	保山市	33.78
15	贵阳市	36.80	30	昆明市	33.76

续表

序号	中文名称	得分	序号	中文名称	得分
31	凉山彝族自治州	33.46	66	常州市	31.82
32	秦皇岛市	33.40	67	晋城市	31.78
33	合肥市	33.36	68	自贡市	31.77
34	厦门市	33.35	69	三沙市	31.77
35	西双版纳傣族自治州	33.00	70	临沧市	31.75
36	乐山市	32.96	71	天水市	31.75
37	酒泉市	32.94	72	苏州市	31.75
38	拉萨市	32.90	73	阜阳市	31.73
39	兰州市	32.89	74	日喀则市	31.73
40	临夏回族自治州	32.89	75	阿勒泰地区	31.73
41	长沙市	32.80	76	四平市	31.73
42	伊犁哈萨克自治州	32.76	77	河池市	31.71
43	昌吉回族自治州	32.62	78	扬州市	31.71
44	南昌市	32.61	79	宜昌市	31.71
45	宁波市	32.58	80	绵阳市	31.68
46	景德镇市	32.57	81	本溪市	31.66
47	普洱市	32.55	82	嘉峪关市	31.66
48	伊春市	32.54	83	三亚市	31.64
49	阿里地区	32.46	84	南通市	31.64
50	长春市	32.35	85	克拉玛依市	31.63
51	甘南藏族自治州	32.23	86	张家界市	31.61
52	九江市	32.16	87	博尔塔拉蒙古自治州	31.58
53	柳州市	32.16	88	黑河市	31.57
54	济南市	32.13	89	钦州市	31.57
55	葫芦岛市	32.11	90	金华市	31.57
56	百色市	32.08	91	遵义市	31.57
57	六盘水市	32.08	92	襄阳市	31.57
58	东莞市	32.07	93	淮南市	31.54
59	南宁市	31.99	94	鄂尔多斯市	31.52
60	鹤壁市	31.96	95	锡林郭勒盟	31.52
61	文山壮族苗族自治州	31.96	96	鄂州市	31.50
62	温州市	31.94	97	忻州市	31.49
63	嘉兴市	31.89	98	黔西南布依族苗族自治州	31.48
64	惠州市	31.87	99	徐州市	31.46
65	大连市	31.85	100	丽江市	31.40

续表

序号	中文名称	得分	序号	中文名称	得分
101	无锡市	31.37	136	连云港市	31.03
102	宜宾市	31.36	137	玉树藏族自治州	31.02
103	新余市	31.35	138	赣州市	31.02
104	佛山市	31.35	139	怒江傈僳族自治州	31.01
105	宜春市	31.32	140	阜新市	31.01
106	江门市	31.32	141	德州市	31.00
107	烟台市	31.32	142	淄博市	31.00
108	吴忠市	31.31	143	泰州市	30.99
109	镇江市	31.31	144	汉中市	30.99
110	漳州市	31.29	145	宿迁市	30.98
111	七台河市	31.28	146	盐城市	30.98
112	南阳市	31.27	147	朔州市	30.98
113	新乡市	31.26	148	廊坊市	30.97
114	红河哈尼族彝族自治州	31.25	149	果洛藏族自治州	30.96
115	萍乡市	31.25	150	海口市	30.96
116	儋州市	31.24	151	泸州市	30.96
117	塔城地区	31.24	152	铁岭市	30.96
118	铜川市	31.23	153	常德市	30.96
119	石嘴山市	31.22	154	芜湖市	30.95
120	乌兰察布市	31.22	155	阿拉善盟	30.93
121	白山市	31.20	156	呼和浩特市	30.92
122	孝感市	31.18	157	东营市	30.92
123	洛阳市	31.16	158	肇庆市	30.92
124	莆田市	31.16	159	池州市	30.91
125	乌海市	31.13	160	梅州市	30.90
126	楚雄彝族自治州	31.10	161	铜仁市	30.90
127	山南市	31.09	162	咸宁市	30.89
128	克孜勒苏柯尔克孜自治州	31.09	163	广元市	30.89
129	潮州市	31.08	164	淮北市	30.88
130	昌都市	31.08	165	商洛市	30.87
131	那曲市	31.08	166	保定市	30.87
132	金昌市	31.07	167	丽水市	30.86
133	抚州市	31.07	168	达州市	30.86
134	贵港市	31.07	169	三门峡市	30.85
135	桂林市	31.03	170	巴音郭楞蒙古自治州	30.85

续表

序号	中文名称	得分	序号	中文名称	得分
171	南平市	30.85	206	通辽市	30.73
172	宝鸡市	30.84	207	衡水市	30.72
173	辽阳市	30.84	208	银川市	30.72
174	巴彦淖尔市	30.83	209	海西蒙古族藏族自治州	30.72
175	吉安市	30.83	210	佳木斯市	30.72
176	海北藏族自治州	30.83	211	延安市	30.71
177	防城港市	30.82	212	朝阳市	30.71
178	恩施土家族苗族自治州	30.82	213	运城市	30.71
179	淮安市	30.82	214	哈密市	30.71
180	黄石市	30.82	215	威海市	30.70
181	揭阳市	30.82	216	广安市	30.69
182	齐齐哈尔市	30.82	217	衢州市	30.69
183	铜陵市	30.82	218	鹰潭市	30.69
184	榆林市	30.81	219	商丘市	30.69
185	北海市	30.81	220	湘西土家族苗族自治州	30.68
186	牡丹江市	30.80	221	黄冈市	30.68
187	珠海市	30.80	222	绥化市	30.67
188	邯郸市	30.80	223	大庆市	30.67
189	白银市	30.80	224	呼伦贝尔市	30.67
190	甘孜藏族自治州	30.79	225	许昌市	30.67
191	阳江市	30.78	226	邢台市	30.67
192	辽源市	30.77	227	武威市	30.66
193	台州市	30.77	228	延边朝鲜族自治州	30.66
194	丹东市	30.77	229	宣城市	30.66
195	随州市	30.77	230	内江市	30.66
196	济宁市	30.76	231	益阳市	30.66
197	云浮市	30.76	232	上饶市	30.66
198	玉溪市	30.76	233	黔东南苗族侗族自治州	30.66
199	茂名市	30.75	234	龙岩市	30.65
200	十堰市	30.75	235	临汾市	30.65
201	海南藏族自治州	30.75	236	来宾市	30.65
202	菏泽市	30.74	237	亳州市	30.64
203	潍坊市	30.73	238	黔南布依族苗族自治州	30.64
204	渭南市	30.73	239	承德市	30.64
205	海东市	30.73	240	宿州市	30.64

续表

序号	中文名称	得分	序号	中文名称	得分
241	白城市	30.64	276	永州市	30.54
242	绍兴市	30.63	277	汕头市	30.53
243	锦州市	30.62	278	株洲市	30.52
244	漯河市	30.62	279	晋中市	30.52
245	三明市	30.62	280	眉山市	30.52
246	安顺市	30.62	281	汕尾市	30.52
247	安阳市	30.62	282	滁州市	30.50
248	毕节市	30.61	283	南充市	30.49
249	德宏傣族景颇族自治州	30.61	284	固原市	30.48
250	大兴安岭地区	30.61	285	攀枝花市	30.48
251	松原市	30.60	286	德阳市	30.47
252	沧州市	30.60	287	焦作市	30.47
253	鞍山市	30.59	288	马鞍山市	30.47
254	聊城市	30.59	289	曲靖市	30.46
255	抚顺市	30.58	290	庆阳市	30.46
256	舟山市	30.58	291	河源市	30.46
257	遂宁市	30.58	292	张家口市	30.46
258	迪庆藏族自治州	30.58	293	宁德市	30.46
259	昭通市	30.57	294	泰安市	30.44
260	黄南藏族自治州	30.57	295	岳阳市	30.44
261	包头市	30.57	296	梧州市	30.44
262	中山市	30.56	297	长治市	30.43
263	安庆市	30.56	298	赤峰市	30.43
264	荆门市	30.56	299	开封市	30.42
265	娄底市	30.56	300	鸡西市	30.41
266	湛江市	30.56	301	雅安市	30.40
267	周口市	30.56	302	荆州市	30.40
268	盘锦市	30.56	303	信阳市	30.38
269	双鸭山市	30.55	304	吉林市	30.37
270	资阳市	30.55	305	张掖市	30.36
271	贺州市	30.55	306	怀化市	30.35
272	枣庄市	30.54	307	蚌埠市	30.35
273	清远市	30.54	308	唐山市	30.33
274	玉林市	30.54	309	通化市	30.33
275	黄山市	30.54	310	日照市	30.33

续表

序号	中文名称	得分	序号	中文名称	得分
311	鹤岗市	30.33	325	大同市	30.23
312	营口市	30.32	326	平凉市	30.23
313	濮阳市	30.32	327	安康市	30.22
314	西宁市	30.32	328	吕梁市	30.22
315	陇南市	30.32	329	咸阳市	30.22
316	定西市	30.31	330	驻马店市	30.18
317	阿坝藏族羌族自治州	30.31	331	滨州市	30.18
318	临沂市	30.30	332	崇左市	30.14
319	邵阳市	30.30	333	衡阳市	30.09
320	六安市	30.29	334	平顶山市	30.09
321	湘潭市	30.28	335	湖州市	30.09
322	巴中市	30.27	336	林芝市	30.06
323	中卫市	30.26	337	阳泉市	30.00
324	兴安盟	30.26			

（二）省级单位海外网络传播力分布情况

通过综合模型计算分析得出我国 337 座城市（自治州、地区、盟）的海外网络传播力综合指数，进一步在各省份内部看各城市（自治州、地区、盟）在其所属省级行政区划内的分布情况。

31 个省级行政区（包括 4 个直辖市、22 个省份及 5 个自治区）中，4 个直辖市的海外网络传播力水平名列前茅，浙江省、新疆维吾尔自治区、广东省等省份的城市平均综合指数较高。其中，浙江省内综合指数最高的城市为杭州市，新疆维吾尔自治区内综合指数最高的城市为喀什地区，广东省内综合指数最高的城市为深圳市。单一城市较高的指数导致了整个省的综合指数显著升高。福建省、云南省、湖北省等省紧随其后。

表 3-3　31 个省级行政区的城市海外网络传播力平均指数分布

<table>
<tr><td>序号</td><td colspan="8">省、自治区、直辖市及其城市</td></tr>
<tr><td>1</td><td colspan="8">上海市</td></tr>
<tr><td>2</td><td colspan="8">北京市</td></tr>
<tr><td>3</td><td colspan="8">重庆市</td></tr>
<tr><td>4</td><td colspan="8">天津市</td></tr>
<tr><td rowspan="3">5</td><td colspan="8">浙江省</td></tr>
<tr><td>杭州市</td><td>宁波市</td><td>温州市</td><td>嘉兴市</td><td>金华市</td><td>丽水市</td><td>台州市</td><td>衢州市</td></tr>
<tr><td>绍兴市</td><td>舟山市</td><td>湖州市</td><td></td><td></td><td></td><td></td><td></td></tr>
</table>

续表

序号	省、自治区、直辖市及其城市							
6	新疆维吾尔自治区							
	喀什地区	乌鲁木齐市	和田地区	吐鲁番市	阿克苏地区	伊犁哈萨克自治州	昌吉回族自治州	阿勒泰地区
	克拉玛依市	博尔塔拉蒙古自治州	塔城地区	克孜勒苏柯尔克孜自治州	巴音郭楞蒙古自治州	哈密市		
7	广东省							
	深圳市	广州市	韶关市	东莞市	惠州市	佛山市	江门市	潮州市
	肇庆市	梅州市	揭阳市	珠海市	阳江市	云浮市	茂名市	中山市
	湛江市	清远市	汕头市	汕尾市	河源市			
8	福建省							
	泉州市	福州市	厦门市	漳州市	莆田市	南平市	龙岩市	三明市
	宁德市							
9	云南省							
	大理白族自治州	保山市	昆明市	西双版纳傣族自治州	普洱市	文山壮族苗族自治州	临沧市	丽江市
	红河哈尼族彝族自治州	楚雄彝族自治州	怒江傈僳族自治州	玉溪市	德宏傣族景颇族自治州	昭通市	曲靖市	
10	湖北省							
	武汉市	宜昌市	襄阳市	鄂州市	孝感市	咸宁市	恩施土家族苗族自治州	黄石市
	随州市	十堰市	黄冈市	荆门市	荆州市			
11	贵州省							
	贵阳市	六盘水市	遵义市	黔西南布依族苗族自治州	铜仁市	黔东南苗族侗族自治州	黔南布依族苗族自治州	安顺市
	毕节市							
12	江苏省							
	南京市	常州市	苏州市	扬州市	南通市	徐州市	无锡市	镇江市
	连云港市	泰州市	宿迁市	盐城市	淮安市			
13	四川省							
	成都市	凉山彝族自治州	乐山市	自贡市	绵阳市	宜宾市	泸州市	广元市
	达州市	甘孜藏族自治州	广安市	内江市	遂宁市	资阳市	眉山市	南充市
	攀枝花市	德阳市	雅安市	阿坝藏族羌族自治州	巴中市			
14	西藏自治区							
	拉萨市	阿里地区	日喀则市	山南市	昌都市	那曲市	林芝市	

续表

序号	省、自治区、直辖市及其城市							
15	江西省							
	南昌市	景德镇市	九江市	新余市	宜春市	萍乡市	抚州市	赣州市
	吉安市	鹰潭市	上饶市					
16	河北省							
	石家庄市	秦皇岛市	廊坊市	保定市	邯郸市	衡水市	邢台市	承德市
	沧州市	张家口市	唐山市					
17	海南省							
	三沙市	三亚市	儋州市	海口市				
18	甘肃省							
	酒泉市	兰州市	临夏回族自治州	甘南藏族自治州	天水市	嘉峪关市	金昌市	白银市
	武威市	庆阳市	张掖市	陇南市	定西市	平凉市		
19	黑龙江省							
	哈尔滨市	伊春市	黑河市	七台河市	齐齐哈尔市	牡丹江市	佳木斯市	绥化市
	大庆市	大兴安岭地区	双鸭山市	鸡西市	鹤岗市			
20	山东省							
	青岛市	济南市	烟台市	德州市	淄博市	东营市	济宁市	菏泽市
	潍坊市	威海市	聊城市	枣庄市	泰安市	日照市	临沂市	滨州市
21	广西壮族自治区							
	柳州市	百色市	南宁市	河池市	钦州市	贵港市	桂林市	防城港市
	北海市	来宾市	贺州市	玉林市	梧州市	崇左市		
22	陕西省							
	西安市	铜川市	汉中市	商洛市	宝鸡市	榆林市	渭南市	延安市
	安康市	咸阳市						
23	山西省							
	太原市	晋城市	忻州市	朔州市	运城市	临汾市	晋中市	长治市
	大同市	吕梁市	阳泉市					
24	湖南省							
	郴州市	长沙市	张家界市	常德市	湘西土家族苗族自治州	益阳市	娄底市	永州市
	株洲市	岳阳市	怀化市	邵阳市	湘潭市	衡阳市		
25	辽宁省							
	葫芦岛市	大连市	本溪市	沈阳市	阜新市	铁岭市	辽阳市	丹东市
	朝阳市	锦州市	鞍山市	抚顺市	盘锦市	营口市		
26	吉林省							
	长春市	四平市	白山市	辽源市	延边朝鲜族自治州	白城市	松原市	吉林市
	通化市							

续表

序号	省、自治区、直辖市及其城市							
27	安徽省							
	合肥市	阜阳市	淮南市	芜湖市	池州市	淮北市	铜陵市	宣城市
	亳州市	宿州市	安庆市	黄山市	滁州市	马鞍山市	蚌埠市	六安市
28	河南省							
	郑州市	鹤壁市	南阳市	新乡市	洛阳市	三门峡市	商丘市	许昌市
	漯河市	安阳市	周口市	焦作市	开封市	信阳市	濮阳市	驻马店市
	平顶山市							
29	内蒙古自治区							
	鄂尔多斯市	锡林郭勒盟	乌兰察布市	乌海市	阿拉善盟	呼和浩特市	巴彦淖尔市	通辽市
	呼伦贝尔市	包头市	赤峰市	兴安盟				
30	宁夏回族自治区							
	吴忠市	石嘴山市	银川市	固原市	中卫市			
31	青海省							
	玉树藏族自治州	果洛藏族自治州	海北藏族自治州	海南藏族自治州	海东市	黄南藏族自治州	西宁市	

注：浙江省、湖北省、贵州省、江苏省、四川省、西藏自治区、江西省、河北省、黑龙江省、山东省、陕西省、陕西省、吉林省、安徽省、河南省的省内海外网络传播力指数得分第 1 的皆为省会城市。

（三）直辖市、省会城市及计划单列市海外网络传播力综合指数分布

对直辖市、省会城市以及计划单列市共 36 座城市的海外网络传播力综合指数进行比较，得分靠前的是上海市、北京市、杭州市、深圳市、重庆市、武汉市、成都市、广州市、天津市、乌鲁木齐市。

表 3-4　36 座直辖市/省会城市/计划单列市海外网络传播力指数分布

序号	城市	得分	序号	城市	得分
1	上海市	100.00	12	贵阳市	36.80
2	北京市	85.79	13	沈阳市	36.10
3	杭州市	67.16	14	石家庄市	36.09
4	深圳市	60.01	15	南京市	35.65
5	重庆市	45.80	16	哈尔滨市	35.59
6	武汉市	44.19	17	太原市	34.78
7	成都市	43.19	18	郑州市	34.34
8	广州市	41.23	19	西安市	34.22
9	天津市	38.50	20	福州市	33.97
10	乌鲁木齐市	37.99	21	昆明市	33.76
11	青岛市	37.00	22	合肥市	33.36

续表

序号	城市	得分	序号	城市	得分
23	厦门市	33.35	30	济南市	32.13
24	拉萨市	32.90	31	南宁市	31.99
25	兰州市	32.89	32	大连市	31.85
26	长沙市	32.80	33	海口市	30.96
27	南昌市	32.61	34	呼和浩特市	30.92
28	宁波市	32.58	35	银川市	30.72
29	长春市	32.35	36	西宁市	30.32

（四）地级市（自治州、地区、盟）海外网络传播力综合指数分布

301 座地级市（自治州、地区、盟）海外网络传播力综合指数得分靠前的依次是韶关市、喀什地区、和田地区、泉州市、大理白族自治州、吐鲁番市、阿克苏地区、郴州市、保山市、凉山彝族自治州。

表 3-5　301 座地级市海外网络传播力指数分布

序号	城市	得分	序号	城市	得分
1	韶关市	41.02	20	伊春市	32.54
2	喀什地区	38.47	21	阿里地区	32.46
3	和田地区	36.86	22	甘南藏族自治州	32.23
4	泉州市	36.26	23	九江市	32.16
5	大理白族自治州	35.40	24	柳州市	32.16
6	吐鲁番市	35.18	25	葫芦岛市	32.11
7	阿克苏地区	34.69	26	百色市	32.08
8	郴州市	33.93	27	六盘水市	32.08
9	保山市	33.78	28	东莞市	32.07
10	凉山彝族自治州	33.46	29	鹤壁市	31.96
11	秦皇岛市	33.40	30	文山壮族苗族自治州	31.96
12	西双版纳傣族自治州	33.00	31	温州市	31.94
13	乐山市	32.96	32	嘉兴市	31.89
14	酒泉市	32.94	33	惠州市	31.87
15	临夏回族自治州	32.89	34	常州市	31.82
16	伊犁哈萨克自治州	32.76	35	晋城市	31.78
17	昌吉回族自治州	32.62	36	自贡市	31.77
18	景德镇市	32.57	37	三沙市	31.77
19	普洱市	32.55	38	临沧市	31.75

续表

序号	城市	得分	序号	城市	得分
39	天水市	31.75	74	江门市	31.32
40	苏州市	31.75	75	烟台市	31.32
41	阜阳市	31.73	76	吴忠市	31.31
42	日喀则市	31.73	77	镇江市	31.31
43	阿勒泰地区	31.73	78	漳州市	31.29
44	四平市	31.73	79	七台河市	31.28
45	河池市	31.71	80	南阳市	31.27
46	扬州市	31.71	81	新乡市	31.26
47	宜昌市	31.71	82	红河哈尼族彝族自治州	31.25
48	绵阳市	31.68	83	萍乡市	31.25
49	本溪市	31.66	84	儋州市	31.24
50	嘉峪关市	31.66	85	塔城地区	31.24
51	三亚市	31.64	86	铜川市	31.23
52	南通市	31.64	87	石嘴山市	31.22
53	克拉玛依市	31.63	88	乌兰察布市	31.22
54	张家界市	31.61	89	白山市	31.20
55	博尔塔拉蒙古自治州	31.58	90	孝感市	31.18
56	黑河市	31.57	91	洛阳市	31.16
57	钦州市	31.57	92	莆田市	31.16
58	金华市	31.57	93	乌海市	31.13
59	遵义市	31.57	94	楚雄彝族自治州	31.10
60	襄阳市	31.57	95	山南市	31.09
61	淮南市	31.54	96	克孜勒苏柯尔克孜自治州	31.09
62	鄂尔多斯市	31.52	97	潮州市	31.08
63	锡林郭勒盟	31.52	98	昌都市	31.08
64	鄂州市	31.50	99	那曲市	31.08
65	忻州市	31.49	100	金昌市	31.07
66	黔西南布依族苗族自治州	31.48	101	抚州市	31.07
67	徐州市	31.46	102	贵港市	31.07
68	丽江市	31.40	103	桂林市	31.03
69	无锡市	31.37	104	连云港市	31.03
70	宜宾市	31.36	105	玉树藏族自治州	31.02
71	新余市	31.35	106	赣州市	31.02
72	佛山市	31.35	107	怒江傈僳族自治州	31.01
73	宜春市	31.32	108	阜新市	31.01

续表

序号	城市	得分	序号	城市	得分
109	德州市	31.00	144	恩施土家族苗族自治州	30.82
110	淄博市	31.00	145	淮安市	30.82
111	泰州市	30.99	146	黄石市	30.82
112	汉中市	30.99	147	揭阳市	30.82
113	宿迁市	30.98	148	齐齐哈尔市	30.82
114	盐城市	30.98	149	铜陵市	30.82
115	朔州市	30.98	150	榆林市	30.81
116	廊坊市	30.97	151	北海市	30.81
117	果洛藏族自治州	30.96	152	牡丹江市	30.80
118	泸州市	30.96	153	珠海市	30.80
119	铁岭市	30.96	154	邯郸市	30.80
120	常德市	30.96	155	白银市	30.80
121	芜湖市	30.95	156	甘孜藏族自治州	30.79
122	阿拉善盟	30.93	157	阳江市	30.78
123	东营市	30.92	158	辽源市	30.77
124	肇庆市	30.92	159	台州市	30.77
125	池州市	30.91	160	丹东市	30.77
126	梅州市	30.90	161	随州市	30.77
127	铜仁市	30.90	162	济宁市	30.76
128	咸宁市	30.89	163	云浮市	30.76
129	广元市	30.89	164	玉溪市	30.76
130	淮北市	30.88	165	茂名市	30.75
131	商洛市	30.87	166	十堰市	30.75
132	保定市	30.87	167	海南藏族自治州	30.75
133	丽水市	30.86	168	菏泽市	30.74
134	达州市	30.86	169	潍坊市	30.73
135	三门峡市	30.85	170	渭南市	30.73
136	巴音郭楞蒙古自治州	30.85	171	海东市	30.73
137	南平市	30.85	172	通辽市	30.73
138	宝鸡市	30.84	173	衡水市	30.72
139	辽阳市	30.84	174	海西蒙古族藏族自治州	30.72
140	巴彦淖尔市	30.83	175	佳木斯市	30.72
141	吉安市	30.83	176	延安市	30.71
142	海北藏族自治州	30.83	177	朝阳市	30.71
143	防城港市	30.82	178	运城市	30.71

续表

序号	城市	得分	序号	城市	得分
179	哈密市	30.71	214	德宏傣族景颇族自治州	30.61
180	威海市	30.70	215	大兴安岭地区	30.61
181	广安市	30.69	216	松原市	30.60
182	衢州市	30.69	217	沧州市	30.60
183	鹰潭市	30.69	218	鞍山市	30.59
184	商丘市	30.69	219	聊城市	30.59
185	湘西土家族苗族自治州	30.68	220	抚顺市	30.58
186	黄冈市	30.68	221	舟山市	30.58
187	绥化市	30.67	222	遂宁市	30.58
188	大庆市	30.67	223	迪庆藏族自治州	30.58
189	呼伦贝尔市	30.67	224	昭通市	30.57
190	许昌市	30.67	225	黄南藏族自治州	30.57
191	邢台市	30.67	226	包头市	30.57
192	武威市	30.66	227	中山市	30.56
193	延边朝鲜族自治州	30.66	228	安庆市	30.56
194	宣城市	30.66	229	荆门市	30.56
195	内江市	30.66	230	娄底市	30.56
196	益阳市	30.66	231	湛江市	30.56
197	上饶市	30.66	232	周口市	30.56
198	黔东南苗族侗族自治州	30.66	233	盘锦市	30.56
199	龙岩市	30.65	234	双鸭山市	30.55
200	临汾市	30.65	235	资阳市	30.55
201	来宾市	30.65	236	贺州市	30.55
202	亳州市	30.64	237	枣庄市	30.54
203	黔南布依族苗族自治州	30.64	238	清远市	30.54
204	承德市	30.64	239	玉林市	30.54
205	宿州市	30.64	240	黄山市	30.54
206	白城市	30.64	241	永州市	30.54
207	绍兴市	30.63	242	汕头市	30.53
208	锦州市	30.62	243	株洲市	30.52
209	漯河市	30.62	244	晋中市	30.52
210	三明市	30.62	245	眉山市	30.52
211	安顺市	30.62	246	汕尾市	30.52
212	安阳市	30.62	247	滁州市	30.50
213	毕节市	30.61	248	南充市	30.49

续表

序号	城市	得分	序号	城市	得分
249	固原市	30. 48	276	鹤岗市	30. 33
250	攀枝花市	30. 48	277	营口市	30. 32
251	德阳市	30. 47	278	濮阳市	30. 32
252	焦作市	30. 47	279	陇南市	30. 32
253	马鞍山市	30. 47	280	定西市	30. 31
254	曲靖市	30. 46	281	阿坝藏族羌族自治州	30. 31
255	庆阳市	30. 46	282	临沂市	30. 30
256	河源市	30. 46	283	邵阳市	30. 30
257	张家口市	30. 46	284	六安市	30. 29
258	宁德市	30. 46	285	湘潭市	30. 28
259	泰安市	30. 44	286	巴中市	30. 27
260	岳阳市	30. 44	287	中卫市	30. 26
261	梧州市	30. 44	288	兴安盟	30. 26
262	长治市	30. 43	289	大同市	30. 23
263	赤峰市	30. 43	290	平凉市	30. 23
264	开封市	30. 42	291	安康市	30. 22
265	鸡西市	30. 41	292	吕梁市	30. 22
266	雅安市	30. 40	293	咸阳市	30. 22
267	荆州市	30. 40	294	驻马店市	30. 18
268	信阳市	30. 38	295	滨州市	30. 18
269	吉林市	30. 37	296	崇左市	30. 14
270	张掖市	30. 36	297	衡阳市	30. 09
271	怀化市	30. 35	298	平顶山市	30. 09
272	蚌埠市	30. 35	299	湖州市	30. 09
273	唐山市	30. 33	300	林芝市	30. 06
274	通化市	30. 33	301	阳泉市	30. 00
275	日照市	30. 33			

（五）中国城市案例分析

1. 上海市：经济领域获得广泛关注，自然与人文国际传播影响力高，全平台全面展示城市形象

在 2023 年的城市海外网络传播力综合指数中上海得分最高，在各平台上都有较为出色的表现。作为国际化大都市，上海的经济、科技、文化、自然风光等都获得了广泛的关注。Google 上关于上海的新闻大多围绕产业、科技等经济方面。例如，2023 年在上海举

办的世界人工智能大会（WAIC）吸引了包括微软、特斯拉在内的外国企业，中国代表在上海展会上宣传下一阶段的人工智能发展，该新闻在 X（Twitter）平台也得到了一定程度的曝光；特斯拉拟在上海建设新电池工厂，进一步巩固中国在全球储能供应链顶端的地位；电动汽车制造商在上海车展上展示尖端技术，全球最大的车展之一——上海车展开幕，制造商在拥有最大电动汽车市场的中国推出大量新型电动车和技术；上海计划在 2025 年底前建成区块链基础设施，并与香港地区和新加坡建立联系，上海的计划包括建设区块链网络和专用计算能力集群，以支持该市在管理地方政府事务、公共服务和现实经济应用方面的区块链雄心。

Nikkei Asia

China touts next-stage AI development at Shanghai exhibition

SHANGHAI -- Humanoid robots performed the Buddhist dance of the Thousand-hand Goddess of Mercy and shot a basketball cleanly through a hoop,...

2023年7月8日

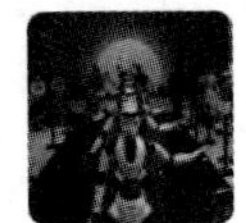

图 3-1　上海举办的世界人工智能大会

The Japan Times

Tesla planning new Shanghai battery factory despite rising ...

... Shanghai. The company — led by Elon Musk, who is said to be visiting China this weekend — made the announcement at a signing ceremony for the project in...

2023年4月10日

图 3-2　特斯拉拟在上海建设新电池工厂

Nikkei Asia

EV makers to tout cutting-edge tech at Shanghai auto show

SHANGHAI -- Auto Shanghai, one of the world's biggest automobile shows, opens Tuesday with makers set to unveil a vast slate of new electric vehicle models...

2023年4月18日

图 3-3　全球最大的车展之一——上海车展开幕

Forkast News

Shanghai plans blockchain infrastructure hub to link with Hong Kong, Singapore by 2025

Shanghai, China's biggest city and financial center, plans to build a blockchain infrastructure by the end of 2025 and establish links with Hong Kong and...

2023年8月2日

图 3-4　上海计划在 2025 年底前建成区块链基础设施

除了经济方面外，国外媒体还报道了作为“世界十大时尚之都”之一的上海于 2023 年秋天推出的一项庆祝全球时尚设计和时尚产业的重大活动——上海盛典，上海正在努力将自己打造成全球时尚业的领导者之一。Facebook 上也有类似的内容：迪伦的首次视觉艺术回顾展 Retrospectrum 在中国上海现代艺术博物馆（MAM）首次亮相，得到了超过 10000 的点赞与评论，具有良好的传播力。

WWD
China Insight: Shanghai, China's Window to the World ...
The first Shanghai Gala will feature a red carpet event to celebrate the opening of a fashion design exhibition with the theme of "A New Vision of Design,"...
2023年7月24日

图 3-5　上海盛典

图 3-6　Retrospectrum 在中国上海现代艺术博物馆（MAM）首次亮相

X（Twitter）、Facebook、YouTube、TikTok 平台都以展示上海的城市风光为主。许多外国博主来到上海，拍摄上海的夜景与街道，突出城际线的繁华与壮观，展现具有高度现代化特色的上海景观。外滩、东方明珠塔、静安寺、豫园等著名景点获得了广泛的传播。

而在 YouTube 上，外国人的出镜恰好表明上海作为一个全球化的大都市对异国文化的包容。

TikTok 和 Facebook 展示了上海的特色美食，如小笼包、葱油拌面等，美食博主们展现了富有烟火气息的上海生活。

图 3-7 TikTok 平台上上海的繁华夜景

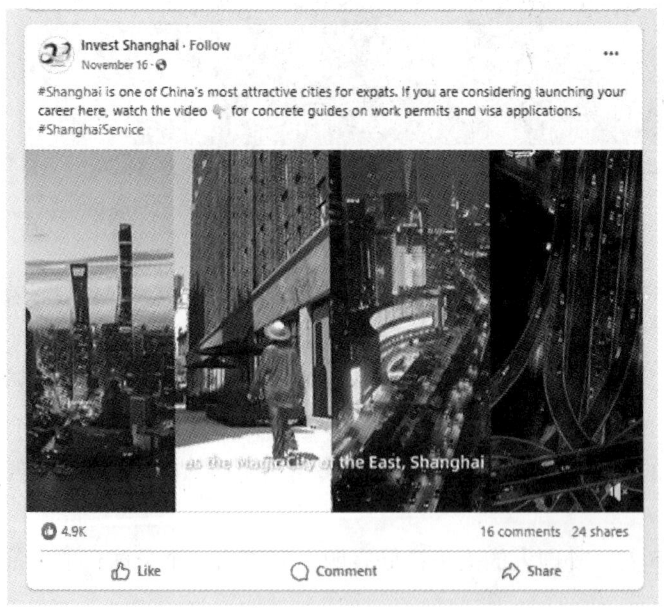

图 3-8 Facebook 平台上上海的繁华夜景

图 3-9 Facebook 平台上上海的繁华夜景视频

Shocking Culture of Shanghai China - YouTube

I visited the insane insect and animal market in **Shanghai** China and everyone I met Shocked & Surprised me. ***This Video is also available wit...

YouTube · Nomadic Tour · 2023年9月1日

www.youtube.com › watch · 翻译此页

My first impressions of CHINA! (Shanghai) - YouTube

My first time in China! In today's video, I fly from Samarkand, Uzbekistan to **Shanghai**, China via Dubai and it turned out to be one of the most ...

YouTube · Jay Palfrey · 2023年9月10日

图 3-10 外国人在上海的生活①

www.youtube.com › watch · 翻译此页

'What's it like being a Japanese living in China ... - YouTube

... **Shanghai** street interview! If you like my video, please click the thumb up ... **shanghai** #海外生活 #バイリンガル #マルチリンガル #トリリンガル #...

YouTube · KAHO'S CHANNEL · 2022年12月17日

图 3-11 外国人在上海的生活②

图 3-12　Facebook 上的上海美食

图 3-13　TikTok 平台上的美食博主与上海美食

同时，由于上海举办的大型活动较多，明星们纷纷前往上海参与演唱会、见面会等，使上海在 X（Twitter）和 Facebook 上获得一定程度的曝光。国内的偶像刘雨昕在上海开演唱会，粉丝为其宣传；欧美明星 David Garrett 于 2023 年来到上海，并拍摄上海的图像以标识自己的位置，增加上海的国际传播力。

图 3-14 David Garrett 在上海

并且，上海积极举办各项体育赛事，如中国滑冰协会在上海主办的国际滑冰赛事、国际篮联举办的篮球世界杯，汇聚了国内外的知名运动员，提升了城市的国际影响力。

图 3-15 在上海主办的国际滑冰赛

www.youtube.com › watch · 翻译此页

RE-LIVE | FIBA 3x3 Suntory Shanghai Challenger 2023 | Finals

Don't miss a moment of the thrilling of the FIBA 3x3 Suntory **Shanghai** Challenger 2023, taking place in **Shanghai**, China. The teams are battling f...

YouTube · FIBA3x3 · 2023年8月27日

8 重要时刻 在此视频中

图 3-16　在上海举办国际篮球世界杯

2. 杭州市：亚运会提升国际影响力，兼具传统与现代、人文与科技的大城市

亚运会于 2023 年 9 月 23 日在杭州举办，此举向全世界展示了杭州的科技水平、经济实力与文化景观。作为孕育了阿里巴巴等知名互联网企业的城市，杭州拥有出色的创新能力。在 YouTube 上，国外主流媒体如 CNA 报道了亚运会，称“杭州市政府已花费约 300 亿元用于与亚运会相关的基础设施”，并强调亚运会是中国近几年举办的首场大型体育赛事，吸引超过 20000 名游客前往杭州。TikTok 发布游泳运动员前来参加亚运会，与馆内建筑合影的视频，带上“hangzhou”的标签，提高了杭州市的国际影响力。

Hangzhou Asian Games: China showcases technological ...

After being delayed by a year, the **Hangzhou** Asian Games opened on Saturday, with host country China keen to showcase its organisational and...

YouTube · CNA · 2023年9月25日

图 3-17　杭州亚运会①

A glimpse of smart Asian Games in China's Hangzhou

The upcoming **Hangzhou** Asian Games has taken the lead in adopting the latest technologies.

YouTube · Macau Business TV · 2023年9月7日

图 3-18　杭州亚运会②

With my fellow swimmers...　ไอเรามันก็ติดราชะด้วยสิ　ขึ้นบกมาเต้นสักหน่อย

图 3-19　运动员介绍亚运会场馆

杭州兼具传统与现代、人文与科技，除了亚运会的相关内容外，展示杭州的自然景观、历史古迹等视频获得了海外观众的认同。拥有超过 200000 粉丝的 YouTube 博主分享自己在杭州的生活，表示杭州的 GDP 超过 100 多个城市，经济发达，街景十分美丽整洁。杭州是中国七大古都之一，被政府指定为“历史文化名城”，以其迷人的自然风光和丰富的文化底蕴吸引着众多游客。前来杭州的国外游客都不由得感慨杭州是一个美丽的城市，TikTok 用户则拍摄西湖、滨江等著名景观，以展现这座城市的超凡魅力。

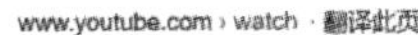

图 3-20　YouTube 平台关于杭州的美景

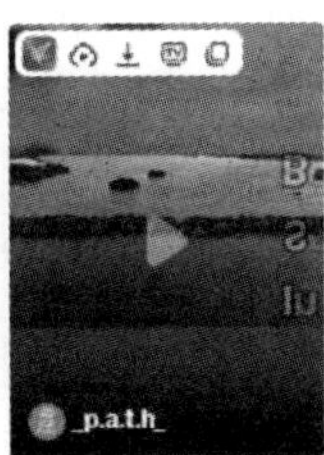

图 3-21　TikTok 平台关于杭州的美景

四、维度一：中国城市Google传播力

本报告主要使用 Google 搜索中的 Google News 这一数据库，采集了 2022 年 10 月 16 日至 2023 年 10 月 16 日中国 337 座城市（自治州、地区、盟）的新闻样本。直辖市、省会

城市和计划单列市以带双引号的城市英文名称为搜索关键词，普通地级市以带双引号的城市英文名称和带双引号的所属省份英文名称为搜索关键词。此外，还将新闻的正负面情感倾向纳入考量标准，按照相关性排序抽取每座城市的前 100 条新闻作为情感编码的样本，由 3 位编码员对抽样新闻进行编码和信度检验，信度值均在 0.85 以上。最后根据算法，得出 337 座城市（自治州、地区、盟）的 Google 传播力指数。

（一）中国 337 座城市 Google 传播力指数分布

Google 传播力维度中指数得分靠前的城市分别为北京市、上海市、杭州市、深圳市、广州市、成都市、武汉市、南京市、重庆市、天津市。4 座直辖市全部位于其中，其他城市均为省会城市或计划单列市，传播力指数差异较大。

表 3-6　部分城市 Google 传播力指数

序号	城市	得分	序号	城市	得分
1	北京市	100.00	25	贵阳市	0.08
2	上海市	92.33	26	兰州市	0.07
3	杭州市	1.67	27	乌鲁木齐市	0.06
4	深圳市	1.44	28	石家庄市	0.06
5	广州市	0.86	29	西安市	0.05
6	成都市	0.70	30	苏州市	0.04
7	武汉市	0.57	31	东莞市	0.04
8	南京市	0.46	32	拉萨市	0.04
9	重庆市	0.39	33	珠海市	0.03
10	天津市	0.34	34	南宁市	0.03
11	宁波市	0.25	35	盐城市	0.03
12	青岛市	0.22	36	济南市	0.03
13	厦门市	0.22	37	金华市	0.03
14	郑州市	0.21	38	无锡市	0.03
15	哈尔滨市	0.19	39	南通市	0.03
16	昆明市	0.14	40	常州市	0.03
17	长春市	0.12	41	佛山市	0.02
18	三亚市	0.12	42	海口市	0.02
19	南昌市	0.11	43	连云港市	0.02
20	沈阳市	0.11	44	中山市	0.02
21	大连市	0.10	45	宿州市	0.02
22	福州市	0.09	46	温州市	0.02
23	长沙市	0.09	47	宿迁市	0.02
24	合肥市	0.09	48	太原市	0.02

续表

序号	城市	得分	序号	城市	得分
49	扬州市	0.02	80	淮北市	0.01
50	舟山市	0.01	81	惠州市	0.01
51	喀什地区	0.01	82	枣庄市	0.01
52	洛阳市	0.01	83	运城市	0.01
53	银川市	0.01	84	绵阳市	0.01
54	徐州市	0.01	85	呼和浩特市	0.01
55	烟台市	0.01	86	三明市	0.01
56	桂林市	0.01	87	钦州市	0.01
57	九江市	0.01	88	新余市	0.01
58	吐鲁番市	0.01	89	丹东市	0.01
59	淮安市	0.01	90	日照市	0.01
60	泰州市	0.01	91	柳州市	0.01
61	绍兴市	0.01	92	阜阳市	0.01
62	湖州市	0.01	93	赤峰市	0.01
63	湘西土家族苗族自治州	0.01	94	北海市	0.01
64	保定市	0.01	95	威海市	0.01
65	泉州市	0.01	96	漳州市	0.01
66	张家界市	0.01	97	东营市	0.01
67	镇江市	0.01	98	西双版纳傣族自治州	0.01
68	唐山市	0.01	99	丽江市	0.01
69	台州市	0.01	100	景德镇市	0.01
70	嘉兴市	0.01	101	包头市	0.01
71	广元市	0.01	102	海南藏族自治州	0.01
72	淄博市	0.01	103	德州市	0.01
73	湛江市	0.01	104	张家口市	0.01
74	芜湖市	0.01	105	潍坊市	0.01
75	宁德市	0.01	106	黄山市	0.01
76	汕头市	0.01	107	西宁市	0.01
77	大理白族自治州	0.01	108	酒泉市	0.01
78	宜昌市	0.01	109	临沂市	0.01
79	伊犁哈萨克自治州	0.01	110	邯郸市	0.01

（二）中国不同行政级别城市的Google传播力指数分布

1. 直辖市、省会城市及计划单列市Google传播力指数分布

我国36座直辖市、省会城市及计划单列市中，Google传播力指数得分靠前的城市分

别是北京市、上海市、杭州市、深圳市、广州市。其中北京市和上海市的头部效应明显，与其他城市的传播力指数存在显著差异，其余城市的差距较小。

表 3-7　36 座直辖市、省会城市及计划单列市 Google 传播力指数

序号	城市	得分	序号	城市	得分
1	北京市	100. 00	19	沈阳市	0. 11
2	上海市	92. 33	20	大连市	0. 10
3	杭州市	1. 67	21	福州市	0. 09
4	深圳市	1. 44	22	长沙市	0. 09
5	广州市	0. 86	23	合肥市	0. 09
6	成都市	0. 70	24	贵阳市	0. 08
7	武汉市	0. 57	25	兰州市	0. 07
8	南京市	0. 46	26	乌鲁木齐市	0. 06
9	重庆市	0. 39	27	石家庄市	0. 06
10	天津市	0. 34	28	西安市	0. 05
11	宁波市	0. 25	29	拉萨市	0. 04
12	青岛市	0. 22	30	南宁市	0. 03
13	厦门市	0. 22	31	济南市	0. 03
14	郑州市	0. 21	32	海口市	0. 02
15	哈尔滨市	0. 19	33	太原市	0. 02
16	昆明市	0. 14	34	银川市	0. 01
17	长春市	0. 12	35	呼和浩特市	0. 01
18	南昌市	0. 11	36	西宁市	0. 01

2. 地级市（自治州、地区、盟）Google 传播力指数

在我国其余 301 座地级市（自治州、地区、盟）中，Google 传播力指数得分靠前的城市为三亚市、东莞市、拉萨市、珠海市、盐城市、金华市、无锡市、南通市、常州市、佛山市、连云港市、中山市、宿州市、温州市、宿迁市、扬州市。与 36 座直辖市、省会城市和计划单列市相比，地级市的传播力指数普遍偏低，且各城市之间的差异较小，城市在海外传播效果差距不大。

表 3-8　部分地级市 Google 传播力指数

序号	城市	得分	序号	城市	得分
1	三亚市	0. 12	4	珠海市	0. 03
2	东莞市	0. 04	5	盐城市	0. 03
3	拉萨市	0. 04	6	金华市	0. 03

续表

序号	城市	得分	序号	城市	得分
7	无锡市	0.03	12	中山市	0.02
8	南通市	0.03	13	宿州市	0.02
9	常州市	0.03	14	温州市	0.02
10	佛山市	0.02	15	宿迁市	0.02
11	连云港市	0.02	16	扬州市	0.02

（三）中国不同经济圈城市的Google传播力指数分布

为考察我国城市集群的海外网络传播力建设情况，对四大经济圈的城市传播力进行了分析。京津冀经济圈的Google平均传播力指数最高，均值为7.17，其后是长三角经济圈（3.70）和珠三角经济圈（0.27），成渝地区双城经济圈的传播力指数均值最低，仅为0.07。

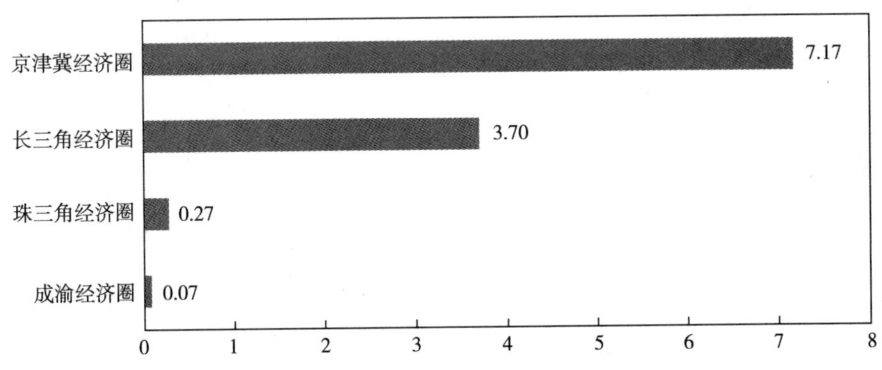

图3-22 不同经济圈城市平均Google传播力指数

在京津冀经济圈中，Google传播力指数得分靠前的城市是北京市、天津市、石家庄市。

表3-9 京津冀经济圈城市的Google传播力指数分布

序号	城市	得分
1	北京市	100.00
2	天津市	0.34
3	石家庄市	0.06
4	保定市	0.01
5	唐山市	0.01
6	张家口市	0.01
7	邯郸市	0.01

在长三角经济圈中，Google 传播力指数得分靠前的城市分别为上海市、杭州市、南京市。上海作为中国的经济、金融、贸易、航运与科技创新中心受外媒关注度最高，因此传播力指数与该经济圈内其他城市差异显著，遥遥领先于其他城市。

表 3-10　长三角经济圈城市的 Google 传播力指数分布

序号	城市	得分	序号	城市	得分
1	上海市	92.33	11	常州市	0.03
2	杭州市	1.67	12	扬州市	0.02
3	南京市	0.46	13	舟山市	0.01
4	宁波市	0.25	14	泰州市	0.01
5	合肥市	0.09	15	绍兴市	0.01
6	苏州市	0.04	16	湖州市	0.01
7	盐城市	0.03	17	镇江市	0.01
8	金华市	0.03	18	台州市	0.01
9	无锡市	0.03	19	嘉兴市	0.01
10	南通市	0.03	20	芜湖市	0.01

在珠三角经济圈中，Google 传播力指数得分靠前的城市是深圳市、广州市、东莞市，平均传播力较 2022 年有所下降。

表 3-11　珠三角经济圈城市的 Google 传播力指数分布

序号	城市	得分
1	深圳市	1.44
2	广州市	0.86
3	东莞市	0.04
4	珠海市	0.03
5	佛山市	0.02
6	中山市	0.02
7	惠州市	0.01

在成渝地区双城经济圈中，Google 传播力指数得分靠前的城市是成都市和重庆市，与成渝经济圈中其他城市差异较大，城市头部效应较其他经济圈不明显。

表 3-12　成渝经济圈城市的 Google 传播力指数分布

序号	城市	得分
1	成都市	0.70
2	重庆市	0.39
3	绵阳市	0.01

（四）Google News 平台城市案例分析

1. 广州市：广泛展开国际合作，提升经济水平

广州市是首批沿海开放城市，为中国大陆和广东对外的商贸中心兼综合交通枢纽，是中国大陆的一线城市之一，也是粤港澳大湾区的中心城市之一。2023 年广州市的 Google 传播力指数得分相对靠前。在 2023 年，广州市推进一系列便民政策，促进当地经济发展，如放宽购房限制，加大了支持住房销售的力度，成为中国四大一线城市中第一个取消部分地区购房限制的城市。

Nikkei Asia

China's Guangzhou eases homebuying curbs to boost sales

For more than a decade, restrictions on buying homes have been one of the most important tools for local governments to regulate their property markets and...

2023年9月23日

Nikkei Asia

China's Guangzhou scraps controversial housing price limits

This price gap encouraged buyers to pay a premium to agents in bidding for new homes. During the housing market downturn, the price limits have been blamed...

2023年9月11日

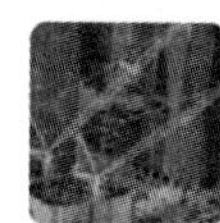

图 3-23 广州市放宽购房限制

广州市积极举办大会，吸引国内外企业前来，不断提升城市的影响力。大多数大会都与经济方面的合作有关，如在广州召开的芯片行业会议，吸引了美国主要公司参会，并获得了来自美国、德国等公司的赞助；CBD（广州）博览会暨首届广州国际卫浴博览会，吸引来自德国、日本、美国、迪拜、墨西哥、巴西、俄罗斯、西班牙、英国、法国、韩国等国家和地区的 2108 家参展商参加。

Nikkei Asia

China chip event draws Applied Materials, others despite U.S. ...

GUANGZHOU -- A chip industry conference that kicked off here Tuesday has lined up major U.S. companies as participants despite Washington's widening...

2023年4月19日

图 3-24 广州举办的芯片行业会议

Newswire.ca

The 25th CBD Fair (Guangzhou) and the 1st Guangzhou ...

GUANGZHOU, China, July 24, 2023 /CNW/ -- On July 11th, the 25th China (Guangzhou) International Building Decoration Fair, also known as the CBD Fair...

2023年7月24日

图 3-25 CBD（广州）博览会

2. 成都市：成功举办大运会，提升国际知名度

成都市是四川省省会城市，有“天府之国”之称。2023 年 Google 传播力指数得分靠前。成都第 31 届世界大学生夏季运动会（Chengdu 2021 FISU World University Games，以下简称成都大运会），于 2023 年 7 月 28 日至 8 月 8 日在中国成都举办。Google News 检索“chengdu”出现的新闻大部分都与大运会有关，如介绍场地、赛制导引，并借此推广大赛的举办地——成都，展现独特的文化符号，如大熊猫、麻辣美食等。

Sportstar

Chengdu World University Games kicks off as student-athletes look to make dreams come true

With Chengdu decked up for the 31st FISU World University Games, the opening ceremony is set to take place at the Dong'an Lake Sports Park...

2023年7月28日

InsideTheGames.com

Chengdu 2021 FISU Games Village officially welcomes athletes

The Chengdu 2021 International University Sports Federation World University Games Village has opened its doors to athletes,...

2023年7月22日

Olympics.com

FISU World University Games 2023 Chengdu: Get schedule and watch live streaming in India

The FISU World University Games 2023 in Chengdu starts on July 28 and ends on August 8. Get the full schedule and know where to watch live...

2023年7月27日

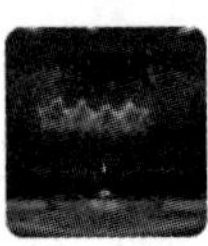

Eurosport

The Summer FISU World University Games get underway in Chengdu

A bright and vibrant opening ceremony began and ended with fireworks displays at the Dong'An Lakes Sports Park Stadium.

2023年7月29日

图 3-26　成都大运会

成都通往欧洲的铁路是共建“一带一路”的重要组成部分，2023 年是成都国际铁路港首趟中欧班列开行十周年。目前，成都国际班列已通达海外 100 个城市、国内 30 个目的地，建立了以成都为核心的国际网络和陆海货运集散体系。

PR Newswire

Chengdu's rail link to Europe a key component of BRI India ...

CHENGDU, China, Aug. 23, 2023 /PRNewswire/ – A freight train loaded with liquid crystal display products, connectors, auto parts and other merchandise...

2023年8月23日

图 3-27　成都通往欧洲的铁路

3. 扬州市：历史名城焕发新活力，生态文明建设引关注

扬州市坐落于江苏省中部，有“江南文化之邦”、“千年文明古城”、“中国园林城市”等美誉。在 2023 年的 Google 传播力指数得分靠前，显示出在海外传播方面取得显著进展。

扬州市拥有得天独厚的地理位置，濒临长江，毗邻京杭大运河，使其成为历史上繁荣的商贸重镇。作为中国历史文化名城，扬州以其悠久的历史、灿烂的文化和独特的园林艺术而闻名于世。近年来，扬州市积极发展旅游业和高新技术产业，吸引大量国内外投资和游客。千年古城正在焕发新的活力，重点关注生态文明建设，强调“绿水青山就是金山银山”，积极推进园林绿化和水域治理工程，打造“江淮生态大走廊”，成为国内外媒体报道的焦点。这些努力使扬州在国际上成为注重可持续发展和生态平衡的城市典范。

海外媒体对扬州市的报道主要集中在其生态文明建设和历史文化传承两方面。有报道关注扬州在水域治理上的先进经验，以及在城市更新过程中如何保护和传承千年历史文脉。扬州的生态园林、古建筑群等受到国际媒体的热烈关注。

Global Times

Ancient irrigation, flood control system unearthed in Central ...

Farmers pump water into their rice field in Jiangdu District, Yangzhou City of east China's Jiangsu Province, Aug. ... As China wages 'all-out battle' to...

Feb 23, 2023

图 3-28　扬州出土中国古代灌溉防洪系统

此外，扬州市在文化交流和国际合作方面也体现出不少亮点。近年来，扬州举办了一系列国际文化活动和交流会议，促进了与世界各地城市的合作与交流，为其国际形象树立与城市全球化进程的推进提供有力支持。

University of Denver

DU Establishes Health Care Supply Chain Training Center in ...

The University of Denver Hospital Supply Chain Management Training Center, launched in Yangzhou, China, in partnership with North Jiangsu People's Hospital,...

2023年7月13日

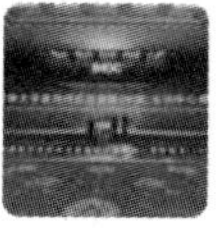

图 3-29　美国丹佛大学医院供应链管理培训中心在中国扬州成立

总体而言，扬州市在 Google News 的表现显示了这座历史名城正在不断创新发展，致力于打造生态文明示范城市，并在国际舞台上展现了积极向上的形象。

五、维度二：中国城市X(Twitter)传播力

本报告在 X（Twitter）平台进行数据爬取时，对 36 座直辖市、省会城市及计划单列市以带双引号的城市英文名称为关键词，对地级市以带双引号的城市英文名称和所在省份英文名称为关键词，采集 2022 年 10 月 16 日至 2023 年 10 月 16 日的信息。算法包含的四个指标分别为“点赞量”、“转发量”、“评论量”、“非负信息数量”，其中点赞量、转发量和评论量指采集样本中用户产生的点赞、转发和评论数量之和，“非负信息数量”是指数据采集周期内，X（Twitter）平台发布的所有与某个城市相关的英文推文总量减去其中负面信息后的信息数量。

（一）中国 337 座城市 X（Twitter）传播力指数分布

从城市的 X（Twitter）传播力指数来看，2023 年得分靠前的城市依次为深圳市、上海市、广州市、南京市、贵阳市、成都市、武汉市、青岛市、重庆市和北京市。

表 3-13　部分城市 X（Twitter）传播力指数分布

序号	城市	得分	序号	城市	得分
1	深圳市	100.00	18	合肥市	0.31
2	上海市	15.51	19	佛山市	0.29
3	广州市	6.08	20	沈阳市	0.28
4	南京市	4.12	21	普洱市	0.25
5	贵阳市	3.50	22	宁波市	0.22
6	成都市	3.32	23	福州市	0.22
7	武汉市	2.24	24	石家庄市	0.21
8	青岛市	2.03	25	昆明市	0.20
9	重庆市	1.06	26	南昌市	0.18
10	北京市	0.90	27	乌鲁木齐市	0.17
11	长沙市	0.65	28	无锡市	0.17
12	哈尔滨市	0.61	29	金华市	0.16
13	天津市	0.60	30	达州市	0.13
14	厦门市	0.55	31	日喀则市	0.11
15	长春市	0.47	32	鄂州市	0.11
16	郑州市	0.46	33	阿勒泰地区	0.10
17	景德镇市	0.41	34	吐鲁番市	0.09

续表

序号	城市	得分	序号	城市	得分
35	苏州市	0.09	70	桂林市	0.04
36	济南市	0.09	71	阿拉善盟	0.04
37	海口市	0.09	72	阿克苏地区	0.04
38	自贡市	0.09	73	珠海市	0.04
39	绍兴市	0.08	74	宿迁市	0.04
40	惠州市	0.08	75	那曲市	0.04
41	温州市	0.08	76	钦州市	0.03
42	大连市	0.08	77	嘉峪关市	0.03
43	和田地区	0.07	78	洛阳市	0.03
44	南宁市	0.07	79	楚雄彝族自治州	0.03
45	太原市	0.07	80	湖州市	0.03
46	儋州市	0.07	81	本溪市	0.03
47	嘉兴市	0.07	82	清远市	0.03
48	台州市	0.06	83	三亚市	0.03
49	南通市	0.06	84	玉树藏族自治州	0.03
50	商丘市	0.06	85	泉州市	0.03
51	忻州市	0.06	86	天水市	0.03
52	西安市	0.06	87	百色市	0.03
53	扬州市	0.06	88	三门峡市	0.03
54	新余市	0.06	89	七台河市	0.03
55	广元市	0.06	90	湛江市	0.03
56	克拉玛依市	0.06	91	临沧市	0.03
57	文山壮族苗族自治州	0.05	92	防城港市	0.03
58	黑河市	0.05	93	塔城地区	0.03
59	凉山彝族自治州	0.05	94	东莞市	0.03
60	怒江傈僳族自治州	0.05	95	中山市	0.03
61	烟台市	0.05	96	盐城市	0.03
62	杭州市	0.05	97	甘南藏族自治州	0.03
63	贵港市	0.05	98	柳州市	0.03
64	喀什地区	0.05	99	大同市	0.03
65	酒泉市	0.04	100	昌都市	0.03
66	黄山市	0.04	101	萍乡市	0.03
67	六盘水市	0.04	102	河池市	0.03
68	镇江市	0.04	103	徐州市	0.03
69	鹰潭市	0.04	104	临夏回族自治州	0.03

续表

序号	城市	得分	序号	城市	得分
105	黔西南布依族苗族自治州	0.02	140	乌兰察布市	0.02
106	遵义市	0.02	141	乐山市	0.02
107	拉萨市	0.02	142	大理白族自治州	0.02
108	海西蒙古族藏族自治州	0.02	143	崇左市	0.02
109	阿里地区	0.02	144	茂名市	0.02
110	昌吉回族自治州	0.02	145	甘孜藏族自治州	0.02
111	连云港市	0.02	146	辽阳市	0.01
112	汉中市	0.02	147	保山市	0.01
113	铁岭市	0.02	148	菏泽市	0.01
114	云浮市	0.02	149	舟山市	0.01
115	淮安市	0.02	150	上饶市	0.01
116	张掖市	0.02	151	襄阳市	0.01
117	日照市	0.02	152	郴州市	0.01
118	鹤壁市	0.02	153	白银市	0.01
119	宜昌市	0.02	154	银川市	0.01
120	江门市	0.02	155	铜川市	0.01
121	张家界市	0.02	156	晋城市	0.01
122	宝鸡市	0.02	157	武威市	0.01
123	毕节市	0.02	158	丹东市	0.01
124	广安市	0.02	159	沧州市	0.01
125	巴彦淖尔市	0.02	160	迪庆藏族自治州	0.01
126	西双版纳傣族自治州	0.02	161	齐齐哈尔市	0.01
127	株洲市	0.02	162	眉山市	0.01
128	潍坊市	0.02	163	信阳市	0.01
129	赣州市	0.02	164	西宁市	0.01
130	葫芦岛市	0.02	165	盘锦市	0.01
131	呼和浩特市	0.02	166	大庆市	0.01
132	安阳市	0.02	167	阜新市	0.01
133	东营市	0.02	168	德州市	0.01
134	红河哈尼族彝族自治州	0.02	169	北海市	0.01
135	淄博市	0.02	170	锡林郭勒盟	0.01
136	安顺市	0.02	171	海南藏族自治州	0.01
137	延边朝鲜族自治州	0.02	172	丽水市	0.01
138	宜宾市	0.02	173	博尔塔拉蒙古自治州	0.01
139	新乡市	0.02	174	恩施土家族苗族自治州	0.01

续表

序号	城市	得分	序号	城市	得分
175	威海市	0.01	210	阿坝藏族羌族自治州	0.01
176	金昌市	0.01	211	九江市	0.01
177	铜仁市	0.01	212	永州市	0.01
178	河源市	0.01	213	绵阳市	0.01
179	唐山市	0.01	214	汕头市	0.01
180	伊犁哈萨克自治州	0.01	215	怀化市	0.01
181	岳阳市	0.01	216	淮南市	0.01
182	长治市	0.01	217	蚌埠市	0.01
183	鞍山市	0.01	218	陇南市	0.01
184	运城市	0.01	219	山南市	0.01
185	克孜勒苏柯尔克孜自治州	0.01	220	玉溪市	0.01
186	随州市	0.01	221	大兴安岭地区	0.01
187	淮北市	0.01	222	安康市	0.01
188	吉林市	0.01	223	邵阳市	0.01
189	芜湖市	0.01	224	德宏傣族景颇族自治州	0.01
190	保定市	0.01	225	湘潭市	0.01
191	黔东南苗族侗族自治州	0.01	226	赤峰市	0.01
192	松原市	0.01	227	果洛藏族自治州	0.01
193	兰州市	0.01	228	安庆市	0.01
194	开封市	0.01	229	锦州市	0.01
195	莆田市	0.01	230	三沙市	0.01
196	滁州市	0.01	231	雅安市	0.01
197	漳州市	0.01	232	衢州市	0.01
198	韶关市	0.01	233	丽江市	0.01
199	吉安市	0.01	234	贺州市	0.01
200	攀枝花市	0.01	235	周口市	0.01
201	济宁市	0.01	236	哈密市	0.01
202	临沂市	0.01	237	泰州市	0.01
203	朔州市	0.01	238	鹤岗市	0.01
204	资阳市	0.01	239	乌海市	0.01
205	抚顺市	0.01	240	白山市	0.01
206	延安市	0.01	241	龙岩市	0.01
207	固原市	0.01	242	石嘴山市	0.01
208	鄂尔多斯市	0.01	243	伊春市	0.01
209	承德市	0.01			

（二）中国不同行政级别城市的 X（Twitter）传播力指数分布

从城市行政级别来看，不同级别城市的传播力指数分布存在较大差异。2023 年直辖市、省会城市和计划单列市的平均 X（Twitter）传播力指数为 4.01，而普通地级市的指数平均值仅为 0.02，表明直辖市、省会城市和计划单列市在 X（Twitter）平台的传播力水平明显高于地级市；同时，无论是直辖市、省会城市和计划单列市，还是普通地级市，其传播力指数平均值都远低于上年，说明中国不同行政级别城市的传播力水平整体而言都有所下降。

1. 直辖市、省会城市和计划单列市 X（Twitter）传播力指数分布

在我国 36 座直辖市、省会城市和计划单列市中，X（Twitter）传播力指数得分靠前的城市分别是深圳市、上海市、广州市、南京市和贵阳市。直辖市、省会城市和计划单列市的传播力水平整体较高，但各城市之间仍然存在很大差异，银川市、西宁市和兰州市的指数明显低于其他城市。

表 3-14　36 座直辖市、省会城市和计划单列市的 X（Twitter）传播力指数分布

序号	城市	得分	序号	城市	得分
1	深圳市	100.00	19	宁波市	0.22
2	上海市	15.51	20	福州市	0.22
3	广州市	6.08	21	石家庄市	0.21
4	南京市	4.12	22	昆明市	0.20
5	贵阳市	3.50	23	南昌市	0.18
6	成都市	3.32	24	乌鲁木齐市	0.17
7	武汉市	2.24	25	济南市	0.09
8	青岛市	2.03	26	海口市	0.09
9	重庆市	1.06	27	大连市	0.08
10	北京市	0.90	28	南宁市	0.07
11	长沙市	0.65	29	太原市	0.07
12	哈尔滨市	0.61	30	西安市	0.06
13	天津市	0.60	31	杭州市	0.05
14	厦门市	0.55	32	拉萨市	0.02
15	长春市	0.47	33	呼和浩特市	0.02
16	郑州市	0.46	34	银川市	0.01
17	合肥市	0.31	35	西宁市	0.01
18	沈阳市	0.28	36	兰州市	0.01

2. 地级市（自治区、地区、盟）X（Twitter）传播力指数

与直辖市、省会城市和计划单列市相比，地级市（自治区、地区、盟）的 X

(Twitter)传播力水平相对较低，其中得分靠前的城市（自治区、地区、盟）为景德镇市、佛山市、普洱市、无锡市、金华市、达州市、日喀则市、鄂州市、阿勒泰地区、吐鲁番市。地级市的X(Twitter)传播力水平整体较低，各城市之间差距相对较小。

表 3-15 部分地级市的 X（Twitter）传播力指数分布

序号	城市	得分	序号	城市	得分
1	景德镇市	0.41	32	贵港市	0.05
2	佛山市	0.29	33	喀什地区	0.05
3	普洱市	0.25	34	酒泉市	0.04
4	无锡市	0.17	35	黄山市	0.04
5	金华市	0.16	36	六盘水市	0.04
6	达州市	0.13	37	镇江市	0.04
7	日喀则市	0.11	38	鹰潭市	0.04
8	鄂州市	0.11	39	桂林市	0.04
9	阿勒泰地区	0.10	40	阿拉善盟	0.04
10	吐鲁番市	0.09	41	阿克苏地区	0.04
11	苏州市	0.09	42	珠海市	0.04
12	自贡市	0.09	43	宿迁市	0.04
13	绍兴市	0.08	44	那曲市	0.04
14	惠州市	0.08	45	钦州市	0.03
15	温州市	0.08	46	嘉峪关市	0.03
16	和田地区	0.07	47	洛阳市	0.03
17	儋州市	0.07	48	楚雄彝族自治州	0.03
18	嘉兴市	0.07	49	湖州市	0.03
19	台州市	0.06	50	本溪市	0.03
20	南通市	0.06	51	清远市	0.03
21	商丘市	0.06	52	三亚市	0.03
22	忻州市	0.06	53	玉树藏族自治州	0.03
23	扬州市	0.06	54	泉州市	0.03
24	新余市	0.06	55	天水市	0.03
25	广元市	0.06	56	百色市	0.03
26	克拉玛依市	0.06	57	三门峡市	0.03
27	文山壮族苗族自治州	0.05	58	七台河市	0.03
28	黑河市	0.05	59	湛江市	0.03
29	凉山彝族自治州	0.05	60	临沧市	0.03
30	怒江傈僳族自治州	0.05	61	防城港市	0.03
31	烟台市	0.05	62	塔城地区	0.03

续表

序号	城市	得分	序号	城市	得分
63	东莞市	0. 03	98	葫芦岛市	0. 02
64	中山市	0. 03	99	安阳市	0. 02
65	盐城市	0. 03	100	东营市	0. 02
66	甘南藏族自治州	0. 03	101	红河哈尼族彝族自治州	0. 02
67	柳州市	0. 03	102	淄博市	0. 02
68	大同市	0. 03	103	安顺市	0. 02
69	昌都市	0. 03	104	延边朝鲜族自治州	0. 02
70	萍乡市	0. 03	105	宜宾市	0. 02
71	河池市	0. 03	106	新乡市	0. 02
72	徐州市	0. 03	107	乌兰察布市	0. 02
73	临夏回族自治州	0. 03	108	乐山市	0. 02
74	黔西南布依族苗族自治州	0. 02	109	大理白族自治州	0. 02
75	遵义市	0. 02	110	崇左市	0. 02
76	海西蒙古族藏族自治州	0. 02	111	茂名市	0. 02
77	阿里地区	0. 02	112	甘孜藏族自治州	0. 02
78	昌吉回族自治州	0. 02	113	辽阳市	0. 01
79	连云港市	0. 02	114	保山市	0. 01
80	汉中市	0. 02	115	菏泽市	0. 01
81	铁岭市	0. 02	116	舟山市	0. 01
82	云浮市	0. 02	117	上饶市	0. 01
83	淮安市	0. 02	118	襄阳市	0. 01
84	张掖市	0. 02	119	郴州市	0. 01
85	日照市	0. 02	120	白银市	0. 01
86	鹤壁市	0. 02	121	铜川市	0. 01
87	宜昌市	0. 02	122	晋城市	0. 01
88	江门市	0. 02	123	武威市	0. 01
89	张家界市	0. 02	124	丹东市	0. 01
90	宝鸡市	0. 02	125	沧州市	0. 01
91	毕节市	0. 02	126	迪庆藏族自治州	0. 01
92	广安市	0. 02	127	齐齐哈尔市	0. 01
93	巴彦淖尔市	0. 02	128	眉山市	0. 01
94	西双版纳傣族自治州	0. 02	129	信阳市	0. 01
95	株洲市	0. 02	130	盘锦市	0. 01
96	潍坊市	0. 02	131	大庆市	0. 01
97	赣州市	0. 02	132	阜新市	0. 01

续表

序号	城市	得分	序号	城市	得分
133	德州市	0.01	168	资阳市	0.01
134	北海市	0.01	169	抚顺市	0.01
135	锡林郭勒盟	0.01	170	延安市	0.01
136	海南藏族自治州	0.01	171	固原市	0.01
137	丽水市	0.01	172	鄂尔多斯市	0.01
138	博尔塔拉蒙古自治州	0.01	173	承德市	0.01
139	恩施土家族苗族自治州	0.01	174	阿坝藏族羌族自治州	0.01
140	威海市	0.01	175	九江市	0.01
141	金昌市	0.01	176	永州市	0.01
142	铜仁市	0.01	177	绵阳市	0.01
143	河源市	0.01	178	汕头市	0.01
144	唐山市	0.01	179	怀化市	0.01
145	伊犁哈萨克自治州	0.01	180	淮南市	0.01
146	岳阳市	0.01	181	蚌埠市	0.01
147	长治市	0.01	182	陇南市	0.01
148	鞍山市	0.01	183	山南市	0.01
149	运城市	0.01	184	玉溪市	0.01
150	克孜勒苏柯尔克孜自治州	0.01	185	大兴安岭地区	0.01
151	随州市	0.01	186	安康市	0.01
152	淮北市	0.01	187	邵阳市	0.01
153	吉林市	0.01	188	德宏傣族景颇族自治州	0.01
154	芜湖市	0.01	189	湘潭市	0.01
155	保定市	0.01	190	赤峰市	0.01
156	黔东南苗族侗族自治州	0.01	191	果洛藏族自治州	0.01
157	松原市	0.01	192	安庆市	0.01
158	开封市	0.01	193	锦州市	0.01
159	莆田市	0.01	194	三沙市	0.01
160	滁州市	0.01	195	雅安市	0.01
161	漳州市	0.01	196	衢州市	0.01
162	韶关市	0.01	197	丽江市	0.01
163	吉安市	0.01	198	贺州市	0.01
164	攀枝花市	0.01	199	周口市	0.01
165	济宁市	0.01	200	哈密市	0.01
166	临沂市	0.01	201	泰州市	0.01
167	朔州市	0.01	202	鹤岗市	0.01

续表

序号	城市	得分	序号	城市	得分
203	乌海市	0. 01	206	石嘴山市	0. 01
204	白山市	0. 01	207	伊春市	0. 01
205	龙岩市	0. 01			

（三）中国不同经济圈城市的 X（Twitter）传播力指数分布

为考察我国城市集群的海外网络传播力建设情况，本报告重点考察了四大经济圈城市的传播力指数分布情况。其中，珠三角经济圈的平均传播力最高，长三角经济圈和成渝地区双城经济圈次之，京津冀经济圈的传播力指数最低。

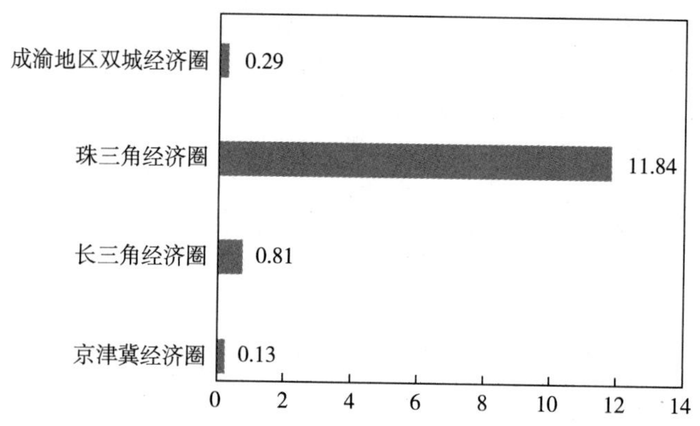

图 3-30　不同经济圈城市的 X（Twitter）平均传播力指数

在京津冀经济圈中，X（Twitter）传播力指数得分靠前的城市为北京市、天津市和石家庄市。该地区内部城市的传播力水平差异相对较小，直辖市与省会城市的传播力分布指数显著高于其他地级市。

表 3-16　京津冀经济圈城市的 X（Twitter）传播力指数

序号	京津冀经济圈	得分
1	北京市	0. 9
2	天津市	0. 6
3	石家庄市	0. 21
4	安阳市	0. 02
5	沧州市	0. 01
6	唐山市	0. 01
7	保定市	0. 01
8	承德市	0. 01

在长三角经济圈中，X（Twitter）传播力指数得分靠前的城市为上海市、南京市、合肥市、宁波市与无锡市。总体而言，该地区城市在 X（Twitter）平台的传播力水平呈现出“一超多强”的特点，上海市的传播力最强，南京市、合肥市、宁波市等的传播力指数较高。

表 3-17　长三角经济圈城市的 X（Twitter）传播力指数

序号	长三角经济圈	得分
1	上海市	15.51
2	南京市	4.12
3	合肥市	0.31
4	宁波市	0.22
5	无锡市	0.17
6	金华市	0.16
7	苏州市	0.09
8	绍兴市	0.08
9	嘉兴市	0.07
10	台州市	0.06
11	南通市	0.06
12	扬州市	0.06
13	杭州市	0.05
14	镇江市	0.04
15	湖州市	0.03
16	盐城市	0.03
17	舟山市	0.01
18	芜湖市	0.01
19	滁州市	0.01
20	安庆市	0.01
21	泰州市	0.01

在珠三角经济圈中，X（Twitter）传播力指数得分靠前的城市为深圳市、广州市和佛山市。深圳市和广州市作为该地区核心城市在 X（Twitter）平台上的传播力引领区域内其他城市。

表 3-18　珠三角经济圈城市的 X（Twitter）传播力指数

序号	珠三角经济圈	得分
1	深圳市	100.00
2	广州市	6.08

续表

序号	珠三角经济圈	得分
3	佛山市	0.29
4	惠州市	0.08
5	珠海市	0.04
6	东莞市	0.03
7	中山市	0.03
8	江门市	0.02

在成渝地区双城经济圈中，X（Twitter）传播力指数得分靠前的城市为成都市、重庆市和达州市。其中，成都市和重庆市作为该地区核心城市在 X（Twitter）平台上的传播力引领区域内其他城市。

表 3-19　成渝地区双城经济圈城市的 X（Twitter）传播力指数

序号	成渝地区双城经济圈	得分
1	成都市	3.32
2	重庆市	1.06
3	达州市	0.13
4	自贡市	0.09
5	广安市	0.02
6	宜宾市	0.02
7	乐山市	0.02
8	眉山市	0.01
9	资阳市	0.01
10	绵阳市	0.01
11	雅安市	0.01

（四）X（Twitter）平台城市案例分析

深圳市，别称鹏城，广东省辖。位列国家计划单列市，规模上属于超大城市，粤港澳大湾区的核心引擎城市之一。2023 年深圳市 X（Twitter）传播力指数为 100，展现出强大海外传播效力。X（Twitter）平台上对于深圳的宣传主要从科技、城市建设、经济水平、教育等方面展开。

2023 年 6 月，深圳通过人工智能技术操控 1500 驾无人机在黑夜里表演了“飞龙在天”的灯光秀，所呈现出来的顶级视觉效果受到国内外称赞，并对背后的科技成就表示肯定，其意图传达的“生命盎然”、“鼓舞奋斗”等精神极好地展现了这座城市的精神内核。深圳还凭借其良好的城市景观与风貌，吸引了众多海外游客关注。

Engineering is S3XY @S3XYengineering · Dec 18

1,500 drones displaying the Red Dragon in the night sky in **Shenzhen**, China

This incredible display is just one example of how technology is being used to create entertaining experiences. The drones are programmed to move in precise coordination, creating a mesmerizing view

9　14　43　4K

图 3-31　深圳无人机灯光秀①

Elly Zhang @Ellyzhang666 · Dec 17

Shenzhen | Beautiful China

6　20　121　2.9K

图 3-32　深圳无人机灯光秀②

此外，深圳作为首批经济特区，依旧坚定不移全面扩大开放，持续深化与共建“一带一路”沿线国家和地区务实合作，鼓励企业“走出去”发展，积极邀请国外企业友好访问，共谋经济发展的繁荣前景。不仅如此，城市创新将自动驾驶、无人机送货融入市民生活服务，不少海外来华人士表示深切感受到了城市温度与科技魅力的深度融合。

图 3-33　城市中的自动驾驶与无人机

开放的不仅是经济窗口，还是文化窗口。深圳持续优化营商环境，不断优化人才政策，坚持精英人才引进，并大力投入教育建设，让名校资源得到有效延伸。增加基础教育、高等教育的优质学位供给，助力教育加速实现革新发展，与时俱进，培养新时代优秀青年学子。

图 3-34　深圳市大力投入教育建设

六、维度三：中国城市Facebook传播力

本报告在 Facebook 平台进行数据爬取时，对 36 座直辖市、省会城市及计划单列市以带双引号的城市英文名称为关键词，对地级市以带双引号的城市英文名称和所在省份英文名称为关键词，采集 2022 年 10 月 16 日至 2023 年 10 月 16 日的信息。算法包含的四个指标分别为“点赞量”、“转发量”、“评论量”、“非负信息数量”，其中点赞量、转发量和评论量指采集样本中用户产生的点赞、转发和评论数量之和，“非负信息数量”是指数据采集周期内，Facebook 平台发布的所有与某个城市相关的英文推文总量减去其中负面信息后的信息数量。

（一）中国 377 座城市 Facebook 传播力指数分布

在 Facebook 传播力维度中，2023 年得分靠前的城市分别为上海市、杭州市、北京市、青岛市、石家庄市、成都市、哈尔滨市、凉山彝族自治州、武汉市和阿克苏地区。

表 3-20 部分城市 Facebook 传播力指数

序号	城市	得分	序号	城市	得分
1	上海市	100.00	17	广州市	11.60
2	杭州市	76.94	18	昌吉回族自治州	11.58
3	北京市	50.11	19	伊春市	11.26
4	青岛市	23.73	20	泉州市	10.25
5	石家庄市	22.21	21	南昌市	10.07
6	成都市	19.83	22	六盘水市	10.05
7	哈尔滨市	17.09	23	长沙市	9.97
8	凉山彝族自治州	15.87	24	南京市	9.90
9	武汉市	15.15	25	阿里地区	9.40
10	阿克苏地区	13.96	26	甘南藏族自治州	9.27
11	昆明市	13.73	27	合肥市	8.90
12	秦皇岛市	13.39	28	宁波市	8.80
13	酒泉市	12.49	29	福州市	8.78
14	重庆市	12.06	30	长春市	8.48
15	天津市	11.94	31	郑州市	8.42
16	深圳市	11.91	32	沈阳市	7.77

续表

序号	城市	得分	序号	城市	得分
33	景德镇市	7.77	68	南宁市	4.47
34	济南市	7.64	69	钦州市	4.44
35	贵阳市	7.50	70	温州市	4.42
36	厦门市	7.34	71	徐州市	4.38
37	临沧市	7.18	72	白山市	4.34
38	黑河市	7.00	73	保山市	4.31
39	葫芦岛市	6.79	74	日喀则市	4.28
40	九江市	6.75	75	广元市	4.24
41	克拉玛依市	6.63	76	三沙市	4.22
42	天水市	6.60	77	忻州市	4.20
43	鄂州市	6.50	78	普洱市	4.18
44	四平市	6.28	79	博尔塔拉蒙古自治州	4.13
45	锡林郭勒盟	6.15	80	自贡市	4.10
46	嘉峪关市	6.13	81	克孜勒苏柯尔克孜自治州	4.01
47	晋城市	6.04	82	楚雄彝族自治州	3.92
48	大连市	5.93	83	文山壮族苗族自治州	3.89
49	无锡市	5.74	84	百色市	3.86
50	常州市	5.71	85	临夏回族自治州	3.61
51	太原市	5.33	86	果洛藏族自治州	3.59
52	烟台市	5.25	87	铁岭市	3.58
53	喀什地区	5.19	88	云浮市	3.54
54	新余市	5.18	89	达州市	3.47
55	金华市	5.14	90	阿勒泰地区	3.40
56	儋州市	5.12	91	吐鲁番市	3.39
57	嘉兴市	5.09	92	怒江傈僳族自治州	3.35
58	西安市	5.04	93	七台河市	3.32
59	本溪市	5.00	94	贵港市	3.31
60	南通市	4.99	95	和田地区	3.27
61	惠州市	4.93	96	玉树藏族自治州	3.20
62	鹤壁市	4.82	97	海北藏族自治州	3.17
63	河池市	4.78	98	新乡市	3.17
64	苏州市	4.68	99	辽阳市	3.15
65	东莞市	4.63	100	昌都市	3.15
66	佛山市	4.57	101	塔城地区	3.14
67	黔西南布依族苗族自治州	4.48	102	巴彦淖尔市	3.08

续表

序号	城市	得分	序号	城市	得分
103	铜川市	3.06	138	台州市	1.73
104	朔州市	2.96	139	赣州市	1.62
105	武威市	2.96	140	固原市	1.51
106	孝感市	2.95	141	黔东南苗族侗族自治州	1.44
107	韶关市	2.95	142	德州市	1.44
108	防城港市	2.93	143	铜陵市	1.37
109	石嘴山市	2.67	144	肇庆市	1.31
110	那曲市	2.64	145	阜阳市	1.28
111	阿拉善盟	2.47	146	甘孜藏族自治州	1.21
112	鹰潭市	2.42	147	海南藏族自治州	1.12
113	萍乡市	2.40	148	黔南布依族苗族自治州	1.01
114	宜春市	2.40	149	清远市	0.98
115	淮安市	2.37	150	湛江市	0.92
116	乌兰察布市	2.36	151	日照市	0.83
117	芜湖市	2.32	152	威海市	0.81
118	海西蒙古族藏族自治州	2.31	153	铜仁市	0.81
119	黄南藏族自治州	2.31	154	拉萨市	0.79
120	保定市	2.30	155	宝鸡市	0.77
121	山南市	2.25	156	潮州市	0.76
122	唐山市	2.24	157	西宁市	0.73
123	白银市	2.17	158	延边朝鲜族自治州	0.73
124	邢台市	2.15	159	洛阳市	0.72
125	连云港市	2.14	160	莆田市	0.65
126	巴音郭楞蒙古自治州	2.11	161	安顺市	0.64
127	三门峡市	2.10	162	乌鲁木齐市	0.63
128	宜昌市	2.01	163	抚州市	0.63
129	遵义市	1.96	164	兰州市	0.60
130	海口市	1.96	165	安庆市	0.58
131	泰州市	1.92	166	乐山市	0.58
132	乌海市	1.87	167	茂名市	0.57
133	随州市	1.84	168	益阳市	0.57
134	广安市	1.82	169	珠海市	0.57
135	金昌市	1.82	170	湖州市	0.56
136	吉安市	1.79	171	红河哈尼族彝族自治州	0.56
137	三亚市	1.74	172	邯郸市	0.56

续表

序号	城市	得分	序号	城市	得分
173	佳木斯市	0.55	208	潍坊市	0.48
174	呼伦贝尔市	0.55	209	南充市	0.47
175	雅安市	0.55	210	渭南市	0.47
176	通辽市	0.54	211	周口市	0.46
177	桂林市	0.54	212	盐城市	0.46
178	宿州市	0.54	213	宜宾市	0.46
179	北海市	0.54	214	延安市	0.46
180	黄山市	0.53	215	滁州市	0.46
181	齐齐哈尔市	0.53	216	鄂尔多斯市	0.46
182	舟山市	0.53	217	扬州市	0.46
183	哈密市	0.52	218	临沂市	0.45
184	宿迁市	0.52	219	锦州市	0.45
185	汉中市	0.52	220	遂宁市	0.45
186	十堰市	0.52	221	毕节市	0.45
187	淄博市	0.52	222	大理白族自治州	0.45
188	晋中市	0.52	223	六安市	0.44
189	沧州市	0.52	224	安阳市	0.44
190	漳州市	0.51	225	吕梁市	0.44
191	柳州市	0.51	226	衡水市	0.44
192	许昌市	0.51	227	张家口市	0.44
193	呼和浩特市	0.51	228	赤峰市	0.43
194	梅州市	0.50	229	菏泽市	0.43
195	银川市	0.50	230	焦作市	0.43
196	郴州市	0.49	231	济宁市	0.43
197	眉山市	0.49	232	襄阳市	0.42
198	临汾市	0.49	233	大同市	0.42
199	江门市	0.49	234	阳江市	0.42
200	咸宁市	0.49	235	马鞍山市	0.42
201	中山市	0.49	236	泸州市	0.42
202	上饶市	0.49	237	玉溪市	0.42
203	揭阳市	0.49	238	牡丹江市	0.42
204	濮阳市	0.48	239	吉林市	0.41
205	镇江市	0.48	240	玉林市	0.41
206	汕头市	0.48	241	包头市	0.41
207	丽江市	0.48	242	运城市	0.41

续表

序号	城市	得分	序号	城市	得分
243	娄底市	0.4	278	东营市	0.29
244	咸阳市	0.39	279	平顶山市	0.29
245	抚顺市	0.39	280	开封市	0.29
246	榆林市	0.39	281	邵阳市	0.29
247	商丘市	0.39	282	张掖市	0.28
248	廊坊市	0.39	283	鹤岗市	0.28
249	常德市	0.39	284	河源市	0.27
250	南阳市	0.38	285	营口市	0.27
251	绵阳市	0.38	286	曲靖市	0.26
252	荆州市	0.38	287	驻马店市	0.25
253	泰安市	0.37	288	衢州市	0.25
254	淮南市	0.37	289	恩施土家族苗族自治州	0.25
255	德阳市	0.37	290	湘潭市	0.24
256	龙岩市	0.37	291	伊犁哈萨克自治州	0.24
257	宁德市	0.37	292	信阳市	0.24
258	聊城市	0.36	293	鸡西市	0.23
259	汕尾市	0.36	294	漯河市	0.23
260	昭通市	0.36	295	宣城市	0.22
261	鞍山市	0.36	296	长治市	0.21
262	蚌埠市	0.36	297	亳州市	0.21
263	怀化市	0.35	298	松原市	0.18
264	三明市	0.34	299	丽水市	0.18
265	梧州市	0.34	300	张家界市	0.18
266	黄石市	0.34	301	阜新市	0.18
267	枣庄市	0.33	302	滨州市	0.17
268	绍兴市	0.33	303	内江市	0.16
269	丹东市	0.33	304	德宏傣族景颇族自治州	0.14
270	承德市	0.32	305	阿坝藏族羌族自治州	0.14
271	西双版纳傣族自治州	0.32	306	崇左市	0.13
272	永州市	0.32	307	商洛市	0.13
273	南平市	0.31	308	陇南市	0.12
274	黄冈市	0.31	309	攀枝花市	0.11
275	荆门市	0.30	310	湘西土家族苗族自治州	0.10
276	大庆市	0.30	311	大兴安岭地区	0.10
277	通化市	0.30	312	株洲市	0.10

续表

序号	城市	得分	序号	城市	得分
313	资阳市	0.08	324	池州市	0.05
314	定西市	0.07	325	淮北市	0.04
315	岳阳市	0.07	326	白城市	0.04
316	贺州市	0.06	327	衡阳市	0.03
317	中卫市	0.06	328	海东市	0.03
318	巴中市	0.06	329	兴安盟	0.03
319	林芝市	0.05	330	平凉市	0.02
320	庆阳市	0.05	331	安康市	0.02
321	迪庆藏族自治州	0.05	332	绥化市	0.02
322	来宾市	0.05	333	阳泉市	0.01
323	朝阳市	0.05	334	双鸭山市	0.01

（二）中国不同行政级别城市的 Facebook 传播力指数分布

1. 直辖市、省会城市及计划单列市 Facebook 传播力指数分布

我国 36 座直辖市、省会城市及计划单列市中，Facebook 传播力指数得分靠前的城市分别是上海市、杭州市、北京市、青岛市、石家庄市、成都市、哈尔滨市、武汉市、昆明市、重庆市。其中上海市的头部效应明显，杭州市、北京市其次，与其他城市的传播力指数存在显著差异，其余城市的差距较小。

表 3-21　36 座直辖市、省会城市及计划单列市 Facebook 传播力指数

序号	城市	得分	序号	城市	得分
1	上海市	100.00	14	南昌市	10.07
2	杭州市	76.94	15	长沙市	9.97
3	北京市	50.11	16	南京市	9.90
4	青岛市	23.73	17	合肥市	8.90
5	石家庄市	22.21	18	宁波市	8.80
6	成都市	19.83	19	福州市	8.78
7	哈尔滨市	17.09	20	长春市	8.48
8	武汉市	15.15	21	郑州市	8.42
9	昆明市	13.73	22	沈阳市	7.77
10	重庆市	12.06	23	济南市	7.64
11	天津市	11.94	24	贵阳市	7.50
12	深圳市	11.91	25	厦门市	7.34
13	广州市	11.60	26	大连市	5.93

续表

序号	城市	得分	序号	城市	得分
27	太原市	5.33	32	西宁市	0.73
28	西安市	5.04	33	乌鲁木齐市	0.63
29	南宁市	4.47	34	兰州市	0.60
30	海口市	1.96	35	呼和浩特市	0.51
31	拉萨市	0.79	36	银川市	0.50

2. 地级市（自治州、地区、盟）Facebook 传播力指数

在我国其余 301 座地级市（自治州、地区、盟）中，Facebook 传播力指数得分靠前的城市为凉山彝族自治州、阿克苏地区、秦皇岛市、酒泉市、昌吉回族自治州、伊春市、泉州市、六盘水市、阿里地区、甘南藏族自治州。与 36 座直辖市、省会城市和计划单列市相比，地级市的传播力指数普遍偏低，且各城市之间的差异较小，城市在海外传播效果差距不大。

表 3-22　部分地级市 Facebook 传播力指数

序号	城市	得分	序号	城市	得分
1	凉山彝族自治州	15.87	21	嘉峪关市	6.13
2	阿克苏地区	13.96	22	晋城市	6.04
3	秦皇岛市	13.39	23	无锡市	5.74
4	酒泉市	12.49	24	常州市	5.71
5	昌吉回族自治州	11.58	25	烟台市	5.25
6	伊春市	11.26	26	喀什地区	5.19
7	泉州市	10.25	27	新余市	5.18
8	六盘水市	10.05	28	金华市	5.14
9	阿里地区	9.40	29	儋州市	5.12
10	甘南藏族自治州	9.27	30	嘉兴市	5.09
11	景德镇市	7.77	31	本溪市	5.00
12	临沧市	7.18	32	南通市	4.99
13	黑河市	7.00	33	惠州市	4.93
14	葫芦岛市	6.79	34	鹤壁市	4.82
15	九江市	6.75	35	河池市	4.78
16	克拉玛依市	6.63	36	苏州市	4.68
17	天水市	6.60	37	东莞市	4.63
18	鄂州市	6.50	38	佛山市	4.57
19	四平市	6.28	39	黔西南布依族苗族自治州	4.48
20	锡林郭勒盟	6.15	40	钦州市	4.44

续表

序号	城市	得分	序号	城市	得分
41	温州市	4.42	76	武威市	2.96
42	徐州市	4.38	77	孝感市	2.95
43	白山市	4.34	78	韶关市	2.95
44	保山市	4.31	79	防城港市	2.93
45	日喀则市	4.28	80	石嘴山市	2.67
46	广元市	4.24	81	那曲市	2.64
47	三沙市	4.22	82	阿拉善盟	2.47
48	忻州市	4.20	83	鹰潭市	2.42
49	普洱市	4.18	84	萍乡市	2.40
50	博尔塔拉蒙古自治州	4.13	85	宜春市	2.40
51	自贡市	4.10	86	淮安市	2.37
52	克孜勒苏柯尔克孜自治州	4.01	87	乌兰察布市	2.36
53	楚雄彝族自治州	3.92	88	芜湖市	2.32
54	文山壮族苗族自治州	3.89	89	海西蒙古族藏族自治州	2.31
55	百色市	3.86	90	黄南藏族自治州	2.31
56	临夏回族自治州	3.61	91	保定市	2.30
57	果洛藏族自治州	3.59	92	山南市	2.25
58	铁岭市	3.58	93	唐山市	2.24
59	云浮市	3.54	94	白银市	2.17
60	达州市	3.47	95	邢台市	2.15
61	阿勒泰地区	3.40	96	连云港市	2.14
62	吐鲁番市	3.39	97	巴音郭楞蒙古自治州	2.11
63	怒江傈僳族自治州	3.35	98	三门峡市	2.10
64	七台河市	3.32	99	宜昌市	2.01
65	贵港市	3.31	100	遵义市	1.96
66	和田地区	3.27	101	泰州市	1.92
67	玉树藏族自治州	3.20	102	乌海市	1.87
68	海北藏族自治州	3.17	103	随州市	1.84
69	新乡市	3.17	104	广安市	1.82
70	辽阳市	3.15	105	金昌市	1.82
71	昌都市	3.15	106	吉安市	1.79
72	塔城地区	3.14	107	三亚市	1.74
73	巴彦淖尔市	3.08	108	台州市	1.73
74	铜川市	3.06	109	赣州市	1.62
75	朔州市	2.96	110	固原市	1.51

续表

序号	城市	得分	序号	城市	得分
111	黔东南苗族侗族自治州	1.44	146	黄山市	0.53
112	德州市	1.44	147	齐齐哈尔市	0.53
113	铜陵市	1.37	148	舟山市	0.53
114	肇庆市	1.31	149	哈密市	0.52
115	阜阳市	1.28	150	宿迁市	0.52
116	甘孜藏族自治州	1.21	151	汉中市	0.52
117	海南藏族自治州	1.12	152	十堰市	0.52
118	黔南布依族苗族自治州	1.01	153	淄博市	0.52
119	清远市	0.98	154	晋中市	0.52
120	湛江市	0.92	155	沧州市	0.52
121	日照市	0.83	156	漳州市	0.51
122	威海市	0.81	157	柳州市	0.51
123	铜仁市	0.81	158	许昌市	0.51
124	宝鸡市	0.77	159	梅州市	0.50
125	潮州市	0.76	160	郴州市	0.49
126	延边朝鲜族自治州	0.73	161	眉山市	0.49
127	洛阳市	0.72	162	临汾市	0.49
128	莆田市	0.65	163	江门市	0.49
129	安顺市	0.64	164	咸宁市	0.49
130	抚州市	0.63	165	中山市	0.49
131	安庆市	0.58	166	上饶市	0.49
132	乐山市	0.58	167	揭阳市	0.49
133	茂名市	0.57	168	濮阳市	0.48
134	益阳市	0.57	169	镇江市	0.48
135	珠海市	0.57	170	汕头市	0.48
136	湖州市	0.56	171	丽江市	0.48
137	红河哈尼族彝族自治州	0.56	172	潍坊市	0.48
138	邯郸市	0.56	173	南充市	0.47
139	佳木斯市	0.55	174	渭南市	0.47
140	呼伦贝尔市	0.55	175	周口市	0.46
141	雅安市	0.55	176	盐城市	0.46
142	通辽市	0.54	177	宜宾市	0.46
143	桂林市	0.54	178	延安市	0.46
144	宿州市	0.54	179	滁州市	0.46
145	北海市	0.54	180	鄂尔多斯市	0.46

续表

序号	城市	得分	序号	城市	得分
181	扬州市	0.46	216	荆州市	0.38
182	临沂市	0.45	217	泰安市	0.37
183	锦州市	0.45	218	淮南市	0.37
184	遂宁市	0.45	219	德阳市	0.37
185	毕节市	0.45	220	龙岩市	0.37
186	大理白族自治州	0.45	221	宁德市	0.37
187	六安市	0.44	222	聊城市	0.36
188	安阳市	0.44	223	汕尾市	0.36
189	吕梁市	0.44	224	昭通市	0.36
190	衡水市	0.44	225	鞍山市	0.36
191	张家口市	0.44	226	蚌埠市	0.36
192	赤峰市	0.43	227	怀化市	0.35
193	菏泽市	0.43	228	三明市	0.34
194	焦作市	0.43	229	梧州市	0.34
195	济宁市	0.43	230	黄石市	0.34
196	襄阳市	0.42	231	枣庄市	0.33
197	大同市	0.42	232	绍兴市	0.33
198	阳江市	0.42	233	丹东市	0.33
199	马鞍山市	0.42	234	承德市	0.32
200	泸州市	0.42	235	西双版纳傣族自治州	0.32
201	玉溪市	0.42	236	永州市	0.32
202	牡丹江市	0.42	237	南平市	0.31
203	吉林市	0.41	238	黄冈市	0.31
204	玉林市	0.41	239	荆门市	0.30
205	包头市	0.41	240	大庆市	0.30
206	运城市	0.41	241	通化市	0.30
207	娄底市	0.40	242	东营市	0.29
208	咸阳市	0.39	243	平顶山市	0.29
209	抚顺市	0.39	244	开封市	0.29
210	榆林市	0.39	245	邵阳市	0.29
211	商丘市	0.39	246	张掖市	0.28
212	廊坊市	0.39	247	鹤岗市	0.28
213	常德市	0.39	248	河源市	0.27
214	南阳市	0.38	249	营口市	0.27
215	绵阳市	0.38	250	曲靖市	0.26

续表

序号	城市	得分	序号	城市	得分
251	驻马店市	0.25	275	大兴安岭地区	0.10
252	衢州市	0.25	276	株洲市	0.10
253	恩施土家族苗族自治州	0.25	277	资阳市	0.08
254	湘潭市	0.24	278	定西市	0.07
255	伊犁哈萨克自治州	0.24	279	岳阳市	0.07
256	信阳市	0.24	280	贺州市	0.06
257	鸡西市	0.23	281	中卫市	0.06
258	漯河市	0.23	282	巴中市	0.06
259	宣城市	0.22	283	林芝市	0.05
260	长治市	0.21	284	庆阳市	0.05
261	亳州市	0.21	285	迪庆藏族自治州	0.05
262	松原市	0.18	286	来宾市	0.05
263	丽水市	0.18	287	朝阳市	0.05
264	张家界市	0.18	288	池州市	0.05
265	阜新市	0.18	289	淮北市	0.04
266	滨州市	0.17	290	白城市	0.04
267	内江市	0.16	291	衡阳市	0.03
268	德宏傣族景颇族自治州	0.14	292	海东市	0.03
269	阿坝藏族羌族自治州	0.14	293	兴安盟	0.03
270	崇左市	0.13	294	平凉市	0.02
271	商洛市	0.13	295	安康市	0.02
272	陇南市	0.12	296	绥化市	0.02
273	攀枝花市	0.11	297	阳泉市	0.01
274	湘西土家族苗族自治州	0.10			

（三）中国不同经济圈城市的 Facebook 传播力指数分布

为考察我国城市集群的海外网络传播力建设情况，本报告重点考察了四大经济圈城市的传播力指数分布情况。其中，长三角经济圈的平均传播力最高，京津冀经济圈和珠三角经济圈次之，成渝地区双城经济圈的传播力指数最低，经济实力等硬实力对于城市传播力建设有重要影响。

在京津冀经济圈中，Facebook 传播力指数得分靠前的城市为北京市、石家庄市和秦皇岛市。地区内部城市的传播力水平差异相对较小，直辖市与省会城市的传播力分布指数显著高于其他地级市。

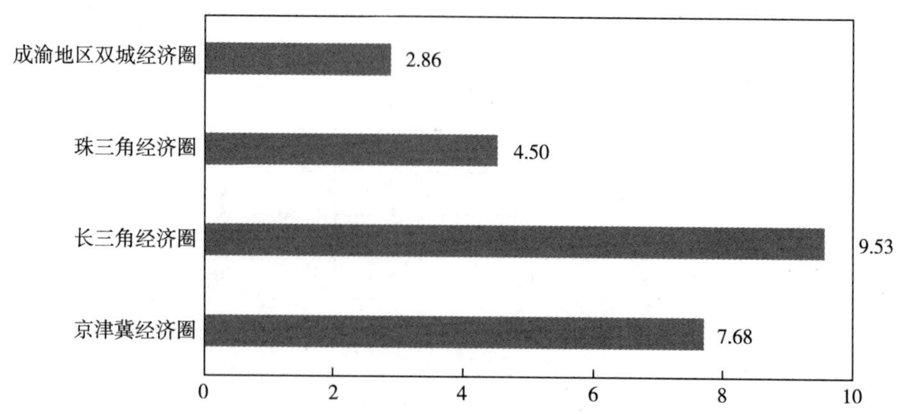

图 3-35　不同经济圈城市平均 Facebook 传播力指数

表 3-23　京津冀经济圈城市的 Facebook 传播力指数

序号	京津冀经济圈	得分
1	北京市	50. 11
2	石家庄市	22. 21
3	秦皇岛市	13. 39
4	天津市	11. 94
5	保定市	2. 30
6	唐山市	2. 24
7	邢台市	2. 15
8	邯郸市	0. 56
9	沧州市	0. 52
10	安阳市	0. 44
11	衡水市	0. 44
12	张家口市	0. 44
13	廊坊市	0. 39
14	承德市	0. 32

在长三角经济圈中，Facebook 传播力指数得分靠前的城市为上海市、杭州市、南京市、合肥市与宁波市。总体而言，地区城市的 Facebook 传播力水平呈现出“一超多强”的特点，上海市的传播力最强，杭州市、南京市、合肥市、宁波市等的传播力分布指数也较高。

表 3-24　长三角经济圈城市的 Facebook 传播力指数

序号	长三角经济圈	得分
1	上海市	100.00
2	杭州市	76.94
3	南京市	9.90
4	合肥市	8.90
5	宁波市	8.80
6	无锡市	5.74
7	常州市	5.71
8	金华市	5.14
9	嘉兴市	5.09
10	南通市	4.99
11	苏州市	4.68
12	芜湖市	2.32
13	泰州市	1.92
14	台州市	1.73
15	铜陵市	1.37
16	安庆市	0.58
17	湖州市	0.56
18	舟山市	0.53
19	镇江市	0.48
20	扬州市	0.46
21	盐城市	0.46
22	滁州市	0.46
23	马鞍山市	0.42
24	绍兴市	0.33
25	宣城市	0.22
26	池州市	0.05

在珠三角经济圈中，Facebook 传播力指数得分靠前的城市为深圳市、广州市和惠州市。深圳市和广州市作为该地区核心城市的 Facebook 传播力引领区域内其他城市。

表 3-25　珠三角经济圈城市的 Facebook 传播力指数

序号	珠三角经济圈	得分
1	深圳市	11.91
2	广州市	11.60

续表

序号	珠三角经济圈	得分
3	惠州市	4.93
4	东莞市	4.63
5	佛山市	4.57
6	肇庆市	1.31
7	珠海市	0.57
8	江门市	0.49
9	中山市	0.49

在成渝地区双城经济圈中，Facebook 传播力指数得分靠前的城市为成都市、重庆市和自贡市。其中，成都市和重庆市作为该地区核心城市的 Facebook 传播力引领区域内其他城市。

表 3-26　成渝地区双城经济圈城市的 Facebook 传播力指数

序号	成渝地区双城经济圈	得分
1	成都市	19.83
2	重庆市	12.06
3	自贡市	4.10
4	达州市	3.47
5	广安市	1.82
6	乐山市	0.58
7	雅安市	0.55
8	眉山市	0.49
9	南充市	0.47
10	宜宾市	0.46
11	遂宁市	0.45
12	泸州市	0.42
13	绵阳市	0.38
14	德阳市	0.37
15	内江市	0.16
16	资阳市	0.08

（四）Facebook 平台城市案例分析

1. 阿克苏地区：打造“苹果之都”的亮丽名片

阿克苏地区，地处南疆中部、天山山脉中段南麓、塔里木盆地北部，该地区由 36 个民族组成，是一个以维吾尔族为主体的多民族聚居地区。阿克苏地区气候宜人、地势平坦、土地肥沃、水源丰富、光照充足、无霜期长，适宜各类农作物生长。

阿克苏地区在 2023 年 Facebook 海外网络传播力指数得分靠前，海外网络传播力提升显著。其中，涉及阿克苏苹果的 Facebook 帖子数量较多、热度较高，引起了网友大量关注。

得天独厚的地理条件和优良的栽培技术，共同造就了阿克苏苹果独具特色的“冰糖心”，苹果已成为阿克苏的一张亮丽名片。新疆旅游宣传账号为阿克苏苹果单独发帖，图片与文字说明结合展示特色冰糖心苹果，获得超 10000 次点赞量。还有帖子从数据上说明阿克苏苹果特有的甜，并介绍阿克苏为“塞外江南”，从苹果出发宣传阿克苏地区的形象。

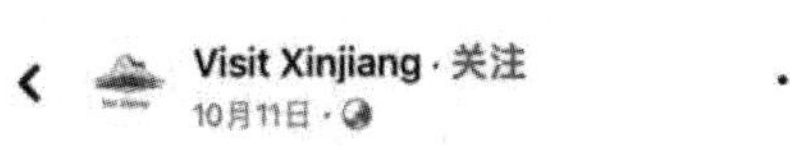

图 3-36　对阿克苏地区苹果的宣传

近年来，阿克苏地区着力打造地区特色苹果品牌，以此进一步提升阿克苏地区对外形象和影响力。2023 年，阿克苏地区举办了首届苹果文化旅游节暨采摘季活动，包括农副产品展示、采摘体验、群众文艺展演等活动。《中国日报》对该活动的宣传，在 Facebook

收获超 200000 点赞，网友纷纷表示期待。本次活动在 Facebook 形成了较大规模的二次传播，多个账号使用《中国日报》报道图片，进一步宣传阿克苏苹果文化旅游节，提升阿克苏地区的海外知名度。

图 3-37　对苹果文化旅游节暨采摘季活动的宣传

2. 凉山彝族自治州：火把节彰显传统特色，篮球少年追逐新时代梦想

凉山彝族自治州，四川省辖自治州，首府驻西昌市，位于四川西南部，是通往云南和东南亚的重要通道、"南方丝绸之路"的重镇。由于地理、历史等原因，凉山州曾是全国深度贫困地区。近年来，在"脱贫攻坚"的持续推进下，大凉山最为贫困的几个县终于按期摆脱了贫困。

在国家政策支持下，越来越多的孩子走出大凉山、实现梦想，其中就有追求篮球梦想的"黑鹰"篮球队。这些孩子们最早在满是碎石泥土的球场上，对着木板制成的篮球架一遍遍地练习投篮，凭着对篮球的一腔热爱，走出大山参加比赛，成立了一支"明星球队"。近年来，"黑鹰"队收获了媒体和公众的大量关注，以球队为原型的电影《黑鹰少年》于 2022 年上映。CGTN 在 Facebook 平台报道"黑鹰"队的故事，向海外网友展现了凉山篮球少年们的追梦之路，获得近 191000 次点赞。

图 3-38　CGTN 报道“黑鹰”篮球队

凉山彝族火把节是彝族最重要的传统节日之一，人们以歌舞庆祝，寓意用火把驱赶害虫、祈求丰收和祭祀祖先。2023 年，凉山火把节时隔 8 年重启，并开展夏季清凉凉山游系列活动，吸引大量游客参加。火把节期间，凉山的彝族特色美食收获了游客的广泛关注。Facebook 美食博主借由火把节探索凉山美食，与身着彝族特色服装的本地人一同品尝，并制作双语字幕，向世界展现凉山特色文化与美食，获得海外网友好评。

3. 青岛市：风光明媚的海滨城市与产业发展的航海之都

山东省的青岛市作为中国东部沿海的一个主要海港，拥有着明媚的海滨风光与独具一格的森林景观。青翠欲滴的浮山森林公园、海水湛蓝的唐岛湾与黄金海岸，都作为无比美丽的视觉图像在 Facebook 上获得广泛关注与点赞，提升了青岛城市的吸引力与影响力。

图 3-39 美食博主展示凉山美食与文化

图 3-40 青翠欲滴的浮山森林公园

图 3-41　唐岛湾与黄金海岸

以啤酒出名的青岛积极举办海鲜啤酒节、青岛啤酒节等庆典活动，吸引国内外游客前来参加，享受啤酒文化并提升国际传播力。

图 3-42　青岛啤酒节

除了自然风光与娱乐活动外，青岛在经济方面也取得了一定成就，被国际承认。青岛贯彻“稳外贸、引外资”理念，为外贸企业提供后续服务，加快数字化发展，扎实推进制造业和实体经济发展积极培育产业经济发展新动能，重视招商引资，大力推动绿色低碳发展；青岛跨境电商产业园，位于青岛西海岸新区，被认定为山东省 2023 年现代服务业集群之一。

图 3-43 青岛：“中国航海之都”重视工业经济

图 3-44 青岛跨境电商产业园

七、维度四：中国城市TikTok传播力

TikTok 是一款字节跳动旗下短视频社交平台，于 2017 年 5 月上线。在海外短视频兴起的背景下，TikTok 利用本土化运营策略，在海外赢得了大量用户的喜爱，具有较大的影响力。本报告以城市名为标签在 TikTok 平台中进行检索（不带省份），采取随机抽样的方式剔除与城市无关的视频后获取浏览总量数据。根据算法，计算出城市的 TikTok 传播力指数。

（一）中国 337 座城市 TikTok 传播力指数分布

在传播力综合指数维度中，2023 年得分靠前的城市依次是北京市、上海市、武汉市、大理白族自治州、重庆市、杭州市、成都市、深圳市、兰州市、阿克苏地区。

表 3-27　部分城市 TikTok 传播力指数分布

序号	城市	得分	序号	城市	得分
1	北京市	100.00	36	芜湖市	1.32
2	上海市	82.35	37	长沙市	1.26
3	武汉市	26.79	38	抚州市	1.26
4	大理白族自治州	23.58	39	福州市	1.21
5	重庆市	19.76	40	葫芦岛市	1.12
6	杭州市	16.42	41	东莞市	0.87
7	成都市	15.31	42	安阳市	0.82
8	深圳市	14.35	43	宁波市	0.81
9	兰州市	11.28	44	榆林市	0.79
10	阿克苏地区	10.59	45	阿拉善盟	0.78
11	广州市	9.55	46	东营市	0.72
12	伊犁哈萨克自治州	5.05	47	乌海市	0.72
13	天津市	4.61	48	淄博市	0.71
14	普洱市	3.79	49	乌鲁木齐市	0.70
15	张家界市	3.78	50	温州市	0.68
16	南京市	3.50	51	德州市	0.66
17	三沙市	3.38	52	贵阳市	0.59
18	南阳市	3.09	53	扬州市	0.55
19	青岛市	3.06	54	珠海市	0.52
20	郑州市	2.82	55	景德镇市	0.48
21	哈尔滨市	2.79	56	佛山市	0.48
22	百色市	2.61	57	喀什地区	0.45
23	昆明市	2.55	58	大同市	0.44
24	西双版纳傣族自治州	2.13	59	合肥市	0.41
25	厦门市	2.09	60	武威市	0.39
26	沈阳市	1.78	61	海口市	0.36
27	桂林市	1.74	62	秦皇岛市	0.35
28	丽江市	1.56	63	佳木斯市	0.31
29	阜新市	1.45	64	南昌市	0.29
30	惠州市	1.44	65	汕头市	0.29
31	苏州市	1.42	66	自贡市	0.27
32	宿州市	1.42	67	中山市	0.26
33	洛阳市	1.41	68	常州市	0.25
34	金华市	1.35	69	阳江市	0.24
35	黄山市	1.34	70	舟山市	0.24

续表

序号	城市	得分	序号	城市	得分
71	晋城市	0.24	106	德宏傣族景颇族自治州	0.08
72	朝阳市	0.24	107	吐鲁番市	0.08
73	唐山市	0.23	108	南通市	0.08
74	张家口市	0.21	109	和田地区	0.08
75	铜仁市	0.21	110	克孜勒苏柯尔克孜自治州	0.08
76	石家庄市	0.20	111	无锡市	0.07
77	广安市	0.19	112	绍兴市	0.07
78	安康市	0.19	113	丽水市	0.07
79	潮州市	0.19	114	锦州市	0.07
80	邢台市	0.18	115	日照市	0.07
81	濮阳市	0.18	116	信阳市	0.07
82	保定市	0.17	117	赤峰市	0.06
83	烟台市	0.15	118	眉山市	0.06
84	威海市	0.15	119	昭通市	0.06
85	菏泽市	0.15	120	玉树藏族自治州	0.06
86	中卫市	0.15	121	黄南藏族自治州	0.06
87	铜川市	0.15	122	柳州市	0.06
88	郴州市	0.14	123	湘西土家族苗族自治州	0.06
89	克拉玛依市	0.14	124	长春市	0.06
90	太原市	0.13	125	博尔塔拉蒙古自治州	0.06
91	呼和浩特市	0.13	126	茂名市	0.06
92	上饶市	0.13	127	恩施土家族苗族自治州	0.05
93	莆田市	0.13	128	鄂尔多斯市	0.05
94	白山市	0.12	129	阜阳市	0.05
95	常德市	0.11	130	塔城地区	0.05
96	丹东市	0.11	131	开封市	0.05
97	泉州市	0.10	132	嘉兴市	0.04
98	宜昌市	0.10	133	廊坊市	0.04
99	江门市	0.09	134	梧州市	0.04
100	乐山市	0.09	135	文山壮族苗族自治州	0.04
101	清远市	0.09	136	萍乡市	0.04
102	张掖市	0.09	137	黑河市	0.03
103	陇南市	0.09	138	德阳市	0.03
104	镇江市	0.09	139	济宁市	0.03
105	沧州市	0.08	140	徐州市	0.03

续表

序号	城市	得分	序号	城市	得分
141	曲靖市	0.03	176	毕节市	0.01
142	承德市	0.03	177	齐齐哈尔市	0.01
143	泰安市	0.03	178	资阳市	0.01
144	龙岩市	0.03	179	新乡市	0.01
145	昌吉回族自治州	0.03	180	临汾市	0.01
146	永州市	0.03	181	泸州市	0.01
147	绵阳市	0.03	182	延边朝鲜族自治州	0.01
148	潍坊市	0.03	183	包头市	0.01
149	荆州市	0.03	184	宁德市	0.01
150	九江市	0.03	185	湖州市	0.01
151	黄石市	0.03	186	怀化市	0.01
152	漳州市	0.02	187	营口市	0.01
153	伊春市	0.02	188	大连市	0.01
154	湛江市	0.02	189	宿迁市	0.01
155	抚顺市	0.02	190	锡林郭勒盟	0.01
156	大庆市	0.02	191	贵港市	0.01
157	宜春市	0.02	192	盐城市	0.01
158	渭南市	0.02	193	安顺市	0.01
159	咸阳市	0.02	194	衡水市	0.01
160	遵义市	0.02	195	衡阳市	0.01
161	那曲市	0.02	196	凉山彝族自治州	0.01
162	连云港市	0.02	197	白银市	0.01
163	西宁市	0.02	198	甘南藏族自治州	0.01
164	梅州市	0.02	199	衢州市	0.01
165	辽源市	0.02	200	辽阳市	0.01
166	南充市	0.02	201	贺州市	0.01
167	银川市	0.02	202	汉中市	0.01
168	北海市	0.02	203	长治市	0.01
169	牡丹江市	0.02	204	商丘市	0.01
170	酒泉市	0.02	205	蚌埠市	0.01
171	鞍山市	0.02	206	铜陵市	0.01
172	定西市	0.02	207	淮南市	0.01
173	本溪市	0.02	208	拉萨市	0.01
174	赣州市	0.02	209	聊城市	0.01
175	运城市	0.01	210	泰州市	0.01

续表

序号	城市	得分	序号	城市	得分
211	红河哈尼族彝族自治州	0.01	213	枣庄市	0.01
212	天水市	0.01	214	南宁市	0.01

（二）中国不同行政级别城市的 TikTok 传播力指数分布

1. 直辖市、省会城市及计划单列市 TikTok 传播力指数分布

在 36 座直辖市、省会城市和计划单列市中，传播力综合指数得分靠前的城市是北京市、上海市、武汉市、重庆市、杭州市、成都市、深圳市、兰州市、广州市、天津市。36 座城市的平均传播力指数为 8.78，传播力指数最高的城市北京市与最低的城市南宁市相差较大，呈现出不均衡的特点。

表 3-28　部分城市（省会、直辖市、计划单列市）TikTok 传播力指数

序号	城市	得分	序号	城市	得分
1	北京市	100.00	18	长沙市	1.26
2	上海市	82.35	19	福州市	1.21
3	武汉市	26.79	20	宁波市	0.81
4	重庆市	19.76	21	乌鲁木齐市	0.70
5	杭州市	16.42	22	贵阳市	0.59
6	成都市	15.31	23	合肥市	0.41
7	深圳市	14.35	24	海口市	0.36
8	兰州市	11.28	25	南昌市	0.29
9	广州市	9.55	26	石家庄市	0.20
10	天津市	4.61	27	太原市	0.13
11	南京市	3.50	28	呼和浩特市	0.13
12	青岛市	3.06	29	长春市	0.06
13	郑州市	2.82	30	西宁市	0.02
14	哈尔滨市	2.79	31	银川市	0.02
15	昆明市	2.55	32	大连市	0.01
16	厦门市	2.09	33	拉萨市	0.01
17	沈阳市	1.78	34	南宁市	0.01

2. 普通地级城市（自治州、地区、盟）TikTok 传播力指数

在 301 座普通地级市（自治州、地区、盟）中，TikTok 传播力指数得分靠前的城市依次是大理白族自治州、阿克苏地区、伊犁哈萨克自治州、普洱市、张家界市、三沙市、

南阳市、百色市、西双版纳傣族自治州、桂林市。

表 3-29　部分普通地级市的 TikTok 传播力指数

序号	城市	得分	序号	城市	得分
1	大理白族自治州	23.58	34	佛山市	0.48
2	阿克苏地区	10.59	35	喀什地区	0.45
3	伊犁哈萨克自治州	5.05	36	大同市	0.44
4	普洱市	3.79	37	武威市	0.39
5	张家界市	3.78	38	秦皇岛市	0.35
6	三沙市	3.38	39	佳木斯市	0.31
7	南阳市	3.09	40	汕头市	0.29
8	百色市	2.61	41	自贡市	0.27
9	西双版纳傣族自治州	2.13	42	中山市	0.26
10	桂林市	1.74	43	常州市	0.25
11	丽江市	1.56	44	阳江市	0.24
12	阜新市	1.45	45	舟山市	0.24
13	惠州市	1.44	46	晋城市	0.24
14	苏州市	1.42	47	朝阳市	0.24
15	宿州市	1.42	48	唐山市	0.23
16	洛阳市	1.41	49	张家口市	0.21
17	金华市	1.35	50	铜仁市	0.21
18	黄山市	1.34	51	安康市	0.19
19	芜湖市	1.32	52	广安市	0.19
20	抚州市	1.26	53	潮州市	0.19
21	葫芦岛市	1.12	54	邢台市	0.18
22	东莞市	0.87	55	濮阳市	0.18
23	安阳市	0.82	56	保定市	0.17
24	榆林市	0.79	57	烟台市	0.15
25	阿拉善盟	0.78	58	威海市	0.15
26	东营市	0.72	59	菏泽市	0.15
27	乌海市	0.72	60	中卫市	0.15
28	淄博市	0.71	61	铜川市	0.15
29	温州市	0.68	62	郴州市	0.14
30	德州市	0.66	63	克拉玛依市	0.14
31	扬州市	0.55	64	莆田市	0.13
32	珠海市	0.52	65	上饶市	0.13
33	景德镇市	0.48	66	白山市	0.12

续表

序号	城市	得分	序号	城市	得分
67	丹东市	0.11	102	开封市	0.05
68	常德市	0.11	103	嘉兴市	0.04
69	泉州市	0.10	104	廊坊市	0.04
70	宜昌市	0.10	105	梧州市	0.04
71	江门市	0.09	106	文山壮族苗族自治州	0.04
72	乐山市	0.09	107	萍乡市	0.04
73	张掖市	0.09	108	黑河市	0.03
74	清远市	0.09	109	德阳市	0.03
75	陇南市	0.09	110	济宁市	0.03
76	镇江市	0.09	111	徐州市	0.03
77	沧州市	0.08	112	曲靖市	0.03
78	吐鲁番市	0.08	113	承德市	0.03
79	德宏傣族景颇族自治州	0.08	114	泰安市	0.03
80	南通市	0.08	115	龙岩市	0.03
81	和田地区	0.08	116	昌吉回族自治州	0.03
82	克孜勒苏柯尔克孜自治州	0.08	117	永州市	0.03
83	无锡市	0.07	118	绵阳市	0.03
84	绍兴市	0.07	119	潍坊市	0.03
85	日照市	0.07	120	荆州市	0.03
86	丽水市	0.07	121	九江市	0.03
87	锦州市	0.07	122	黄石市	0.03
88	信阳市	0.07	123	漳州市	0.02
89	眉山市	0.06	124	伊春市	0.02
90	昭通市	0.06	125	湛江市	0.02
91	玉树藏族自治州	0.06	126	抚顺市	0.02
92	赤峰市	0.06	127	大庆市	0.02
93	黄南藏族自治州	0.06	128	宜春市	0.02
94	柳州市	0.06	129	渭南市	0.02
95	湘西土家族苗族自治州	0.06	130	咸阳市	0.02
96	博尔塔拉蒙古自治州	0.06	131	遵义市	0.02
97	茂名市	0.06	132	那曲市	0.02
98	恩施土家族苗族自治州	0.05	133	连云港市	0.02
99	鄂尔多斯市	0.05	134	梅州市	0.02
100	阜阳市	0.05	135	辽源市	0.02
101	塔城地区	0.05	136	南充市	0.02

续表

序号	城市	得分	序号	城市	得分
137	北海市	0.02	159	贵港市	0.01
138	牡丹江市	0.02	160	盐城市	0.01
139	酒泉市	0.02	161	安顺市	0.01
140	鞍山市	0.02	162	衡水市	0.01
141	定西市	0.02	163	衡阳市	0.01
142	本溪市	0.02	164	凉山彝族自治州	0.01
143	赣州市	0.02	165	白银市	0.01
144	运城市	0.01	166	甘南藏族自治州	0.01
145	毕节市	0.01	167	衢州市	0.01
146	齐齐哈尔市	0.01	168	辽阳市	0.01
147	资阳市	0.01	169	贺州市	0.01
148	新乡市	0.01	170	汉中市	0.01
149	临汾市	0.01	171	长治市	0.01
150	泸州市	0.01	172	商丘市	0.01
151	延边朝鲜族自治州	0.01	173	蚌埠市	0.01
152	包头市	0.01	174	铜陵市	0.01
153	宁德市	0.01	175	淮南市	0.01
154	湖州市	0.01	176	聊城市	0.01
155	怀化市	0.01	177	泰州市	0.01
156	营口市	0.01	178	红河哈尼族彝族自治州	0.01
157	宿迁市	0.01	179	天水市	0.01
158	锡林郭勒盟	0.01	180	枣庄市	0.01

（三）中国不同经济圈城市在 TikTok 传播力指数分布

为考察我国城市集群的海外网络传播力建设情况，本报告重点分析了四大经济圈的城市的传播力指数分析情况。我国四大经济圈中，京津冀的平均 TikTok 传播力指数最高，均值为 7.64，其后是成渝地区双城经济圈（4.43）和长三角经济圈（4.19）的城市，珠三角经济圈的传播力指数均值最低，为 3.06，但差异并不显著。

在京津冀经济圈中，TikTok 传播力指数得分靠前的城市依次是北京市、天津市和安阳市，北京市和天津市的传播力显著高于经济圈内其他城市，内部城市的传播力差异较大，其中北京市在 TikTok 平台上的传播力远远高于区域内其他城市。

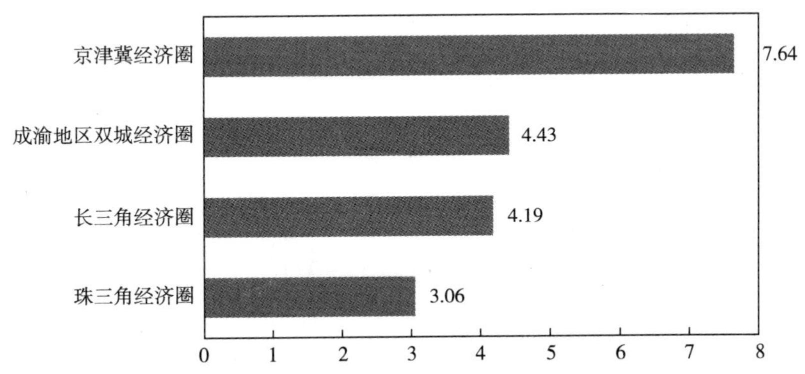

图 3-45　不同经济圈城市在 TikTok 上的平均传播力指数

表 3-30　京津冀经济圈城市 TikTok 传播力指数分布

序号	城市	得分	序号	城市	得分
1	北京市	100.00	8	邢台市	0.18
2	天津市	4.61	9	保定市	0.17
3	安阳市	0.82	10	沧州市	0.08
4	秦皇岛市	0.35	11	廊坊市	0.04
5	唐山市	0.23	12	承德市	0.03
6	张家口市	0.21	13	衡水市	0.01
7	石家庄市	0.20			

在长三角经济圈中，TikTok 传播力指数得分靠前的城市依次为上海市、杭州市、南京市、苏州市和金华市。上海市 TikTok 传播力位居前列，杭州市、南京市、苏州市、金华市的传播力也保持着良好的势头。相比较而言，长三角经济圈内部城市的 TikTok 传播力同样呈现出两极分化的特点。

表 3-31　长三角经济圈城市 TikTok 传播力指数分布

序号	城市	得分	序号	城市	得分
1	上海市	82.35	11	舟山市	0.24
2	杭州市	16.42	12	镇江市	0.09
3	南京市	3.5	13	南通市	0.08
4	苏州市	1.42	14	无锡市	0.07
5	金华市	1.35	15	绍兴市	0.07
6	芜湖市	1.32	16	嘉兴市	0.04
7	宁波市	0.81	17	泰州市	0.01
8	扬州市	0.55	18	铜陵市	0.01
9	合肥市	0.41	19	湖州市	0.01
10	常州市	0.25	20	盐城市	0.01

在珠三角经济圈中，TikTok 传播力指数得分靠前的城市依次是深圳市、广州市和惠州市。深圳市和广州市作为珠三角经济圈的核心城市，呈现出较高的海外网络传播力水平。

表 3-32　珠三角经济圈城市 TikTok 传播力指数分布

序号	城市	得分
1	深圳市	14. 35
2	广州市	9. 55
3	惠州市	1. 44
4	东莞市	0. 87
5	珠海市	0. 52
6	佛山市	0. 48
7	中山市	0. 26
8	江门市	0. 09

在成渝地区双城经济圈中，成都市和重庆市的 TikTok 传播力指数占据绝对优势，广安市和乐山市紧随其后。但经济圈内部的大部分普通地级市传播力依然较为薄弱。

表 3-33　成渝地区经济圈城市 TikTok 传播力指数分布

序号	城市	得分
1	重庆市	19. 76
2	成都市	15. 31
3	广安市	0. 19
4	乐山市	0. 09
5	眉山市	0. 06
6	德阳市	0. 03
7	泸州市	0. 01

（四）TikTok 平台城市案例分析

1. 北京：传统与现代交汇的文化之都

北京市是中华人民共和国的首都及直辖市，也是中国的政治、文化、科技、教育、军事和国际交往中心，具有重要的国际影响力。北京位于华北平原的西北边缘，背靠燕山，毗邻天津市、河北省，是京津冀城市群的重要组成部分。TikTok 传播力指数得分靠前，占比最大、热度最高的视频内容是关于体育赛事的内容，体育赛事中以冬奥会为主。2022 年，第 24 届冬季奥林匹克运动会在北京召开，北京在获得全世界关注的同时，也把北京故事、中国精神传播出去。冬奥赛事、冬奥村 vlog、冰墩墩等内容吸引了许多人的眼球。由此可见，诸如北京冬奥会之类的国际赛事在城市海外网络传播力的提升方面起到了重要的作用。

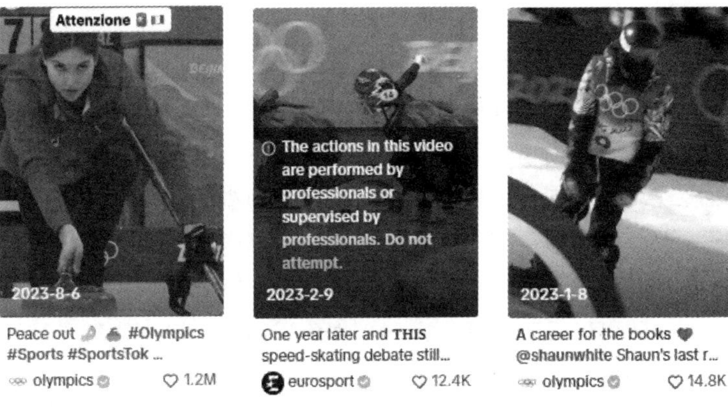

图 3-46　北京冬奥会相关视频

北京在 TikTok 平台的传播内容呈现出传统与现代交织的特点，传统文化符号如长城、天坛等依然热度不减，现代化技术与设施也被海外视频生产者所关注。日常分享、趣味打卡、小众探店、美食分享等多种形式，展现了北京丰富多彩的生活方式，构建了多元文化交织的包容性北京形象。

图 3-47　北京传统美食

2. 武汉：城市地标符号的大力展现

武汉简称“汉”，是湖北省省会、副省级市、我国超大城市和国家中心城市之一，也是中部地区的政治、经济、金融、商业、物流、科技、文化、教育中心及交通、通信枢纽，历史悠久、文化繁盛、经济发达，有“九省通衢”之称。2023 年 TikTok 传播力指数得分靠前。

有赖于良好的城市建设与丰富灿烂的文化古迹，武汉在城市传播力建设中具有天然的优势，从传播内容来看，武汉市的城市传播与自我展现以其城市景观与文化符号为主。不少用户实景拍摄武汉市内的街道、悬挂式轻轨列车等景观，将这座城市的整体面貌与动人细节向海外受众展现，并获得了大量的好评；同时，短视频也为海外用户了解武汉的名胜古迹提供了窗口，黄鹤楼、晴川阁等旅游胜地以其丰厚的文化内涵、结合短视频技术与传播语言，在网络中具有了强大的吸引力，关于其符号呈现、知识讲解等类型的视频吸引了数不胜数的用户。由此可以看到短视频在展现文化资源、传播文化符号等方面的优势，这对于当前的城市文化传播也具有重要的启示性。

Rail Transit in Wuhan
#cyberpunk #railway ...

图 3-48　TikTok 平台中关于武汉城市景观的视频内容

图 3-49　TikTok 平台中关于武汉文化符号的视频内容

3. 大理白族自治州：自然风光与文化底蕴的短视频呈现

大理白族自治州，坐落于中国云南省西北部，如一颗明珠镶嵌在青山碧水之间，是一座既有悠久历史文化，又融合自然之美的迷人城市。大理白族自治州，古称“太和”“香巴拉”，以其悠久的历史文化和壮美的自然景观而著称。作为云南省的重要文化遗产，大理古城、崇圣寺三塔等标志性建筑成为 TikTok 平台上受欢迎的视频素材。

TikTok 传播力指数得分靠前，与其他地级市（盟、自治州）相比，大理白族自治州的自然风光与富有民族特色的历史文化元素成为其在 TikTok 平台上成功传播的城市符号。苍山洱海的宏伟景色、大理古城的宁静巷弄以及白族文化的传承，都成为吸引观众的亮点。大理白族自治州的自然美景被巧妙地呈现在短视频中，引发了观众的浓厚兴趣。

在 TikTok 平台的内容池中，大量用户通过创意十足的视频展示了大理白族自治州的独特魅力。这些视频内容涵盖了大理的自然风光、人文风情、当地美食等方面，形成了一个以自然风物与民族历史文化为核心多元而综合的城市形象。通过这样的视频展示方式，大理白族自治州成功地打破了传统城市形象的单一定位，展示了更为多元、立体的城市特色。

图 3-50　大理的秀美风光

八、维度五：中国城市YouTube传播力

本报告利用 Google 英文搜索引擎检索来源为 YouTube 的各城市视频。采用对直辖市、省会城市和计划单列市输入带双引号的城市英文名称，对普通地级市采取输入带双引号的城市和所在省份英文名称的方法，采集 2022 年 10 月 16 日至 2023 年 10 月 16 日的时间范围内，中国 337 座城市（自治州、地区、盟）的 YouTube 视频数量。研究也将视频内容的正负性纳入考量标准，按照相关性排序各抽取前 200 条样本，然后由 3 位编码员进行编

码，使用霍斯提公式计算编码信度为 0.92>0.90，符合检验要求。根据算法，得出 337 座城市的 YouTube 传播力指数。

（一）中国 337 座城市 YouTube 传播力指数分布

2023 年，YouTube 传播力指数得分靠前的城市依次是杭州市、上海市、韶关市、重庆市、乌鲁木齐市、喀什地区、北京市、和田地区、武汉市以及广州市。与上年相比，YouTube 传播力指数靠前的城市发生显著变化；韶关市、乌鲁木齐市、喀什地区、和田地区相比于上年，传播力提升显著。

表 3-34 部分城市 YouTube 传播力指数分布

序号	城市	得分	序号	城市	得分
1	杭州市	100.00	27	郑州市	8.20
2	上海市	67.77	28	合肥市	7.92
3	韶关市	52.95	29	柳州市	7.64
4	重庆市	48.64	30	临夏回族自治州	7.63
5	乌鲁木齐市	37.63	31	哈尔滨市	7.49
6	喀什地区	36.40	32	伊犁哈萨克自治州	7.01
7	北京市	30.91	33	绵阳市	6.35
8	和田地区	30.67	34	阜阳市	5.50
9	武汉市	27.98	35	扬州市	5.20
10	广州市	23.15	36	石家庄市	4.87
11	成都市	22.95	37	鄂尔多斯市	4.84
12	天津市	22.48	38	南宁市	4.71
13	贵阳市	22.07	39	江门市	4.71
14	深圳市	21.13	40	青岛市	4.67
15	郴州市	19.87	41	襄阳市	4.43
16	泉州市	19.66	42	淮南市	4.24
17	太原市	19.17	43	牡丹江市	4.09
18	吐鲁番市	19.12	44	厦门市	4.04
19	沈阳市	18.15	45	淮北市	3.94
20	西安市	15.16	46	宜昌市	3.77
21	保山市	14.77	47	德州市	3.72
22	拉萨市	13.31	48	东莞市	3.69
23	西双版纳傣族自治州	13.16	49	三亚市	3.65
24	福州市	11.32	50	嘉兴市	3.63
25	乐山市	10.25	51	镇江市	3.01
26	南京市	8.21	52	红河哈尼族彝族自治州	2.93

续表

序号	城市	得分	序号	城市	得分
53	日喀则市	2.90	88	抚州市	1.02
54	吴忠市	2.81	89	九江市	1.01
55	银川市	2.72	90	潮州市	0.92
56	漳州市	2.60	91	三门峡市	0.92
57	遵义市	2.59	92	阿拉善盟	0.91
58	大理白族自治州	2.37	93	威海市	0.90
59	文山壮族苗族自治州	2.32	94	潍坊市	0.88
60	莆田市	2.30	95	崇左市	0.88
61	阿勒泰地区	2.25	96	兰州市	0.87
62	宁波市	2.14	97	南平市	0.86
63	宿迁市	2.14	98	桂林市	0.84
64	石嘴山市	2.14	99	常德市	0.80
65	商洛市	2.11	100	长春市	0.80
66	徐州市	2.07	101	新乡市	0.79
67	张家界市	2.02	102	临沂市	0.78
68	泸州市	1.97	103	连云港市	0.77
69	长沙市	1.95	104	运城市	0.76
70	鹤壁市	1.94	105	烟台市	0.75
71	惠州市	1.87	106	凉山彝族自治州	0.75
72	汕头市	1.83	107	河池市	0.75
73	赣州市	1.81	108	池州市	0.74
74	昆明市	1.81	109	济南市	0.74
75	玉林市	1.80	110	茂名市	0.69
76	本溪市	1.69	111	自贡市	0.68
77	丽江市	1.58	112	宿州市	0.66
78	常州市	1.52	113	延安市	0.66
79	梅州市	1.50	114	上饶市	0.65
80	宜宾市	1.48	115	齐齐哈尔市	0.65
81	温州市	1.46	116	宜春市	0.62
82	大连市	1.33	117	武威市	0.61
83	淄博市	1.28	118	贵港市	0.61
84	揭阳市	1.27	119	怀化市	0.58
85	开封市	1.26	120	安顺市	0.58
86	普洱市	1.20	121	陇南市	0.55
87	乌兰察布市	1.06	122	十堰市	0.54

续表

序号	城市	得分	序号	城市	得分
123	德宏傣族景颇族自治州	0.53	158	张家口市	0.13
124	菏泽市	0.50	159	唐山市	0.11
125	湘西土家族苗族自治州	0.49	160	毕节市	0.09
126	蚌埠市	0.48	161	芜湖市	0.09
127	邵阳市	0.47	162	南昌市	0.09
128	大同市	0.45	163	中山市	0.09
129	珠海市	0.43	164	那曲市	0.09
130	黄山市	0.39	165	晋城市	0.08
131	铜仁市	0.35	166	四平市	0.08
132	枣庄市	0.35	167	松原市	0.08
133	商丘市	0.34	168	黄冈市	0.08
134	安阳市	0.34	169	三沙市	0.08
135	湛江市	0.33	170	来宾市	0.08
136	洛阳市	0.30	171	丽水市	0.08
137	长治市	0.30	172	三明市	0.08
138	达州市	0.28	173	绥化市	0.08
139	铁岭市	0.26	174	肇庆市	0.07
140	晋中市	0.24	175	儋州市	0.07
141	阳江市	0.24	176	秦皇岛市	0.07
142	昭通市	0.23	177	滁州市	0.07
143	清远市	0.21	178	驻马店市	0.07
144	无锡市	0.20	179	湘潭市	0.07
145	阜新市	0.20	180	曲靖市	0.07
146	佛山市	0.19	181	德阳市	0.07
147	榆林市	0.19	182	辽阳市	0.07
148	海口市	0.18	183	呼伦贝尔市	0.07
149	恩施土家族苗族自治州	0.18	184	阿里地区	0.06
150	昌都市	0.17	185	遂宁市	0.06
151	安康市	0.16	186	岳阳市	0.06
152	台州市	0.16	187	迪庆藏族自治州	0.06
153	河源市	0.15	188	滨州市	0.06
154	湖州市	0.14	189	营口市	0.06
155	苏州市	0.14	190	景德镇市	0.05
156	金华市	0.13	191	内江市	0.05
157	新余市	0.13	192	荆州市	0.05

续表

序号	城市	得分	序号	城市	得分
193	白山市	0.05	228	通辽市	0.02
194	辽源市	0.05	229	广元市	0.02
195	张掖市	0.05	230	咸宁市	0.02
196	克拉玛依市	0.05	231	白银市	0.02
197	北海市	0.04	232	衢州市	0.01
198	钦州市	0.04	233	雅安市	0.01
199	铜川市	0.04	234	吉安市	0.01
200	攀枝花市	0.04	235	乌海市	0.01
201	山南市	0.04	236	宁德市	0.01
202	丹东市	0.04	237	绍兴市	0.01
203	信阳市	0.03	238	塔城地区	0.01
204	白城市	0.03	239	大庆市	0.01
205	马鞍山市	0.03	240	赤峰市	0.01
206	黄石市	0.03	241	吉林市	0.01
207	阿坝藏族羌族自治州	0.03	242	南充市	0.01
208	濮阳市	0.03	243	抚顺市	0.01
209	南阳市	0.03	244	阳泉市	0.01
210	龙岩市	0.02	245	包头市	0.01
211	怒江傈僳族自治州	0.02	246	临沧市	0.01
212	廊坊市	0.02	247	临汾市	0.01
213	焦作市	0.02	248	日照市	0.01
214	漯河市	0.02	249	延边朝鲜族自治州	0.01
215	防城港市	0.02	250	沧州市	0.01
216	楚雄彝族自治州	0.02	251	安庆市	0.01
217	荆门市	0.02	252	甘孜藏族自治州	0.01
218	鸡西市	0.02	253	哈密市	0.01
219	果洛藏族自治州	0.02	254	鄂州市	0.01
220	六盘水市	0.02	255	济宁市	0.01
221	周口市	0.02	256	泰州市	0.01
222	梧州市	0.02	257	酒泉市	0.01
223	永州市	0.02	258	阿克苏地区	0.01
224	玉溪市	0.02	259	衡阳市	0.01
225	呼和浩特市	0.02	260	庆阳市	0.01
226	天水市	0.02	261	汉中市	0.01
227	平顶山市	0.02	262	泰安市	0.01

续表

序号	城市	得分	序号	城市	得分
263	黔西南布依族苗族自治州	0.01	269	嘉峪关市	0.01
264	博尔塔拉蒙古自治州	0.01	270	大兴安岭地区	0.01
265	锦州市	0.01	271	西宁市	0.01
266	淮安市	0.01	272	双鸭山市	0.01
267	萍乡市	0.01	273	黑河市	0.01
268	海西蒙古族藏族自治州	0.01	274	南通市	0.01

（二）中国不同行政级别城市 YouTube 传播力指数分布

从城市的行政划分来看，不同级别城市传播力存在着较大差异，直辖市、省会城市及计划单列市的平均 YouTube 传播力指数为 16.69，普通地级市这一数值仅为 0.884，表明直辖市、省会城市以及计划单列市在 YouTube 上的传播力水平明显高于其他普通地级市。

1. 直辖市、省会城市及计划单列市 YouTube 传播力指数分布

在我国 36 座直辖市、省会城市及计划单列市中，YouTube 传播力指数得分靠前的城市依次是杭州市、上海市、重庆市、乌鲁木齐市、北京市。直辖市、省会城市和计划单列市整体传播力较高，但各城市之间仍然存在较大差异。

表 3-35　36 座直辖市、省会城市及计划单列市 YouTube 传播力指数分布

序号	城市	得分	序号	城市	得分
1	杭州市	100.00	17	南京市	8.21
2	上海市	67.77	18	郑州市	8.20
3	重庆市	48.64	19	合肥市	7.92
4	乌鲁木齐市	37.63	20	哈尔滨市	7.49
5	北京市	30.91	21	石家庄市	4.87
6	武汉市	27.98	22	南宁市	4.71
7	广州市	23.15	23	青岛市	4.67
8	成都市	22.95	24	厦门市	4.04
9	天津市	22.48	25	银川市	2.72
10	贵阳市	22.07	26	宁波市	2.14
11	深圳市	21.13	27	长沙市	1.95
12	太原市	19.17	28	昆明市	1.81
13	沈阳市	18.15	29	大连市	1.33
14	西安市	15.16	30	兰州市	0.87
15	拉萨市	13.31	31	长春市	0.80
16	福州市	11.32	32	济南市	0.74

续表

序号	城市	得分	序号	城市	得分
33	海口市	0. 18	35	呼和浩特市	0. 02
34	南昌市	0. 09	36	西宁市	0. 01

2. 地级城市（自治区、地区、盟）YouTube 传播力指数分布

与直辖市、省会城市及计划单列市的平均水平相比，地级市（自治州、地区、盟）的 YouTube 传播力指数相对较低，各城市间的传播力差异相对较小。其中得分靠前的城市依次是韶关市、喀什地区、和田地区、郴州市、泉州市、吐鲁番市、保山市、西双版纳傣族自治州、乐山市、柳州市。

表 3-36　部分地级城市（自治区、地区、盟）YouTube 传播力指数分布

序号	城市	得分	序号	城市	得分
1	韶关市	52. 95	25	三亚市	3. 65
2	喀什地区	36. 40	26	嘉兴市	3. 63
3	和田地区	30. 67	27	镇江市	3. 01
4	郴州市	19. 87	28	红河哈尼族彝族自治州	2. 93
5	泉州市	19. 66	29	日喀则市	2. 90
6	吐鲁番市	19. 12	30	吴忠市	2. 81
7	保山市	14. 77	31	漳州市	2. 60
8	西双版纳傣族自治州	13. 16	32	遵义市	2. 59
9	乐山市	10. 25	33	大理白族自治州	2. 37
10	柳州市	7. 64	34	文山壮族苗族自治州	2. 32
11	临夏回族自治州	7. 63	35	莆田市	2. 30
12	伊犁哈萨克自治州	7. 01	36	阿勒泰地区	2. 25
13	绵阳市	6. 35	37	宿迁市	2. 14
14	阜阳市	5. 50	38	石嘴山市	2. 14
15	扬州市	5. 20	39	商洛市	2. 11
16	鄂尔多斯市	4. 84	40	徐州市	2. 07
17	江门市	4. 71	41	张家界市	2. 02
18	襄阳市	4. 43	42	泸州市	1. 97
19	淮南市	4. 24	43	鹤壁市	1. 94
20	牡丹江市	4. 09	44	惠州市	1. 87
21	淮北市	3. 94	45	汕头市	1. 83
22	宜昌市	3. 77	46	赣州市	1. 81
23	德州市	3. 72	47	玉林市	1. 80
24	东莞市	3. 69	48	本溪市	1. 69

续表

序号	城市	得分	序号	城市	得分
49	丽江市	1.58	84	宜春市	0.62
50	常州市	1.52	85	武威市	0.61
51	梅州市	1.50	86	贵港市	0.61
52	宜宾市	1.48	87	怀化市	0.58
53	温州市	1.46	88	安顺市	0.58
54	淄博市	1.28	89	陇南市	0.55
55	揭阳市	1.27	90	十堰市	0.54
56	开封市	1.26	91	德宏傣族景颇族自治州	0.53
57	普洱市	1.20	92	菏泽市	0.50
58	乌兰察布市	1.06	93	湘西土家族苗族自治州	0.49
59	抚州市	1.02	94	蚌埠市	0.48
60	九江市	1.01	95	邵阳市	0.47
61	潮州市	0.92	96	大同市	0.45
62	三门峡市	0.92	97	珠海市	0.43
63	阿拉善盟	0.91	98	黄山市	0.39
64	威海市	0.90	99	铜仁市	0.35
65	潍坊市	0.88	100	枣庄市	0.35
66	崇左市	0.88	101	商丘市	0.34
67	南平市	0.86	102	安阳市	0.34
68	桂林市	0.84	103	湛江市	0.33
69	常德市	0.80	104	洛阳市	0.30
70	新乡市	0.79	105	长治市	0.30
71	临沂市	0.78	106	达州市	0.28
72	连云港市	0.77	107	铁岭市	0.26
73	运城市	0.76	108	晋中市	0.24
74	烟台市	0.75	109	阳江市	0.24
75	凉山彝族自治州	0.75	110	昭通市	0.23
76	河池市	0.75	111	清远市	0.21
77	池州市	0.74	112	无锡市	0.20
78	茂名市	0.69	113	阜新市	0.20
79	自贡市	0.68	114	佛山市	0.19
80	宿州市	0.66	115	榆林市	0.19
81	延安市	0.66	116	恩施土家族苗族自治州	0.18
82	上饶市	0.65	117	昌都市	0.17
83	齐齐哈尔市	0.65	118	安康市	0.16

续表

序号	城市	得分	序号	城市	得分
119	台州市	0.16	154	滨州市	0.06
120	河源市	0.15	155	营口市	0.06
121	湖州市	0.14	156	景德镇市	0.05
122	苏州市	0.14	157	内江市	0.05
123	金华市	0.13	158	荆州市	0.05
124	新余市	0.13	159	白山市	0.05
125	张家口市	0.13	160	辽源市	0.05
126	唐山市	0.11	161	张掖市	0.05
127	毕节市	0.09	162	克拉玛依市	0.05
128	芜湖市	0.09	163	北海市	0.04
129	中山市	0.09	164	钦州市	0.04
130	那曲市	0.09	165	铜川市	0.04
131	晋城市	0.08	166	攀枝花市	0.04
132	四平市	0.08	167	山南市	0.04
133	松原市	0.08	168	丹东市	0.04
134	黄冈市	0.08	169	信阳市	0.03
135	三沙市	0.08	170	白城市	0.03
136	来宾市	0.08	171	马鞍山市	0.03
137	丽水市	0.08	172	黄石市	0.03
138	三明市	0.08	173	阿坝藏族羌族自治州	0.03
139	绥化市	0.08	174	濮阳市	0.03
140	肇庆市	0.07	175	南阳市	0.03
141	儋州市	0.07	176	龙岩市	0.02
142	秦皇岛市	0.07	177	怒江傈僳族自治州	0.02
143	滁州市	0.07	178	廊坊市	0.02
144	驻马店市	0.07	179	焦作市	0.02
145	湘潭市	0.07	180	漯河市	0.02
146	曲靖市	0.07	181	防城港市	0.02
147	德阳市	0.07	182	楚雄彝族自治州	0.02
148	辽阳市	0.07	183	荆门市	0.02
149	呼伦贝尔市	0.07	184	鸡西市	0.02
150	阿里地区	0.06	185	果洛藏族自治州	0.02
151	遂宁市	0.06	186	六盘水市	0.02
152	岳阳市	0.06	187	周口市	0.02
153	迪庆藏族自治州	0.06	188	梧州市	0.02

续表

序号	城市	得分	序号	城市	得分
189	永州市	0.02	214	延边朝鲜族自治州	0.01
190	玉溪市	0.02	215	沧州市	0.01
191	天水市	0.02	216	安庆市	0.01
192	平顶山市	0.02	217	甘孜藏族自治州	0.01
193	通辽市	0.02	218	哈密市	0.01
194	广元市	0.02	219	鄂州市	0.01
195	咸宁市	0.02	220	济宁市	0.01
196	白银市	0.02	221	泰州市	0.01
197	衢州市	0.01	222	酒泉市	0.01
198	雅安市	0.01	223	阿克苏地区	0.01
199	吉安市	0.01	224	衡阳市	0.01
200	乌海市	0.01	225	庆阳市	0.01
201	宁德市	0.01	226	汉中市	0.01
202	绍兴市	0.01	227	泰安市	0.01
203	塔城地区	0.01	228	黔西南布依族苗族自治州	0.01
204	大庆市	0.01	229	博尔塔拉蒙古自治州	0.01
205	赤峰市	0.01	230	锦州市	0.01
206	吉林市	0.01	231	淮安市	0.01
207	南充市	0.01	232	萍乡市	0.01
208	抚顺市	0.01	233	海西蒙古族藏族自治州	0.01
209	阳泉市	0.01	234	嘉峪关市	0.01
210	包头市	0.01	235	大兴安岭地区	0.01
211	临沧市	0.01	236	双鸭山市	0.01
212	临汾市	0.01	237	黑河市	0.01
213	日照市	0.01	238	南通市	0.01

（三）中国不同经济圈城市 YouTube 传播力指数分布

为考察我国城市集群的海外网络传播力建设情况，本报告重点分析了四大经济圈的城市 YouTube 传播力指数分析情况：长三角经济圈平均值最高，为 7.74，其后是珠三角经济圈（6.15）、成渝地区双城经济圈（5.80），京津冀经济圈平均值最低，为 4.21。

在京津冀经济圈中，YouTube 传播力指数得分靠前的城市依次是北京市、天津市和石家庄市。该经济圈内部城市的传播力差异较大，北京市以及天津市的传播力远高于区域内其他城市，呈现阶梯式分布的特征。

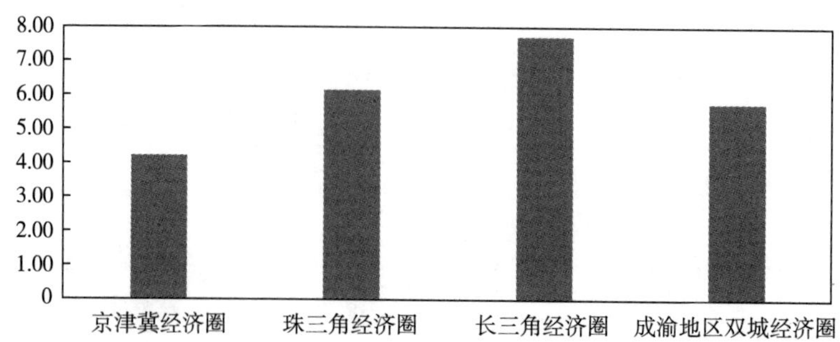

图 3-51　不同经济圈城市在 YouTube 上的平均传播力指数

表 3-37　京津冀经济圈城市的 YouTube 传播力指数分布

序号	城市	得分
1	北京市	30. 91
2	天津市	22. 48
3	石家庄市	4. 87
4	安阳市	0. 34
5	张家口市	0. 13
6	唐山市	0. 11
7	秦皇岛市	0. 07
8	廊坊市	0. 02
9	沧州市	0. 01

在长三角经济圈中，YouTube 传播力指数得分靠前的城市依次是杭州市、上海市、南京市、合肥市和扬州市；泰州市和南通市的传播力指数较低。

表 3-38　长三角经济圈城市的 YouTube 传播力指数分布

序号	城市	得分
1	杭州市	100. 00
2	上海市	67. 77
3	南京市	8. 21
4	合肥市	7. 92
5	扬州市	5. 20
6	嘉兴市	3. 63
7	镇江市	3. 01
8	宁波市	2. 14
9	常州市	1. 52
10	池州市	0. 74

续表

序号	城市	得分
11	无锡市	0.20
12	台州市	0.16
13	湖州市	0.14
14	苏州市	0.14
15	金华市	0.13
16	芜湖市	0.09
17	滁州市	0.07
18	马鞍山市	0.03
19	绍兴市	0.01
20	安庆市	0.01
21	泰州市	0.01
22	南通市	0.01

在珠三角经济圈中，YouTube 传播力指数得分靠前的城市依次是广州市、深圳市和江门市。其中，广州市和深圳市是该经济圈内 YouTube 传播力的领军城市。

表 3-39 珠三角经济圈城市的 YouTube 传播力指数分布

序号	城市	得分
1	广州市	23.15
2	深圳市	21.13
3	江门市	4.71
4	东莞市	3.69
5	惠州市	1.87
6	珠海市	0.43
7	佛山市	0.19
8	中山市	0.09
9	肇庆市	0.07

在成渝地区双城经济圈中，YouTube 传播力指数得分靠前的城市依次是重庆市、成都市和乐山市。其中，重庆市和成都市对该经济圈 YouTube 传播力的贡献最大。

表 3-40 成渝地区双城经济圈的 YouTube 传播力指数分布

序号	城市	得分
1	重庆市	48.64
2	成都市	22.95

续表

序号	城市	得分
3	乐山市	10.25
4	绵阳市	6.35
5	泸州市	1.97
6	宜宾市	1.48
7	自贡市	0.68
8	达州市	0.28
9	德阳市	0.07
10	遂宁市	0.06
11	内江市	0.05
12	雅安市	0.01
13	南充市	0.01

（四）YouTube 平台城市案例分析

1. 韶关市：倚仗秀丽自然风光，不断推进城市建设

2023 年，韶关市的 YouTube 传播力指数得分，进步较大。韶关市位于广东省北部，是一座历史文化悠久、自然风光秀美的城市。韶关拥有得天独厚的自然环境，被誉为"岭南生态名城"，拥有众多自然景观和人文景观，并拥有着丰富的历史文化资源，包括世界自然遗产丹霞山、国家历史文化名城乳源，以及千年古刹南华寺等。这些独特的文化符号在 YouTube 上得到了广泛的传播和关注，许多 YouTube 博主以个人化的视角，深入探索韶关的自然风光、历史文化和民俗风情，为全世界的观众呈现了一个多元化、立体化的韶关形象。

The enchanting beauty of Danxia Mountain in Shaoguan ...

... The enchanting beauty of Danxia Mountain in **Shaoguan, Guangdong**.
48K views · 3 months ago #TheGreatBeautyofGuangdong ...more. Live...
YouTube · Live Lingnan · 2023年9月7日

图 3-52　韶关的丹霞山

此外，韶关市地处华南虎自然保护区的核心地带，对于华南虎的保护工作起到了至关重要的作用。华南虎是世界上濒危的野生动物之一，韶关市的自然保护区为这一物种提供了一个相对安全的生存环境。在这里，政府与各种野生动物保护组织合作，通过科学的管理和精心的保护，努力提高华南虎的存活率，树立了积极正面的城市形象。

Shaoguan, Guangdong Protects South China Tigers Devotedly

Shaoguan, Guangdong Protects South China Tigers Devotedly | iPanda.
708 views · 1 year ago #Biodiversity #COP15 #SouthChinaTiger ...more....
YouTube · iPanda · 2022年12月16日

图 3-53 韶关市地处华南虎自然保护区的核心地带

韶关市在推进电气化数字化建设方面取得了显著进展。政府加大了对新能源和清洁能源的开发力度，推动传统产业向高端化、智能化、绿色化方向转型升级，在城市交通方面，韶关推广电动公交车，减少化石燃料的使用，以降低空气污染。同时，韶关市还加强了数字基础设施建设，推动互联网、大数据、人工智能等新一代信息技术与实体经济深度融合，努力打造“智慧城市”，通过大数据、云计算等先进技术，提高城市管理效率和服务水平。这些举措为韶关市的经济发展注入了新的动力。

ABB Electrification Digital Leader - YouTube

... in China, told GDToday at the 2nd GBA (**Guangdong**) Computing Power Industry Conference and the 1st China Computing NET Conference in...
YouTube · GD Today · 2023年6月3日

图 3-54 韶关市举办算力产业大会

2023 年 9 月 15 日，第三届“GRIMPDAY ASIA 格锐德世界绳索救援赛亚洲赛”在广东省韶关市乳源成功举办，这是一场极具挑战性的绳索救援竞赛，吸引了来自世界各地的救援队伍和专业人士参加。作为举办地，韶关市为此次比赛提供了良好的场地和设施保障，同时，赛事的举办也为韶关市乳源带来了国际关注，展示了乳源优美的自然风光和独特的民俗文化。

2023年GRIMPDAY（ASIA）即将在中国广东韶关市乳源瑶族 ...

Three years later, GRIMPDAY (ASIA) will be held in Ruyuan Yao Autonomous County, **Shaoguan** City, **Guangdong** Province, China 三年之后GRIMPDAY...
YouTube · ASIA GRIMPDAY · 2023年8月13日

图 3-55 第三届“GRIMPDAY ASIA 格锐德世界绳索救援赛亚洲赛”在广东省韶关市乳源成功举办

韶关市丰富的历史文化、自然风光和现代化发展为它赢得了许多赞誉，在国内外的知名度逐渐上升。然而，在深入国际传播的过程中，韶关市仍然面临一些挑战与不足。例如，韶关的国际形象主要集中在自然风光和历史文化遗产上，而对于其现代化进程、创新发展等方面的宣传相对较少。除自然和历史外，还应强调韶关市的现代化进程、创新发展、社会进步等，韶关需要展示一个更加全面、多元的韶关形象，并可以尝试与周边城市和地区建立合作关系，共同推广区域文化和旅游资源，形成合力，提升整体影响力。

2. 新疆维吾尔自治区（以乌鲁木齐、喀什地区、和田地区、吐鲁番为代表）：旅游文化独具一格

新疆维吾尔自治区的乌鲁木齐市、喀什地区、和田地区、吐鲁番市在 YouTube 传播力指数中得分靠前，这 4 个地区的传播力也彰显出新疆维吾尔自治区在 YouTube 的传播力。

（1）乌鲁木齐市：旅游文化符号的视频呈现。乌鲁木齐市通称乌市，地处中国西北地区，是新疆的政治、经济、文化、科教和交通中心，世界上距离海洋最远的大城市，有“亚心之都”的称呼。乌鲁木齐市的 YouTube 传播力指数得分较高，在 YouTube 上检索与乌鲁木齐相关的视频，呈现大量与旅游相关的内容，这也是乌鲁木齐市传播力较强的原因。

一方面，这种旅游文化符号的塑造呈现出主体和视角的多元化特征：既有专业的旅游博主在自己的频道中呈现乌鲁木齐的旅游视频，获得用户的高度关注，也有 CGTN 这样的官方媒体介绍乌鲁木齐的旅游业，此外，本土视角也成为 YouTube 用户观照乌鲁木齐的重要切入口。

图 3-56　外国博主在乌鲁木齐旅游

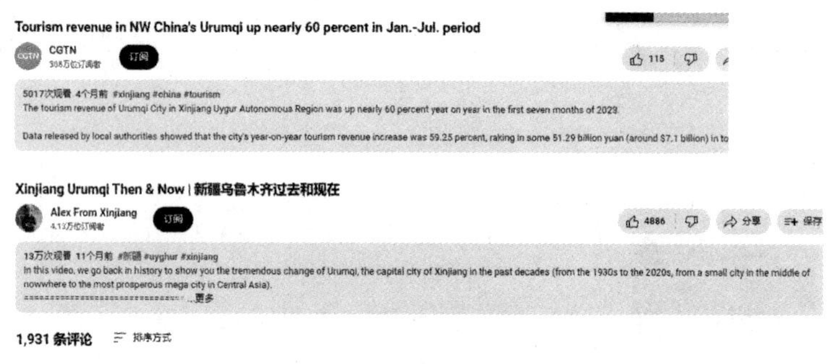

图 3-57　对乌鲁木齐的介绍

另一方面，旅游文化符号的塑造呈现丰富化的特征，在内容检索过程中，与之相关的旅游符号既有代表着商业和现代化的大巴扎步行街，也有代表乌鲁木齐天然生态景观的南山风景和红山公园等。丰富的旅游文化符号扩大了乌鲁木齐市的可旅游性和对用户的吸引力，这也是该市的旅游城市形象在 YouTube 上得到较好传播的原因所在。

图 3-58　乌鲁木齐的大巴扎步行街

图 3-59　乌鲁木齐的红山公园

（2）喀什地区：美食符号的有效输出。喀什地区，位于新疆维吾尔自治区西南部、塔里木盆地西缘，是国家历史文化名城、中国优秀旅游城市。喀什地区的 YouTube 传播力指数得分靠前，相比于乌鲁木齐市发力旅游城市形象的呈现，喀什地区则聚焦于特色的美食符号的有效输出，从而形成较好的传播力。喀什地区的特色美食丰富，如烤肉、烤包子、手抓饭、馕、炒米粉等，但在搜索到的内容池中展示最多的是与羊相关的美食。喀什地区下辖的麦盖提县盛产多浪羊，这种羊由于生活在喀什地区独特的水土环境中，相比于普通羊更为壮硕，延伸到餐桌，便是一顿顿肥美鲜嫩的烤羊，撒上新疆地区的孜然便是享誉中外的新疆烤全羊，若配上劲道的新疆拉面，便是热气腾腾的新疆羊肉面。

短视频平台作为用户了解美食文化的窗口，在喀什地区的美食文化走向世界中发挥了至关重要的作用。账号名为“麦总去哪吃”的用户，发布了品尝喀什美食的视频，其中既有挑战吃羊腰子的内容，也有拍摄喀什小哥卖香辣羊蹄的视频。借助于视频这一宽通道的表达方式，喀什的美食文化符号实现了有效的输出。

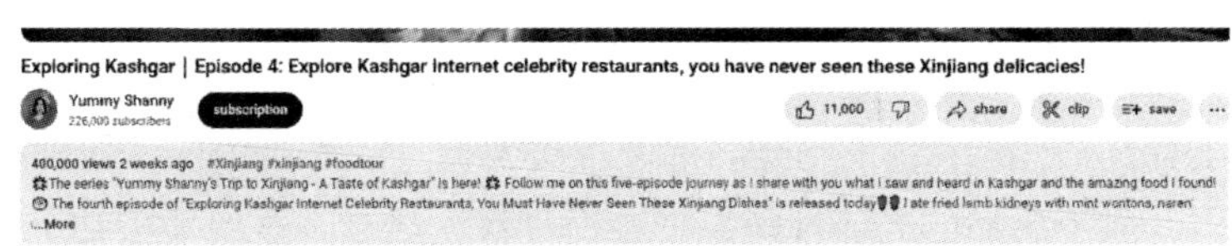

图 3-60　喀什地区的饭店

（3）和田地区：“中国新疆第一夜市”与本地特色产品。和田地区位于新疆维吾尔自治区西南部，是以维吾尔族为主体的多民族地区。和田地区的 YouTube 传播力指数得分靠前，相比于乌鲁木齐市和喀什地区，和田地区在 YouTube 中的内容池呈现出的内容高度集中，指向“夜市”二字，不少视频标题，直接称和田夜市为“新疆第一夜市”，恰恰是和田的夜市赋予了其较高的传播指数。YouTube 中不乏有博主以第一人称的视角带领观众

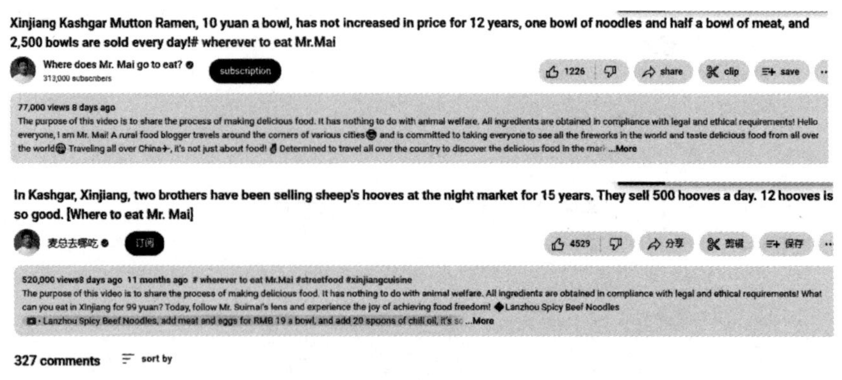

图 3-61　喀什地区的美食：羊腰子、羊蹄

"云"逛和田夜市，分享和田夜市中的美食以及自己的感受，恰恰是这种"第一人称视角"赋予了用户极强的临场感与体验感，并在无形中强化了对和田夜市的认同感与向往之情。

除了"新疆第一夜市"的美称带来的高热度，和田地区代表性的特产也使其闻名遐迩——一则是新疆和田大枣，众所周知，和田大枣口感软糯，味甜，是和田地区代表性特产之一；另一则是新疆和田玉，和田玉作为中国四大名玉之一，生产于新疆和田地区，亦是该地区的符号象征之一。

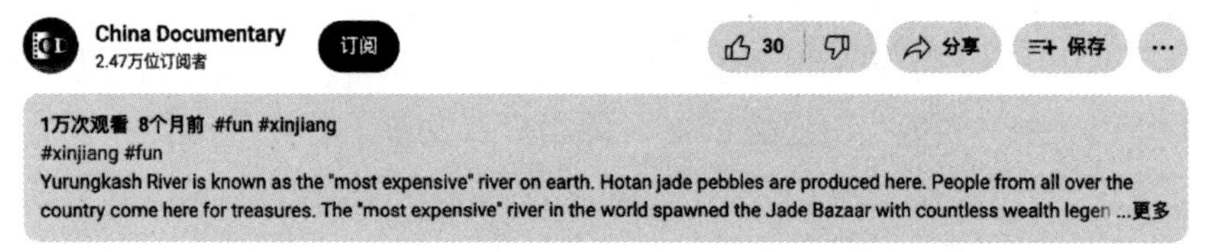

图 3-62　和田玉

（4）吐鲁番市："中国最热"与驰名的吐鲁番葡萄。吐鲁番市位于新疆维吾尔自治区中部，四面环山，属于典型的大陆性暖温带荒漠气候，热量丰富但又极端干燥，降雨稀少且大风频繁。吐鲁番城市的高传播力得益于两个方面：一是"中国最热"的标签；二是本地丰富的特产。

一方面，由于吐鲁番独特的地理环境，全年日照充足、降雨稀少、高温干燥、大风频繁，故有"风库""火洲"之称，在 YouTube 平台，"中国最热"的标签加持下，使吐鲁番地区自带一定的流量，同时，中国四大名著之一的《西游记》中的火焰山便是位于新疆的吐鲁番地区，神话故事的加持，更为该地区蒙上了一层神秘的面纱，吸引中外视线。因此，立足于中国文化，为城市贴上瞩目的标签，赋予了该城市高度的关注度。

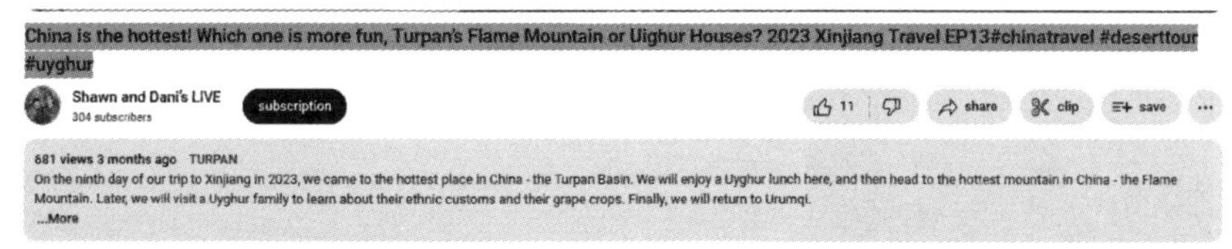

图 3-63　吐鲁番炎热天气

另一方面，吐鲁番地区的葡萄作为吐鲁番地区的代表性作物，获得了大量的关注。在 YouTube 平台上，有不少用户分享了吐鲁番葡萄采摘的盛况，分享吐鲁番葡萄的美味以及与其相关的葡萄酒产业。此外，自 1990 年 6 月 9 日，吐鲁番葡萄节组委会首次举办发布会，至此，每年的 8 月 20 日吐鲁番地区都会举办葡萄节，葡萄节的创办进一步推动了吐鲁番葡萄美名的远扬。

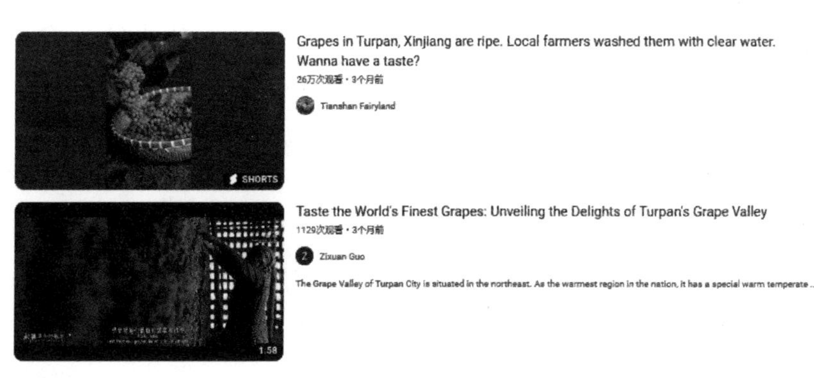

图 3-64　吐鲁番葡萄

3. 郴州市：丹霞地貌与古朴街景彰显独特魅力

郴州市，湖南省辖地级市，别称“福城”，位于湖南东南部，素有湖南的“南大门”之称。郴州自古被誉为“九仙二佛之地”，是道教、佛教发展之福地，历史文化底蕴深厚，拥有丰富多彩的历史文化遗迹。

2023 年郴州市海外网络传播力综合指数得分在地级市中靠前，海外网络传播力提升显著。其中，郴州市在 YouTube 平台的表现最为突出，在地级市中名列前茅。

郴州市内多风景名胜，其中，高椅岭风景区以其独特的丹霞地貌获得了大量关注。普通网友和旅游类自媒体账号纷纷上传记录高椅岭风光的视频，称其为“上帝遗忘的地方”、“刀锋般的山脉”，凸显出高椅岭的独特风光。其中，一条将航拍风光、游客视角画面和英文解说结合的长视频全面展现了高椅岭令人惊心动魄的美丽，获得 15340000 次观看，成为 YouTube 爆款视频。该视频收获 3000 余条评论，国外网友纷纷对高椅岭的独特风光表示惊叹，称赞中国地貌的丰富与神奇。

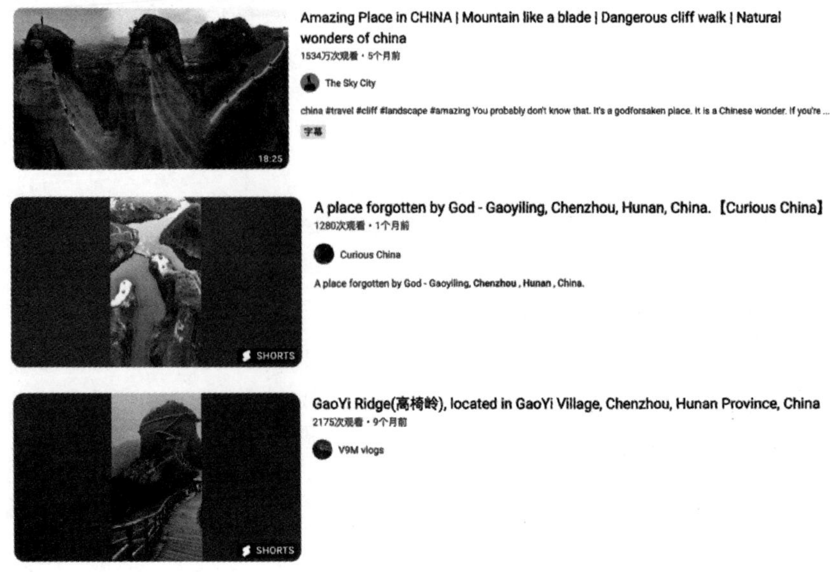

图 3-65　高椅岭风光

除自然风光之外，郴州市深厚的历史人文底蕴也吸引了网友的目光。许多旅游博主上传在郴州市漫游的视频，展示郴州市现代与古风融为一体的街景。其中，一条展示郴州市夜景的视频收获大量关注，视频从第一视角拍摄在郴州市的街道漫步，古朴建筑与现代高楼大厦并存，凸显出郴州市的独特魅力。

图 3-66　郴州市夜晚街景

4. 泉州市：中外旅游博主青睐的“世界多元文化展示中心”

泉州市，简称“泉”或“鲤”，福建省辖地级市，被誉为中国品牌之都。泉州市历史悠久，是联合国认定的海上丝绸之路起点，列入国家共建“一带一路”倡议的 21 世纪海上丝绸之路先行区。

2023 年泉州市海外网络传播力综合指数得分在地级市中位于前列，海外网络传播力提升显著。其中，泉州市在 YouTube 平台的表现最为突出，在地级市中名列前茅。

泉州市自古以来便是中国对外交流的重要窗口，多元文化在此共生共荣，形成了泉州市独特的文化景象，受到中外游客广泛青睐。YouTube 平台的旅游博主上传多个与泉州相关的旅游视频，提升泉州市的海外知名度。印度尼西亚博主 Rudy Chen 拥有 230000 订阅者，在 2023 年上传多个与泉州相关的视频，其中也包括与开元寺有关的视频。由此可见，泉州市多元文化融合的印记尤其受到海外网友关注，成为城市传播的重要符号。

图 3-67　国外博主游览开元寺

此外，中国旅游博主大力推广泉州的特色风俗文化。博主 Little Chinese Everywhere 拥有 240000 订阅者，上传多个与泉州相关的视频，播放量均过万。其中，以“为什么外国人应该参观泉州”为标题的视频获得 320000 次播放量，视频详细介绍了泉州的多元宗教和文化，提及清真寺、少林寺等特色建筑，外国网友纷纷在评论区留言，表示希望到泉州旅游。该博主其他视频还介绍了泉州的妈祖游行等风俗，展现出泉州市的独特文化魅力。

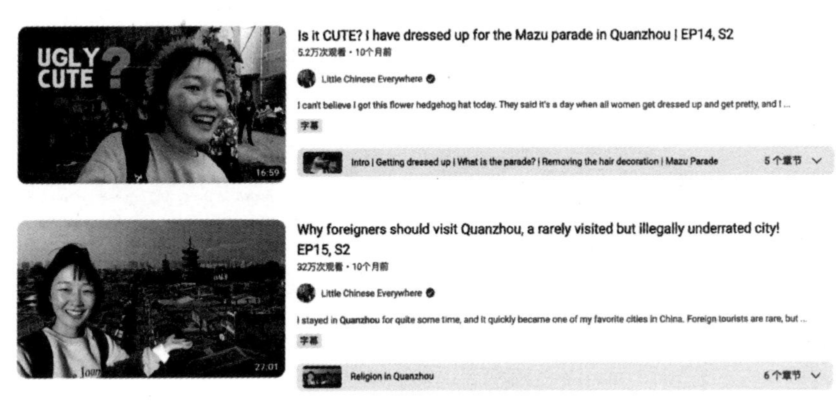

图 3-68　中国博主介绍泉州

5. 保山市：特色村落吸引海外关注，当地网红助力城市传播

保山市，别称兰城，云南省辖地级市，位于云南省西南部，是傣泰民族的发祥地，中国著名的侨乡。2023 年保山市海外网络传播力综合指数得分在地级市中位于前列，海外网络传播力提升显著。其中，保山市在 YouTube 平台的表现最为突出，在地级市中名列前茅。

YouTube 博主“滇西小哥”制作中英双语字幕视频，展现平淡、宁静的日常生活，吸引了 10600000 订阅者。该博主为保山人，常推出展示保山美景和美食的视频，播放量均过百万，向海外网友展现了中国西南小城的幸福生活。许多海外网友在评论区留言，赞叹保山市的美丽和保山人民的质朴。

图 3-69　YouTube 博主介绍保山市

此外，保山市独特的“石头城”也吸引了人们大量目光。该村落建在一块隆起的天然蘑菇状岩石上，依靠地貌特点建成了一套完整的防御体系，故得名“石头城”。“石头城”既是重点文物保护单位，又是旅游名村，在 YouTube 平台受到许多关注。介绍中国“悬崖村”的视频获得 820000 次浏览，该视频着重展现了保山“石头城”的地理位置、村落构成、居民生活方式，向海外网友呈现保山的特色村落。

图 3-70　保山“石头城”

九、维度六：中国城市ChatGPT传播力

ChatGPT 先进的数据获取和深度自然语言处理技术，使其能够有效整合并分析涉及中国城市海外网络传播的多元数据，涵盖社交媒体动态、学术出版、新闻报道等信息。在精

准辨识并深入解析相关数据的基础上，ChatGPT 还可以从多角度对中国城市的全球传播影响力进行评估，为前 6 个平台的数据分析结果提供辅助验证，增强整体评估的可靠性与全面性。

本维度下，对中国城市海外网络传播力的评估由 GPT-4 完成。具体操作步骤如下：

步骤 1：将 337 座国内城市的英文名称制作成 Excel 表格，上传并让 GPT-4 读取。

步骤 2：在 GPT-4 聊天框中输入如下内容："我给了一个中国城市的名单，请读取名单，根据 GPT 的数据库所学知识，对这些城市的全球传播量大小进行打分。打分阈值（0~100 分）。输出一个新的表格。"让 GPT-4 根据其数据库训练数据对城市的全球传播量进行综合评估，评估结果输出为百分制的评分表，并将其作为 ChatGPT 平台的城市海外网络传播力指数参考依据。

步骤 3：为减小误差，另外使用 2 个不同的 GPT-4 账号重复"步骤 2"操作，依次得到 3 份城市海外网络传播力综合评估的百分制评分表。

步骤 4：将 3 份评分表内同一城市下的 3 个数据值取平均数处理，得到的数据结果作为最终用作数据分析的 ChatGPT 平台城市海外网络传播力评估指数。

ChatGPT 传播力评估指数得分靠前的城市依次是北京市、上海市、深圳市、广州市、成都市、宜宾市、景德镇市、天津市、盐城市、廊坊市。

表 3-41 337 座城市 ChatGPT 传播力指数分布

序号	城市	得分	序号	城市	得分
1	北京市	100.00	17	丽水市	72.22
2	上海市	95.14	18	咸宁市	72.22
3	深圳市	90.63	19	自贡市	72.22
4	广州市	86.11	20	秦皇岛市	71.88
5	成都市	84.03	21	萍乡市	71.88
6	宜宾市	76.04	22	吴忠市	71.88
7	景德镇市	74.65	23	博尔塔拉蒙古自治州	71.88
8	天津市	74.31	24	沈阳市	71.53
9	盐城市	73.96	25	普洱市	71.53
10	廊坊市	73.96	26	文山壮族苗族自治州	71.53
11	乐山市	73.96	27	池州市	71.53
12	汉中市	73.96	28	辽源市	71.53
13	吐鲁番市	73.61	29	宜春市	71.18
14	石家庄市	73.26	30	黄石市	71.18
15	百色市	73.26	31	临夏回族自治州	71.18
16	呼和浩特市	72.22	32	潮州市	70.83

续表

序号	城市	得分	序号	城市	得分
33	东营市	70.83	68	铜仁市	69.10
34	恩施土家族苗族自治州	70.83	69	乌海市	69.10
35	海东市	70.83	70	阿勒泰地区	69.10
36	金昌市	70.83	71	七台河市	69.10
37	常德市	70.49	72	镇江市	68.75
38	丽江市	70.49	73	泰州市	68.75
39	钦州市	70.49	74	孝感市	68.75
40	洛阳市	70.14	75	南平市	68.75
41	邯郸市	70.14	76	宣城市	68.75
42	漳州市	70.14	77	通辽市	68.75
43	遵义市	70.14	78	内江市	68.75
44	宝鸡市	70.14	79	黔西南布依族苗族自治州	68.75
45	北海市	70.14	80	白城市	68.75
46	南京市	69.79	81	来宾市	68.75
47	温州市	69.79	82	塔城地区	68.75
48	济宁市	69.79	83	南阳市	68.40
49	九江市	69.79	84	大庆市	68.40
50	玉溪市	69.79	85	黄冈市	68.40
51	丹东市	69.79	86	阳江市	68.40
52	忻州市	69.79	87	亳州市	68.40
53	鹤壁市	69.79	88	葫芦岛市	68.40
54	南通市	69.44	89	铜川市	68.40
55	肇庆市	69.44	90	哈密市	68.40
56	淮南市	69.44	91	青岛市	68.06
57	河池市	69.44	92	三亚市	68.06
58	阜新市	69.44	93	宜昌市	68.06
59	朝阳市	69.44	94	柳州市	68.06
60	绥化市	69.44	95	齐齐哈尔市	68.06
61	阿里地区	69.44	96	红河哈尼族彝族自治州	68.06
62	山南市	69.44	97	大兴安岭地区	68.06
63	厦门市	69.10	98	南昌市	67.71
64	襄阳市	69.10	99	莆田市	67.71
65	渭南市	69.10	100	许昌市	67.71
66	衢州市	69.10	101	龙岩市	67.71
67	衡水市	69.10	102	承德市	67.71

续表

序号	城市	得分	序号	城市	得分
103	漯河市	67.71	138	锦州市	66.67
104	乌兰察布市	67.71	139	延边朝鲜族自治州	66.67
105	晋城市	67.71	140	抚州市	66.67
106	泉州市	67.36	141	四平市	66.67
107	铜陵市	67.36	142	珠海市	66.32
108	呼伦贝尔市	67.36	143	株洲市	66.32
109	盘锦市	67.36	144	新乡市	66.32
110	榆林市	67.36	145	鄂尔多斯市	66.32
111	佳木斯市	67.36	146	毕节市	66.32
112	益阳市	67.36	147	茂名市	66.32
113	临汾市	67.36	148	泸州市	66.32
114	十堰市	67.36	149	抚顺市	66.32
115	松原市	67.36	150	荆门市	66.32
116	酒泉市	67.36	151	延安市	66.32
117	双鸭山市	67.36	152	揭阳市	65.97
118	湘西土家族苗族自治州	67.36	153	沧州市	65.97
119	甘孜藏族自治州	67.36	154	包头市	65.97
120	迪庆藏族自治州	67.36	155	运城市	65.97
121	那曲市	67.36	156	遂宁市	65.97
122	苏州市	67.01	157	吉安市	65.97
123	绍兴市	67.01	158	娄底市	65.97
124	乌鲁木齐市	67.01	159	天水市	65.97
125	商丘市	67.01	160	嘉峪关市	65.97
126	菏泽市	67.01	161	长春市	65.63
127	三明市	67.01	162	潍坊市	65.63
128	贺州市	67.01	163	海口市	65.63
129	资阳市	67.01	164	连云港市	65.63
130	海南藏族自治州	67.01	165	宿迁市	65.63
131	郑州市	66.67	166	周口市	65.63
132	济南市	66.67	167	永州市	65.63
133	扬州市	66.67	168	张家界市	65.63
134	淄博市	66.67	169	德宏傣族景颇族自治州	65.63
135	鞍山市	66.67	170	喀什地区	65.63
136	聊城市	66.67	171	甘南藏族自治州	65.63
137	梅州市	66.67	172	兰州市	65.28

续表

序号	城市	得分	序号	城市	得分
173	安庆市	65.28	208	马鞍山市	63.89
174	汕尾市	65.28	209	焦作市	63.89
175	黔南布依族苗族自治州	65.28	210	河源市	63.89
176	攀枝花市	65.28	211	晋中市	63.89
177	昭通市	65.28	212	大理白族自治州	63.89
178	商洛市	65.28	213	黔东南苗族侗族自治州	63.89
179	庆阳市	65.28	214	安顺市	63.89
180	巴音郭楞蒙古自治州	65.28	215	本溪市	63.89
181	昌都市	65.28	216	临沧市	63.89
182	大连市	64.93	217	白银市	63.89
183	桂林市	64.93	218	和田地区	63.89
184	阜阳市	64.93	219	武汉市	63.54
185	舟山市	64.93	220	西安市	63.54
186	上饶市	64.58	221	赣州市	63.54
187	岳阳市	64.58	222	淮安市	63.54
188	枣庄市	64.58	223	泰安市	63.54
189	眉山市	64.58	224	梧州市	63.54
190	随州市	64.58	225	鸡西市	63.54
191	伊犁哈萨克自治州	64.58	226	怒江傈僳族自治州	63.54
192	朔州市	64.58	227	威海市	63.19
193	昌吉回族自治州	64.58	228	锡林郭勒盟	63.19
194	常州市	64.24	229	白山市	63.19
195	保定市	64.24	230	楚雄彝族自治州	63.19
196	台州市	64.24	231	日喀则市	63.19
197	中山市	64.24	232	赤峰市	62.85
198	绵阳市	64.24	233	长治市	62.85
199	滁州市	64.24	234	克拉玛依市	62.85
200	曲靖市	64.24	235	新余市	62.85
201	南充市	64.24	236	东莞市	62.50
202	韶关市	64.24	237	江门市	62.50
203	伊春市	64.24	238	信阳市	62.50
204	玉树藏族自治州	64.24	239	湛江市	62.50
205	贵阳市	63.89	240	荆州市	62.50
206	宁德市	63.89	241	安阳市	62.50
207	德阳市	63.89	242	张家口市	62.50

续表

序号	城市	得分	序号	城市	得分
243	广安市	62.50	278	湘潭市	60.76
244	贵港市	62.50	279	鹰潭市	60.76
245	石嘴山市	62.50	280	铁岭市	60.76
246	三沙市	62.50	281	辽阳市	60.76
247	克孜勒苏柯尔克孜自治州	62.50	282	黑河市	60.76
248	佛山市	62.15	283	平凉市	60.76
249	惠州市	62.15	284	中卫市	60.76
250	吉林市	62.15	285	海北藏族自治州	60.76
251	清远市	62.15	286	嘉兴市	60.42
252	凉山彝族自治州	62.15	287	六安市	60.42
253	雅安市	62.15	288	拉萨市	60.42
254	定西市	62.15	289	无锡市	60.07
255	金华市	61.81	290	蚌埠市	60.07
256	通化市	61.81	291	濮阳市	60.07
257	三门峡市	61.81	292	固原市	60.07
258	张掖市	61.81	293	西宁市	59.72
259	鹤岗市	61.81	294	怀化市	59.72
260	阿坝藏族羌族自治州	61.81	295	陇南市	59.72
261	海西蒙古族藏族自治州	61.81	296	长沙市	59.38
262	果洛藏族自治州	61.81	297	日照市	59.38
263	宁波市	61.46	298	邵阳市	59.38
264	昆明市	61.46	299	六盘水市	59.38
265	营口市	61.46	300	保山市	59.38
266	防城港市	61.46	301	安康市	59.38
267	巴中市	61.46	302	烟台市	59.03
268	兴安盟	61.46	303	咸阳市	59.03
269	哈尔滨市	61.11	304	宿州市	59.03
270	芜湖市	61.11	305	滨州市	59.03
271	鄂州市	61.11	306	吕梁市	59.03
272	巴彦淖尔市	61.11	307	阿拉善盟	59.03
273	儋州市	61.11	308	驻马店市	58.68
274	重庆市	60.76	309	开封市	58.68
275	南宁市	60.76	310	玉林市	58.68
276	徐州市	60.76	311	达州市	58.68
277	邢台市	60.76	312	淮北市	58.68

续表

序号	城市	得分	序号	城市	得分
313	黄南藏族自治州	58.68	326	西双版纳傣族自治州	56.94
314	银川市	58.33	327	合肥市	56.60
315	黄山市	58.33	328	阿克苏地区	56.60
316	太原市	57.99	329	阳泉市	56.25
317	衡阳市	57.99	330	大同市	55.90
318	云浮市	57.99	331	湖州市	55.21
319	杭州市	57.64	332	牡丹江市	55.21
320	临沂市	57.64	333	崇左市	55.21
321	广元市	57.64	334	武威市	54.51
322	林芝市	57.29	335	德州市	54.17
323	汕头市	56.94	336	福州市	53.47
324	郴州市	56.94	337	唐山市	53.13
325	平顶山市	56.94			

十、结论与分析

（一）2023 年上海市的海外网络传播力指数得分靠前，头部城市凭借其资源特色历年来占据高位

2023 年，我国 337 座城市（自治州、地区、盟）海外网络传播力综合指数得分靠前的依次是上海市、北京市、杭州市、深圳市、重庆市、武汉市、成都市、广州市、韶关市、天津市。

我国 301 座地级市（自治州、地区、盟）中，海外网络传播力综合指数得分靠前的依次是韶关市、喀什地区、和田地区、泉州市、大理白族自治州、吐鲁番市、阿克苏地区、郴州市、保山市、凉山彝族自治州。

从各省份的综合传播力指数来看，2023 年得分靠前的省份（不包括直辖市）分别是浙江省、新疆维吾尔自治区、广东省、福建省、云南省、湖北省。

表 3-42　2019~2023 年我国城市海外网络传播力综合指数对比

序号	2019 年	2020 年	2021 年	2022 年	2023 年
1	上海市	上海市	北京市	北京市	上海市
2	北京市	北京市	上海市	上海市	北京市

续表

序号	2019 年	2020 年	2021 年	2022 年	2023 年
3	深圳市	武汉市	武汉市	武汉市	杭州市
4	广州市	深圳市	广州市	哈尔滨市	深圳市
5	成都市	广州市	深圳市	广州市	重庆市
6	武汉市	成都市	成都市	成都市	武汉市
7	天津市	天津市	重庆市	深圳市	成都市
8	杭州市	重庆市	杭州市	杭州市	广州市
9	重庆市	杭州市	南京市	重庆市	韶关市
10	西安市	西安市	天津市	南京市	天津市

（二）城市传播力差距较大，各平台表现差异性显著

综合来看，我国 337 座城市，上海市、北京市、杭州市、深圳市、重庆市、武汉市、成都市、广州市等头部城市的海外网络传播力综合指数得分与往年相比具有相对稳定性。与直辖市、省会城市及计划单列市相比，地级市的海外网络传播力明显偏低。即使是属于同一行政级别的城市，其传播力综合指数上也存在比较大的差异。

分平台来看，头部城市在 Google、X（Twitter）、Facebook、YouTube、TikTok 各平台上都存在较高的传播力指数，城市对外传播的媒体矩阵构建情况较好。分经济圈来看，京津冀经济圈中，北京市的传播力指数遥遥领先；长三角经济圈中，上海市、杭州市始终处于前列；珠三角经济圈中，广州市和深圳市是该区域的双主心骨城市；成都市和重庆市是成渝地区双城经济圈的传播力“双核”。

（三）ChatGPT 传播力指数得分与其他 6 个平台传播力指数得分以及综合指数得分均呈现显著正相关

将中国城市在 ChatGPT 传播力指数得分分别与 Google、X（Twitter）、Facebook、TikTok、YouTube、ChatGPT 这 6 个平台的传播力指数得分及综合指数得分情况进行皮尔逊相关分析，结果显示，均呈现显著正相关。

表 3-43　ChatGPT 传播力指数与其他平台指数的相关性

变量		Google	Twitter	YouTube	Facebook	TikTok	综合指数
ChatGPT	皮尔逊相关性	0. 4622	0. 3172	0. 186	0. 317	0. 4621	0. 4788
	Sig. （双尾）	0	0	0	0	0	0

注：在 0. 01 级别（双尾），相关性显著。

（四）海外平台报道北京、杭州、成都等城市举办的大型赛事，从文化传统、现代科技等各方面凸显城市优势，全方位展示城市魅力

在 TikTok 传播力指数中，北京市位于前列，占比最大、热度最高的视频是关于冬奥

会的内容，冬奥赛事、冬奥村 vlog、冰墩墩等内容吸引了许多人的眼球。在 YouTube，国外主流媒体如 CNA 报道了在杭州举办的亚运会，运动员们则在 TikTok 平台上呈现与亚运会馆内建筑的合影，带上“hangzhou”的标签，提高了杭州市的国际影响力。Google 平台与成都有关的新闻大都与大运会有关，如介绍场地、赛制导引，并在新闻中推广大赛举办地成都的美食与文化。

在各方平台上，北京、杭州和成都这三座城市都展现其传统性与现代化。北京在 TikTok 上传播的传统文化符号如长城、天坛等依然热度不减，杭州的西湖、滨江等著名景观在 Google、TikTok 上得到展现，体现城市魅力。从现代化的角度来看，北京现代化技术与设施也被 TikTok 平台的内容创作者所关注，杭州著名的互联网公司在 Google News 获得大量传播；成都的基础设施与公共建设便民利民，也在 Google News 上获得广泛传播。

（五）阿克苏、乌鲁木齐、吐鲁番等新疆维吾尔自治区的城市突出美食文化，合力助推新疆的海外传播

位于新疆维吾尔自治区的各城市形成传播矩阵，合力助推新疆的海外传播，各城市主要突出了独特的美食文化。Facebook 平台上，阿克苏地区突出其“苹果”的特色，如展现“冰糖心”，呈现首届苹果文化旅游节。喀什地区、和田地区和吐鲁番地区在 YouTube 的传播力较广，有关喀什地区的视频呈现其享誉中外的烤全羊，与和田地区有关的视频通常以内容创作者的第一视角展现“新疆第一夜市”，拍摄具有充满烟火气的夜市文化；吐鲁番地区的葡萄作为吐鲁番地区的代表性作物，获得了大量的关注，有不少用户在 YouTube 上分享了吐鲁番葡萄采摘的盛况，凸显吐鲁番葡萄的美味以及与其相关的葡萄酒产业。

（六）上海、深圳、广州等城市的海外传播突出创新开放的发展特色，提高国际曝光度

上海的经济发达，世界人工智能大会的举办、特斯拉工厂的建立都获得了 Google News 上广泛的国际关注；深圳在 Facebook 上具有较高的传播力，作为首批经济特区，依旧坚定不移全面扩大开放，持续深化与共建“一带一路”沿线国家和地区务实合作，鼓励企业“走出去”发展，呈现积极邀请国外企业友好访问、共谋经济发展的繁荣前景；Google News 大多描述了广州积极召开科技会议、博览会等，吸引外国企业，开展国际合作，促进经济繁荣。

（七）韶关、凉山、大理等城市结合了自然资源和人文资源，在海外传播中展现差异化的城市形象，打造出独具一格的城市名片

韶关、凉山、大理等市、州拥有独具一格的自然风光与深邃的人文历史，展现异质化的风情城市。YouTube 平台上，韶关被誉为“岭南生态名城”，拥有众多历史文化资源，兼具风景优美与生态平衡，珍稀物种独特，生物多样性丰富，同时，许多视频韶关市在数

字化建设方面取得显著进展，智慧城市、绿色城市是韶关市新的城市名片；凉山在 Facebook 上表现优异，官方媒体发布 2023 年重启的火把节、以当地故事改编的电影，获得超过 100000 次点赞，使得凉山彝族自治州的网络传播力提升，带动凉山特色文化的对外传播；TikTok 上展现了大理白族自治州悠久的历史文化和壮美的自然景观，作为云南省的重要文化遗产，古城、宝塔等标志性建筑在 TikTok 获得广泛的传播。大理以自然风物与民族历史文化为核心，形成多元而综合的城市形象，打破了传统城市的单一定位。这些城市都结合了自然资源和人文资源，展现差异化的城市形象，打造出独具一格的城市名片。

（八）武汉、泉州、扬州等城市在海外传播中突出城市地标，将丰厚的文化内涵与短视频技术和传播语言结合

TikTok 上呈现了武汉众多的名胜古迹，如黄鹤楼、晴川阁等，在通过视频建构出“历史文化名城、楚文化发源地”的形象；YouTube 上展现了具有多元文化景观的泉州，开元寺、南少林寺等建筑在视频中均有呈现，突出泉州文化融合的印记；Google News 将扬州描绘成一座“被唐诗宋词环绕的江南之城”，呈现温婉动人的江南美景，如瘦西湖、何园等。

（九）城市群缺乏联动效应，网民自发性、主动性传播较少

当前城市传播仍有一些不足，需要进一步完善。一是城市群缺乏联动效应，城市传播集中于中心城市。大部分省份的城市传播集中于中心城市，头部效应显著，非中心城市的传播力指数普遍较低。例如，浙江省海外网络传播力综合指数在省份中位居第 1，省会杭州市的综合指数高达 67.16，省内其他城市的传播力指数普遍在 30 左右，与中心城市差距较大。因此，在日后的城市传播实践中应当与周边城市和地区建立合作关系，共同推广区域文化，形成合力，发挥“城市群”效应，提升城市整体的影响力。二是传播策略较为单一，网民自发性、主动性传播较少。大多数城市的传播策略以旅游推广方式为主，由媒体或官方机构报道宣传城市风景，社交媒体平台网民的自发性发帖宣传较少。城市传播应发挥公众的主动性，由市民为城市代言，全方位展示城市的环境、文化、生活，构建以人为中心的人—城市—生活的国际传播新格局。